The
Butterfly
Defect

The
Butterfly
Defect

**작은 충격이 어떻게 시스템 전체를
위험에 빠지게 하는가?**

위험한 나비효과

이언 골딘·마이크 마리아타산 | 이은경 옮김

Ian Goldin
Mike Mariathasan

바다출판사

테사, 올리비아, 알렉스에게
이언 골딘

메히트힐트와 조스, 빈센트와 패트릭, 소피에게
마이크 마리아타산

차례

한국어판 서문

　전 지구적 통합과 국가 간 교류가 증가해온 과정인 세계화는 역사상 인류의 진보를 이끈 가장 강력한 동인이라는 생각으로 나는 이 책을 썼다. 지난 20여 년에 걸쳐 지구를 완전히 뒤덮은 세계화 물결은 전례 없는 기회를 가져왔다. 그러나 2020년 코로나바이러스 팬데믹 현상에서 볼 수 있듯이 세계화는 우리를 위협하는 새로운 위험들도 낳았다. 이 책은 체계적 위험systemic risk이 가진 위협에 초점을 맞추고 있다. 체계적 위험은 세계화의 고유한 특징이므로 없앨 수는 없다. 관리해야 할 과정일 뿐, 해결해야 할 문제가 아니다. 이 책은 세계화가 좀 더 회복탄력성resilience을 갖추길 바라는 관점에서, 기술적으로 그 어느 때보다 발전한 세계화를 우리가 더 잘 이해할 수 있도록 돕고자 한다. 또한 체계적 위험을 방치하는 전략은 더 이상 지속가능하지 않다는 점에서 이를 극복하고, 좀 더 회복탄력성 있고 포용적인 세계화를 촉진하고자 한다. 이 목적을 달성하고자 이 책은 세계화와 체계적 위험이 야기하는 난관에 대처할 수 있는 다양한 개념적 도구와 교훈을 여러 차원에서 살펴볼 것이다.

　'나비효과butterfly effect'는 어떤 한 장소에서 일어난 사소한 변화가 동떨어진 체계에 중대한 영향을 미칠 수 있는 체계를 뜻하는 현상으로 널리 알려져 있다. 나비효과라는 명칭은 허리케인이 며칠 혹은 몇 주 전에 멀리 떨어진 곳에서 나비 한 마리가 날개를 파닥였는지 여부에 따라 형성될 수 있다고 설명한 에드워드 로렌츠Edward Lorenz의 연구에서 비롯했다.[1] 카오스 이론chaos theory이 후에 나비효과를 차용했는데, 카오스 이론은 물리학에서 초기 조건에 발생한 변화가 일으키는 예기치 못한 결과를 연구하는 오랜 전통을 가지고 있다. 이 책은 바로 이 나비효과 개념을 기초로 하여, 서로 독립된 혹은 무관한 개발들이 유발하는 의도하지 않은 부정적 파급 효과를 집중적으로 다룬다. 우리는 체계적 영향을 미치는 파급 효과와 새로운 위험을 일으키는 사회 구조의 변화에 특히 관심이 있다. 이 책은 제목대로 체계적 위험의 새로운 본성, 즉 작은 변화들이 훨씬 큰 영향을 미치고 사회의 모든 차원에 스며드는 특성에 관심을 집중할 것이다. 세계화로 인해 변화의 나비는 순수함을 잃었고, 세계화는 새로운 형태의 위험을 확산시키는 구조적 결함을 만들어냈다.

사회들은 위험한 줄 뻔히 알면서도 체계적 위험을 무시한다. 그러다가 충격이 우리 사회 속으로 들이닥치기 한참 전에 세계화를 되돌리려는 정치적 압박이 커진다. 개방성과 연결성이 가져오는 장점보다 단점이 많다고 느낄 때 시민들은 우리를 하나로 묶는 흐름을 차단하고자 할 것이다. 외국인 혐오와 국수주의, 보호무역주의는 정치가 자국중심주의로 향함을 알려주는 잘 알려진 세 가지 징후다. 세계주의 혹은 국제주의 시각은 위협받는다. 2007~2008년 금융위기, 테러리즘, 사이버 습격, 이주자가 너무 많다는 인식,

코로나바이러스감염증-19COVID-19로 한층 심해진 팬데믹에 대한 상존하는 두려움은 사람과 재화, 용역이 국경을 넘어 이동하면서 발생한 위협들이다. 심지어 인터넷을 통한 가상의 흐름도 위협을 유발하는 원인이 될 수 있다.

그동안 정치인과 경제인, 시민사회는 국제적 연결에서 비롯하는 폭넓은 혜택을 제대로 설명하지 못했고, 이런 연결이 글로벌 행동 연대를 더 많이 필요로 하는 이유도 설명하지 못했다. 그러나 지금 우리는 정치적 반발뿐만 아니라 체계적 위험이 가하는 진짜 위협에도 직면하고 있다. 팬데믹, 금융위기, 사이버 위협을 비롯한 각종 위협이 우리를 하나로 묶는 유대를 압도할 수 있다. 그 결과로 반세계화와 세계 성장 둔화가 나타나게 될 것이다. 이는 세계 경제, 특히 언제나 가장 취약한 위치에 있는 빈곤층에게 대참사를 초래할 것이다. 체계적 위험을 좀 더 잘 관리함으로써 모두가 이익을 얻을 수 있다. 충격이 발생할 때 빈곤층이 가장 큰 고통을 겪는다. 더 큰 연결로 가장 큰 이득을 얻는 주체도 빈곤층이다. 지리적 혹은 사회적 고립 때문에 아직 연결되지 못한 이들에게 이것은 특히 사실이다.

이 책은 내가 세계화를 주제로 쓴 시리즈 중 네 번째 책이다. 각 책은 특정한 주장을 펼치는데, 전체적으로 이 시리즈가 세계화를 좀 더 잘 관리할 수 있는 방법에 관한 통찰을 제공할 수 있기를 바란다. 《개발을 위한 세계화*Globalization for Development: Meeting New Challenges*》(케네스 레이너트Kenneth Reinert와 공저)에서는 세계화가 빈곤을 감소시키는 강력한 동력이 될 수 있지만 그런 일이 저절로 일어나지는 않음을 보여준다. 그 잠재력을 실현하려면 구체적인 정책이 필요하다. 그 책은 금융과 무역, 원조, 이주, 아이디어와 관련된 흐름들을 다룬다.《특출한 사람들*Exceptional People: How Migration Shaped Our World and Will Define Our Future*》(제프리 캐머런Geoffrey Cameron, 미라 발라라잔 Meera Balarajan과 공저)에서는 글로벌 흐름 중에서 가장 많이 오해하는 개념인 이주의 중대성을 다룬다. 세계화의 관리를 집중적으로 다룬《분열된 국가*Divided Nations: Why Global Governance Is Failing, and What We Can Do about It*》에서는 기존 글로벌 기관들이 21세기 사안들에 적합하지 않음을 보여주고 나아갈 길을 제시한다. 글로벌 거버넌스의 실패는 이 책《위험한 나비효과》에서 확인한 위험들을 크게 악화시켰다.

이 책은 21세기에 팬데믹과 금융을 비롯한 여러 부문에서 발견되는 위험의 체계적 본성을 세계화 고유의 특징이라고 최초로 규정한다. 또한 세계화의 연쇄적 결과가 야기하는 부정적 차원을 완화하고 이에 맞서 회복탄력성을 구축하기 위해서 체계적 위험의 근원과 가능한 해결책을 검토하는 학제간 시각을 제공한다.

공저자인 마이크 마리아타산과 내가 내놓은 해결책 중 하나는 위험의 지리적 집중을 좀 더 고려한 경쟁 및 규제 정책의 변화다. 이 책은 세계화에 따르는 복잡성과 불안정성 증가를 관리하려면 좀 더 단순하고 많은 사람이 이해하며 널리 집행되는 규칙이 필요하다는 사실을 보여준다. 체계적 위험은 국경을 초월하므로 이런 위험을 관리하는 방식 역시 국제적으로 조율되어야 한다. 비즈니스와 관련해서 이 책은 관리회계에서 지나치게 단기적인 편향을 극복하고 좀 더 장기적인 가치평가로 인센티브를 재조정할 필요에 대해서 구체적인 권고안을 제시한다. 사회에서 회복탄력성을 몰아내는 상업 원칙 채택도 주요한 단점으로 꼽힌다. '기를 쓰고 모든 자산에서 이윤을 쥐어짜 내려는' '감량lean and mean' 경영 원칙은 과도하게 불안정하고 취약한 시스템을 유발한다. 개인적 합리성과 집단적 결과 사이의 긴장은 이 책을 관통하는 또 다른 주제다. 개개인에게 합리적일 수 있는 행동이 모여 전체에게 재앙을 초래할 수도 있다. 한 구매자가 의료용 마스크를 이기적으로 축적하는 행위나 저항성 질병을 유발하는 항생제의 과다 사용, 어업 붕괴를 초래하는 남획은 좀 더 조율된 행동이 필요한 이유를 보여주는 사례다. 이런 사례들은 개인의 행동이 시스템에 미치는 영향에 대한 설명이 불충분해서 일어나는 위험을 다룰 때 시장논리의 한계를 강조해준다. 금융위기와 코로나바이러스감염증-19가 우리에게 가르쳐주는 것이 있다면, 바로 세계화의 '위험한 나비효과'가 제기하는 체계적 위험을 다룰 체계적 대응법을 개발해야 한다는 사실이다. 나는 이 책이 왜 이런 일이 발생하는지에 대해, 그리고 우리 모두가 좀 더 효과적으로 관리되는 세계화로부터 혜택을 누리고 함께 번영을 누리는 지속가능한 세계를 건설하려면 무엇을 해야 하는지에 관해 통찰을 제공하기를 바란다.

2020년 5월, 영국 옥스퍼드에서
이언 골딘

머리말

이 책은 고도로 연결되고 복잡하며 불확실한 세계에서의 생활 방식을 살펴본다.[1] 중심 주제는 세계화가 좀 더 효과적으로 관리되어야 한다는 것이며, 책의 마지막 장에서 보겠지만, 모든 차원에서 회복탄력성을 구축하기 위해 제도와 정책에 투자하는 방안도 포함하고 있다. 세계화는 우리 일상생활의 모든 요소에 스며들어 있다. 이 책에서 말하는 '세계화'란 사람과 재화, 용역, 생각이 점점 더 많은 국가에 걸쳐 이동하는 현상을 의미한다. 세계화 과정은 다국적 기업과 그 글로벌 공급망, 금융 그룹과 그 국제 투자 포트폴리오에 국한되지 않으며, 전혀 그럴 법하지 않은 평범한 사람에게도 영향을 미친다. 세계화는 우리 삶과 미래의 선택지를 형성해왔다.

세계화는 우리 선택뿐만 아니라 우리가 소비하는 거의 모든 재화와 용역의 구성 요소에도 영향을 미친다. 우리는 예전 그 어느 때보다도 서로 긴밀하게 이어져 있고, 그 연결은 한층 더 복잡하고 빈번하며 우리 삶과 경제에 중추적인 역할을 한다. 심지어 국가와 사회가 발전하는 방식까지 규정한다. 정치는 지역 관심사에 좌우되기 쉽지만, 이 책에서 보여주듯이 사회가 직면하는 주요 기회와 위험 요인이 국경을 넘어서서 결정되는 경우가 늘어나고 있다. 동시에 코로나바이러스감염증-19가 분명하게 입증했듯이, 어떤 한 공동체에서 발생한 일이 금방 세계적 사건으로 퍼져나갈 수도 있다. 전 세계적 현상이 가장 외딴 지역이나 공동체에 두드러진 영향을 미칠 수 있듯이, 좁은 장소와 개개인이 세계 차원에서 중대한 의미를 지닐 수도 있다.

정치인은 지역 관심사가 세계 발전보다 중요하다고 느끼기 마련이다. 외국인은 공통의 역사나 배경, 국적을 공유하지 않으며, 법률과 국경을 비롯한 여러 제한이 세계시민을 갈라놓는다. 그러나 현대인은 맨해튼이나 모스크바, 뭄바이 등 거주 지역이 서로 다를지라도 치밀하고 복잡하게 얽히고설킨 연결망으로 이어져 있다. 물리적 세계와 가상세계 모두가 이런 연결망을 갖추고 있으며, 그 덕분에 우리는 데이비드 리카도David Ricardo가 1817년에 세계 발전에 관한 획기적인 통찰을 저술했을 당시에는 상상도 할 수 없었던 수준의 비교 우위를 누리게 됐다.[2] 세계화를 비판하는 사람은 많지만 통합과 교환으로 얻는 이득을 부인하는 사람은 거의 없을 것이다. 이 책은 급속한 통합에서 간과된 측면, 특히 세계화에서 비롯한 체계적 위험에 초점을 맞춘다.

내가 쓴 책《발견의 시대Age of Discovery: Navigating the Risks of Our New Renaissance》에서는 15세기 후반의 세계화 단계와 오늘날의 세계화 단계를 비교한다. 르네상스가 시작된 지 500여 년이 지난 지금 우리는 르네상스 시대가 이룩한 예술과 과학, 항해 부문의 놀라운 발전을 찬양한다. 그러나 그 첫 번째 세계화 단계는 재앙으로 끝났다. 신세계로 향했던 배들은 질병을 퍼트려 아메리카 대륙의 원주민 대부분을 몰살했다. 유럽에서는 정통주의에 도전하는 새로운 사상이 퍼지고 불평등과 위험이 증가하면서 인기에 영합하는 정치인을 지지하고 권위주의로 후퇴하는 현상이 나타났고, 결국 종교전쟁과 끔찍한 종교재판으로 막을 내렸다. 당시의 세계화 관리 실패는 1820년에서 1914년에 걸쳐 일어난 다음 번 세계화 물결과 마찬가지로 극적인 반전과 전쟁으로 이어졌다.

1990년 무렵 이후에는 국제 정치와 세계 경제의 근본적인 재편과 더불어 정보 및 수송 기술에서 혁신적인 도약이 일어났다.[3] 사회기반시설과 금융, 수송, 정보, 경제, 비즈니스와 관련한 다양한 글로벌 관계와 시스템이 닥치는 대로 개발되다 보니 개인을 비롯한 여러 주체가 선택을 행하는 맥락이 계속해서 확대되고 점점 더 복잡해지고 있다. 이제는 어떤 개인이 행한 선택의 결과를 낱낱이 설명하기가 불가능하다. 앞으로 설명하겠지만, 이런 문제점은 재화와 용역, 기술, 정보, 인력을 교환하는 글로벌 체계 구석구석에 만연해 있다. 개인 혹은 집단 결정의 파장이 점점 불확실해지는 상황에서 책임과 보상, 처벌을 규정하기란 더더욱 어렵다.

복잡성이 증가하면 이 일은 한층 더 힘들어진다. 우리가 개인으로나 지방정부 및 중앙정부를 통해 하는 행위는 미리 예측할 수도 없고 사후에도 이해하기 어려운 체계적 결과를 초래하기 십상이다. 복잡계에서 회복탄력성은 개별 목표가 되고 다른 목표들과 분리해서 고려해야 한다.[4]

서로 연관된 두 가지 문제가 발생한다. 첫 번째는 개인행동 각각이 합리적이더라도 전체로 보면 실패로 이어질 수 있다는 문제다. 경제학자와 사회과학자들은 오랫동안 '공유지의 비극tragedy of

위험한 나비효과

the commons'을 연구해왔다. 인구가 증가할수록 그리고 소득 증가로 개인이 소비하고 싶은 대상을 좀 더 자유롭게 선택하게 될수록 문제는 심각해진다. 한때는 참다랑어 어업이 지속가능한 수준이었지만 2013년 1월에는 참다랑어 한 마리가 170만 달러에 팔리기에 이르렀다.[5] 코뿔소 뿔 시장이 그랬듯이 참다랑어 시장 기능의 소멸도 시간문제. 생물다양성과 기후 변화, 항생제 내성을 비롯한 여러 세계 공공재 관리 실패에서도 비슷한 문제가 발생한다. 세계 인구가 많아지고 소득이 증가할수록 각 개인의 활동은 더 큰 파급 효과를 지닌다.

두 번째는 복잡성과 통합 정도가 증가할수록 어떤 원인 탓으로 돌리기가 어려워지고 의도하지 않았거나 알려지지 않은 행동의 결과가 증가한다는 문제다. 모든 거버넌스 차원에서 세계가 연계할 때 발생하는 비선형적이고 대단히 복잡한 특성을 이해하기는 커녕 인정하지도 못한다면, 약점이 증가하고 의사결정이 마비될 수 있다. 세계는 혈관을 통한 혈액 순환에 상응하는 물리적 연결과 신경계에 맞먹는 가상 연결을 갖추면서 마치 살아 있는 유기체와 같아졌다. 글로벌 성장과 발전을 지속적으로 이룩하려면 시스템 다이내믹스와 상호의존성을 반드시 이해해야 한다.

금융과 공급망, 보건, 에너지, 인터넷, 환경을 비롯한 글로벌 체계의 각 요소는 바람직한 상태를 유지해야 한다. 그러나 가장 큰 체계적 위험은 이런 개별 체계 중 어느 하나의 붕괴가 아니라 이런 체계들 사이에서 증가하는 복잡성과 상호의존성을 관리하는 역량의 부족이다. 정치와 경제는 집단행동 실패에 미리 대처하거나 국제 협력으로 문제를 해결하는 데 대대적으로 실패했다.[6] 집단 실패에 대처하는 방법 중 하나는 과거 경험의 학습이다. 우리는 그런 교훈을 대개 비교적 뒤늦게 배우고 빨리 잊곤 한다. 진정한 변화가 뒤따르는 경우에도 의도한 목적에 항상 충분하지는 않다.

역사적으로 볼 때 발전은 끔찍한 비극에 이어서 일어났다. 현재의 글로벌 관리 체계는 제2차 세계대전의 잿더미에서 생겨났다. 우리는 정보 및 교육 수준 증가와 긴밀한 물리적 연결 및 가상 연결이 좀 더 효율적인 거버넌스를 이룩할 수 있는 깨어 있는 세계 시민을 배출하고 있기를 바란다. 더 많은 정보에 정통한 교육 수준 높은 사람들이 있으므로 우리는 더 빨리 배울 수 있다. 또한 수많은 사람이 교육을 받고 세계적 차원으로 참여하면서 개인 천재성individual genius이 표출됐으므로, 세계적인 활동과 문제 해결에 참여하는 특출한 개인이 무작위로 분포한다는 가정 아래 인류는 더 많은 해결책을 발견할 수 있을 것이다. 집단 천재성collective genius은 한층 더 강력한 혁신의 원천이다. 더욱더 많은 사람이 서로 연결되고 제각각 지식과 정보를 제공하면서 생각이 더 빠르게 진화하기에 이르렀다. 연결성과 복잡성이 나쁘기만 한 것은 아니다. 오래된 생각과 새로운 생각이 새롭게 얽히고 결합함으로써 설득력 있는 통찰과 새로운 정치를 내놓을 수 있다. 분출된 힘을 이해하고 이를 포용적이고 지속가능한 방식으로 관리할 수 있으려면 이런 통찰과 새로운 정치가 간절하게 필요하다. 이런 잠재력을 거둬들이지 못한다면 세계화는 기회라기보다 위협으로 인식될 것이다. 또한 체계적 위험 증가와 연쇄적 위기에 휘말리게 될 것이다. 그 결과, 세계 곳곳의 개인들이 외인성 충격에 노출되지 않으려고 애쓰면서 외국인 혐오와 보호무역주의, 국수주의가 만연하게 될 가능성이 높다. 그런 행동은 역효과를 낳고 글로벌 관리 부실을 악화시킬 것이다. 관건은 회복탄력성을 구축하고 연결성과 복잡성 증가에서 비롯하는 불가피한 상호의존성과 취약성을 완화하는 동시에, 한발 앞서서 세계화의 혜택을 거둬들이는 일이다.

이 책은 고도로 연결되고 복잡하며 불확실한 세상을 살아가면서 마주치게 될 결과들을 고찰한다. 나아가 세계화와 관련된 위험을 관리할 수 있도록 돕고자 한다. 학제간 접근법을 적용해 잠재적인 체계적 위험을 다양한 차원에서 검토함으로써 통찰을 이끌어내고자 한다. 이 책은 생태학에서 경제학, 나아가 산업과 사회기반시설에 이르는 영역의 체계적 위험에 초점을 맞춘다. 또한 명백하게 구별되는 여러 영역 안에서 위험의 체계적 본성을 강조하면서도 각 영역 간에 공통된 통찰과 관련성을 역설하고 거버넌스와 사회 전반에 미치는 위험을 탐구한다.

이 책은 불가피하게도 어떤 한 영역에 관해서 완전하거나 전문적인 관점을 제공하지는 못한다. 우리 저자들은 경제학자이므로 금융 분야의 분석이 세계화와 체계적 위험 간의 주요 관계를 이해하는 기초를 이룬다. 경제학 이외에 보건, 사회기반시설을 비롯한 기타 분야에서는 그 주요 동인과 취약점에 관한 우리의 이해를 바탕으로 관점을 제공하지만, 심화 분석을 위해서는 분명히 학문적 전문지식이 필요하다. 우리는 다른 학문 분야 학자들에게 얻은 가르침을 토대로 일반 원칙을 추론하고 모범 사례를 확인할 수 있었다. 이렇게 다양한 부문들 각각에서 체계적 위험의 본성에 관한 증거들을 최초로 종합함으로써, 세계화가 유발한 상호의존성의 중요성과 연구 및 행동을 통합할 필요성을 확인할 수 있다.

이 책은 총 여덟 장으로 이뤄져 있다. 1장에서는 21세기 초연결 세계의 체계적 위험에 대한 우려를 설명한다. 이 장에서는 글로벌 통합에 대한 역사적 관점을 제시하면서, 최근 수십 년 동안 국제 관계의 본질에 근본적인 변화가 있었다고 생각하는 이유를 밝힌다. 또한 우리가 전례 없는 기회의 원천으로서 세계화에 관심을 두는 이유도 설명한다. 이어서 현재의 세계화는 지속가능하지 않으며 세계화가 유발한 체계적 위험이 세계화가 실패하는 원인이 될까 봐 우려하는 이유를 밝힌다. 1장에서는 주요 개념을 제시하고 이어지는 내용을 이해하는 데 필요한 지적 토대를 제공한다.

2장에서는 경제학자로서 우리가 가진 지식을 바탕으로 2007년과 2008년에 걸쳐 발생한 금융위기가 21세기 최초의 체계적 위기였다는 증거를 제시한다. 최근 수십 년 동안 금융은 세계화의 최첨단에 있었다. 우리는 정치와 이데올로기가 실패한 상황에서 기술 및 기타 진보의 조합이 어떻게 이 지속불가능한 체계의 통합과 확장을 초래했는지 보여준다. 아이슬란드 사례연구를 바탕으로 이해 부족과 부실 경영의 규모를 분명하게 밝히고 아이슬란드의 실패가 어떻게 미국과 유럽을 비롯한 다른 국가들에 반영되는지 보여준다. 2장에서는 체계적 위험의 관리에 필요한 양대 요소를 제시한다. 첫째, 복잡계의 진화를 이해하고 판단하고 예측하려는 활동을 개선해야 한다. 둘째, 전 세계에 걸친 조직을 갖추면서도 현지의 요구에 유연하게 대응하는 동시에 복잡성과 변화를 관리할 수 있도록 단순한 규칙에 근거한 제도와 절차를 고안해야 한다. 지나치게 복잡한 규제로는 증가하는 복잡성을 감당할 수 없으므로 단순한 규칙과 주의가 필요하다고 강조한다.

위험한 나비효과

3장에서는 비즈니스와 무역 분야의 체계적 위험을 검토한다. 특히 글로벌 공급망과 관련된 위험 및 경영교육의 세계화에 주목한다. 금융의 경우와 마찬가지로 이런 위험은 주로 행동위험에서 비롯한다. 이러한 위협은 이윤을 극대화하려는 그리고 합리적인 위험 분담 전략이나 생산 과정에서 이익을 얻으려는 개별 기업의 건전한 욕망에서 유래한다. 마찬가지로 개인도 광범위한 집단의 이익보다는 본인과 가족, 단체의 이익을 고려한다. 개인과 단체가 자유시장 원칙에 따라 살아갈수록 이런 개별 선택은 더 크게 표출된다. 이는 세계 발전과 부의 창출을 이끄는 주요 동인이었지만 동시에 산산이 흩어진 개인의 행동이 초래하는 여파나 체계적 결과를 설명하는 데 실패하는 경우도 점점 증가한다. 체계 안정성과 지속가능성이 자기 책임이 아니라고 생각하는 개인이나 기업이 늘어날수록 전체로서 체계가 불안정해지고 체계적 위험에 처하기 쉽다. 세계화 속도가 점점 빨라지는 현 단계와 관련한 급속한 경제성장 및 인구 증가에서 발생하는 외부효과 증가와 집단 위험을 관리해야 할 국가적 혹은 다자간 책임을 정부가 회피하면서 이런 현상이 거버넌스 실패도 반영한다는 사실을 이 책은 보여준다.

　4장에서는 세계화의 혈액이 흐르는 동맥을 이루는 물리적 사회기반시설을 집중적으로 다룬다. 이런 사회기반시설이 없다면 글로벌 통합은 불가능할 것이며 우리 사회는 기능 장애를 일으키게 될 것이다. 우리는 무역과 여행 네트워크, 에너지 공급 네트워크, 글로벌 정보기술 아키텍처의 취약점에 초점을 맞춘다. 이러한 영역의 통합 정도를 기록하고 이런 네트워크가 장애를 일으킬 때 발생할 위험을 고찰한다. 4장에서는 물리적 네트워크의 주요 특징을 밝히고 사회기반시설이 연속해서 발생하는 충격을 증폭하는 대신 안정성을 제공하는 원천 역할을 할 수 있도록 체계적 충격에 굴하지 않고 회복탄력성을 갖출 수 있는 방법을 확립하고자 한다.

5장에서는 생태학적 위험 및 세계화와 환경 간의 관계를 검토한다. 세계화는 환경과 영향을 주고받는다. 이 장에서는 세계화가 생태계를 형성시키는 한편 생태계가 글로벌 통합 과정에 영향을 미치는 이중적 인과관계를 고찰한다. 세계화로 경제성장 속도가 빨라졌지만 동시에 화석연료 사용이 증가하면서 탄소 배출량 역시 늘어났다. 또한 생태계 다양성이 대폭 감소했다. 온실가스 축적과 생물다양성 감소는 잠재적으로 재앙을 초래할 수 있다. 세계화와 관련한 인간의 개발 속도 증가는 생태계 안정성을 과거의 악화 양상과는 근본적으로 다른 방식으로 위협한다. 이는 영향력의 가속화와 잠재적인 체계적 영향 때문이다. 세계화는 지구 생태계의 안정성을 위협하지만, 환경 자체가 증가하는 위험의 원천이기도 하다. 홍수와 가뭄을 비롯한 극단적인 기상 이변은 토양과 수자원을 비롯한 여러 천연자원의 질적 저하와 더불어 세계화가 가져오는 이익의 상당 부분을 훼손하고 그 위험을 악화시키는 체계적 위험을 유발한다. 이런 체계적 위험은 가난한 사람들, 무엇보다도 불모지와 취약한 지역에 사는 사람들에게 특히 부정적인 영향을 미친다.

6장에서는 가장 오래된 체계적 위험의 형태, 즉 바이러스와 팬데믹에서 비롯한 체계적 위험에 관한 증거를 제시한다. 세계화를 특징짓는 요인들은 이런 위험을 늘린다. 소수의 주요 공항과 기타 거점을 통과하면서 점점 더 빠른 속도로 더 먼 거리에 걸쳐 이뤄지는 사람과 재화의 이동도 이러한 요인에 속한다. 인구밀도가 증가하고 도시화가 진행되는 동시에 동물을 식품과 애완용으로 밀접하게 접촉하는 사례가 증가하면서 팬데믹이 발생하고 급속하게 확산되기 쉬워졌다. 항생제 개발로 한숨을 돌릴 수 있었지만 항생제 내성 증가는 대단히 우려스러운 문제다. 기술 개발에는 악용 가능성이 따르며, DNA 염기 서열 결정에 드는 비용이 급감하면서 완전히 새로운 의료 기회를 제공하는 동시에 실험실에서 전염병을 인위로 합성할 수 있는 가능성에서 비롯하는 새로운 위험도 대두했다. 현재 세계화 단계는 팬데믹 관리에 새로운 차원의 복잡성을 더하고 있다. 세계화와 질병의 상호작용은 새삼스러울 것 없는 현상이지만, 6장에서 보여주듯이 이는 체계적 위험의 새로운 위기 국면에 진입했다. 코로나바이러스감염증-19는 세계화가 체계적 위험을 어떻게 퍼트릴 수 있는지 무시무시할 정도로 잘 보여줬다. 이 책의 2014년 판에서 우리가 주장했듯이, 이런 성격의 글로벌 팬데믹은 피할 수 없다. 지금 관건은 현 사태에서 배움을 얻어 이보다 더 치명적인 글로벌 팬데믹이 다시는 발생하지 않도록 막을 수 있을지의 여부다.

7장에서는 사회적 위험을 다룬다. 특히 경제적 불평등과 사회 통합social cohesion에 초점을 맞춘다. 세계화 과정에서 신흥경제국들이 앞서 발달한 선진국들을 따라잡았지만, 이런 현상에 관심이 쏠린 나머지 수많은 나라가 크게 뒤처지고 있다는 사실은 가려졌다. 또한 세계화는 사실상 모든 국가에서 불평등 증가와 연관성을 나타낸다. 우리는 불평등 증가의 원인과 함의, 세계화로 인해 개인과 사회가 어느 정도로 단절되거나 불이익을 받는지 고찰한다. 세계화의 불평등한 본성과 증가하는 이주 제한, 국가 및 글로벌 차원에서 좀 더 포용적인 체계를 장려하려는 정책의 실패 등이 원인으로 꼽힌다. 가난한 사람과 가난한 국가가 불평등을 두드러지게 하는 체계적 위험에 가장 취약하다는 증거는 특히 우려스러운 점이다. 정치인들이 장기적이고 전략적인 관심사에 초점을 맞출 권한도 지지도 받지 못하는 상황에서, 사회통합의 약화와 제도 실패의 확대는 서로 밀접히 연관되어 있다. 1장에서 밝힌 귀인歸因 문제도 리더십이 약해지고 극단주의 정당들이 성장하는 원인인 듯하다. 시민들이 당면한 환경에 더 큰 통제력을 행사하려 하고 별다른 관련성을 느낄 수 없는 동떨어진 곳의 무책임한 듯한 기관으로부터 통제권을 빼앗으려고 하면서 국수주의와 보호무역주의, 외국인 혐오 행동을 비롯해 지역 정치에 집중하는 추세와 극단주의 정당에 대한 지지 증가가 나타나고 있다. '외국'이 '위협'과 같은 의미를 지닐 때 집단행동을 옹호하는 주장을 펼치기란 더욱더 어렵다. 그러나 우리는 집단행동을 통해서만 회복탄력성을 기르고 중대한 체계적 위협을 완화할 수 있다. 사회통합은 체계적 위협을 좀 더 효과적으로 관리하기 위한 필요조건이다. 이 책에서 우리는 글로벌 통합과 세계화가 계속해서 성공을 이어가려면 좀 더 포용적인 세계화가 꼭 필요한 전제조건이라고 주장한다.

마지막 장인 8장에서는 글로벌한 체계적 위험이 갖는 상호의존적 본성을 검토한다. 이 장에서는 국제 조율과 학제간 활동의 필요성을 강조하고 초연결 환경에서 위험은 특정 부문이나 영역에 국한된 대상으로 취급할 수 없다는 결론을 내린다. 개인과 기업의 행동에서 비롯한 위험과 물리적 사회기반시설 및 자연환경과 관런된 위험은 모두 상호 간에 영향을 미친다. 환경은 세계화에 영향을 받는 동시에 세계화 지속을 심각하게 위협하기도 한다. 경제통합과 사회통합 사이의 인과관계 역시 양방향으로 작동한다.

이 책의 주요 목표는 정부와 기업, 시민사회 지도자, 정책 입안자는 물론 학생과 시민들에게 세계화와 체계적 위험의 관계를 알리는 것이다. 이 목적을 달성하고자 우리는 마지막 장에서 세계화를 관리하고 지탱하기 위한 일반 원칙을 제시하고 구체적인 권고안을 제공한다. 또한 세계화를 좀 더 사려 깊게 이해하고 관리해야 하며 국가 및 세계 차원에서 경제통합과 지속가능한 결과 사이의 균형을 맞춰야 한다고 강조한다.

1

연결된 세계의 위험

최근 수십 년 동안 우리는 연결과 통합의 새로운 시대에 진입했다. 세계화는 다국적 기업과 그 글로벌 공급망, 금융 그룹과 그 국제 투자 포트폴리오에 영향을 미칠 뿐만 아니라 사실상 살아 있는 모든 개인의 일상생활까지도 좌우한다. 국가 간 상호작용이 흔하게 일어나고, 소셜 네트워크 범위가 전 세계로 퍼졌다. 전 세계 사람들의 관계가 놀라운 속도로 성장했다. "지금 현재 휴대전화를 소유한 마사이족 전사는 25년 전 미국 대통령보다도 더 뛰어난 휴대전화 기능을 이용할 수 있다. 구글에 접속할 수 있는 스마트폰을 가지고 있다면 15년 전 미국 대통령보다도 쉽게 정보를 이용할 수 있다."[1]

이러한 상호연결성은 우리가 의식적으로 선택하지 않을 때조차

위험한 나비효과

우리 삶의 모든 측면에서 존재감을 드러낸다. 세계화에 너무나 익숙해진 우리는 세계 각지에서 온 재화와 용역을 당연하게 여기면서 소비한다.

21세기에 접어들면서 이제 무역 대상은 물질 품목에 국한되지 않는다. 아르헨티나산 육류나 카리브해산 바나나 같은 전통적인 무역품이 시대에 뒤진 듯이 보일 법한 속도로 전기와 미디어, 돈, 아이디어가 국경을 넘나든다. 우리 모두가 국경을 넘어온 재화와 용역은 물론 기술에도 의존한다. 예를 들어 우리의 정보기술IT 서비스는 뭄바이에서 제공하는 이스라엘산 소프트웨어로 실행할 수 있으며, 우리는 남아프리카에서 촬영하고 로스앤젤레스에서 제작한 오락물을 20개국 이상에서 제조한 부품들을 중국이나 대만에서 조립한 컴퓨터로 즐긴다. 유럽연합이 그리스 재무부의 재정정책을 수립하고, 독일 금융이 키프로스 정부를 구제한다. 월드와이드웹을 가능케 하는 해저를 가로지르는 광케이블과 함께, 선진국뿐 아니라 한때 '제3세계'라고 불렸던 지역에도 설치되어 필요한 연산 능력을 제공하는 전 세계의 서버들이 웹을 형성한다.

'선진국'과 '개발도상국'을 나누는 전통적인 경계는 사라지고 있다. 법률과 국경, 규제가 국가를 구분하기는 하지만 사실상 우리의 모든 활동과 아이디어가 국경을 넘나드는 특질을 지닌다. 개인과 지역의 선택은 전 세계에 영향을 미치고 그 반대도 마찬가지다. 즉 국경 밖에서 일어나는 사건이 우리 각자에게 매일 직접적인 영향을 미친다. 이런 연결성은 복잡하고 대개 명백하지 않으며 우리가 통제할 수 없는 경우가 많다. 그런데도 이러한 연결성이 세계가 발전하는 방식에 영향을 미치고 있다. 앞으로 살펴보겠지만 어떤 한 장소에서 일어난 사건이 국경과 부문은 물론 전통적인 위험 유형 구분을 뛰어넘어 다른 지역에 연쇄적으로 영향을 미칠 가능성이 증가하고 있다.

이 장에서는 이처럼 복잡한 연결망을 이해하기 위한 틀을 확립한다. 연결성 증가는 우리 시대를 규정하는 특징이다. 우리는 우선 연결성 증가를 추진하는 힘을 좀 더 잘 이해하고자 한다. 그다음 이러한 연결성 증가와 복잡성 개념 사이의 관계를 알아보고 이런 연관성이 어떻게 본질적으로 불안정성을 내포하는지 살펴본다. 이어서 이런 불안정성을 한편으로는 불확실성 및 체계적 쟁점과 연관 짓고 다른 한편으로는 개인 및 기관의 책임 상실과 연관 짓는 위험분석 작업을 실시한다. 마지막으로 좀 더 '투명하고' 좀 더 '회복탄력성 있는 세계화resilient globalization'를 촉진하는 개혁을 주장할 것이다.

세계화의 두 가지 요인

일반적으로 세계화란 재화와 용역, 돈, 사람, 정보, 기술, 문화가 국경을 넘나드는 흐름 증가가 촉진하는 과정인 동시에 그런 흐름 증가를 유발하는 과정으로 이해할 수 있다.[2] 이런 흐름은 다양한 차원에 걸쳐서 발생하고 흐름 간에는 전례 없이 많은 연결이 생성되고 있으며 지금도 기하급수적으로 증가하고 있다. 이런 연결이 갈수록 더 많은 인간 활동 영역을 파고든다는 점에서 점점 더 깊어지고 있다. 이제는 사람뿐만 아니라 자동차, 전화, 상품 그리고 점점 더 광범위한 무생물과 센서 같은 사물도 서로 연결되고 있다.

현 시기의 통합은 일련의 큰 변화들이 폭넓은 영향력을 구석구석까지 미쳤다는 점에서 비교적 짧은 시간 동안 영향을 미친 이전 세계화 단계들보다 혁명적이다.[3] 우리는 글로벌 연결성의 독특한 두 가지 사례가 경제통합의 거래 비용을 현저히 낮췄다고 본다. 첫째는 특히 연산력 및 정보기술과 관련된 혁신과 기술 진보다. 1960년대 말 스탠퍼드연구소 소속 컴퓨터 공학자 더글러스 엥겔바트Douglas Engelbart는 개인용 컴퓨터의 등장과 함께 떠오른 새로운 기술적 기회들을 시연했다. 사용자 경험에 대한 엥겔바트의 생각은 개인용 컴퓨터 사용에 이정표를 세웠고 이후 세상을 바꾼 수많은 돌파구에 영감을 제공했다. 오늘날 개인용 컴퓨터와 인터넷 사용은 새로운 패러다임에 접어들었다. 인텔 사의 공동 창업자 고든 무어Gordon Moore가 1965년에 처음으로 마이크로칩에 들어가는 트랜지스터 수가 매년 두 배로 증가할 것이라고 말했을 때 그는 자신의 예측이 무엇을 암시하는지 예상하지 못했을 것이다.[4] 오늘날 "기술은 우리가 요리하고 먹는 방식, A에서 B로 이동하는 방식, 일하고 서로 상호작용하는 방식을 바꾸면서 평범한 일상생활 속으로 스며들었다."[5] 거의 50년이 지난 지금도 '무어의 법칙'은 여전히 건재하며, 향후 수십 년 동안에도 적어도 지난 20년 동안 일어난 변화만큼 급진적일 변화를 뒷받침할 것이다. 저렴한 정보기술과 통신기기 덕분에 우리는 전통적인 산업 경계는 물론 국경까지 뛰어넘는 가상세계를 만들었다. 이러한 기기들은 전례 없는 수준의 글로벌 통합을 이룩했으며, 정보 및 기술을 교환할 수 있는 플랫폼을 제공함으로써 세계화를 촉진할 잠재적인 전달 매체를 계속해서 만들어낸다. 또한 통신 발달로 세계는 가장 가치 있는 자원, 즉 점점 더 수준 높은 교육과 문해력을 갖춘 인적 자원 증가를 이용할 수 있게 됐다.[6]

글로벌 연결성의 두 번째 사례는 최근의 세계화 물결을 규정하는 동시에 촉진하는 정치 및 이데올로기의 변화와 관련이 있다. 베를린 장벽을 무너뜨리고 냉전을 끝낸 정치 혁명은 대단히 중요했다. 베를린 장벽이 무너지고 소비에트 연방이 해체된 지 10년도 채 지나지 않았을 때 서구는 중국의 13억 인구 경제와 관계를 정상화했다. 라틴아메리카, 아시아, 아프리카, 동유럽의 65개국이 넘는 나라에서 권위주의 정권이 무너지고 그 대신 세계 무역과 금융, 사상에 좀 더 개방적인 민주주의 체제가 들어섰다.[7] 모든 국가는 아니지만 많은 나라에서 국경 개방과 함께 민주주의 제도와 지적 재산권, 시장 자본주의와 좀 더 개방적인 경제로 향하는 경제 패러다임의 전환이 발생했다.[8] 우루과이라운드 무역 협정과 거시경제 정책 개혁으로 이전 어느 세계화 물결 때보다도 많은 국가와 사람들이 재화와 용역, 아이디어의 교환에 나섰다. 1990년대 이후 국가 간 자본 흐름은 급격하게 증가했으며(1995년 1조 5,000억 달러에서 2007년 6조 달러로) 2007~2008년 금융위기 이후에도 강한 회복세를 나타냈다(2년 동안 변동과 감소를 나타낸 이후 2010년에 4조 4,000억 달러에 도달).[9] 21세기에 들어선 이후 중국(2001), 대만(2002), 사우디아라비아(2005), 베트남(2007), 우크라이나(2008), 러시아(2012)가 세계무역기구WTO에 가입했다. 현재 회원국은 154개국이며 세계 주요국은 모두 세계무역기구의 규정에 따라야

위험한 나비효과

한다.[10]

일반적으로 세계 자본과 무역 흐름이 자유로워졌다고 해서 이와 함께 국경이나 지역 경계를 넘나드는 노동력과 사람의 이동을 규제하는 제한이 사라지지는 않았다.[11] 이런 제한이 있는데도 노동시장 세계화의 규모와 범위는 주목할 만하다. 1980년 이후 이주자 수는 두 배로 증가해 전 세계적으로 2억 명을 훌쩍 넘어섰다.[12] 이주 양상 또한 바뀌었다. 1840년에서 1914년에 걸친 기간에는 대서양을 횡단하는 이주가 대부분이었던 반면, 제2차 세계대전의 여파로 발생하고 1980년대에 급격히 증가한 이동은 전 세계에 걸쳐 일어났다.[13]

도로와 철도, 선박 항로, 항공 교통으로 이뤄진 복잡계가 확대되고 발달하면서 재화와 사람이 손쉽게 세계 곳곳으로 이동할 수 있게 됐다.[14] 2008년 세계 컨테이너 항만 수송량은 처음으로 5억 TEU(20피트 길이 컨테이너 1개를 가리키는 단위) 문턱을 넘어서면서 1988년보다 7배로 증가했다.[15] 1990년대 중반 이후 세계 항공 여행은 두 배 넘게 증가했다(그림 1.1 참조). 같은 기간 동안 고가 무역품에 대한 수요가 소득보다 빠르게 증가하면서 세계 무역 실질가치는 4배 이상 증가했으며, 효율적인 물류 산업의 뒷받침으로 글로벌 가치사슬이 부상하면서 생산 공정이 세계 곳곳으로 흩어졌다.[16]

최근 수십 년이 그 이전과 가장 뚜렷하게 달라진 원인은 급격한 정치, 경제, 기술 변화가 동시에 발생했기 때문이다.[17] 소비에트 연방이 해체되고 중국을 비롯해 한때 자급자족 경제를 고집하던 정권들이 세계 공동체로 통합된 시기는 우연히도 아마존(1994), 이

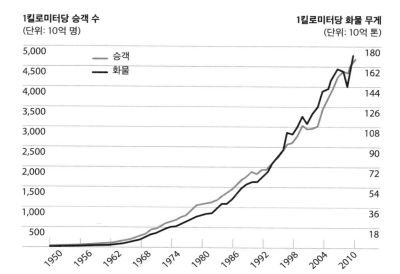

| 1킬로미터당 승객 수 (단위: 10억 명) | 1킬로미터당 화물 무게 (단위: 10억 톤) |

그림 1.1. 1950년부터 2011년까지 세계 항공 승객 및 세계 항공 화물 수송량. 장 폴 로드리게 Jean-Paul Rodrigue, 클로드 콩트와Claude Comtois, 브라이언 슬랙Brian Slack 공저,《교통 시 스템의 지리학*The Geography of Transport Systems*》(뉴욕: 루트리지 출판사, 2012년) 3장 중 <1950년부터 2011년까지 세계 항공 승객 및 세계 항공 화물 수송량>에서 발췌. 2012년 10월 19일 접속, http://people.hofstra.edu/geotrans/eng/ch3en/conc3en/evolairtransport.html. 장 폴 로드리게 작성. 허가받아 전재.

베이(1995), 구글(1998), 페이스북(2004)을 낳은 기술 혁명과 겹쳤 다. 이 같은 정치 및 통신기술 격변이 세계화 속도를 현저하게 높 였다.

세계는 복잡계가 되어버렸다

이 단락에서는 이 책에서 연결성 증가를 어떤 의미로 사용하는

위험한 나비효과

지 설명하고 복잡성 개념이 세계화가 창출한 통합 체계와 어떻게 관계되는지 제시한다.

날로 가속되는 연결성

모바일 장치를 이용한 인터넷 접속은 비교적 최근에 일어난 혁신 사례다. 시스코 비주얼 네트워킹 인덱스Cisco Visual Networking Index 에 따르면 2010년 세계 '모바일 데이터 트래픽'은 2000년 '세계 인터넷 트래픽 전체'보다 세 배 이상 많았다.[18] 2010년 모바일 트래픽은 3년 연속 세 배로 증가했으며, 2009년과 2010년 사이에 평균 접속 속도는 두 배로 증가했다. 이 한 해 동안 스마트폰 사용량도 두 배로 증가했다. 2015년이면 세계 모바일 트래픽이 2010년 수준보다 26배 증가할 것으로 예상되며, 전 세계 인구 72억 명이 사용하는 모바일 연결 장치 수가 71억 대에 도달해 1인당 모바일 장치 보유량이 거의 한 대에 이를 것으로 예측된다.[19] 이런 숫자의 기저를 이루는 혁신적인 잠재력은 모바일 장치로 인터넷에 접속할 수 있지만 '전기가 들어오지 않는' 생활을 하는 사람이 4,800만 명이라는 사실에서 가장 잘 이해할 수 있다. 다시 말해 구글에는 접속할 수 있지만 인공조명을 사용할 수 없는 사람이 4,800만 명에 달한다. 웹은 전구보다도 널리 사용될 것이다.[20]

모바일 인터넷을 이용하려면 인터넷 익스체인지 포인트Internet exchange point(인터넷 서비스 제공자 간의 인터넷 트래픽을 원활하게 하고자 실시하는 인터넷 연동 서비스―옮긴이), 기지국, 중심 회선 같은 측면에서 상당한 물리적 사회기반시설이 필요하지만, 개인

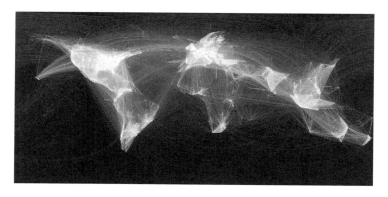

그림 1.2. 2010년 페이스북 친구 맺기 양상. 폴 버틀러Paul Butler, <친구 맺기 시각화Visualising Friendships>, 페이스북, 2010년 12월 13일. 2013년 1월 27일 접속, http://www.facebook.com/notes/facebook-engineering/visualizing-friendships/469716398919. 허가받아 전재.

사용자는 케이블 연결과 고정 연결로 물리적 인터넷에 접속하는 데 필요한 투자보다 훨씬 적은 비용으로 모바일 인터넷에 접속할 수 있다. 사실 적절한 통신망만 갖춰져 있다면 소비자는 쓸 만한 휴대전화와 인근에 배터리를 충전할 콘센트만 있으면 된다.[21] 세계에서 가장 빈곤한 일부 지역에서 가장 강한 모바일 인터넷 접속 성장세를 나타내는 현상은 전혀 놀라울 것 없는 일이다.[22] 이런 발달 덕분에 물리적 사회기반시설이 비교적 열악한 지역 사람들도 정보와 교육에 접근할 수 있다. 그림 1.2는 2010년 페이스북 '친구 맺기' 표본 1,000만 건을 한눈에 볼 수 있도록 지도에 표현한 자료다. 이 지도를 보면 아랍 지역, 중국, 아프리카 대륙 대부분의 연결이 상대적으로 침체 상태임을 알 수 있다. 이런 고립은 물리적 연결성이 결여된 결과일 뿐 아니라 일부 국가에서 페이스북 활동을 정치적으로 규제함으로써 대체 소셜 네트워크 개발이 활발하기 때문이다. 모바일 인터넷 장치는 정보 공유와 정치적 동원에 중요

위험한 나비효과

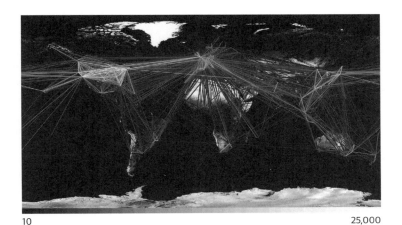

| 10 | | 25,000 |

그림 1.3. 2004년 민간 항공 수송 양상. 회색의 농도는 두 공항을 오가는 1일 승객수를 반영한다(그림 하단의 회색 눈금 참조). 라스 후프나겔Lars Hufnagel, 더크 브록만Dirk Brockmann, 테오 가이젤Theo Geisel, 2004, <세계화 시대 전염병 예측 및 통제Forecast and Control of Epidemics in a Globalized World>, 《미국 국립과학원회보Proceedings of the National Academy of Sciences (PNAS)》 101권 42호: 15124-15129쪽 중 15125쪽 그림. 저작권자: 미국 국립과학원. 허가받아 전재.

한 역할을 수행할 수 있다는 점에서 혁명적인 잠재력을 지닌다. '아랍의 봄'은 이런 잠재력을 보여주는 징후다. 러시아와 중국의 반체제 인사 처우를 둘러싸고 세계 곳곳에서 발생하는 시위 역시 마찬가지다.[23]

　그림 1.2와 세계 민간 항공 수송 양상을 보여주는 그림 1.3을 비교해보면 가상세계와 물리적 세계의 관계를 좀 더 자세히 살펴볼 수 있다. 두 그림을 비교해보면 가상 통합이 실제 세계의 상호작용을 상당히 잘 반영하는 대용물일 뿐만 아니라 실제 세계의 상호작용을 가속화하는 역할도 할 수 있다는 사실을 알 수 있다. 가상세계에 접속하는 사용자는 외국의 장소와 기회를 배울 수 있다. 가상세계에서 맺은 친분 덕분에 장거리 여행에 더 큰 관심을 두게

될 뿐만 아니라 더 손쉽게 여행 계획을 짤 수 있다. 기업은 가상 통신을 활용해 멀리 떨어진 지역에서 연줄을 개발하고 유지하며 직원과 사업을 관리할 수 있다. 여전히 국제 이주 장벽이 많이 남아 있지만 노동시장 세계화와 경제 디지털화는 진행되고 있다. 세계 어느 곳에서도 일자리를 검색할 수 있으며, 의사소통 향상으로 업무 과정과 문화에 대한 이해도가 높아짐에 따라 대륙 간 기술 이동이 용이해졌다. 그림 1.1에서 보여줬듯이 이런 발전의 결과로 사람의 여행 패턴과 재화 수송 간에 상관관계가 생겼다. 1950년대 이후로 두 부문 모두 성장 속도가 증가했으며, 2011년에는 1킬로미터당 승객 수가 총 4조 5,000억 명, 1킬로미터당 수송한 화물량이 1,700억 톤 이상에 이르렀다.

그림 1.4는 1990년과 2010년 사이에 더 많은 항공편이 더 많은 도시에 취항하면서 중국과 유럽의 국내 항공 교통이 규모와 복잡성 양면에서 어떻게 증가했는지 보여준다. 두 지역은 비슷한 수준에서 시작했지만 중국은 유효 좌석 킬로미터ASK: Available Seat Kilometers가 1,745퍼센트 증가하면서 가장 가파른 성장세를 나타냈다. 그림 1.5에 나타나듯이 항공사 활동 증가는 중국이 세계 무역 중심지로 부상하고 중국에서 조달되는 상품을 유통하는 국내 무역망을 개발하도록 이끄는 광범위한 연결성 증가 패턴의 일부였다.

금융 분야에서도 연결성과 통합이 급속도로 확대됐다. 이를 분명히 보여주는 양적 척도가 바로 미국 연방준비제도Federal Reserve System의 페드와이어 은행 간 지불 네트워크Fedwire interbank payment network를 통해 이뤄진 은행간시장interbank market 활동이다. 그림 1.6

위험한 나비효과

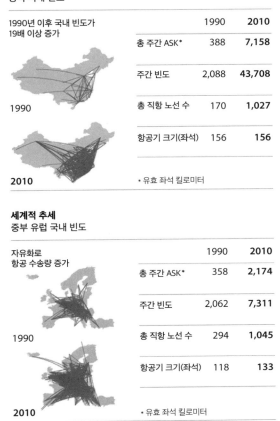

세계적 추세
중국 국내 빈도

1990년 이후 국내 빈도가 19배 이상 증가	1990	2010
총 주간 ASK*	388	7,158
주간 빈도	2,088	43,708
총 직항 노선 수	170	1,027
항공기 크기(좌석)	156	156
• 유효 좌석 킬로미터		

세계적 추세
중부 유럽 국내 빈도

자유화로 항공 수송량 증가	1990	2010
총 주간 ASK*	358	2,174
주간 빈도	2,062	7,311
총 직항 노선 수	294	1,045
항공기 크기(좌석)	118	133
• 유효 좌석 킬로미터		

그림 1.4. 1990년과 2010년 유럽과 중국의 국내 항공 수송 양상. 보잉, 《현재 시장 전망: 2011-2030Current Market Outlook: 2011-2030》(시애틀: 보잉 시장 분석, 2011), 12쪽, 2013년 2월 4일 접속, http://www.boeing.com/commercial/cmo/pdf/Boeing_Current_Market_Outlook_2011_to_2030.pdf. 허가받아 전재.

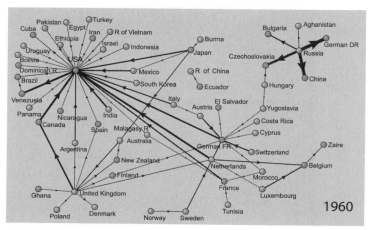

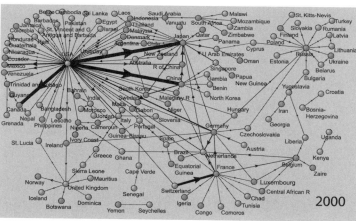

그림 1.5. 1960년과 2000년 세계 무역 주요 흐름. 앙헬레스 세라노M. Ángeles Serrano, 마리안 보구냐Marián Boguñá, 알레산드로 베스피냐니Alessandro Vespignani, 2007, <세계 무역망의 주요 흐름 패턴Patterns of Dominant Flows in the World Trade Web>, 《경제통합 및 조정 저널Journal of Economic Interaction and Coordination》 2권 2호: 111-124쪽 중 119쪽 그림. 스프링거 사이언스 앤 비즈니스 미디어의 허가받아 전재.

위험한 나비효과

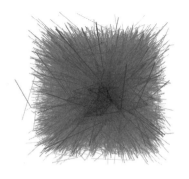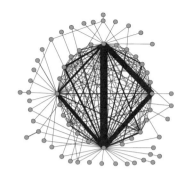

그림 1.6. 2004년 페드와이어 은행 간 지불 네트워크. 왼쪽은 표본 중 첫날의 은행 간 지불 네트워크를 표현한 그림이다. 노드 6,600개와 링크 7만 개를 포함한다. 오른쪽은 네트워크 핵심을 표현한 그림이다. 이 가장 큰 링크들이 일일 이체 금액의 75퍼센트까지 차지한다. 키모 소라마키Kimmo Soramäki 외, <은행 간 지불 흐름의 토폴로지The Topology of Interbank Payment Flows>, 《피지카 에이Physica A: Statistical Mechanics and Its Applications》 379권 1호: 317-333쪽, 319쪽과 320쪽 그림에서 전재. 엘제비어Elsevier의 허가받아 전재.

은 이 활동을 나타낸다. 왼쪽 그림은 단 하루 만에 7만 건에 이르는 링크가 있었음을 보여준다. 오른쪽 그림은 그날 활동의 75퍼센트에 이르는 핵심 링크를 나타낸다.

금융을 다국적 차원에서 고려하면 금융 부문 통합을 좀 더 포괄적으로 나타낼 수 있다(그림 1.7). 국가 간 연계성이 증가했을 뿐만 아니라, 외국인직접투자와 포트폴리오 투자가 서로 유사하게 전개되는 양상도 볼 수 있다(그림 1.8). 이런 그래프를 바탕으로 1980년대 말 이후로 국경을 넘나드는 자본 흐름이 계속 증가했다는 사실도 알 수 있다. 이런 증가 추세는 1980년대 말과 1990년대 초 산업 국가에서 두드러졌으며, 이는 이전까지 '경제적 발달이 부진했던 국가들'이 글로벌 통합에 편승하기 시작하면서 새로운 세계화 물결이 발생했음을 시사한다.

그림 1.7. 1970년부터 1998년까지 산업 국가와 개발도상국의 금융 통합 양상. 제한성 척도는 국제통화기금에 보고된 자본 흐름에 대한 공식적인 제한을 가리키는 이진 지표binary indicator에 가중치를 부가하지 않은 국가 간 평균이다. 개방성 척도는 GDP 대비 해외 자산 및 부채의 총액을 기준으로 한 금융 통합에 가중치를 부가하지 않은 국가 간 평균이다. 에스와르 프라사드Eswar S. Prasad 외, 2003, <금융 세계화가 개발도상국에 미치는 영향Effects of Financial Globalization on Developing Countries: Some Empirical Evidence>, IMF 특별 보고서 220호, 국제통화기금, 워싱턴 DC. 허가받아 전재.

미국 달러(단위: 10억)

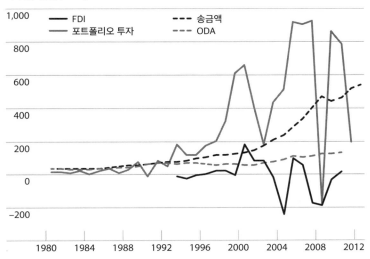

그림 1.8. 1980년부터 2012년까지 최근 자본 흐름 비교. FDI는 외국인직접투자, ODA는 공적 개발원조. 세계은행, 2013, 《세계 개발 지표World Development Indicators》, 세계자료은행, 2월 12일 접속. http://databank.worldbank.org/data/home.aspx.

문제 파악을 어렵게 하는 복잡성

글로벌 통합은 근래 생활 수준과 건강 수준 개선에 크게 기여했지만 동시에 이런 개선은 또한 상호의존성을 오랫동안 가려왔다. 증가하는 상호의존성은 단순한 '연결성'을 넘어 '복잡성'을 의미한다.

'복잡성'이란 "부분들이 상호작용함으로써 발생하는 현상으로서, 부분들의 인과관계를 쉽게 파악할 수 없고, 시간이 지남에 따라 부분들의 행동이 장애를 일으키고 예측할 수 없거나 무질서

한 반응을 보이는 것"[24]을 말한다. 이 광범위한 정의는 '스몰 텐트 small-tent' 복잡성, '빅 텐트big-tent' 복잡성, 메타 복잡성의 세 단계로 나눌 수 있다.[25] 이 중에서 첫 번째인 스몰 텐트 복잡성은 '산타페 복잡성'으로 널리 알려져 있으며 복잡성 연구에서 가장 일반적으로 사용하는 정의다(상자 1.1 참조). 이 책에서 사용하는 복잡성 개념이기도 하다.

두 번째 단계인 빅 텐트 복잡성은 스몰 텐트 복잡성은 물론 사이버네틱스cybernetics, 파국catastrophe, 카오스chaos(복잡성complexity까지 합쳐서 4C라고 한다)까지 포괄하는 좀 더 광범위한 복잡성이다.[26] 다시 말해 빅 텐트 복잡성은 복잡하고 불안정한 역학과 관련이 있다. 세 번째 단계인 메타 복잡성은 그 외 모든 것을 포함하며, 이론상 서로 구별되는 몇 가지 정의를 아우를 수 있다.[27] 우리는 글로벌 '연결성'을 논의하면서 세계화의 결과로 오늘날 세계는 '복잡'계로 정의해야 한다는 결론을 내렸다.

상자 1.1. **'산타페 복잡성'**

산타페 복잡성 접근법은 복잡계 경제의 특징을 여섯 가지 제시한다.

1. 분산 상호작용: 경제에서 발생하는 사건은 이리저리 흩어진 서로 이질적일 수 있는 수많은 행위자가 동시에 행동하는 상호작용이 결정한다. 어떤 한 행위자의 행동은 한정된 수의 다른 행위자들의 예상 행동과 이런 행위자들이 함께 만들어내는 전체 상태에 따라 달라진다.

2. 총괄 감독관 부재: 상호작용을 감독하는 총괄체가 없다. 그 대신

행위자 간의 경쟁 및 조정 기제가 감독을 담당한다. 법률 기관과 할당된 역할, 변화하는 연합이 경제 행위를 중재한다. 보편적인 경쟁자, 즉 경제에서 모든 기회를 이용할 수 있는 단일한 행위자는 없다.

3. 범분야cross-cutting 위계 조직: 경제에는 여러 단계의 조직과 상호작용이 존재한다. 행동과 조치, 전략, 제품 등 어떤 한 단계를 구성하는 단위는 대개 한 단계 높은 다음 단계 단위를 이루는 '구성단위' 역할을 담당한다. 전체 조직은 단순한 위계 구조가 아니라 서로 뒤얽힌 다양한 상호작용(연합, 의사소통 경로)이 여러 단계에 걸쳐 있는 체계다.

4. 지속적 적응: 개별 행위자가 경험을 축적하면서 행동과 조치, 전략, 제품은 지속적으로 수정된다. 체계는 끊임없이 적응한다.

5. 끝없는 새로움: 신규 시장과 신기술, 새로운 행동, 새로운 조직은 끊임없이 틈새시장을 생성한다. 틈새시장을 채우는 행위 자체가 새로운 틈새시장을 공급할 수도 있다. 그 결과 새로움은 끝없이 이어진다.

6. 불균형한 역학: 신규 틈새시장, 새로운 잠재력, 새로운 가능성이 끊임없이 만들어지므로 경제 움직임은 최적 혹은 전체 균형과 거리가 멀다. 개선은 언제나 가능하고 실제로 자주 일어난다.

브라이언 아서W. Brian Arthur, 스티븐 덜로프Steven N. Durlauf, 데이비드 레인David A. Lane, 《진화하는 복잡계로서 경제The Economy as an Evolving Complex System II》 중 〈서문〉, 브라이언 아서, 스티븐 덜로프, 데이비드 레인 편집. 산타페 연구소 복잡성 과학 연구 회보 27권(매사추세츠 주 레딩: 애디슨웨슬리 출판사, 1997), 1-14쪽 중 4-5쪽 내용. 허가받아 전재.

이 복잡한 연계성이 초래한 결과 중 두 가지가 특히 두드러진다. 첫 번째는 긍정적인 피드백이다. 이는 실생활 및 가상 네트워크가 상호작용하고 의견을 교환하고 토론하면서 개인의 행동에 어떻게 영향을 미치는지 보여줄 수 있다.[28] 지금은 서로 다른 배경과 문화권 출신의 사람들이 상호작용할 수 있으므로 그들의 행동과 문화, 위험이 진화할 것이다.[29] "최근 사회 및 경제 네트워크에 관한 지식이 급증함에 따른 긍정적인 측면이 여러 해묵은 문제를 해결할 새로운 가능성을 열었다."[30]라는 사실에 주목하라. 이런 변화를 관장할 수 있는 기관을 설계하는 일이 향후 수십 년에 걸쳐 해결해야 할 도전 과제다.

서로 영향을 미칠 수 있다는 잠재력은 복잡한 연계성이 유발하는 두 번째 중요한 결과, 즉 우리 행동과 그 영향 사이의 인과관계가 지나치게 간접적이라서 발생하는 책임 소재의 소멸로 이어진다.

자연재해가 긴밀하게 연계된 글로벌 공급망을 교란한 경우, 그 결과로 발생하는 자동차나 컴퓨터, 맞춤형 기계류 부족에 대한 책임은 누가 져야 할까? 충분히 조심하지 않은 소유자 책임일까? 위험한 장소에서 운영한 제조자 책임일까? 대비책을 세우지 않고 공급망을 이용한 유통업자 책임일까? 자연재해 피해 지역을 산업용지로 허가한 지방정부가 도시 관리 의무를 다하지 못한 탓일까? 애초에 자연재해가 발생한 이유는 기후 변화일까?

금융위기와 팬데믹을 비롯해 지극히 복잡한 연쇄 위험 사례와 마찬가지로 이 영역에서도 위험이 발생한 근본 원인, 나아가 전파 경로조차 파악하기가 점점 어려워지고 있다. 글로벌 통합이 증가하면서 이 과제는 더욱더 힘들어지고 있다. 우리 행동은 발생하기 전에 예측할 수 없으며 발생한 후에도 이해하기 어려운 체계적 결과를 초래한다. 이는 개개인에게도 일어나는 일이지만 대단히 복잡한 환경에서 길잡이와 행정력을 제공하고자 하는 정책 입안자와 기관의 경우 더욱더 실감하게 되는 사태다.[31]

위험은 시스템 안에서 체계적으로 나온다

'연결성' 증가는 '복잡성' 증대를 의미한다. 이 단락에서는 복잡성이 어떻게 체계적 위험 증가로 이어지고 있는지 설명한다. 구체적으로 복잡계와 불안정계 사이의 연계성을 증명하고 복잡성이 정보를 바탕으로 의사결정하는 능력을 떨어뜨리고 전 세계적인 책임 유실을 초래한다는 것을 보여준다.

위험의 세계화

연결성과 복잡성이 어떻게 위험을 초래할 수 있는지 설명하려면 역학疫學 분야의 사고실험이 유용하다. 복잡계 연구자 더크 브록만, 라스 후프나겔, 테오 가이젤은 전 세계 민간 항공 수송의 95퍼센트를 차지하는 데이터를 이용하고 사스SARS(중증급성호흡기증후군)와 동일한 발병력을 가정해서 사스에 걸린 한 사람이 미치는 영향을 모의실험으로 살펴봤다.[32] 과거 수세기 동안 지역 공동체는 섬이나 다름없이 고립된 상태여서 이런 전염병의 전파를 억

누르고 당국이 선택지를 고려할 시간이 충분했던 반면, 지금은 전염병이 글로벌 팬데믹으로 번지는 사태를 면하려면 평균 두 차례 비행만으로도 세계 인구 75퍼센트가 예방 접종을 마쳐야 한다. 세 차례 비행이 끝나면 전 세계 인구가 예방 접종을 받아야 한다. 이 모의실험은 통합 증가에 따른 불가피한 결과를 보여주지만, 그 교훈은 단순히 이론에 그치지 않는다. 사스는 2002년 11월에 발견된 지 단 9개월 만에 30개국에 퍼져 8,400명에게서 발병했다. 마찬가지로 2003년에 처음 발견된 '조류 인플루엔자H5N1'는 서로 연결된 세계 농업 네트워크를 통해 퍼져나가 2007년에는 38개국에 도달했다.[33] 이 책에서 제시할 상세 분석 내용에서도 알 수 있겠지만 다행히도 이런 팬데믹의 광범위하고 급속한 전파는 비교적 가벼운 영향을 미치는 데 그쳤다.

경제 및 사회기반시설 영역에서도 세계 전역으로 퍼지는 전염성 위험과 비슷한 패턴을 볼 수 있다. 2007년에 시작된 세계 경제위기는 2009년에 이르기까지 4조 1,000억 달러에 이르는 손실을 유발하면서 모든 세계시장에 영향을 끼쳤다.[34] 앞서 발생한 사건들도 전 체계에 걸쳐 동일한 실패 패턴을 나타냈다. 1929년 대공황과 그보다 최근인 1987년 주식시장 붕괴의 광범위한 영향은 20세기에 이미 세계 체계가 어떻게 통합되고 먼 곳에서 발생한 충격에 대단히 민감하게 반응했는지 보여준다. 좀 더 최근인 1997년과 1998년에는 태국 밧화 평가절하와 함께 시작된 혼란이 러시아 채무불이행, 헤지펀드인 롱텀 캐피털 매니지먼트Long-Term Capital Management의 붕괴, 아시아 전역의 위기와 연관된 금융 전염을 유발했다.[35]

이 위기들에서 나타난 공통 요소는 위기가 세계화의 특성에 미치는 영향력의 본성과 깊이의 친밀한 관계였다. 팬데믹 사례와 마찬가지로 2007~2008년 금융위기가 발생하는 동안 재정 '병원균'은 비교적 소규모인 서브프라임 시장에서 국지적으로 발생했지만 그 질병은 복잡하게 얽히고설킨 상호의존 관계 속에서 서로에게 의지하는 밀접한 대차대조표와 위험 분담 매개체를 통해 빠르게 퍼졌다.

국제 위험 전문가 오트윈 렌Ortwin Renn은 "결정과 결과를 연결함으로써 전략적으로" 행동하는 능력은 "인간의 주체성", 다시 말해 "정보를 바탕으로 선택"하기 위한 기본 요건이라고 말한다.[36] 글로벌 상호의존도가 증가한 결과로 발생한 복잡성이 개별 행위자가 자기 행위의 영향력을 예측하는 능력을 초과함에 따라 정보를 바탕으로 선택하는 능력은 떨어진다. 세계화는 개인이나 기관이 독립적으로 행동하는 능력을 손상('주체성'을 손상)시킴으로써 우리에게 자기 행동에 대한 통제를 되찾을 기관을 설계하도록 촉구한다. 이 책에서 우리는 이 설계의 윤곽을 그리는 첫걸음을 내딛는다.

위험과 불확실성의 차이

일반적으로 '위험'은 부정적인 현상이 일어날 가능성을 가리킨다. 이 단락에서는 위험과 불확실성의 개념을 분명하게 밝혀서 혁신과 세계화의 속도 변화가 어떻게 '본질적'으로 글로벌 취약성을 생성하는지 보여주고자 한다.

먼저 위험risk과 불확실성uncertainty이 서로 별개의 개념이라는 점을 이해할 필요가 있다. 보통 이 구별의 기원은 프랭크 나이트Frank Knight의 중대 연구로 거슬러 올라가는데, 래리 엡스타인Larry Epstein과 탄 왕Tan Wang이 위험을 "선택이 이끄는 데 확률을 이용할 수 있는"[37] 의사결정 상황으로 분류하면서 이를 명확하게 설명했다. 이와 대조해서 그들은 '불확실성'을 "정보가 너무 부정확해서 확률로 요약할 수 없는"[38] 상황으로 정의한다. 이론이 있기는 하지만 나이트의 구별은 가장 널리 인정받는 모형이며 의사결정 이론에 확고히 자리 잡고 있다.[39] 상자 1.2에서 보여주듯이 위험과 불확실성의 차이는 간단한 용어로 나타낼 수 있다. 위험은 '정량화 가능'하고 '예상 가능'하다. 반면에 불확실성은 '정체불명' 및 '예기치 못한' 위협을 아우른다. 이 책에서는 추가로 한 가지 개념을 더 고려한다. 국제연합UN은 잘못된 위험관리가 초래하는 비용을 설명하고자 '위해hazard'의 잠재력을 강조한다. 위해는 "미래의 위협을 나타낼 수 있는 잠복 상태"[40]이며 따라서 본질적으로 '불확실성'과 관련이 있다.

이 관점에서 위험을 관리하려면 행위와 사건 간 인과관계가 '알려져 있거나 밝힐 수 있어야' 한다. 이는 행위의 결과를 예측할 수 있는 의사결정 시나리오를 구축하는 데 필요하다.[41] 글로벌 복잡성에 관한 논의가 보여주듯이 운송과 통신, 금융 및 여러 세계 체계가 점점 통합되면서 만일의 사태를 명확하게 밝히기가 점점 더 어려워진다. 이는 불확실성과 위해를 도입하면서 개별 행위의 영향력을 고려하지 않기 시작했기 때문이다. 변화 속도를 감안할 때 전통적인 위험 개념은 현대 글로벌 거버넌스의 기반으로 삼기에

위험한 나비효과

상자 1.2. **위험**

위해: 사람과 그들의 안녕을 해칠 잠재력을 지닌 해로운 물리적 사건 혹은 현상. 위해는 자연적으로 발생하거나 인간이 행하는 과정이 유발할 수 있을 뿐만 아니라 미래의 위협을 나타내는 잠재 조건일 수도 있다.

취약성: 사회경제 체계가 위해의 영향력에 민감한 정도를 설명하는 인간 행위와 행동의 상관관계. 취약성은 특정한 위해의 본성이나 구조, 혹은 위험 지형이나 재난 취약 지역에 근접한 정도로 인해 그 위해의 충격에 영향을 받거나 그로부터 보호받도록 하는 공동체나 구조, 지리적 영역의 물리적 특성과 관련이 있다.

위험: 자연 혹은 인간의 위해와 취약한 개체 사이의 상호작용에서 비롯하는 유해한 결과 혹은 예상 손실(인명, 상해, 재산 혹은 환경 훼손, 생계 혹은 경제 활동 지장)이 발생할 확률. 일반적으로 위험은 다음 방정식으로 표현된다.

$$위험 = 위해 \times 취약성$$

결과로 발생한 위험은 위해 범위나 취약성 정도를 줄이는 실제 관리 운용 능력을 반영하는 인자로 수정하고 나누기도 한다.

경제를 평가하기 위해 위험을 수량화할 수 있으며 금전 단위로 표현한다. 경제적 관점에서 위험은 갑작스러운 우발 사건과 서서히 발생하는 환경 파괴가 사회에 미치는 연간 비용으로 명시하며, 발생 확률 혹은 빈도와 금전 단위로 표현한 사회경제적 손실로서 취약성을 곱한 값으로 산출한다.

위험(연간 경제 비용) = 확률(n년에 한 번) × 취약성(경제적 비용/사건).

UN(국제연합), 2003, 〈사람을 위한 물, 생명을 위한 물—UN 세계 물 개발 보고서*Water for People, Water for Life—The United Nations World Water Development Report*〉, 세계 물 개발 보고서 1 (바르셀로나, 국제연합 교육과학문화기구와 버간 북스), 279쪽, 상자 11.2, 2013년 1월 11일 접속, http://www.unesco.org/new/en/natural-sciences/environment/water/wwap/wwdr/wwdr1-2003/. 허가받아 전재.

부적절해졌다.

이는 확률 이론과 수학의 전통적인 도구와 공식을 활용해 쉽게 정량화하거나 정의할 수 없는 비확률적 요소를 포함하도록 위험 개념을 확장해야 한다는 뜻이다. 위험과 불확실성을 나누는 종래의 구별이 흐트러지고 있다. 이는 복잡성이 증가한 데다가 실세계 현상을 이 둘 중 하나로 분류하기가 어렵기 때문이다. 위험에 확률을 할당하기가 어려워진 복잡하고 연결된 세상에서 실패할 '가능성' 혹은 위험을 이해하려면 추가 개념이 점점 더 필요하다.

우리는 '불확실한' 환경에 맞춰 설계한 도구를 이용한 '체계적' 위험의 분석을 지지한다. 체계적 위험이란 개별 부분의 붕괴가 아니라 '전체 체계가 붕괴'할 가능성을 의미한다. 상자 1.3에서 제시한 이 정의는 연계 고리 수가 증가함에 따라 체계에서 위험과 불확실성이 더욱더 치명적인 영향을 미치게 됐다는 의미를 내포한다. '체계적 위험'은 "직접적인 인과관계의 결과가 아니라 간접적인 영향의 결과인 공유 충격"[42]에서 비롯하는 위험이다. 결과에 대한 직접적인 인과관계를 확인하기가 점점 어려워지고 있다는 사실을 강조한다는 점에서 이런 구분은 중요하다. 이런 점에서 우리의 분석과 권고안은 전통적인 위험관리와 차이를 나타낸다.

위험관리와 불확실한 위해 사이에 이 같은 괴리가 발생한 결과,

상자 1.3. 체계적 위험

체계적 위험이란 "개별 부분과 요소의 붕괴가 아니라 전체 체계가 붕괴할 위험 혹은 확률을 의미하며 대부분 혹은 모든 부분 간의 동행성(연관성)으로 입증"[44]된다. '체계적 위험'이라는 용어의 정확한 의미는 여전히 분명히 규정할 수 없지만, 그 주요한 징후 세 가지는 다음과 같다.

1. 비교적 사소한 티핑 포인트나 한계점, 또는 체제 변환이 역치에 이르러 체계 대부분 혹은 전반에 크고 연쇄적인 장애를 유발할 때 발생하는 커다란 충격인 '거대 충격'.

2. 위험 분담(전도) 혹은 전염(전파 및 증폭)을 통해 네트워크를 타고 퍼지는 충격.[45] 후자는 연쇄적인 장애 즉 "체계를 구성하는 일련의 기관이나 시장을 따라 잇따른 손실을 일으키는 사건에서 생기는 누적 손실"[46]을 포함한다.

3. 직접적인 인과관계가 아니라 간접적인 영향의 결과인 '공유 충격'. 이런 간접 영향은 직접 영향만큼 혹은 그 이상으로 중요할 수 있다.[47] 체계적 실패는 회복탄력성이 훨씬 낮고 때로는 되돌릴 수 없는 결과를 유발하는 '이력현상hysteresis'이라는 특징을 나타낸다.[48]

우리가 그 특성을 밝혔듯이 21세기의 세계화는 자연스럽게 체계적 위험을 증가시키고 있다.[43] 이 책은 광범위한 영역에 대한 복잡성 연구에서 도출할 수 있는 정책 교훈을 논한다.[49] 금융을 다룰 뿐만 아니라 사회기반시설과 보건, 환경, 공급망, 체계적 위험의 사회적 형태까지 아우르고 연결하는 분석은 이것이 최초다.

지리적 위험의 두 차원

우리가 물리적 공간을 이용하는 방식의 변화도 21세기 들어 복잡성이 증가하면서 발생한 영향 중 하나다. 사회와 문화가 연결되면서 상호작용하는 방식뿐만 아니라 작동하는 환경까지 재편된다. 이전에는 고립 상태였던 요소도 지금은 합쳐지거나 바뀌고, 경쟁 압력이 세계 사회기반시설을 개조한다. 오늘날 생산 시설과 금융 중심지, 조직 거점을 결정하는 요인은 전략적인 정치적 선택이나 물류 쟁점이 아니라 주로 효율성 문제다. 이런 효율성 문제는 새로운 종류의 '지리적 위험' 혹은 '공간적 위험'을 초래했다. 이 새로운 유형의 위험은 '벡터 위험vector risk'과 '밀도 위험density risk'이라는 두 가지 범주로 나눌 수 있다.[50]

이 두 가지 중 첫 번째인 벡터 위험은 행위자들의 결합과 관련이 있다. 세계화로 세계 전역으로 이동할 기회가 늘어나고 세계 인구가 증가했다. 이는 광범위한 도시화와 도시 인구밀도 증가를 유발했다. 여기에서 발생하는 위험은 생물학적 위해와 바이러스 및 질병 전염이라는 맥락에서 가장 잘 나타난다. 주목할 만한 한 연구에서는 생물지리 장벽이 무너지고 침입종이 들어오면서 전세계가 매년 1,200억 달러가 넘는 손실을 입는다고 추정한다.[51] 이 손실은 인간과 가축, 동물의 건강에 직접 영향을 미치는 병원균 증가를 포함한다. 같은 연구는 세계화의 영향으로 예전에는 기후나 지리적 거리로 영향을 받지 않았던 지역에서 어떻게 웨스트나일 바이러스West Nile virus가 창궐하게 됐는지 보여준다. 하지만 런던과 뉴욕, 뭄바이, 상하이 같은 거대 도시가 번창할 수 있었던 원인도 이런 근접성이라는 사실에 주목해야 한다. 이 책에서 우리가 탐구할 과제는 관계의 복잡성과 밀도로 인해 증가하는 취약성을 관리하면서 근접성과 연결성이 힘의 원천이 될 수 있도록 하는 방법이다.

두 번째 지리적 위험인 밀도 위험은 단독 혹은 소수의 세계 중심지에 점점 더 활동이 집중되는 현상과 관련이 있다. 세계 금융 체계는 사실상 뉴욕과 런던에 뿌리를 내리고 있고, 세계 전자제품 생산은 중국과 홍콩의 일부 지역에 집중되어 있으며, 태국은 세계 하드디스크 드라이브 중 40퍼센트를 생산한다.[52] 실리콘밸리는 여전히 IT 공학 및 혁신의 대부분이 이뤄지는 중심 거점이다. 이런 집중화의 영향은 간단히 설명할 수 있다. 즉 우리는 위험에 처해 있다. 2001년 9월 11일 테러리스트들이 세계무역센터를 공격했을 때, 뉴욕 증권거래소는 단지 세계무역센터에 물리적으로 가깝다는 이유만으로 일주일 가까이 문을 닫았다. 런던과 프랑크푸르트 증권거래소 상장 법인 중 상당수가 월스트리트에 사무실을 가지고 있었으므로 이 거래소들도 영향을 받았다. 2011년 태풍 녹텐이 태국을 강타했을 때 전 세계 자동차와 컴퓨터 제조업체가 영향을 받았다. 이윤을 추구하는 아웃소싱으로 수많은 기업이 비용 효율이 높은 동일한 지역으로 진출했기 때문이었다. 2010년 4월 아이슬란드의 에이야파들라이외퀴들 화산 폭발로 유럽 항공 교통이 거의 일주일 동안 중단됐을 때 사업 손실과 화물 운송 지연으로 세계 경제에 미화 약 50억 달러에 이르는 손실이 발생했으며, 그 영향은 항공 화물로 꽃과 신선 과일을 수출할 수 없었던 케냐와 잠비아까지 미쳤다.[53] 마찬가지로 2011년 동일본대지진과 이어서 발생한 쓰나미가 후쿠시마 원자력 발전소에 피해를 줬을 때 도쿄에서 직원 1,500명이 근무하는 한 주요 글로벌 은행의 영업에 손해를 입힘으로써 "홍콩과 서울을 비롯한 여러 자본 중심지의 판매와 거래에 지장을 초래"[54]했다. 이런 사례의 공통점은 각 사례에서 '경제적' 위해를 초래한 원인이 전적으로 '지리'에 있다는 사실이다. 금융 체계가 맨해튼 남부에 그만큼 집중돼 있지 않았더라도 9/11 테러는 여전히 영향을 미쳤겠지만 그로 인한 금융 파장은 줄어들었을 것이다. 태국 제조 시설에 의존하는 제조업체들이 인도나 미국으로 사업을 다각화했더라면 태국에서 발생한 홍수가 세계 생산량에 미치는 영향은 더 적었을 것이다. 아이슬란드의 화산재 구름이 세계에서 가장 붐비는 10대 공항 중 세 곳에 영향을 미치지 않았더라면 화산 폭발로 인한 손실은 훨씬 적었을 것이다. 세계화 과정에서 우리가 내린 지리적 선택은 오늘날 수많은 다른 요인과 마찬가지로 '불확실성'을 초래하는 원천이다.

세계화: 양날의 검

규제 없는 세계화를 옹호하는 사람들은 재화와 용역, 돈, 사람, 정보, 문화의 흐름 확장이 가져오는 긍정적인 영향을 지적한다. 그 덕분에 우리 모두가 경쟁 우위를 활용함으로써 이익을 얻을 수 있다. 반면에 이를 비판하는 사람들은 세계화의 단점과 지나치게 단순한 이런 시각이 동반하는 위험을 지적한다. 이 책은 세계화가 발전을 뒷받침하는 힘이 될 수도 있고 거대한 해악을 가져오는 원천이 될 수도 있는 양날의 검이라고 본다.

세계화를 우려해야 하는 이유는 수없이 많다. 그중에서도 이 책은 현재 세계화 물결에 내재한 체계적 위험과 그것이 유발하는 복잡성에 초점을 맞춘다. 체계적 위험과 복잡성은 불확실성과 개인 및 기업의 책임 소재가 소멸하는 등 의도하지 않은 결과를 초래한다. 이윤을 최대화하려는 행위자는 비용-편익 분석을 실시할 때 이 같은 기회비용을 고려하지 않으므로 이런 의도하지 않은 결과는 '외부효과'다. 따라서 체계적 위험은 현대판 공유지의 비극으로 간주할 수 있다. 리카도의 경쟁 우위를 활용하면 효율성이 증가하는 동시에 상호의존성도 커진다.[55] 무역의 장점을 활용하면 생산량이 증가하지만 불평등도 커진다. 인터넷은 투명성과 정보 흐름을 향상했지만 동시에 유언비어와 공포는 물론 사이버 범죄와 공격성 확산을 조장하는 잠재력을 지닌다. 저렴한 항공편은 연결성을 높였지만 그에 따르는 탄소 배출이 기후 변화를 부채질한다. 컨테이너 운송은 상품 수송 속도를 높이지만 무기 불법 거래 급증과 바이러스 및 질병 확산도 부추긴다.

진보의 비대칭성 및 위험 유발 속성에 대처하려면 포용성과 지속가능한 성장을 촉진하는 '회복탄력성 있는 세계화'라는 개념에 좀 더 초점을 맞춰야 한다. 몇몇 저명한 논평가들은 세계화와 불평등의 관계에 대한 통찰을 제시했다.[56] 우리는 이 쟁점을 체계적 위험의 맥락에서 찾고자 한다. 이 책은 체계적 충격에 좀 더 회복탄력성 있게 대처할 수 있는 세계화 과정을 촉진하겠다는 원대한 목표를 겨냥한다. 이는 우리가 세계화의 가속화와, 집단행동을 이용해 문제를 해결할 필요가 커지고 있지만 이에 부응하지 못하는 중앙정부 혹은 글로벌 기관의 실패 사이의 극심한 '거버넌스 공백'을 해소할 방법을 찾아야 한다는 뜻이다.[57]

세계화가 진행되고 개발도상국이 세계 경제로 긴밀하게 통합되면서 인간 생활과 경제 발전은 비할 바 없는 도약을 이뤘다. 과거 40년 동안에만 인간의 평균 기대수명은 20년 이상 증가했는데, 이는 이전에 1,000년에 걸쳐 이룬 것과 맞먹는 진보다. 같은 기간 동안 성인의 문해율은 50퍼센트에서 75퍼센트로 증가했고, 세계 총 인구가 20억 명 증가하는 와중에도 하루에 1달러 미만으로 생활하는 사람 수는 3억 명 감소했다.[58]

이를 비롯한 수많은 놀라운 진보가 연결성 증가, 아이디어 및 기술의 세계 확산, 특화에 따르는 이득과 좀 더 효율적이고 효과적인 글로벌 사회기반시설과 경영의 발달과 관련이 있다. 정보통신기술 발전은 사회경제의 발달을 촉진했다.[59] 비즈니스에서는 전 세계적으로 아이디어를 교환함으로써, 효율성을 높이는 '린lean' 경영과 '적기공급just-in-time' 생산 원칙을 광범위하게 채택하도록 촉진했으나 동시에 취약성도 증가했다.[60] 새로운 기술과 체계가 전 세계로 퍼지면서 인간의 상호작용 방식과 성과에 엄청난 변화가 일어났다.[61] 가난한 사람들이 가장 크게 이득을 얻었다. 인류 역사상 극빈층 숫자가 그토록 빠르게 감소한 시대는 없었고, 가난한 가정에서 태어난 사람이 빈곤에서 벗어나 오랫동안 건강하게 살 수 있는 가능성은 역사상 그 어느 때보다도 크다.[62]

그러나 세계화는 결코 바람직하기만 한 과정이 아니다. 세계화는 통합하는 동시에 해체하는 불균등한 발달 과정이다.[63] 따라서 통합에 따르는 유익한 힘을 극대화하고 세계화에 따르는 부정적 결과를 파악하고 완화하려면 국제, 국가, 지역 차원에서 강력한 정책을 실시해야 한다.

이론상으로는 자유무역과 규제 없는 자본 흐름이 분명하게 이득을 가져오지만, 그냥 빠르고 일방적으로 국경을 개방하는 조치는 어리석음의 극치일 것이다. 세계화는 충분한 기술을 갖춘 사람에게 유리한 경쟁 압력을 창출하고 고학력자에게 유리하게 작용한다. 수많은 사례 중 하나만 소개하자면 정보 부족에 따르는 비용은 스리랑카 총 생산 비용의 11퍼센트를 차지할 것으로 추정된다.[64] 이것이 리카도 우위에 따른 귀결이다. 현대 기술을 충분히 사용할 수 없는 국가와 조직에 경쟁 '열'위가 발생한다.

국내 정책과 세계 무역 규칙의 상호작용이 국가 차원의 불균형을 형성한다.[65] 세계 발전을 총액으로 나타내는 지표는 지역별 불균형을 놓치기 십상이다. 지난 수십 년 동안 '세계' 기대수명은 꾸준히 증가했지만 남부 아프리카와 옛 소비에트 권에서는 '지역' 기대수명이 빠르게 감소했다. 세계 빈곤이 감소하는 긍정적인 추세는 최근 몇 년 사이에 아프리카 극빈층 숫자가 1억 명 이상 증가했다는 사실을 감춘다.[66]

시스템 차원에서 세계화의 근본적인 위협은 단일한 구조 형성 및 '회복탄력성 있는 세계화'의 확보 실패와 관련이 있다.[67] 여기에서 '회복탄력성resilience'이란 "변화를 겪는 동안 소란을 흡수하고 재편성할 수 있는 시스템의 역량"을 의미한다.[68]

이 장에서는 세계화와 관련해 효율성 원칙이 확대되면서 발생한 중대한 부정적 외부효과 세 가지를 살펴봤다. 이는 불확실성에서 비롯한 체계적 위험, 사람과 업무가 집중되면서 발생하는 지리적 위험, 특화가 유발하는 비대칭 진보다. 효율성은 눈부신 진보의 원천이지만 동시에 회복탄력성을 저해하고 전염에 박차를 가할 수 있다. 세계 체계가 점점 표준화되면서 예기치 못한 사건에 임기응변으로 대응하는 능력은 감소했다. 효율성은 제품과 생산의 '단일 경작'을 촉진하고 충격을 완화하는 여유분을 제거한다. 농업에서는 오래전부터 단일 경작이 질병과 극한 기후 조건에 특히 취약하다는 사실이 잘 알려져 있지만, 다른 영역에서는 이 단순한 통찰을 무시해왔다.[69] 단일화는 외부 즉 외인성 '충격'에 대한 취약성을 늘릴 뿐만 아니라 체계 내 즉 내인성 위험도 촉진한다.

나아갈 길

요컨대 세계 경제 성장을 촉진한 바로 그 기술 진보가 세계, 구체적으로 세계 경제를 '복잡계'로 간주할 수 있는 체계로 바꿔놓았다. 복잡성은 의식적인 선택이 아니다. 오히려 수많은 합리적인 개인이 리카도가 말하는 효율성을 추구하면서 의도하지 않게 나타난 총체적 결과 혹은 외부효과라고 할 수 있다. 원래 서로 단절 상태였던 통상적인 위험을 통합함으로써 우리는 "결과와 영향을 결정하는 요인이 대개 복잡하고 이해하기 어려운"[70] 체계적 위험 환경을 만들었다. 이 체계가 촉진하는 위기는 예측하기 어려울 뿐만 아니라 겉보기에 혼란스럽게 전개될 것이다. 2007~2008년 금융위기를 적시에 파악하고 억제하지 못했던 이유 중 하나는 바로 주로 선형적이고 일차원적인 생각이 거버넌스에 대한 접근법을

위험한 나비효과

유도했기 때문이었다. '복잡'하고 대단히 비선형적인 세계에서 그런 사고는 의도하지 않은 결과를 초래한다.

체계적 위험은 현대판 공유지의 비극이다. 이는 중앙정부가 체계적 위험을 더 잘 관리할 수 있다는 주장으로 유명한 대니 로드릭Dani Rodrik의 제안을 넘어선다.[71] 체계적 위험은 국경을 넘어서 세계 공유지에 영향을 미치며[72] 간접적인 인과관계로 인해 뒤늦게 나타날 수 있다.[73] 따라서 21세기의 새로운 체계적 위험에 대처하려면 글로벌 거버넌스의 근본적인 개혁과 맞물린 더 큰 책임이 필요하다. 제2차 세계대전과 그 이전 위기에 대응해 생겨난 시대에 뒤떨어진 체계 대신 지금의 현실을 반영하는 권한과 출자, 기술의 갱신 같은 철저한 변화가 필요하다.[74]

이후 이 책에서는 다양한 영역에 걸쳐 글로벌 체계 및 그와 관련된 위험 사례를 소개한다. 이런 통찰력을 결합하고 역사상 위험 사건과 정책 대응을 연구함으로써 우리는 두 가지 목표를 염두에 두고 있다. 첫째, 우리는 21세기 체계적 실패의 위험에 대한 인식을 높이고자 한다. 둘째, 우리는 다양한 분야에서 모범 사례를 파악하고 위기 거버넌스를 좀 더 폭넓게 향상하는 데 이를 적용할 수 있는 방법을 논의하고자 한다. 주요 정책 교훈은 각 주제를 다룬 장의 마지막 부분에 실었다.

이 목표를 달성하고자 이 책에서는 복잡성과 위험 이론 같은 분야의 개념 학술 저작에서 통찰을 얻는다. 또한 이론 모형에서 요점을 뽑아 실세계 정책 수립에 적용할 현실적인 함의를 파악한다. 나아가 이런 기법을 성공적으로 실행한 사례를 검토한다. 스위스 취리히 연방공과대학의 위험 연구소나 옥스퍼드대학교의 복잡계

행위자 기반 역학 네트워크에서는 패러다임 전환을 향한 첫걸음을 내디뎠다. 우리는 이 연구에서 교훈을 끌어낸다.

리먼브라더스가 붕괴한 이후 세계는 21세기 최초의 체계적 위기가 유발한 결과와 계속 씨름하고 있다. 그 와중에 더 크고 더욱더 해로울 수 있는 위험이 도사리고 있다. 기후 변화와 팬데믹도 그런 위험에 속한다. 글로벌 공급망과 그것이 의지하는 상호의존적인 물리적 사회기반시설도 취약하다. 많은 영역에 체계적 위험이 잠복해 있으며 그중에서 몇 가지 사례를 선택했다. 이런 위험을 이해하지 못한다면 시대에 뒤떨어진 세계 위협 지도에 의지한 정책으로 이어질 것이다. 체계적 위험은 단순히 금융이나 환경, 생물학적 위험에 그치지 않는다. 사회기반시설이나 사회적 위험에 국한할 수도 없다. 체계적 위험은 이 모든 영역에 걸쳐 퍼져 있으며 통합하는 방식으로 다뤄야 한다. 1959년에 존 F. 케네디는 "위기라는 단어를 한자로 쓰면 두 글자입니다. 한 글자는 위험을 뜻하고 다른 한 글자는 기회를 뜻합니다."[75]라고 말하면서 위기 crisis를 뜻하는 한자 '危機'가 본질적으로 충격에 반응하는 낙관적인 방식을 담고 있다고 지적했다.

세계가 경험한 2007~2008년 금융위기는 지금까지도 계속해서 우리 사회에 대혼란을 일으키고 있다. 이 책은 그 금융위기를 견디면서 얻은 한 가지 기회를 확인해준다. 바로 우리가 과거에 저지른 실수에서 얻은 교훈으로 미래에 한층 더 격변을 초래할 만한 체계적 위기를 피할 수 있다는 사실이다.

2

금융위기:
21세기 최초의 체계적 위험[*]

   1장에서는 21세기에 접어들어 혁신 속도가 크게 변화하면서 세계화의 본성이 근본적으로 바뀌었다고 지적했다. 이 '초세계화'로 세계는 복잡계로 바뀌고 있으며 체계적 위험과 연계된 불안정성이 생겨나고 있다. 이 장에서는 금융 부문을 검토하고 2008년에 체계적 위험이 어떻게 나타났는지 분석한다. 우리는 이 사례가 세계화가 어떻게 새로운 형태의 위험을 만들어냈는지 보여주는 전형적인 예라고 본다. 나아가 우리는 정보기술 발전이 어떻게 금융 부문 혁신으로 이어졌으며 이런 복잡성이 어떻게 근원적인 불안정성과 체계적 위험을 조성했는지 보여준다. 또한 복잡성과 이윤 원칙이 어떻게 거버넌스 공백으로 이어졌는지 논의하고 현재

* 코 피에르 게오르그Co-Pierre Georg, 티파니 보겔Tiffany Vogel과 함께 집필

의 기관들이 이처럼 엄청난 규제 공백을 메꿀 태세를 갖추지 못한 이유를 설명한다. 금융위기 전후로 발생한 주요 규제 및 감독 실패도 밝힌다. 마지막으로 향후 금융 부문의 체계적 실패를 피하기 위해 어떻게 하면 이런 결함을 극복할 수 있을지 숙고한다.

금융 부문을 첫 번째 사례연구로 선택한 데는 크게 두 가지 이유가 있다. 첫째, 2008년 리먼브라더스 붕괴에 이어 발생한 세계 금융위기는 21세기를 특징짓는 체계적 위험이 세계 규모로 나타난 첫 번째 사례다. 부동산 거품 붕괴가 금융위기를 유발한 시초라고 보는 의견이 많지만, 규제 완화 환경에서 경제통합과 금융 혁신이 어떻게 체계적 위험에 본질적으로 취약한 금융 네트워크를 만들었는지 검토한 연구는 거의 없다.

금융 부문을 첫 번째 분석 대상으로 선택한 두 번째 이유는 이 부문의 혁신과 기술 진전 속도가 놀랍도록 빨라서 금융 체계가 세계화의 인큐베이터 역할을 하게 됐기 때문이다. 이는 세계화가 국가적으로나 국제적으로나 가장 복잡한 규제 체제를 갖췄다고 보이는 분야에서도 지난 10년 동안 어떻게 새로운 위험을 만들어냈는지 볼 수 있다는 뜻이다. 비꼬려는 의도 없이 '황금기 10년'(1998-2007)이라고 불렸던 기간 동안 체계적 위험이 생겨나고 무르익어서 결국 역사상 가장 많이 기록된 재앙 중 하나로 결실을 맺었다.[1] 우리는 최근에 발생한 이 체계적 위험의 변모 과정을 이해함으로써 향후 체계적 위험이 체계 붕괴를 유발하기 전에 미리 예측할 수 있기를 바란다.

아이슬란드 사례

2008년에 세계를 강타한 금융위기는 다양한 방법으로 이야기할 수 있다. 그중에서도 아이슬란드 사례는 특히 흥미롭다. 전체 인구 32만 명에 어업 중심 국가인 아이슬란드는 세계 뉴스에 좀처럼 등장하지 않는다. 2001년 다비드 오트손David Oddsson 총리가 이끌던 아이슬란드 행정부는 은행이 해외 활동을 대규모로 확장할 수 있도록 허용하는 법률을 통과시켰다. 2008년 당시 아이슬란드 은행들이 빌린 외채는 750억 달러에 달했다. 아이슬란드의 모든 남성과 여성, 어린이가 1인당 약 25만 달러를 외국에 빚진 셈이었다.[2]

이렇게 과잉 유동성 상황에서 인플레이션 가속화는 당연한 수순이었고 금융위기 이전에 14퍼센트에 이르렀다.[3] 이런 추세가 발생한 이유는 아이슬란드 은행들이 담보대출을 인플레이션과 연동시켰기 때문으로, 선진국에서는 거의 전례가 없는 관행이자 많은 경제학자들이 인플레이션 심화를 유발하는 방안으로 평가하는 관례다. 아이슬란드 중앙은행은 이에 대응해서 고금리 체제를 선택했다. 그러나 외부 투자자들이 아이슬란드의 통화인 크로나로 예금을 크게 늘리면서 통화 공급이 50퍼센트 이상 증가했고, 이 정책은 의도했던 바와 거의 정반대 효과를 나타냈다.[4] 아이슬란드 국민들이 비교적 젊은 나이에 주택 가치의 100퍼센트에 달하는 주택담보대출을 받거나 자동차를 비롯한 내구 소비재를 구매하고자 기존 담보대출을 조건이 더 좋은 대출로 바꾸는 사례가 늘면서 상황은 악화됐다.[5]

아이슬란드 금융은 빠르게 상승했다. 그러나 붕괴는 더욱더 빨랐다. 2008년 8월에는 1유로에 122아이슬란드 크로나였던 환율이 같은 해 11월에는 1유로에 180아이슬란드 크로나를 넘을 정도로 떨어졌다.[6] 아이슬란드 은행은 대규모 외채를 지고 있었으므로 이 같은 평가절하로 지불 능력을 유지할 수 없게 됐다. 2008년 10월 동안 아이슬란드의 3대 은행이 모두 무너졌고, 2008년 11월 19일 국제통화기금IMF은 아이슬란드에 미화 46억 달러의 구제금융을 승인했다.[7] (2007년 아이슬란드의 GDP는 약 119억 달러였다.)[8] 이 위기는 엄청난 충격을 가져왔다. 사실상 실업이 없었던 나라에서 갑자기 실업률이 치솟더니 2010년 2월과 3월에는 사상 최고인 9.3퍼센트에 도달했다.[9] 연금저축도 심각한 손상을 입었다. 연금저축 자금 상당 부분이 상장주식 투자에 의존하는 상황에서 금융위기 중 아이슬란드 주식시장이 회복 불능 상태까지 무너지다가 결국 문을 닫았기 때문이다. 아이슬란드 국민은 2017년부터 2023년 사이에 아이슬란드 GDP의 4퍼센트를 영국 예금주에게 파운드화로 상환해야 한다. 같은 기간에 GDP의 2퍼센트를 추가로 네덜란드에 유로화로 상환해야 한다.[10]

지난 15년에 걸친 아이슬란드의 역사는 세계화가 금융 관리 부실에 극심한 타격을 가한다는 사실을 보여준다. 경제 규제 완화와 통합이 심화될수록 국민과 기업을 외부 사건으로부터 보호하는 데 사용할 수 있는 국내 정책 수단은 미약해진다. 극단적인 규제 완화 이후 아이슬란드의 금융 체계는 글로벌 금융 체계와 역사상 유례가 없을 정도로 상호연결됐다. 소규모 엘리트 집단인 '바이킹 레이더스Viking Raiders'의 사업 행위가 규제 부재를 틈타 금융 체계에서 전례 없는 이익을 뽑아냈다.[11] 은행들은 급증하는 체계적 위험과 대결하는 고도로 상호연결된 골리앗이 됐다. 아이슬란드가 독특한 사례이기는 하지만 규제 완화로 향하는 정책 전환과 금융 체계의 레버리지 증가, 상호의존성 증가는 미국과 영국을 비롯한 다른 국가에서도 발전을 나타내는 지표로 간주된다.

아이슬란드의 사례는 글로벌 상호연결성에서 비롯하는 다른 문제 즉 책임 문제도 시사한다. "아이슬란드에서 발생한 위기를 누가 책임져야 하는가?"라는 질문을 던져보면 '책임 문제'가 어떤 의미인지 명확해진다. 국가 전체를 무너뜨릴 수 있을 만큼 거대하고 상호연결된 은행이 탄생할 수 있도록 한 정치인들이 책임져야 할까? 보수당 소속 총리 다비드 오트손은 2005년 총리직에서 물러난 뒤 아이슬란드 중앙은행 총재가 됐다. 새로 선출된 요한나 시귀르다르도티르Johanna Sigurðardottir 총리 행정부는 오트손을 퇴진시키고자 중앙은행법을 개정해야 했다. 오트손은 나중에 아이슬란드 최대 신문사 편집장이 되었고, 이에 영국 신문사 《텔레그래프》는 "공인의 비밀 유지와 유착, 이해 상충"[12]에 관한 우려를 제기했다. 혹은 형편이 허락하지 않는 주택을 변동 금리 상황에서 100퍼센트 빚으로 구입한 일반 시민들에게 책임을 물어야 할까? 사회 전체로 봤을 때 선금을 한 푼도 내지 않고 집을 구매하고 평생 저축한 돈을 위험한 고수익 투자 펀드에 투자하는 행위가 통할 리 없다. 하지만 먼저 저축을 하지 않고 집을 구입해 그냥 '돈이 저절로 굴러가도록 내버려 두기만' 해도 백만장자로 은퇴할 수 있다는 가능성에 누가 끌리지 않겠는가?

과도한 행위를 방지하는 것이 정부의 역할이다. 안타깝게도 아이슬란드는 이른바 빙산의 일각일 뿐이다. 글로벌 거버넌스는 국가 및 글로벌 금융 체계를 설계할 때 복잡성과 체계적 위험을 고려하지 못했다. 복잡성과 체계적 위험으로 넘어가기에 앞서 다음 단락에서는 금융 세계화를 유발한 주요 동인을 살펴보고자 한다.

세계 금융은 어떻게 위험을 키웠나?

시장을 개방한 정책 및 규제 변화가 1장에서 설명한 컴퓨터 성능 급등과 결합하면서 지난 10년 동안 글로벌 금융 체계는 예전 그 어느 때보다 상호연결됐다. 다음 단락에서 살펴볼 금융시장 위기 확산에서 분명히 나타났듯이 이 같은 상호연결성 증가에는 연쇄 붕괴 가능성 급증이라는 대가가 따른다. 또한 기술 결함과 인간의 실수, 사이버 범죄에 대한 시장의 취약성을 높이는 컴퓨터 시스템에 대한 의존성 증가와도 관련이 있다.

컴퓨터 성능이 증가할수록 코드가 복잡해지고 사이버 보안에 구멍이 뚫릴 가능성과 버그가 발생할 가능성이 증가한다. 1993년에 개발된 초기 개인용 컴퓨터 운영체계 윈도 NT 3.1의 소스 코드는 약 450만 줄이었다. 2001년에 나온 윈도 XP의 소스 코드는 4,000만 줄로 늘어났다.[13] 복잡성과 컴퓨터 의존도가 증가한 영향은 이미 나타나고 있다. 2012년 8월 1일 나이트 캐피털 그룹Knight Capital Group Inc.은 새로운 거래용 컴퓨터 프로그램을 설치한 뒤에 예상치 못한 결함이 발생해 45분 만에 4억 4,000만 달러라는 손실을 입었다.[14] 새로운 프로그램을 도입했을 당시 나이트 캐피털 그룹은 17년차 기업으로 뉴욕 증권거래소 일일 거래량이 약 200억 달러였다. 오류는 프로그래밍 미비나 인터페이스 문제뿐만 아니라 인간과 컴퓨터의 상호작용에 의해서도 발생한다. 이와 관련해 가장 악명 높은 실수는 이른바 팻 핑거fat-finger 매매로, 증권을 매매할 때 예를 들어 키보드의 자판 '0'에 손가락을 계속 대고 있어서 자릿수가 달라지는 수준으로 주문을 잘못 입력했을 때 발생한다. 2012년 9월 18일 팻 핑거 매매로 로완 코스Rowan Cos, 내셔널 오일웰 바르코National Oilwell Varco Inc.를 비롯한 여러 석유 굴착업체 및 장비 제조업체의 주가가 3퍼센트에서 9퍼센트까지 급증하면서 심각한 시장 변동성을 야기한 일이 있었다.[15] 컴퓨터 시스템 의존도가 높으면 예상하지 못한 오류와 실수는 물론 사이버 사기나 사이버 공격에 대한 취약성까지 증가하는 내재적 위험이 따른다.

1997년 로렌스 화이트Lawrence J. White는 새로운 정보기술이 금융 부문에 혁명을 일으킬 것이라고 정확하게 예측했다. 화이트는 "금융 옵션과 선물 같은 새로운 상품"과 "담보대출 같은 전통적인 상품의 수정"을 예측했다.[16] 또한 이런 혁신이 "PC 기반 홈뱅킹과 같은 새로운 서비스"와 "증권 거래를 위한 새로운 거래소"를 중심으로 조직될 것이라고 내다봤다.[17] 화이트는 이런 기술이 어떻게 현대적인 금융 통합 플랫폼을 만들어 나갈지에 특히 주의를 기울였고, 신시내티 증권거래소 같은 디지털 영역에서 이런 기술이 중요하다고 지적했다. 그는 접근가능하고 저렴한 컴퓨터 성능과 이동통신, 인터넷이 금융 서비스 사용자가 서로 상호작용할 기회를 제공할 것이라고 생각했다.

세계화의 변화 잠재력과 관련된 예측이 대개 그러하듯이, 실제 사건은 예상을 뛰어넘었고 세계시장은 상상조차 한 적 없는 성장을 경험했다. 1990년 당시 미국 GDP의 101퍼센트였던 미국 금융 자산의 가치는 황금기 10년이 끝날 무렵인 2007년에 정점에 도달해 이 비율의 4배 이상으로 증가했다. 금융시장은 국제 수준에서도 급격하게 성장했다. 1990년에서 2010년 사이에 세계 부채와 자기 자본은 세계 GDP의 261퍼센트에서 356퍼센트로 증가했고[18] 2000년 이후 세계 신용 거래는 그 절대치가 세 배 증가해 2008년에는 21조 달러에 이르렀다.[19] 국가 금융시장이 빠르게 팽창함에 따라 국가 간 자본 흐름도 함께 늘어났다. 이런 초국가적 활동 증가는 세계 금융의 점진적인 통합을 반영한다.

세계 금융의 집중 수준도 증가했다. 미국 3대 은행의 점유율은 1990년 10퍼센트에서 2008년 약 40퍼센트로 증가했고 영국 3대 은행의 점유율은 1997년 약 50퍼센트에서 2008년 거의 80퍼센트로 증가했다.[20] 이처럼 시장 집중이 크게 증가하면 지불 불능 사태가 발생했을 때 국가가 암묵적으로 구제금융을 보장하게 된다. 2007~2008년 금융위기가 보여주듯이 이런 보장은 시장 규율을 무너뜨리고 초대형 은행들이 문제가 생겨도 구제받을 것이라는 인식 아래 마음 놓고 과도한 위험을 감수하도록 부추기는 노골적인 보장으로 빠르게 바뀔 수 있다. 따라서 도덕적 해이는 체계적 위험을 부채질하고, 우리가 뒤늦게 깨달을 수 있듯이 금융 불안을 유발하는 중대한 근원이다. 체계적 위험의 근원으로서 집중은 금융 체계에 국한되지 않는다. 기업이 상품 네트워크에서 집중을 이용해 어떻게 '공급업자들을 포로로 삼는' 통제력을 행사할 수 있는지 보여주는 연구는 아주 많다.[21]

점점 복잡해지는 금융 네트워크는 규모 측면뿐만 아니라 복잡성 측면에서도 확대됐다. 처리 능력 향상을 기반으로 금융 거래자들은 새로운 거래 및 신용 대출 방법을 만들었다. 21세기 초기만 해도 미미했던 신용부도스와프와 부채담보부증권(이런 상품에 대한 간단한 설명은 상자 2.1을 참조), 자본 재판매 시장 모두 2008년 즈음에는 어디서나 볼 수 있는 운용 방식이 됐다. 10년도 채 되지 않는 기간 동안 장외 파생상품 시장은 세계 GDP의 10배, 대략 600조 달러 규모로 확대됐다. 간단히 말해 "세계 규모로 통합된 시장과 혁신은 금융 상황의 변화를 유발"[22]했다.

과열된 금융 증권화 바람

금융 증권화와 구조화된 금융상품의 부상은 황금의 10년 시기에 나타난 가장 두드러진 특징 중 하나였다. 그림 2.1은 1990년과 2009년 사이에 기업 부채와 자산유동화증권 발행액을 보여준다. 2002년까지 은행은 자산유동화증권보다 기업 부채를 많이 발행했다. 그러나 2005년에 은행은 기업 부채보다 복합 자산유동화증권을 거의 두 배 가까이 많이 발행했다. 2002년과 2006년 사이에 5배로 증가한 부채담보부증권의 전 세계 발행액을 살펴보더라도 같은 추세를 확인할 수 있다(그림 2.2 참조).

이런 발달 추세를 유발한 계기는 무엇이었을까? 대출과 주택담보대출 같은 자산은 너무 위험도가 높으므로 기관투자자가 여기에 직접 투자하지 못하도록 규제했다. 투자은행은 위험을 금융 체계에서 이런 대형 기관투자자로 전가하기 위해 증권화 자산을 조작하기 시작했다. 증권화는 은행이 여러 위험 자산(예를 들어, 주택담보대출, 신용카드 매출채권, 학자금 대출)을 재포장해서 청구권을 수익 흐름 중 다른 부분에 판매하는 과정이다.[23] 증권화 자체가 불안정을 유발하지는 않는다고 하더라도 과도한 증권화는 지

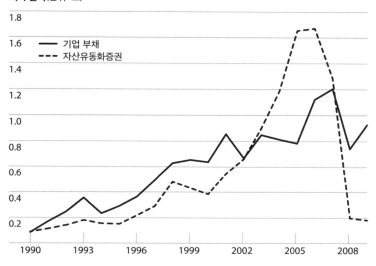

미국 달러(단위: 조)

- 기업 부채
- 자산유동화증권

1.8
1.6
1.4
1.2
1.0
0.8
0.6
0.4
0.2

1990 1993 1996 1999 2002 2005 2008

그림 2.1. 1990년에서 2009년 사이 기업 부채와 자산유동화증권 발행액(단위: 1조 미국 달러).
연방정부 기관과 정부 후원 기업이 발행한 부채 제외. 개리 고튼Garry B. Gorton과 앤드루 메트
릭Andrew Metrick, 2010a, <그림자 금융 규제Regulating the Shadow Banking System>, 《브루킹
스 경제활동보고서Brookings Papers on Economic Activity》 41권 2호: 260-312쪽, 271쪽, 2013
년 2월 5일 접속, http://www.brookings.edu/~/media/projects/bpea/fall%202010/2010b_
bpea_gorton.pdf.

나친 불투명성과 복잡성을 비롯해 여러 해로운 영향을 미친다. 증
권화로 위험이 과도하게 전이되는 중요한 이유 중 하나는 이 과정
이 특정한 위험에 대해 요구되는 자본량을 줄이는 편리한 방법이
라는 데 있다. 규제 자본 요건이 의존했던 모형은 꼬리 위험tail risk
을 간과하는 경향을 나타냈다.[24] 은행은 이런 허점을 악용해 자본
8달러로 100달러짜리 증권을 발행하고 거의 무자본으로 100달러
를 대출했다. 이런 규제 및 등급 차익거래로 은행은 점점 증권화
대출에 매력을 느끼게 됐다. 이는 은행 자산이 유리한 책정가를

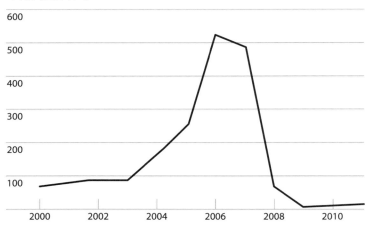

미국 달러(단위: 10억)

그림 2.2. 2000년부터 2010년까지 세계 CDO 발행 총액(단위: 10억 미국 달러). CDO: 부채담보부증권. 마무드 엘라민Mahmoud Elamin과 윌리엄 베드나르William Bednar, 2012, <구조 금융 동향How Is Structured Finance Doing?>, 클리블랜드 연방준비은행Cleveland Federal Reserve Bank, 2월 10일, 2013년 2월 5일 접속, http://www.clevelandfed.org/research/trends/2012/0312/01finmar.cfm. 미국 증권산업금융시장협회SIFMA의 허가받아 전재.

받았다는 뜻이기도 했다. 은행은 신용평가기관의 승인을 받아 위험한 소규모 개별 주택담보대출을 언뜻 보기에 안전한 대규모 증권 하나로 결합할 수 있었다. 지속가능한 이익보다는 단기 이익에 초점을 맞춘 인센티브 제도가 이런 발달을 한층 더 부채질했다.[25]

은행이 증권을 과도하게 발행할 수 있는 이유를 설명하고자 수많은 이론적 이유가 제기됐다. 예를 들어 투자자가 안전 자산을 요구하면서 특정한 꼬리 위험을 등한시하면 증권시장이 취약해질 수 있다는 주장이 나왔다.[26] 그런 상황은 2003년에서 2007년까지 투자자들이 안전하다고 인식했던 수많은 신규 주택저당증권이 발행됐던 시기와 무척 비슷하다. 상이한 미래 전망과 적응 행동은 더 많은 위험회피 수단이 시장을 불안정하게 만들 수 있는 상황을 유발할 수 있다는 사실도 드러났다.[27] 금융 혁신과 관련해서도 비슷한 동기가 나타나며, 일반적으로 거래자들이 시장 전개 양상에 관해 동일한 가정을 공유하지 않는 경우 투기로 인한 포트폴리오 변화량이 증가한다.[28] 이런 결과는 모두 모든 행위자가 경제와 서로에 대해 완벽한 지식을 보유하는 완전한 합리성을 유지한다는 전통적인 가정에서 벗어나는 모형을 기반으로 한다. 이 연구는 은행이 증권을 과도하게 발행하는 경우 완벽한 합리성에서 조금이라도 벗어나도 금융 불안으로 이어질 수 있다는 사실을 분명하게 보여준다. 그렇다면 애초에 은행은 왜 증권을 발행하고자 하며, 나아가 규제 당국은 왜 은행이 그렇게 하도록 허용했을까?

은행은 증권화 자산을 발행하기 시작하면서 고평가 자산을 늘리는 방법을 고안했고 그 결과 보유해야 하는 자본량을 줄였다. 은행은 느슨한 규제와 증권화 기법을 결합해 전례 없는 수준까지 레버리지를 높일 수 있었다(그림 2.3 참조). 증권화를 통해 위험 또한 특별목적회사SPV라는 법인으로 전가할 수 있었다. 특별목적회사는 어떤 점에서는 은행과 비슷하면서도 규제를 받지 않는다는 측면에서 확연히 달랐다. 기존 규제 틀에 허점이 있었으므로 이런 특별목적회사로 위험을 전가할 수 있었다. 설사 규제 당국이 이런 특별목적회사를 추격하려고 했더라도 그렇게 할 수 없었을 것이다. 이런 법인체가 설립된 장소는 케이맨 제도와 리히텐슈타인을 비롯한 규제 및 조세 피난처였기 때문이다. 은행은 특별목적회사에 보증서를 발행했고 그 덕분에 특별목적회사는 단기 부채(이른바 자산유동화기업어음)를 외부 투자자에게 발행할 수 있었다. 이

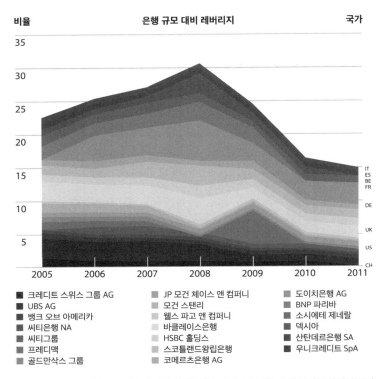

■ 크레디트 스위스 그룹 AG   ▨ JP 모건 체이스 앤 컴퍼니   ▨ 도이치은행 AG
■ UBS AG   ▨ 모건 스탠리   ▨ BNP 파리바
■ 뱅크 오브 아메리카   ▨ 웰스 파고 앤 컴퍼니   ▨ 소시에테 제네랄
■ 씨티은행 NA   ▨ 바클레이스은행   ■ 덱시아
■ 씨티그룹   ▨ HSBC 홀딩스   ▨ 산탄데르은행 SA
■ 프레디맥   ▨ 스코틀랜드왕립은행   ■ 우니크레디트 SpA
▨ 골드만삭스 그룹   ▨ 코메르츠은행 AG

그림 2.3. 2005년에서 2011년까지 대형 상업은행의 레버리지 비율. 은행 자산의 상대적 크기에 따라 개인-국가 분담액에 가중치를 부가한다. 사용된 ISO(국제표준화기구) 국가 코드는 IT, 이탈리아; ES, 스페인; BE, 벨기에; FR, 프랑스; DE, 독일; UK, 영국; US, 미국; CH, 스위스. 뱅크스코프, https://bankscope2.bvdep.com/.

런 투자자들은 주로 위험한 대출에는 투자할 수 없었지만 언뜻 보기에 안전해 보이는 이런 증권은 구매할 수 있었던 초대형 보험회사나 뮤추얼펀드였다. 끝이 보이지 않는 이 순환은 체계적 만기 불일치를 낳았고 결국 '도화선에 불이 붙어' 리먼브라더스가 파산을 신청하자 시장 붕괴로 이어졌다.

은행은 증권화를 이용해 대차대조표에서 큰 위험을 이전할 수

미국 달러(단위: 10억 미국 달러)

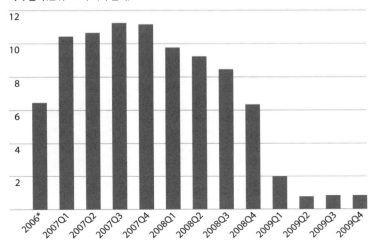

그림 2.4. 2007년 1분기부터 2009년 4분기까지 미국 은행이 지급한 배당금 액수. *2006년 그래프는 4분기 전체 평균이다. 비랄 아차르야Viral V. Acharya, 어빈드 구지랄Irvind Gujral, 니루파마 쿨카르니Nirupama Kulkarni, 신현송, 2011, <2007년-2009년 금융위기 당시 배당금과 은행 자본Dividends and Bank Capital in the Financial Crisis of 2007-2009>, 전미경제연구소 조사보고서NBER Working Paper 16896호, 뉴욕대학교 스턴 경영대학, 뉴욕, 전미경제연구소, 케임브리지, 26쪽 2013년 1월 21일 접속, http://www.nber.org/papers/w16896.

있었고, 이른바 안전 자산을 끝없이 갈구하는 듯한 투자자들에게 신용을 제공했다. 은행은 자본 대비책을 키우는 대신 자본 이익률을 키우기 시작하면서 대차대조표를 상당한 규모로 확장할 수 있었다. 거래 규모가 커지면서 은행 수익도 증가했다. 그러나 레버리지 효과로 얻은 수익 대부분은 자본금을 늘리는 데 사용되지 않고 대부분 특정 분기 수익 증가와 같은 단기 성과에 근거해 배당금(그림 2.4 참조)이나 상여금(그림 2.5 참조)으로 지급됐다.

　불안을 유발한 주요 원인은 고위직 임원 및 증권중개인의 보수체계가 신중함과 안정성보다 단기 수익과 자산 축적을 선호하도

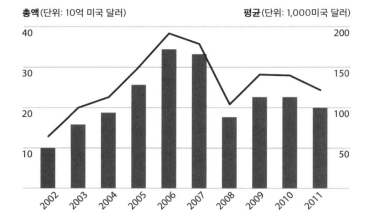

총액(단위: 10억 미국 달러)   평균(단위: 1,000미국 달러)

그림 2.5 2002년부터 2011년까지 월스트리트 상여금(총액 단위: 10억 미국 달러, 막대그래프)과 평균(단위: 1,000미국 달러, 꺾은선그래프). 《이코노미스트*Economist*》, 2012d, <월스트리트 상여금Wall Street Bonuses>, 3월 3일, 2013년 2월 4일 접속, http://www.economist.com/node/21548981. 허가받아 전재.

록 부실하게 설계됐다는 사실이었다. 은행가들은 이런 인센티브에 응했고, 따라서 그들이 무엇보다도 자신들의 수익을 극대화하고(예를 들어 레버리지를 통해) 각 개인의 위험 노출을 최소화하는 데 주력했던 것은 전혀 놀라운 일이 아니다. 증권화가 증가하면서 월스트리트의 상여금은 6년 만에 세 배로 증가해 2006년에는 거의 350억 달러에 육박하는 사상 최고액을 기록했다. 그러나 이 추세는 거기서 그치지 않았다. 상여금이 줄어들었을 때도 여전히 배당금은 후하게 지급했다. 2008년 9월 15일 미국 투자은행 리먼브라더스가 파산을 선언하면서 금융위기가 정점에 도달했던 때에도 상여금과 배당금 지급액은 총 1,300억 달러에 달했다.[29] 2주 뒤 조지 W. 부시 미국 대통령은 긴급경제안정화법안을 제정해 미국 주요 투자은행에 1,600억 달러 규모의 구제금융을 지급했다.[30]

긴급경제안정화법안은 결국 2007~2008년 금융위기를 예방하는 데 별다른 도움이 되지 못했을뿐더러 자칫 이를 부채질할 법한 일련의 입법 조치로 이어지는 불운한 필연적 결말을 맞이했다. 금융 서비스가 전 세계로 퍼져나갈 수 있는 도구는 최신 정보기술이 제공했지만, 이 부문의 급속한 확장은 국제 규제에 대한 태도를 꿋꿋하게 밝히지 않는 동시에 국가 수준의 규제 완화를 선호한 정치문화가 한몫 거들었다. 세계 곳곳의 다양한 금융 중심지들이 국제적으로 경쟁한 탓에 바닥으로 치닫는 경쟁은 안 그래도 부실한 규제 수준을 한층 더 낮췄다. 이런 규제 완화는 단기적으로 금융 활동 증가와 수입 상승, 세입 증가, 성장 가속을 유발했다. 수많은 정책 입안자가 국내 금융 체계가 '더 많이 경쟁'해야 하며 따라서 금융 체계를 얽매는 규제를 줄여야 한다고 주장했던 이유가 여기에 있다. 미국 상원 금융위원회 위원장인 상원의원 필 그램Phil Gramm은 1933년에 제정된 이른바 글래스-스티걸 법Glass-Steagall Act(상업은행과 증권사 간에 가능한 상호작용을 제한하는 법률)을 언급하면서 1999년에 그램-리치-블라일리 법Gramm-Leach-Bliley Act이 통과되도록 애썼고 "오늘 우리는 글래스-스티걸 법을 폐지하고자 여기에 왔습니다. 정부가 정답이 아니라는 사실을 알았기 때문입니다. 우리는 자유와 경쟁이 답임을 배웠습니다. 또한 경제성장을 촉진하고 경쟁과 자유를 보장함으로써 안정을 도모해야 한다는 사실을 배웠습니다."[31]라고 언명했다.

영국을 비롯한 다른 나라들도 미국을 따라 규제 줄이기에 나섰다. 당시 영국은행 총재였던 머빈 킹 경Sir Mervyn King은 영국의 규제 완화에 관한 질문에 "우리에게서 은행을 규제할 수 있는 권한을 빼앗아갔습니다. 이제 우리에게는 보고서를 발간하고 설교하는 권한만 남았습니다."[32]라고 불평했다.

바젤은행감독위원회Basel Committee on Banking Supervision 같은 단체가 노력하고 세계 유수의 경제학자 다수가 경고했지만 규제 완화 분위기가 전 세계에 단단히 자리 잡게 됐다.[33] 미국에서 서브프라임 대출이 정점을 찍었을 때 50개 주 전체 법무장관들은 이런 위험한 관행을 조사하고자 했으나 주 정부 차원의 조치를 방지하는 1863년의 케케묵은 국가은행법을 근거로 내세운 "주요 은행 연합과 부시 행정부에 저지"당했다.[34]

세계 최대의 국가 금융시장인 미국에서는 대공황 이래 글래스-스티걸 법 같은 법률로 금융 안정의 도모를 지향했다. 상업은행 활동과 투자은행 활동을 분리해 은행이 예금으로 '도박'하지 못하도록 막음으로써 투기와 위험 부담을 줄였다. 그러나 글래스-스티걸 법 비준 이후 수십 년 동안 자유로운 자본 흐름의 장점을 확신한 행정부는 그런 노력을 깎아내리기 시작했다. 1999년 그램-리치-블라일리 법으로 글래스-스티걸 법을 폐지하면서 상업은행 업무와 투자은행 업무를 구분하는 경계를 최종적으로 제거했다. 이미 이 경계는 사실상 파기된 것이나 다름없었지만 글래스-스티걸 법 폐지로 금융 부문의 위험한 이해 상충 가능성이 공식적으로 부활했다. 이로써 채무자를 상대로 한 복수 청구나 예금보험의 암묵적 연장을 막을 근거는 아무것도 없었다.[35] 규제 완화를 옹호한 주요 지지자 중 한 명이자 CNN이 '붕괴의 일곱 번째 장본인'이라고 부른 필 그램이 2002년 상원의원 은퇴 직후 UBS 투자은행 부서에 합류했던 사실은 주목할 만하다.[36]

위험한 나비효과

규제 완화와 금융위기의 확산

통합된 금융 세계에서는 위험을 오로지 국가 차원에서만 평가해서는 안 되며, 미국을 비롯한 여러 금융시장에서 규제 완화를 실시하면 전 세계에 체계적 영향을 미친다. 이 장 첫머리에서 소개했던 아이슬란드 사례가 보여주듯이, 비교적 작은 나라도 광범위한 영향을 미칠 수 있다. 아이슬란드 은행이 무너진 뒤 영국에서는 연금 수령자 다수를 비롯한 여러 개인과 더불어 수많은 지방 정부와 대학교가 예금 및 투자액의 상당 부분을 잃었다.

유럽 국가들은 미국 금융시장에서 경쟁력을 유지하려면 투자자에게 걸맞은 기회를 만들어 줘야 하고 마찬가지로 규제 완화 압력에 굽혀야 한다고 느꼈다. 은행가에게 자주 로비를 받은 정치인들은 런던, 프랑크푸르트, 싱가포르를 비롯한 여러 금융 중심지에서 금융 서비스를 보호하고자 애썼다. 이런 태도는 느슨한 규제와 지나친 팽창 통화 정책 실행에 전념하는 경향으로 이어졌다.[37] 정책 입안자들은 금융 자본의 미래와 세수의 상당 부분을 위해 규제 부담과 번거로운 절차를 줄여야 한다는 주장에 넘어갔다.[38] 그들은 규제가 경제의 성장과 안정을 뒷받침하는 데 필요한 혁신을 제약할 것이라고 주장했다.[39] 무엇보다도 정치인과 규제 당국은 1990년대 이후로 미국 경제가 낮은 변동성을 나타냈으며 정책 수행 결과로 체계 안에 쌓인 숨은 위험이 없다고 주장하는 경제학자들의 '대안정기Great Moderation' 합의에서 위안을 얻었다.[40]

국가 규제가 완화되고 시장이 통합되면서 영국은행의 앤드루 홀데인Andrew Haldane이 '단일 경작'이라고 표현한 세계 금융 네트워크가 형성됐다.[41] 영국의 경우 2000년과 2011년 사이에 금융 및 보험 부문이 108퍼센트 성장해 다른 모든 부문을 크게 앞질렀다.[42] 2011년에 이르자 금융 및 보험 서비스는 영국 경제에 연간 1,250억 파운드 이상을 이바지했으며 총 부가가치의 9.4퍼센트를 책임지기에 이르렀다.[43] 서브프라임 주택담보대출의 증권화가 증가하면서 정부는 고용과 세수를 동시에 제공하는 원천에 점점 더 신세를 지게 됐다. 그 결과 은행이 점점 더 큰 권력과 영향력을 발휘하면서 국가가 금융기관에 개입하기는 갈수록 어려워졌다.

규제 당국이 갈피를 못 잡는 동시에 1997~1998년 금융위기에 이어 미국에 기반을 둔 헤지펀드 롱텀 캐피털 매니지먼트가 붕괴하자 '대마불사'에 해당하는 은행들에는 중앙정부가 구제금융을 제공할 것이라고 기대해도 된다는 분위기가 퍼졌다. 꼬리 위험을 과소평가하는 최대예상손실액value-at-risk 모형의 사용 확산과 더불어 이러한 기대는 위험관리자의 의욕을 낮췄고 체계상 가장 관련성이 높은 대형 금융기관의 하방 위험downside risk을 사실상 제거했다. 정부의 암묵적 보증은 은행의 자금 조달 비용에 상당한 영향을 미쳤다. 어떤 추정에 따르면 2002년과 2011년 사이에 암묵적 보증으로 인한 연간 자금 조달 비용 감소 액수는 미화 700억 달러에서 1,200억 달러 사이라고 한다(그림 2.6).[44] 사실상 암묵적 보증으로 납세자에게서 금융 체계로 부를 이전한 셈이다.

규제 완화가 촉진하고 암묵적 보증이 뒷받침한 증권화의 결과로 총위험도는 은행의 순위험도와 완전히 다른 방식으로 증가했다. 1975년 일사분기에 2,500억 달러를 조금 웃돌던 미국 국내 금융 부문의 총 미지불 부채가 2008년에는 17조 달러를 넘어서는

위험한 나비효과

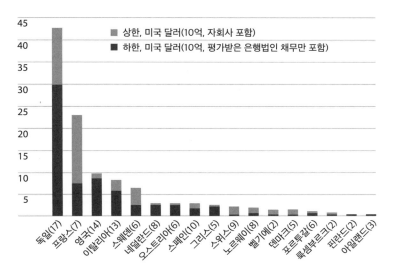

그림 2.6. 2012년 3월 기준 은행 본사 위치에 따른 국가별 암묵적 보장으로 인한 연간 자금 조달 비용 감소 추정치(단위: 10억 미국 달러). 괄호 안은 은행 수. 은행이 본사를 둔 국가당 연간 미화 수십억 달러의 미지불 부채 비용이 감소했다고 추정할 수 있다(덱시아는 예외. 덱시아그룹 본사는 벨기에에 있지만 덱시아크레디트로컬은 프랑스에, 덱시아BIL은 룩셈부르크에 할당됐다). 이 추정치가 반드시 현지 납세자가 지는 부담과 같다는 뜻은 아니라는 점에 주의하라. 조정된 자체 신용도를 사용한다. 총 은행 수는 123개다. 제바스티안 시크Sebastian Schich와 소피아 린드Sofia Lindh, 2012, <은행 부채에 대한 암묵적 보증의 현 위치Implicit Guarantees for Bank Debt: Where Do We Stand?>, 《OECD 저널: 금융시장추세OECD Journal: Financial Market Trends》 2012권 1호, 10쪽, 2013년 1월 22일 접속, http://www.oecd.org/finance/financialmarkets/Implicit-Guarantees-for-bank-debt.pdf. 허가받아 전재.

최곳값까지 증가했다.[45] 은행 규제 업무를 담당했던 국가 정책 입안자와 마찬가지로 은행 역시 자신들이 일조해서 발생한 글로벌 위험에 전혀 개의치 않았다. 실제로 규제 제도가 사실상 규제 차익거래를 조장하고 있었다. 예를 들어 미국 금융기관들은 기본적으로 감독청Office of the Comptroller(은행을 대상으로 설립되었다)과 그보다 약한 저축기관감독청Office of Thrift Supervision(저축과 대출을 대상으로 설립되었다) 중 어디로부터 감독을 받고 싶은지 선택할 수 있었다.[46] 지나치게 관대한 법률과 규제로 인해 금융 체계에 체계적 위험이 발생하게 됐다.

지금은 규제 완화가 국제 금융위기를 유발한 주요 원인이라는 데 많은 저자가 동의한다. 복잡성과 체계적 위험에 대한 논의로 넘어가기 전에 상자 2.2에서 제기 가능한 반론을 몇 가지 간단하게 짚어보도록 하겠다.

상자 2.2. 규제 완화가 금융위기를 유발했는가?

1930년대에 제정된 글래스-스티걸 규제의 철폐가 금융위기를 유발한 원인 중 하나임을 보여주고자 우리는 다섯 가지 주장을 간단히 짚고 넘어가고자 한다.

첫째, 파산한 은행(베어 스턴스와 리먼브라더스 등)이 상업은행과 결합하지 않았다는 점에서 글래스-스티걸 법 철폐가 금융위기를 유발하지 않았다는 주장이 제기됐다. 이 주장은 이런 은행들이 미국 경제의 작은 부문(주택담보대출 부문)에서 전체 금융 체계로 충격을 전달했다는 사실을 간과한 듯하다. 상업은행들이 위험한 대출을 하지 않았더라면 금융위기에서 최악의 사태는 방지할 수 있었을 것이다. 금융위기가 그렇게 큰 대가를 치르게 된 이유로는 시스템에서 중요하다고 여겨지는 은행을 구제할 수밖에 없었다는 점도 꼽을 수 있다. 그런 은행들은 대개 투자 활동 손실로 타격을 받았지만 실물경제에 꼭 필요한 신용을 제공했다.

둘째, 도드-프랭크 법Dodd-Frank Act이 규제를 받지 않는 그림자 금융 부문으로 사업 전환을 유도할 것이라는 주장이 제기됐다. 이 점을 인정한다고 해도 그것이 우리가 규제를 회피해야 한다는 뜻으로 볼 수는 없다. 오히려 그림자 금융 분야로 규제를 확대해야 한다는 뜻으로

위험한 나비효과

봐야 한다.

셋째, 2004년 이전에는 변변한 규제가 존재하지 않았으므로 미국 증권거래위원회는 사실상 투자은행을 대상으로 규제를 완화하지 않았다는 주장이 제기됐다. 대체로 규제를 받지 않은 시스템의 존재를 어떻게 규제 완화를 지지하는 주장의 출발점으로 여길 수 있는지 이해하기가 어렵다. 지금까지 살펴봤듯이 금융위기를 유발한 장본인이 바로 규제를 받지 않았거나 불충분하게 규제를 받은 금융 부문이었다.

넷째, 신용부도스와프 시장의 성장은 체계적 위험을 유발하지 않았고 오히려 투자자가 이용할 수 있는 정보를 개선했다는 주장이 나왔다. 이 주장은 이 장에서 요약한 증거의 무게와 상충한다. 앞서 살펴봤듯이 신용부도스와프의 기하급수적 성장과 그 복잡성 및 상호연결성 증가는 분명히 체계적 위험을 유발한 원인이었다. 실제로 금융위기가 발생하기 전에 많은 규제자와 은행 감독관들이 장외 파생상품이 유발하는 체계적 위험에 대처하고자 특별 실무 그룹을 만들었다.

마지막으로 규제 완화가 아니라 규제, 특히 모든 미국 시민이 자가 주택을 구입할 수 있도록 하겠다는 목표로 제정한 2003년 아메리칸드림 계약금 보조 법American Dream Downpayment Assistance Act이 주택담보대출 시장 급증을 부채질했다는 주장이 있었다. 그러나 이 법과 그 밑바탕에 깔린 정치 쟁점은 재정적 목표가 아니라 '사회적' 목표로 움직였다. 금융시장 이완으로 부동산(주로 주택)을 구입하기 위한 값싼 주택담보대출 금융 이용 가능성을 높이는 목표를 촉진하는 방식이었고, 이는 이후 금융 혼란이 발생한 원인이었다. 전혀 다른 두 가지 정부 정책을 동등하다는 듯이 비교하는 것은 부적절하다.

이 논의는 데이비드 바커David Barker가 2012년 6월 18일자《은행과 대출기관 책임Bank & Lender Liability》(웨스트로 학술지 중 하나)에 실린 〈금융위기가 규제 완화 탓인가?Is Deregulation to Blame for the Financial Crisis?〉에서 제기한 논쟁에 대한 저자들의 응답을 일부 수록한 것이다.

복잡계로서의 금융 네트워크

위기가 고조되는 과정에서 세계 금융 네트워크는 "생태학적 먹이그물의 역학" 혹은 "전염병이 퍼지는 네트워크"[47]에 비유할 수 있다. 이런 네트워크 안에서 점점 늘어나는 노드 및 링크는 위험을 거래하고 공유하는 기회와 함께 금융 안정성을 향상한다는 환상을 만들어냈다.[48]

그림 2.7은 금융위기 직전 금융 부문의 연결성을 보여준다. 금융 부문의 초국적 기업transnational corporation 간 연계성에 초점을 맞춘 오른쪽 그림은 복잡계의 전형적인 특징을 드러낸다. 복잡성과 불확실성 사이의 상호작용은 주목할 만한 "할인 판매fire sale와 시장 붕괴 모형"[49]에서도 나타난다. 이 모형에서 은행은 거래 상대방의 위험을 평가할 때 본질적으로 불확실한 환경에 직면한다. 은행 간 대출 네트워크에서 어떤 은행이 채무를 불이행할 위험은 모든 은행의 거래 상대방이 채무를 불이행할 위험에 따라 달라진다. 이는 다시 거래 상대방의 거래 상대방이 채무를 불이행할 위험에 따라 달라지고 그렇게 계속 이어진다. 따라서 복잡성은 건전한 은행이 구매를 꺼리도록 함으로써 유동성 증발과 시장 붕괴로 이어질 수 있다. 매년 세계 유수의 중앙은행장들이 갖는 주요 모임인 잭슨 홀 심포지엄에서 앤드루 홀데인이 2012년에 했던 연설에서도 복잡성과 불확실성 사이의 관계를 강조했다.[50] 홀데인은 규제 자체가 갈수록 복잡해지고 있다고 지적했다.[51] 현행인 바젤 III 협약의 전신인 1988년 바젤 I 협약은 그 분량이 총 30쪽이었던 반면, 2004년 개정판인 바젤 II 협약은 347쪽에 이르렀다. 2010년 발표

위험한 나비효과

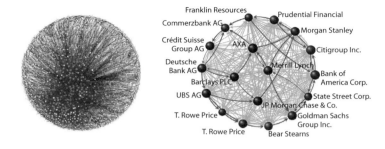

그림 2.7. 글로벌 기업 통제 네트워크. 왼쪽 그림은 강하게 연결된 초국적 기업TNC의 기업 간 상호연계성을 나타낸다. 오른쪽 그림은 금융 부문 초국적 기업 간 연계성에 초점을 맞춘다. 스테파니아 비탈리Stefania Vitali, 제임스 글래트펠더James B. Glattfelder, 스테파노 바티스톤 Stefano Battiston, 2011, <글로벌 기업 통제 네트워크The Network of Global Corporate Control>, 《플로스원*PLoS ONE*》 6권 10호, 2013년 2월 4일 접속, http:// www.plosone.org/article/ info%3Adoi%2F10.1371%2Fjournal.pone.0025995. 허가받아 전재.

된 바젤 III 협약의 규제 내용은 거의 두 배로 증가해 616쪽에 달했다. 국가 간 협정의 국내 시행 규정도 같은 추세를 나타낸다. 바젤 I 협약의 미국 시행 규정 분량은 18쪽이었고 영국 시행 규정 분량은 13쪽이었다. 홀데인은 미국에서 바젤 III 협약이 전면적으로 시행될 무렵이면 시행 규정 분량이 3만 쪽에 달할 것으로 추정한다.

극단적 통합이란 네트워크 중 노드 하나가 붕괴(예를 들어 리먼 브라더스)하면 다른 노드들도 영향을 받는 상황을 의미한다. 극단적 '복잡성'이란 그 효과를 쉽게 가늠할 수 없고 상응하는 위해가 알려지지 않은 경우를 가리킨다. 금융위기 이전 시기에는 이런 외부효과를 설명하지 못했으므로 기업의 위험관리 전략은 사실상 무익했다. 이런 주장에 비춰볼 때 복잡성에 직면한 상황에서 (확률에 근거한) '위험' 관리가 적절한지 아니면 은행이 '불확실성' 관리를 목표로 삼아야 하는지 고민할 필요가 있다. 금융위기로 이어지는 요인들을 되돌아보면 규제기관과 감독기관이 금융 부문 탈바꿈에 따른 체계적 위험을 감지하거나 억제하지 못했던 것은 분명하다. 시장 참여자와 규제자 모두 복잡성과 동질성이 본질적으로 네트워크를 얼마나 취약하게 만드는지를 알고 있지는 않았다. 모든 데이터와 자원을 마음대로 이용할 수 있는 상황이었지만 급격한 성장을 뒷받침했던 연결성이 난데없이 체계적 위험을 증폭하고 전파하는 사태에 이르자 가장 노련한 은행가들조차도 놀라움을 금치 못했을 것이다. 설사 규제기관이 사태를 파악하고 있었다고 하더라도 특히 강대국(미국 등)과 거대 은행을 통제할 권한이 부족했다는 사실을 감안할 때 과연 사태를 수습하기 위해 무엇을 할 수 있었을지 의문이다.

'체계적 위험' 자체는 넓은 의미를 지닌 용어이며, 최근 금융위기 과정에서 점점 더 폭넓은 현상을 가리키는 말로 사용됐다. 금융위기 이전에 체계적 위험은 주로 연쇄적인 채무불이행을 유발하는 전염 효과가 발생할 확률을 가리키는 말이었다. 그러나 금융위기를 거치면서 체계적 위험을 유발할 수 있는 근원이 두 가지 더 드러났다. 첫째는 여러 금융기관의 공유 충격이고, 둘째는 한 은행에 관한 나쁜 소식이 다른 모든 은행의 재융자 비용을 높이는 경우와 같은 정보 누출이다.

따라서 체계적 위험의 광의와 협의를 구분할 수 있다. 은행간시장에 미치는 전염 효과는 협의의 체계적 위험을 제기하는 반면, 광의의 체계적 위험은 많은 기관이나 시장에 공유 충격을 미치는 특징을 지닌다.[52] 바젤에 있는 금융안정위원회FSB도 이 구분에 따

위험한 나비효과

라 체계적 위험을 "금융 체계 전체 혹은 일부의 손상에서 기인하며, 실물경제에 심각한 부정적 결과를 초래할 잠재력을 지닌 금융 서비스의 붕괴 위험"[53]으로 정의한다. 유럽중앙은행ECB은 체계적 위험을 체계상 중요한 중개자나 시장 다수에 부정적인 영향을 미치는 강력한 체계적 사건을 경험할 위험으로 설명할 수 있다고 제안한다.[54] 금융 시스템의 외부 충격 혹은 내부 충격 모두가 이런 체계적 사건을 유발하는 계기가 될 수 있다. 체계적 사건은 관련 중개자가 실패하거나 관련 시장이 기능 장애를 일으킬 때 강력한 영향을 미친다. 체계적 사건을 구성하는 다양한 차원이 상호작용한다는 점을 고려할 때 체계적 위험은 대단히 복잡한 현상임이 분명하다.

금융의 체계적 위험을 일으키는 두 가지 원인

전염은 금융기관 사이에 이뤄지는 직접 연계로 발생한다. 이런 연계가 가장 두드러지게 나타나는 사례는 아마도 은행간시장을 통한 전염일 것이다. 은행간시장은 노드 집합, 즉 은행 혹은 헤지펀드나 보험회사 같은 기타 금융기관과 이런 기간 사이에 연결을 형성하는 일련의 링크로 이뤄진 금융 네트워크라고 설명할 수 있다.[55] 은행간시장이 상호연결되면 유동성 배분이 원활해지고 은행 간 위험 분담이 증가할 수 있다.[56] 그러나 동시에 연결성 증가는 전염 효과 또한 증폭할 수 있다.

중복 청구 형태의 연계를 분석해보면 전염은 네트워크 구조가 불완전할 때 발생할 가능성이 더 높다는 사실을 알 수 있다. 이는 완전한 네트워크와 비교할 때 고르지 않은 네트워크는 비교적 사소한 특이 충격에 더 취약하기 때문이다. 금융 체계에서 연결성이 크면 전염 확률은 감소하지만, 기관이나 노드가 반복해서 영향을 받을 가능성이 증가하므로 실제로 발생한 경우 그 결과는 더욱더 심각할 수 있다.[57] 홀데인은 연결성이 칼날 같은 속성이라고 주장한다. 특정 지점까지는 금융 네트워크와 은행 간 연계성이 일종의 금융 체계 상호보험 역할을 수행하므로 체계적 안정에 기여한다. 그러나 이 지점을 넘어서면 동일한 상호연결성이 충격 증폭기 역할을 수행하게 되고 따라서 체계적 취약성이 증가할 수 있다.[58]

나아가 금융시장 구조는 은행간시장이 수행하는 안정화 기능에 영향을 미칠 수 있다. 상호작용하는 기관들이 규모나 투자 기회 측면에서 균일한 경우 차입이든 대출이든 두드러지게 영향을 주는 기관이 없으므로 전염 확률이 낮다.[59] 그러나 다른 경우에는 금융 체계의 이질성이 금융 안정에 부정적인 영향을 미친다고 시사하는 유의미한 증거가 없다.[60] 홀데인은 최근 위기가 고조되는 과정에서 금융 체계가 복잡성과 동질성이라는 특징을 나타낸다고 설명하고, 복잡계와 생태학 문헌을 참조해 이 두 요소가 취약성으로 이어진다고 주장한다.[61] 구조 요인을 추가적으로 분석해보면 자본화 수준이 높고 은행 간 부채가 낮으며 은행간시장 집중도가 낮을수록 은행간시장에서 직접 전염이 발생할 가능성이 감소한다는 사실을 알 수 있다.[62]

체계적 위험을 유발하는 또 다른 근원은 은행 사이의 간접적인 연계에서 공유 충격의 형태로 나타난다. 동일하거나 비슷한 자산을 보유한 은행이 많다면 포트폴리오 간의 이런 상관관계가 일반적으로 다수 은행에 상당한 손실을 주는 할인 판매를 유발할 수 있다. 은행은 잠재적 정보 누출에서 비롯되는 비용을 예방하고자 투자 간 상관관계를 늘리려는(따라서 내인성 공유 충격 위험을 무릅쓰는) 동기를 갖는다.[63] 가장 최근 기간의 은행 수익은 위험을 회피하려는 예금자가 미래 수익에 관한 이전 가정을 갱신할 때 참고하는 신호다. 두 은행의 신호가 긍정적인 상황과 비교할 때 한 은행의 신호가 부정적인 경우 예금자는 미래 수익이 감소할 것이라고 예상하므로 잠재적 실패를 보상하고자 더 높은 예금 금리를 요구한다. 따라서 긍정적인 신호를 나타낸 은행은 상대 은행이 부정적인 신호를 보내는 경우 차입 비용이 증가하는 사태에 직면한다. 이로써 두 은행은 모두 동반 성공(및 동반 파산)의 확률을 높이고자 투자 간의 상관관계를 높이려는 동기를 갖게 된다.

또한 은행은 은행 파산으로 발생하는 부정적인 외부효과를 피하고자 내인성 공유 충격을 유발하려는 동기를 지닌다. 이 행동을 추진하는 원동력은 채무불이행이 살아남은 경쟁자에게 긍정적인 영향과 부정적인 영향을 동시에 유발한다는 사실이다. 부정적인 영향은 모든 예금자가 은행에 돈을 빌려줄 수 있거나 빌려줄 의향을 지니고 있지 않으므로 살아남은 은행은 더 높은 재융자 비용에 직면하기 때문에 발생한다.[64] 그러나 한 은행이 파산하면 살아남은 은행은 파산한 은행의 직원과 기술을 인수해서 감시 비용 및 정보 비용을 줄일 수 있다. 어떤 효과가 우세한가에 따라 살아남은 은행의 주주가 얻는 보상은 은행 파산이 없었던 상황과 비교해 증가할 수도 있고 감소할 수도 있다. 따라서 은행 파산이 부정적인 외부효과를 일으키는 경우 은행들은 사전에 포트폴리오 상관관계를 높여서 동반 파산 확률을 높이려는 동기를 지닌다.

    은행간시장이 있는 네트워크 모형에서 중앙은행 활동이 미치는 영향을 분석해보면 공유 충격이 전염보다 금융 안정에 더 큰 위협이 된다는 사실을 알 수 있다.[65] 경험적 연구는 1990년대 동안에 크고 복잡한 금융 조직들 사이에 상관관계가 증가했다고 밝혔으며,[66] 이런 국면이 유럽 은행보다 북미 은행에서 더 극심하게 나타났음을 보여준다.[67]

    연구를 보면 정보 누출 또한 고려해야 할 체계적 위험의 한 형태임을 알 수 있다.[68] 정보 누출을 가리켜 정보 전염이라고 부르는 경우도 있으나 그 명칭이 광의의 체계적 위험을 가리킨다는 점에서 오해의 소지가 있다.[69] 정보 누출의 이면에는 한 은행이 파산하면 살아남은 은행의 재융자 비용이 증가할 수 있다는 생각이 있다. 금융시장이 군집 행동을 나타내는 위기 상황에서는 특히 더 그렇다. 아차르야Acharya와 요룰마제르Yorulmazer는 다른 은행에 관한 나쁜 소식에서 비롯하는 정보 누출을 최소화하려는 은행의 동기를 바탕으로 은행 군집 행동 모형을 개발했다. 이 모형에서 은행 대출 수익은 체계적 요소(경기 순환 등)와 특이 요소로 이뤄진다.[70] 은행에 관한 나쁜 소식이 들려오면 이 소식은 기본적인 공통 요인에 관한 정보를 폭로하며 따라서 모든 은행에 영향을 미친다. 아차르야와 요룰마제르는 정보 전염 가능성만으로도 은행이 다른 은행을 따라 하는 군집 행동을 나타내도록 유도할 수 있음을 보여준다. 이 모형에서 군집 행동은 은행들이 상호 관련 투자를 실행하는 동시적 사전 결정이며 따라서 은행 포트폴리오 간에 상관관계를 유발한다.[71]

      위험한 나비효과

형태가 다른 체계적 위험은 서로 별개로 움직이지 않으며, 은행의 채무불이행은 순간적으로 발생하지 않는다. 채무불이행이 진행되는 과정에서 은행은 차입을 줄이고 자산을 매각하기 시작할 것이다. 이때 특정 자산군에서 할인 판매가 발생할 수 있고 은행이 안고 있는 문제가 악화된다. 동시에 시장에서 해당 은행 및 비슷한 은행에 관한 소문이 퍼지면서 시장 참여자가 유동성 공급을 조이게 된다. 첫 번째 은행은 이미 고전하고 있으므로 이런 유동성 감소 현상은 이 은행의 채무불이행으로 이어질 수 있다. 이어서 채무불이행은 전염 효과를 유발하고 나아가 첫 번째 은행에 은행 간 대출을 발행한 은행의 채무불이행을 촉발할 수 있다. 최근의 금융위기가 보여주듯이 금융시장은 아차르야와 요룰마제르가 논문에서 설명한 대로 군집 행동을 나타내는 동시에 이를 인식하고 있다.[72] 금융 체계의 근본적이고 특이한 위험에 관해 불확실성이 높은 상황에서 유동성 공급은 줄어들고 시장 변동성은 증가할 것이다. 다양한 체계적 위험 형태를 그 징후로 구별할 수는 있지만, 현실에서 이를 구분 짓기는 불가능하다. 전염 효과와 공유 충격은 필연적으로 정보 전염을 유발할 것이며 그 반대도 마찬가지다. 따라서 정보 전염은 체계적 위험을 나타내는 명확한 조짐이고 금융 안정성을 향상하기 위해 거시건전성 규제에 반드시 고려해야 하는 요소다.

누구에게 책임을 물을 것인가?

체계적 위험을 규제하는 의미 있는 정책 수단을 도출하려면 규제 당국이 체계적 위험을 측정하고 조작할 수 있어야 한다. 이때 총 위험의 시간 차원과 횡단면 차원을 구분하는 것이 매우 중요하다.[73] 시간 차원에서 재정적 곤경을 나타내는 주요 지표가 필요한 반면, 횡단면 차원에서는 각 기관이 체계적 위험 유발에 얼마나 원인을 제공했는지 나타내는 확고한 정량화가 필요하다.

문헌에서는 이 목적을 달성하고자 다양한 접근 방식을 시도한다. 유럽중앙은행은 체계적 위험을 측정하고자 지표 유형을 네 가지로 구분한다. 첫째는 현재 체계 내 불안정 상태를 측정하는 금융 안정성 동행 지표, 둘째는 체계적 위험의 고조를 감지하는 조기 경보 모형, 셋째는 총 거시 충격에 대한 금융 체계의 회복탄력성을 평가할 수 있는 거시 스트레스 테스트, 넷째는 위기가 금융 체계 안정에 미치는 충격을 분석할 때 사용하는 오염 및 누출 모형이다.[74] 중앙은행과 규제 당국들은 이런 지표를 활용해서 체계적 위험의 다양한 차원을 평가하고자 한다. 체계적 위험을 측정하는 데 유용한 척도가 되려면 체계적 위험의 모든 차원을 고려할 수 있어야 하며, 적어도 몇 가지 체계적 위험 지표를 결합해야 한다. 현재까지 주요 문제점은 채무불이행에 따른 정보 전염을 나타내는 믿을 만한 지표가 없다는 사실이다. 이로 인해 체계적 위험을 평가할 때 상당한 불확실성 요소가 발생하게 된다.

체계적 위험에 대한 논의를 보면 체계적 위험이 복합적인 현상임을 알 수 있다. 따라서 명확한 인과관계를 밝히기란 매우 어렵고 어쩌면 불가능할 수도 있다. 이는 인과관계가 명확히 규명되지 않은 상황에서 그 책임을 누구에게 돌릴 것인가라는 문제를 제기한다. 결과를 예측할 수 없을 때 행위자에게 조치를 취한 책임을 물을 수 있을까? 무엇보다도 이는 법적 문제이지만 동시에 정치적이고 윤리적인 문제이기도 하다. 2007~2008년 금융위기로 많은 국가에서 정치 시위가 발생했다. 아이슬란드의 총인구 32만 명 중 약 6,000명이 레이캬비크에서 정부의 책임감 부족을 규탄하는 시위를 벌였다.[75] 그러나 그런 대중의 분노는 대개 오래가지 않는다. 민주주의 사회의 더 큰 위험은 불만으로 향하는 좀 더 미묘하고 조용한 추세, 증가하는 불평등 그리고 위기에서 비롯한 다른 사회적 결과에서 발생한다. 이 위험은 7장에서 다룰 것이다.

금융 개혁과 글로벌 거버넌스가 복잡성의 대폭 증가와, 위험에서 '체계적' 위험으로 가는 급격한 변화를 책임질 수 있을까? 다음 단락에서는 이 중요한 문제를 다룬다.

글로벌 금융 거버넌스의 실패

앞에서 자세하게 서술한 '국가' 차원의 규제 완화는 '국제' 무대에서 글로벌 거버넌스가 부족했기 때문에 가능했다. 주권 국가가 자국 은행의 규제 부담을 '덜어주고자' 경쟁할 때 금융 체계가 제대로 규제받지 않는 균형 상태를 예방할 유일한 방법은 국제 조율이다. 2007~2008년 금융위기 당시 글로벌 금융 안정을 책임지는 3대 초국가기관이 있었다. 바로 국제통화기금, 국제결제은행BIS, 금융안정화포럼(1997년부터 존속)이었다. 이 기관들 중 단 하나도 빠르게 증가하는 금융 복잡성에 적절한 규칙이나 개입 체계로 대처하지 못했다. 금융위기의 영향을 완화할 수 있는 방식으로 국제

법전 편찬이나 투명성, 책임성을 촉진하는 데 성공한 기관도 없었다. 글로벌 문제 범위가 알려진 이후에 글로벌 금융 안정을 재정비하는 데 필요한 수단을 갖춘 기관도 없었다.[76]

예전에 국제 금융 체계를 규제하려는 중대한 시도가 있었다. 1988년에 바젤은행감독위원회는 처음으로 규제 권고(바젤 기준, 혹은 바젤 I 협약)를 도입했고 금융 규제 국제 기준을 세우려고 했다. 광범위한 규칙을 보면 예측할 수 있겠지만 이 권고는 처음부터 비판받았고 21세기로 들어설 무렵에 상당 부분이 개정됐다. 개정판은 글로벌 은행과 헤지펀드를 비롯한 여러 금융기관의 영향력 증가를 반영했고 초기 규정 중 상당수를 사실상 무력화했다. 2004년에 성문화된 바젤 II 협약은 위험 가중치를 계산할 때 주로 내부 위험 모형을 사용했다. 이로써 은행은 대차대조표의 위험성을 재량껏 판단할 수 있었고 따라서 보유해야 하는 규제 자본도 자유롭게 정할 수 있었다.[77] 게다가 국제결제은행의 자본 요건은 수익 상관관계가 높은 자산 포트폴리오를 보유하고 있는 은행들의 상호작용 대신 각 은행의 개별 위험관리에 초점을 맞췄다.[78]

은행이 새로운 파생상품으로 부채를 이전하는 새로운 수단을 개발할 것이라고 예측하지 못한 사태는 규제 당국이 은행 활동을 제대로 감시하지 못했다는 뜻이다. 규제 당국은 은행들에게 위험을 상대 은행과 함께 상쇄할 잠재력을 제공함으로써 그런 위험이 수백 번, 나아가 수천 번 팔릴 상황을 예상하지 못했다. 따라서 바젤 I 협약의 개정으로 규칙은 은행에 유리하게 기울었고, 거기에는 광범위한 규제 포획이 반영되었다. 실제로 로비스트의 부추김을 받은 국가 정치인들은 바젤 I 협약이 없애려고 했던 요소인 '국가' 차원에서 상당한 재량권을 행사할 수 있는 여지를 규제 당국에 제공함으로써 최초 바젤 기준의 취지를 거의 무력화했다.[79]

금융위기를 유발한 원인으로 규제 완화, 외부효과 무시, 잘못된 인센티브를 꼽는 의견이 많기는 했지만 유일한 요인은 아니었다. 국가기관과 초국가기관 모두 기술 혁신이 초래한 금융 부문 변화로 진화한 새로운 위해 요소들을 이해하지 못했다. 그 결과 규제 기관이 수행해야 할 책임 중 상당 부분이 미결 상태로 방치됐다. 금융 부문에서 은행들은 감독 부실을 틈타 은밀하게 국경을 넘나드는 위험을 축적하고 세계 곳곳의 감독 능력 부족을 이용할 수 있었다.

규제 책임에 대한 막연한 규정은 금융위기 사태 동안 특히 커다란 피해를 초래했다. 이해 부족이 책임 공백으로 이어져 '거버넌스 공백'을 만들었기 때문이다. 이런 공백으로 정부들은 금융위기 중 제도적 대응을 늦추는 힘겨운 협상을 할 수밖에 없었다. 게다가 사후 대응 조치가 허술한 타협에 불과한 경우가 많아서 금융시장을 불안정하게 만들기도 했다. 이처럼 조정에 실패하고 책임 있는 태도를 보이지 못하는 경우 정책 대응은 금융 불안정을 가라앉히는 해결책이 아니라 오히려 걸림돌이 되기 십상이었다. 금융 규제 붕괴와 협상에서 국익 증진이 단일 시장 및 단일 통화와 상충하는 유로존에서 이런 현상을 볼 수 있었다. 미국을 비롯한 세계 여러 지역에서도 지역 이익과 집단 이익 사이에서 비슷한 긴장 상태를 볼 수 있다. 국가기관은 국제적(체계적) 위험을 다루기에 적합하지 않다. 최근 금융위기와 그 여파에서 규제에 대한 국가 접근 방식의 결점이 명백하게 드러났으며 포티스 은행 구제 계획에 대한 조정 실패와 아이슬란드 채무불이행도 이에 속한다.[80] 고군분투하고 있는 유럽의 주변 국가들을 끌고 갈 방법과, 향후 붕괴할 주요 은행 시장에서 질서 있게 퇴장하기 위한 '생전 유서'를 둘러싼 국가 규제 당국 지침에 여전히 통일성이 부족한 상황을 두고 지속되는 논의에서도 이런 결점이 나타난다. '거버넌스 공백'을 채우고 편파적인 이해관계를 극복하려면 세계는 금융 규제와 글로벌 위험관리 전반에 국제적으로 접근해야 한다.

지금까지 글로벌 금융위기를 유발한 주요 원인을 알아봤고 이 장의 마지막 단락에서는 연구 결과를 바탕으로 거버넌스에 관한 확실한 교훈을 도출할 것이다. 그에 앞서 글로벌 네트워크를 재구축하기 시작할 때 금융 부문이 고려해야 한 핵심 사항을 파악하고자 한다. 우리는 그로부터 일반화하여, 회복탄력성 있는 세계화 형태는 모두 두 개의 '기둥'에 의지해야 한다는 사실을 보여주고 이런 기둥이 체계적 사고에 얼마나 중요한지 지적할 것이다.

규제는 최대한 단순해야 한다

최근 연구는 금융 규제기관이 자원을 제약하는 역할을 강조하고 규제에서 단순성이 얼마나 중요한 가치를 지니는지 역설한다. 마티아스 데바트리폰트Mathias Dewatripont와 장 샤를 로셰Jean-Charles Rochet는 "공권력이 감독 비용 증가를 꺼린다면 다른 조건이 동일하다는 가정 아래 규제 체제를 단순화해야 한다."[81]라고 권고한다. 이는 더 복잡한 규칙이 '미묘한 차이를 구분'하고 성장을 촉진한다는 주류 '일반 통념'에서 벗어난 견해다.

위험한 나비효과

앤드루 홀데인은 금융 규제 자체의 복잡성 증가를 훌륭하게 수량화함으로써 규제는 정교하고 복잡한 규칙이 아니라 단순함에 초점을 맞춰야 한다는 결론을 내린다.[82] 로렌스 화이트는 금융위기가 발생하기 한참 전에 이 방안을 확인했다.[83] 사후에 얻은 교훈이 화이트가 제시한 사전 경고와 이토록 비슷하다는 사실은 현재 기관의 주요 약점을 부각시킨다. 기존 학계의 우려가 정치 행위에 반영되지 않았음을 분명히 알 수 있다. 많은 전문가가 새로운 기술이 기존 감독 구조를 따돌리고 금융 업계를 바꿔놓을 것이라고 내다봤지만, 국가 차원이나 세계 차원에서 중요한 기관 의사결정권자의 관심을 끌지는 못했다. 그러나 그 양상이 서서히 바뀌고 있다. 홀데인은 영국은행에서 복잡성에 관한 획기적인 연구를 해왔고 뉴욕 연방준비은행은 새로운 네트워크 분석을 실시하고 있다. 또한 유럽 내에서는 유럽중앙은행과 여러 국가 중앙은행들이 은행 간 네트워크에 점점 더 관심을 집중하고 있다.

무분별한 규제 완화를 경계하는 경제학자들의 목소리는 점점 커졌지만 주류 경제학자들은 거래 비용 인하가 경제적으로 합리적이라고 봤다. 이런 경제학자들은 소비자의 확신과 요행을 부추기는 값싼 신용 대출 흐름을 축소하고 싶지 않았던 정부와 기업인들에게 구실을 제공했다. 파티가 한창일 때 음악을 끄거나 펀치 볼을 치우기란 결코 쉽지 않다. 신용과 기대의 거품에서 이익을 얻으려는 정치인과 상여금에 도취된 은행가들은 놀랄 것도 없이 엄격한 기준을 시행하려는 시도에 저항했다. 이익이 이성과 상식을 압도했다. 단순히 제도 절차가 정책 지시에 대응하기에 너무 부진했다거나 정치인과 규제 당국이 전문가의 경고를 그냥 무시한 경우가 아니었다. 규제 완화 주장을 지지하는 압력단체로부터 자금을 제공받는 많은 전문가가 정치인과 유권자에게 혼란을 주면서 정치적 편향과 개인 및 기관의 이익을 바탕으로 선택하도록 유도했다.

금융위기는 경제학자들이 더 분발해야 함을 입증한다. 지금이야말로 경제학자들이 자기 성찰을 하고 경제학계가 새로운 각오로 우리 시대의 중대한 도전 문제 해결에 나서야 할 때다. 금융위기는 경제학자들이 집단행동 실패와 행동 편향, 협소한 이해관계에 포획되는 거버넌스를 더 잘 이해해야 한다는 사실을 보여준다.

금융 부문이 새겨야 할 교훈

이 장에서 실시한 분석은 금융 체계 관리방식에서 나타난 기본 결함 두 가지를 보여줬다. 첫 번째는 취약성이 탐지되지 않고 위험행동이 줄어들지 않았으며 회복탄력성 있는 세계화를 촉진하기는커녕 더욱 취약해졌으며 체계적 위험에 빠지기 쉬웠던 금융위기 '이전' 시기와 관련된 결함이다. 두 번째는 금융위기가 발생한 이후 지식과 권한이 모두 부족하여 정책 대응에 차질이 발생했을 때 글로벌 기관이 시행할 수 있었던 방안과 관련된 결함이다. 이 결함을 극복하려면 회복탄력성 있는 세계화를 받치는 '기둥'을 형성하는 기본 원칙 두 가지가 필요하다.

1. 복잡계를 이해하고 체계적 취약성을 탐지 및 감시하는 기제.

2. 변화하는 상황에 직면해 정책을 빠르게 고안하고 시행할 수 있는 국가 및 국제 차원의 합법적이고 권한 있는 기관.

이 두 기둥은 모두 1장에서 논의했던 복잡성 문제와 밀접한 관련을 맺고 있다. 복잡한 환경에서 원인과 결과 사이의 관계는 점점 흐려지므로 이를 탐지할 좀 더 정교한 기제가 필요하다(첫 번째 기둥). 동시에 일부 위험은 탐지되지 않은 상태로 남아 있을 가능성이 증가하고 사후에 즉 위험 사건이 구체적으로 나타난 이후에 개입을 결정해야 할 가능성도 점점 커진다(두 번째 기둥).

이 책의 기본 목적은 오늘날 체계적 위험의 본성을 이해하고 이를 관리하기 위한 일반 원칙을 도출하는 것이지만, 회복탄력성 있는 세계화를 뒷받침할 두 기둥을 다른 부문에도 적용할 수 있다는 점은 주목할 만한 사실이다. 구체적인 정책 시사점을 도출하고자 금융 부문에서 체계적 위험을 관리하는 데 필요한 네 가지 교훈을 제시한다.[84]

교훈 1: 현행 글로벌 금융 규제 체계는 불충분하다

글로벌 금융 관련 국제 규제 체계는 글로벌 거버넌스 체제 중 가장 복잡했다.[85] 2007~2008년 금융위기는 자원 공급이 가장 효율적이고 데이터가 풍부하며 강력한 글로벌 규제 네트워크조차도 무능했음을 여실히 보여준다. 해당 거버넌스 체제의 심각한 결점은 21세기 체계적 위험에 대한 이해 부족에서 기인했다. 점점 커져가는 위협을 파악하고 저지하지 못한 원인은 데이터나 유능한 인력, 자원 부족이 아니라 상상력 부족과 개념상의 실패였다. 금융위기는 중대한 권력 불균형의 결과이기도 했다. 안정을 책임지는 기관, 즉 국제 차원에서는 특히 국제통화기금, 미국의 연방준비제도 이사회와 재무부, 영국의 중앙은행과 재무부를 비롯해 이와 동등한 기관들이 권력을 장악한 정치인들에게 대항할 수 없었다. 국제통화기금의 경우, 미국에 거부권을 부여하고 미국과 유럽에 과도한 영향력을 허용하는 지분 구조 때문에 신용 거품에 취한 정치인들에게 충분한 권한을 행사할 수 없었다. 규제 완화로 국내 기관과 규제 당국의 권한이 약해지면서 효과적인 제재를 가할 수 없었던 국가 차원에서는 이 문제가 한층 더 첨예하게 나타났다. 금융위기를 예방하지 못하면서 글로벌 거버넌스 과제 해결이 얼마나 심각하고 시급한 문제인지 두드러지게 나타났다. 핵심은 국제 금융 체계의 거버넌스 구조와 권한, 인사, 절차를 긴급하게 개혁해야 한다는 교훈이다. 금융안정화포럼을 금융안정위원회로 개편하고 바젤 III 권고안을 확립하는 등의 기존 개혁 활동은 충분하지 않고 다음 금융위기를 막을 가능성이 낮다.

세계가 금융위기에 대처할 때 나타나는 주요한 문제는 단일 프로그램에 합의하기가 사실상 불가능하다는 점이었다. 특히 붕괴 2단계 시기(유럽 국가부채 위기) 동안에 임시변통으로 마련한 개입 정책은 그저 문제를 악화하기 십상이었다. 조치가 너무 느렸거나 진정한 개입 의지를 보여주지 않았다고 여겨졌다. 금융 거버넌스 개념은 정당하고 결단력이 있어야 한다는 생각이 앞에서 말한 두 번째 기둥에 합당한 금융 개혁을 이끌어낸다. 독립적이면서도 책임감 있는 국가기관과 초국가기관이 필요하며, 이런 기관은 글로벌 금융 체계가 안정적으로 발전할 수 있도록 감독하고 촉진하는 데 필요한 권한과 능력을 갖춰야 한다.

교훈 2: 금융 체계는 복잡하므로 체계적으로 분석해야 한다

첫 번째 교훈은 기존 규제가 불충분함을 보여준다. 두 번째는 기존 제도를 재건하는 방법에 관한 조언을 제공한다. 금융위기는 21세기 특유의 체계적 복잡성을 포함하도록 경제 네트워크에 관한 근본적인 이해를 조정해야 할 필요성을 여실히 드러냈다. 복잡성 증가에 따른 체계적 취약성을 충분히 이해하지 못했으므로 규제 차익거래가 규제 당국의 통제를 벗어나게 됐다. 이제는 금융 네트워크를 구성하는 노드를 단순 덧셈이나 선형 방식으로 분석할 수 없다는 사실을 안다. 광범위한 네트워크를 구성하는 여러 링크 간 상호작용에서 금융 네트워크 노드만 따로 떼어낼 수는 없다. "어떤 체계 전체 상태에 파국을 초래하는 변화는 결국 그 조직 방식, 즉 체계 내 피드백 기제와 잠복해 있어서 눈에 잘 띄지 않는 연계에서 비롯하기 마련"[86]이므로 체계적 분석은 노드와 경로, 나아가 그들 간의 관계를 검토해야 한다. 모든 은행은 거래 규모와 빈도 측면에서 상호의존성을 측정해야 하며, 감사 및 위험 위원회는 특히 거래에서 상대방에 대한 순위험도와 총위험도를 충분히 이해해야 한다. 마찬가지로 국가 및 글로벌 규제 당국은 어떤 특정 거래소나 기관, 나아가 특정 지리적 위치가 체계상에서 대마불사 사태가 되지 않도록 변화하는 금융 전망을 추적할 수 있어야 한다. 또한 설득 같은 소프트 파워와 규제 및 경쟁 정책 같은 하드 파워를 함께 사용해서 금융 체계의 안정성을 확보해야 한다. 이런 개혁에는 필연적으로 국가 및 국제 차원에서 규제 당국의 권한과 자원, 기술, 집행 역량의 대대적 개선이 따라야 한다.

교훈 3: 금융 개혁에는 책임성 제고가 필요하다

다음 장에서는 금융위기가 발생하기 전에 공급망 관리자들이 금융 거래자들과 달리 회복탄력성에 가치를 부여하게 된 유래를 설명한다. 우리는 그 이유가 책임감에 있다고 생각한다. 최종 제품 생산자는 제품 납품에 차질이 생겼을 때 책임을 져야 할 가능성이 높으므로 공급망의 품질과 신뢰성을 추적 관찰할 동기를 지닌다. 그러나 금융 부문에서는 소비자가 부주의한 추적 관찰과 거래자가 통제할 수 없는 외인성 위험을 구분하기가 어려워서 책임 회피나 희석으로 이어지는 경우가 많다. 이는 실패 위험이 '무위험' 금리 이상의 이자를 지불하는 모든 금융 거래에 내재된 특징이기 때문이기도 하다. 대출 기관은 차용자가 대출을 갚지 못할 위험을 받아들이고 그 대가로 이자 지급을 요구한다. 그러나 복잡한 세상에서는 상환 실패가 외인성 변수의 결과로 발생하는지, 차용자의 무모한 행동으로 발생하는지 판단하기가 점점 어려워지고 있다. 이런 의미에서 책임성이라는 개념은 글로벌 생산보다 금융 부문에서 한층 더 모호하다. 그 결과 금융 관리자들의 경우 다른 관리자들보다 상품 품질을 주의 깊게 추적 관찰하려는 동기 수준이 훨씬 낮게 마련이다. 사회는 규제기관을 통해 금융 관리자들이 판매하는 상품과 자문 및 기타 서비스에 책임을 지도록 강제해야 한다. 이는 보수와 긍정적 인센티브로도 어느 정도 달성할 수 있지만 벌칙 또한 필요하다. 이런 측면에서 상품을 잘못 판매하고 고객의 이익에 반하는 거래를 한 은행가에게 책임을 추궁하는 행위는 환영할 만한 일이며 체계적 위험을 줄인다.

교훈 4: 글로벌 기관은 복잡성이 아니라 단순성으로 지역 문제를 관리할 수 있다

복잡성은 규제기관과 은행 감독기관 등이 근원적인 인과관계를 보지 못하도록 방해하므로 금융 부문에서 시장 규율을 해친다. 게다가 목푯값은 조작하기 쉽다. 복잡한 순위 대신 단순성 원리에 기대야 한다. 이에 따르면 위험 가중 자본 요건과 같은 복잡한 단일 기준보다 가공하지 않은 지표 여러 가지를 함께 사용하는 방안이 바람직할 수 있다.[87] 이렇게 해서 규제 권고안에 단순한 레버리지 비율을 포함하는 바젤 III 제안은 올바른 방향으로 가는 중대한 움직임이다. 그러나 빠져나갈 구멍을 막으려다 더 많은 허점을 만들고도 남을 과도한 규제 틀이 바젤 III 제안을 무색하게 한다. 역사상 선례를 활용한 사전예방 원칙을 바탕으로 단순한 규칙을 개발해야 한다.

단순성은 금융 거버넌스의 국제 수준과 국내 수준 사이의 긴장감을 완화하는 데 기여할 것이다. "서브프라임 위기가 발생한 까닭은 여러모로 '글로벌'이 '지역'의 복잡성을 무시했기 때문에 발생"[88]했다는 관측이 나왔다. 금융 감시를 담당하는 지역 집단과 국제 집단 간의 부실 조정이 정보 비대칭을 야기했다. 거래자들은 "공식을 바탕으로 세계 규모로 실시하는 위험관리를 선호하고 지역 지식"[89]을 회피함으로써 규제기관에 혼동을 초래하는 복잡하고 이해하기 어려운 방식으로 위험을 계산하는 모형을 개발했다. 이 체계는 수익성이 있는 듯 보였으므로 국내 기관과 국제 기관이 조정에 실패한 사태는 대체로 무시됐다. 따라서 거품이 붕괴됐을 때 준비된 사람은 아무도 없었다. 어떤 수준의 거버넌스도 규제 통제 안전지대로 충분하지 않으므로 금융 체계 전반의 행위자들이 서로 힘을 모아 조정하고 협력해야 한다. 금융 체계 전반에 걸친 고도의 통합과 상호연결성은 수직 규제뿐만 아니라 거버넌스 전반에 걸친 수평 규제도 요구한다.

다행히도 금융 규제 당국이 규제에서 단순성의 가치를 알아차리기 시작했다. 앤드루 홀데인은 2012년 잭슨 홀 연례 심포지엄에서 했던 연설에서 행동경제학 연구를 바탕으로 복잡성 쟁점을 글로벌 금융 규제의 중심 문제로 제기했다.[90] 이는 올바른 방향으로 나아가는 중대한 한 걸음이다.

규제 당국이 복잡하디 복잡한 규칙으로 복잡성 증가에 맞서 싸울 수 없다는 사실을 인식해야 하듯이, 관리자를 비롯한 다른 행위자들도 좀 더 기본적인 윤리와 직관에 의존해야 한다. 예를 들어 상여금이 모든 역사상 선례를 넘어서 급증할 때 보수 위원회가 나서서 자제를 강요하는 사태까지 가지 않아야 한다. 마찬가지로 저임금 노동자, 심지어 실업자가 신용 대출과 주택시장 거품에 기대서 두 번째 주택을 구입하려고 할 때 금융 부문 밖에서 보더라도 지속불가능한 호황이라는 사실이 명백해야 한다. 지극히 복잡한 데이터를 사용한 분석으로 마비되는 위험이 증가하는 상황에서 직관에 따른 행동은 점점 중요해진다.

3

서플라이 체인 붕괴

    세계화는 경제통합과 효율성 향상 및 경제성장에 기여한 동시에 2007~2008년 금융위기 사태에서 구체적으로 드러난 숨은 체계적 위험을 유발했다. 이 장에서는 재화와 용역의 실제 생산 측면에서 글로벌 통합이 실물경제의 본질을 어떻게 바꿨는지 보여준다. 세계화는 제품이나 서비스가 공급자에서 고객으로 이동하는 과정에 관여하는 조직과 사람, 기술, 활동, 정보, 자원으로 구성되는 체계를 의미하는 광범위한 공급망이 널리 형성되도록 촉진했다.[1]

    글로벌 공급 네트워크 안에서는 지역에서 발생한 사소한 사건도 국제 규모로 파문을 일으킬 수 있다. 예를 들어 2000년 3월 뉴멕시코 주에 있는 필립스 소유 반도체 공장에서 화재가 발생했을 때 북유럽 통신사와 유럽 경쟁사의 공급 네트워크가 공급 충격에 휩싸였다. 두 회사 모두 휴대전화 생산에 화재로 불타버린 공장에서 제조한 칩을 사용했다. 북유럽 통신사는 이 공급 충격에 회복탄력성을 발휘하여 빠르게 대안을 마련해 계속 가동할 수 있도록 했다. 경쟁사는 이 충격에 회복탄력성 있게 대처하지 못했다. 경쟁사의 주가 총액은 약 3퍼센트 감소했고, 결국 이 기업은 주요 시장에서 철수할 수밖에 없었다.[2]

공급망 관리에 대한 네트워크 접근법의 중요성을 효과적으로 보여주는 예로는 이른바 희토류 원소에 관한 최근 논의를 들 수 있다. 이런 희유금속들은 휴대전화, 아이패드, 노트북, 하이브리드 자동차(니켈수소 전지와 엔진에 희토류 원소를 사용한다), 태양전지를 비롯한 여러 21세기 기술에 반드시 필요한 재료다. 1980년대 중반부터 중국은 생산업체에 전략적으로 보조금을 지급하면서 희토류 원소 생산을 대폭 늘렸다.[3] 21세기에 들어설 무렵 중국은 희토류 원소 생산을 사실상 독점하면서 시장을 지배했다(그림 3.1). 중국은 일본과 해양 영토 분쟁 당시 이 핵심 원자재를 생산하는 경제 지배력을 이용해 희토류 원소 수출을 막았다. 이 일화는 전략적인 지정학 목표를 달성하기 위해 어떻게 공급망 의존성을 이용할 수 있는지 보여준다.[4]

2006년 《이코노미스트》가 기획한 특별 보고서에서 전 세계 공급망 규모를 평가하고자 시도했다. 〈물리적 인터넷The Physical Internet〉이라는 적절한 제목을 붙인 사설은 운송, 통신, 협상으로 이뤄진 이 네트워크를 월드 와이드 웹에 비유했다. 또한 《이코노미스트》는 "세계화 과정에서 도로와 철로, 해로, 항공로, 나아가

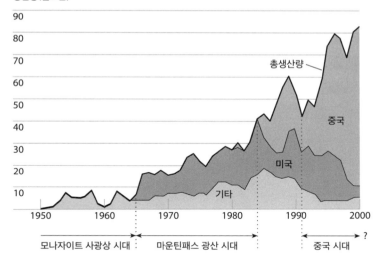

생산량(킬로톤)

그림 3.1. 1950년부터 2000년까지 희토류 원소 세계 생산량(킬로톤)과 생산지 변화 양상. 고든 헤젤Gordon B. Haxel, 제임스 헤드릭James B. Hedrick, 그레타 오리스Greta J. Orris, 2002, <희토류 원소Rare Earth Elements—Critical Resources for High Technology>, 미국 지질조사국 개황 보고서 087-02, 2013년 2월 4일 접속, http://pubs.usgs.gov/fs/2002/fs087-02/.

완전히 새로운 판매 경로인 인터넷을 통한 수송을 조정해야 할 필요성이 크게 증가했다. 이로 인해 물류가 더욱 복잡해졌다. 이 모든 수단이 함께 작동하도록 보장하는 작업을 가리켜 공급망 관리라고 한다."[5]라고 하면서 세계화와 공급망 사이의 고유한 연관성을 지적했다.

세계화와 공급망은 공생 관계를 맺고 있다. 이 단락에서는 국제 무역이 부상하면서 어떻게 더 길고 깊은 공급 네트워크가 만들어졌는지를 집중해서 다루지만 결국 이런 네트워크가 세계화를 부채질한다는 사실을 기억해야 한다. 이 장에서는 공급망 관리와 글로벌 비즈니스 관리에 따르는 위험을 좀 더 전반적으로 진단한다. 금융 부문에서 그랬듯이 세계화에 따르는 효율성 편익에 관련 위험이 따르고 이윤 극대화 행동은 부정적 외부효과를 유발할 수 있다는 사실을 보여줄 것이다. 먼저 21세기에 들어 국제 무역이 증가하는 양상을 언급한다. 이어서 정치적 변화와 기술 혁신이 어떻게 글로벌 공급망을 생성했는지 검토한다. 공급망 관리 분야의 '모범 사례' 분석은 이런 공급 네트워크가 어떻게 체계적 위험에 취약한지 보여준다. 그다음에는 공급 네트워크의 회복탄력성을 증가시키는 방안을 밝히고자 한다. 이 장의 결론에서는 공급망 관리로부터 체계적 사고와 관련된 교훈을 도출하고 체계의 회복탄력성과 건전성을 어떻게 개선할 수 있을지 고려하고자 한다.

글로벌 공급 네트워크의 확립

먼저 20세기 말과 21세기 초에 글로벌 공급망이 부상하는 양상을 살펴볼 것이다. 나아가 정치 및 기술 변화가 어떻게 세계 무역과 국제 관계에 영향을 미쳤으며 공급망 관리가 어떻게 이 새로운 초국가적 환경에 맞춰 적응했는지 보여주고자 한다.

국제 무역의 폭발적 성장

냉전 종식과 공산주의 몰락은 철의 장막을 걷고 동서로 나뉘었던 베를린을 하나로 묶는 데 그치지 않았다. 50년 넘게 이어진 동서 간 긴장 관계가 풀리면서 정치적 적대감과 무력 충돌 위협이 비즈니스를 방해하는 사태도 사라졌다. 이제 지구 반대편에 있는 기업가들이 서로 협력하고 경쟁할 수 있게 됐다. '새로운 정치 풍토'가 더욱 밀접한 경제적 유대와 다자간 무역 협정을 촉진했다.[6] 1993년에 GATT(관세 및 무역에 관한 일반 협정) 우루과이라운드 협상이 타결되고 1995년에 세계무역기구WTO가 상설 기구로 출범했다. 북미자유무역협정과 유럽경제지역 둘 다 1994년 1월 1일 자로 효력이 발생했다. 이런 '중대' 조약 외에도 동남아시아국가연합(1992년 1월 28일)과 중미통합체제(1993년 2월 1일)의 자유무역협정 같은 수많은 중소 조약 역시 이 새롭고 열린 세계에서 탄생했다. 각 협정이 미친 개별적인 효과는 크게 다르지만 이 모두가 국제 협력 증가를 나타내는 지표다. 국가들은 정치적 동기에서 비롯한 보호무역주의의 수위를 낮추고, 개방성은 증가했지만 결코 규제가 없지는 않은 세계 무역에 뛰어들었다. 다자간 협상으로 평균 관세율이 낮아지자 시장 체제 확대 적용으로 효율성이 상당히 개선됐다. 현재 고소득 국가에서는 공산품에 대한 평균 관세가 1.8퍼센트에 불과한 반면 중소득 국가에서는 5.5퍼센트, 저소득 국가에서는 14.2퍼센트다.[7] 무역에 참여하는 국가가 점점 늘어나고 세계적으로 생산 분절화fragmentation가 발생하면서 무역 성장은 다른 모든 경제 활동 지표를 앞섰다. 다자간 협정과 더불어 양자 무역 협정 체결이 이루어지면서 글로벌 연계의 복잡성이 한층 더 증가했다.

1951년에서 2004년 사이에 세계 무역 연평균 성장률은 5.7퍼센트였다.[8] 그림 3.2는 1980년대 후반과 1990년대 초반에 정치, 경제, 기술 변화가 점점 더 많은 국가를 국제 분업에 끌어들이면서 시작된 세계 무역의 급격한 성장을 도표로 보여준다. 해운과 항공 운송비용 감소로 이제 더욱 광범위한 국가에 걸쳐 작동하는 공급 망이 가능하고 수익을 낼 수 있다. 원재료와 가공된 재료가 대륙에 걸쳐 이동하고 제조부터 공학 기술에 이르기까지 모든 부문을 아웃소싱할 수 있는 오늘날 기업은 국가를 초월해서 활동한다.

그림 3.2는 세계 무역량 증가를 나타내는 데 그치지 않는다. 나아가 세계 제조업과 산업에서 중국이 차지하는 새로운 역할을 암시한다. 1999년과 2008년 사이에 중국의 수출량은 8배라는 놀라운 증가 추세를 나타냈다. 이는 독일을 비롯한 다른 수출 강국들의 수출량 증가율의 두 배가 넘는 수치다. 그림에서 1980년대 이전의 수평선이 보여주듯이 30년 전만 해도 중국은 세계시장에서 고립된 국가였다.

무역 기반 경제로의 전환은 20세기 후반 당시 중국 공산당 주석이었던 덩샤오핑이 실시한 개혁으로 이뤄낸 정치 자유화의 직접적인 결과다. 1978년 덩샤오핑은 중국의 폐쇄 경제가 세계 경제로 부상할 것이라고 예고하는 '제2의 혁명'에 착수했다.[9] 1단계 개혁은 1980년대에 이뤄졌으며 성장과 경쟁 촉진을 목표로 했다. 이 과정에서 농업 탈집산화, 소기업 창립, 투자 활성화를 위한 관세 인하가 이뤄졌다. 2단계 개혁은 1990년대 초에 이뤄졌으며 국유 산업의 민영화와 민간위탁에 초점을 맞췄다. 이런 정책에는 물가 통제 폐지, 보호무역주의 해체, 규제 완화 물결이 따랐다. 덩샤오핑의 정책은 눈부신 성공을 거뒀고 2005년에는 민간 부문이 중국 GDP의 거의 70퍼센트를 차지하기에 이르렀다.

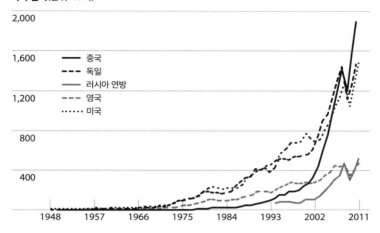

미국 달러(단위: 10억)

- 중국
- 독일
- 러시아 연방
- 영국
- 미국

2,000
1,600
1,200
800
400

1948   1957   1966   1975   1984   1993   2002   2011

그림 3.2. 1948년부터 2011년까지 선택 지역의 상품 수출 총 거래액(단위: 10억 미국 달러, 현재 가치로 환산). 1990년 이전 독일 그래프에 독일민주공화국(구 동독)의 수치는 포함되어 있지 않다. 2010년부터 러시아 연방 그래프는 카자흐스탄과 양자 무역 조정 수치를 포함하며 이는 양자 관세 동맹 시행에 따라 세관에 기록되지 않는다. WTO, 2013b, 통계 데이터베이스, 세계무역기구, 2월 4일 접속, http://stat.wto.org/Home/WSDBHome.aspx?Language=E. 허가받아 전재.

중국이 세계시장에 통합되는 과정은 놀랍도록 빠르게 이뤄졌지만 동시에 신흥 시장이 국제 무역에 뛰어드는 좀 더 광범위한 변화와 통합을 나타내는 징후이기도 했다. 자유화와 기술 진보뿐만 아니라 세계 항공 및 화물 운송 발달과 컨테이너 수송도 실물경제 성장에 박차를 가했다. 주목할 만한 연구에 따르면 1975년부터 2004년 사이에 비非산적 화물 교역품의 항공 톤수는 연간 7.4퍼센트 증가했다.[10] 같은 연구는 "속도와 신뢰성 증가 같은 운송 서비스 품질 향상으로 글로벌 생산 네트워크와 해외 시장 불확실성에 대처하는 새로운 방법을 어떻게 적절하게 개편할 수 있었는지"[11]

설명한다.

중국이 세계시장에 진출한 시기는 첨단 기술 제품의 상용화와 겹쳤다. 그림 3.3은 1995년과 2010년의 집적전자회로 수출 양상을 보여준다. 지난 10년 동안 세계 전자제품 수출 시장은 팽창했고 중국이 이 시장을 주도하는 국가로 떠올랐다.[12] 이는 중국 경제가 완전히 변화했고 그에 상응해 세계 경제 체제에 통합됐음을 반영한다.[13]

중국이 세계 경제에 통합된 계기는 무엇일까? 나아가 글로벌 공급 네트워크 출현을 유발한 계기는 무엇일까? 정치와 경제가 상호작용하는 와중에 새로운 운송 기술이 중요한 역할을 수행했다. 그러나 무엇보다도 중요한 혁신은 새로운 비행기나 화물 운송 장치가 아니라 인터넷에서 비롯했다. 컨테이너 크기와 화물 운송 기술 표준화로 거래 비용이 크게 감소하면서 국제 운송이 용이해지는 동안 가상세계는 상이한 네트워크와 국경 간 통신을 현저하게 단순화한 인터넷 프로토콜 스위트Internet Protocol Suite의 발명으로 실세계에 상응하는 표준화를 경험했다.

1988년과 비교할 때 2008년 세계 컨테이너 운송량은 7배 가까이 증가했다. 그 사이에 인터넷은 상거래 관습을 근본적으로 바꿔놓았다. 이 두 가지 경향은 서로 무관하지 않았다.[14] 인터넷과 상거래의 연관성을 보여주는 다음의 간단한 예를 생각해보자. "여행을 떠나기 전에 집에서 인터넷으로 물건을 사거나 휴대용 인터넷 장치로 교통 체계 관련 정보를 수집하는 사람은 자신의 전체 여행 행동 패턴 중 일부를 조금 바꾸는 데 그칠 것이다. 그러나 언젠가 전 세계에서 수백만 명이 그런 비슷한 행동을 할 것이다. 사소한

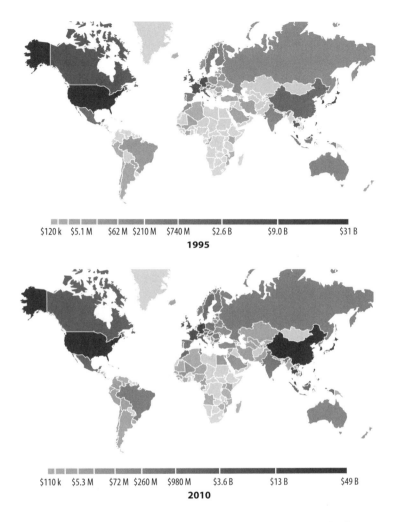

$120 k $5.1 M $62 M $210 M $740 M $2.6 B $9.0 B $31 B
1995

$110 k $5.3 M $72 M $260 M $980 M $3.6 B $13 B $49 B
2010

그림 3.3. 1995년과 2010년의 집적전자회로 수출량(단위: 10억 미국 달러). 아틀라스Atlas, 2013, <누가 전자집적회로를 수출하는가?Who Exports Electronic Integrated Circuits?>, 경제 복잡성 관측소The Observatory of Economic Complexity(지도 애플리케이션), 2월 7일 접속, http://atlas.media.mit.edu/.

효과가 모이면 중대한 변화를 일으킨다."[15] 21세기 상거래의 본질은 최근 발생한 혁신의 결과로 변화했다. 요즘은 책과 장난감, 전자제품을 상점이 아니라 아마존에서 구입하며, 심지어 식료품도 실제 시장을 건너뛰고 인터넷으로 구매할 수 있다. 인터넷과 현대 통신수단은 지리적 경계를 극복하도록 돕고 진입 장벽을 대폭 낮췄다.

이런 국제 비즈니스와 무역 물결에 발맞춰 활발한 공급망이 발달하기 시작했다. 기업이 세율이 낮은 스위스 추크 지역에 본사를 두고 생산공장을 중국에 세우고 소매점을 뉴욕에 둘 수 있다면 공급망과 물류가 수익성을 결정하는 핵심 요인이 된다. 놀랍게도 이와 동시에 생겨나는 체계적 위험에는 거의 관심을 기울이지 않았다.

생산 효율성을 높인 토요타 방식

다양한 생산방식 패러다임을 다룬 경영 관련 문헌은 대단히 많다.[16] 경영 이론은 19세기 유럽의 공예품 생산에서 벗어나 20세기 초에는 대량 생산을 지지하기 시작했다. 미국 자동차 산업을 개척한 헨리 포드의 혁신 전략은 '포드주의'로 유명해졌다. 포드주의는 동일한 제품을 대량으로 생산할 수 있는 생산공장의 표준화와 중앙 집중화에 초점을 맞췄다. 생산품 표준화, 조립라인 사용, 업무를 복잡하지 않은 소규모 작업으로 나누는 분업이 제2차 세계대전 이후까지 제조업을 지배하게 됐다.

그러나 20세기 후반에 경영 사상이 다시 바뀌기 시작했다. 오노 다이이치大野耐一를 비롯한 혁신가를 중심으로 한 일본 기업인들이 효율성과 '무다'라고 하는 경제상 낭비에 초점을 맞춘 새로운 업무방식을 개발하기 시작했다.[17] 토요타는 이 방식을 처음으로 시행한 기업 중 하나였으며 그에 상응해 빠른 성장을 거뒀다. 1990년에 400만 대를 겨우 넘기던 생산량이 2009년에는 거의 1,000만 대에 달하면서 두 배 이상 증가했고, 결국 제너럴모터스를 제치고 세계 최대 자동차 제조업체 자리에 올랐다. 이에 따라 토요타의 이익 역시 1990년 10억 달러에서 2008년에는 170억 달러 이상으로 증가했다.[18]

이런 성장을 뒷받침했던 개념은 유명한 토요타 생산 체계에 잘 나타난다. 토요타 생산 체계의 주요 목표는 원치 않는 비효율 세 가지, 즉 무리無理(과중한 부담), 무라無班(비일관성), 무다無駄(낭비)를 제거하는 것이었다.[19] 이 3무를 철저히 배제해 공급망에서 필수 요소를 제외한 나머지를 한층 더 줄여나갔고 이 생산 체계는 '린 경영'이라는 명칭으로 알려지게 됐다. 토요타는 효율적인 운송 플랫폼과 데이터 교환 네트워크를 활용해 부품을 필요한 적시에 공급하되, 미리 공급하지 않도록 했다. 이런 '적기공급' 제조 방식은 낭비를 줄이는 데 기여했으며 '토요타 방식'의 핵심이었다. 토요타는 공급망 분절화 방식도 선도하면서 다양한 부품 제조를 세계 곳곳에 있는 자회사로 아웃소싱했다. 토요타는 개별 부품 생산을 특화된 공급업체에 위탁함으로써 효율을 최적화하고 비용 효율을 높일 수 있다는 사실을 맨 처음으로 알아차린 기업이었다. 토요타는 이렇게 효율성을 추구하는 과정에서 전 세계 10여 개국에 많은 제조 시설을 열었다. 토요타는 지리, 언어, 문화 장벽을 극복하고 비용 효율이 가장 높은 지역을 찾아 생산 비용과 제품 출시 속도, 노동력 접근성 간의 균형을 유지했다. 1980년대에는 토요타만의 예외로 여겨졌던 생산 체계가 생산 세계화를 추진하는 보편적인 원리가 됐다.

오늘날 공급망 관리 분야에서는 토요타 사례에 따라 가능한 한 제품 생산을 비용 효율이 가장 높은 공급자에게 아웃소싱해야 한다는 논리가 지배적이다. 정보를 쉽게 구할 수 있고 제품 운송에 별다른 제약이 없는 세상에서 생산자는 이제 다양한 공급업체에서 필요한 부품을 조달한다. 기업이 비용 효율이 가장 높은 장소를 찾아 전 세계를 돌아다니면서 공급망과 생산 과정은 점점 분절화되고 있다. 토요타의 린 경영 방식을 모방하는 기업들은 이제 운전자본이 공급망에 묶이는 사태와 재고 보유를 피하고자 납품 일정을 빠듯하게 잡는다. 요컨대 토요타주의가 세계화를 정의하고 경영 사상을 지배하기에 이르렀다.

공급 시스템이 안고 있는 취약성

《이코노미스트》가 다룬 공급망 네트워크 개발 논의는 최근의 경영 사상 혁신으로 위험이 증가했고 비용과 함께 회복탄력성까지 떨어졌다고 지적한다.

공급망에도 위험이 도사리고 있으며 위험관리는 절박한 쟁점으로 떠오르고 있다. 기업들은 대부분 효율성을 높이는 방향으로 물류를 편성해왔다. 비용을 절약하고자 재고를 거의 혹은 전혀 보유하지 않는 기업도 많다. 실제로 공장에서 소비자에게 직접 이동 중인 트럭이나 비행기 짐칸에 실린 제품이 기업이 보유한 재고의 전부인 경우도 있다. 만약 문제가 발생하면(실제로 그런 일은 빈번하다) 사업은 금방 중단될 것이다.[20]

효율성 증대를 추구하다 보면 원치 않는 부정적 외부효과를 일으킬 수 있다. 세계화는 공급망 혁신으로 생산 효율성을 높였지만 동시에 세계 무역 네트워크가 체계적 실패에 취약해지도록 내몰았다.

2011년 태국 홍수 사례

첫 번째 사례로 2011년에 발생한 태국 홍수가 글로벌 공급망에 미친 체계적 영향을 검토하고자 한다. 강우량이 30퍼센트 증가하고 격렬한 열대 폭풍우가 네 차례 휩쓸고 지나간 뒤 농업부터 제조업과 컴퓨팅에 이르기까지 태국에서 운영 중이던 거의 모든 산업이 홍수 피해를 입었다.[21] 세계 최대 쌀 생산국 중 하나인 태국의 논이 대홍수에 잠기면서 연간 쌀 생산량이 20퍼센트 감소했다. 한편 공장 지역 범람으로 세계 하드디스크드라이브HDD 생산량이 28퍼센트 감소했다.[22] 수요와 대체재에 따르는 효과로 SSD와 디램DRAM의 시장 가격이 상승했다. 혼란 속에서 노트북, 디지털 영상 시스템, 디지털 비디오 녹화장치 생산이 중단됐다. 홍수로 혼다, 닛산, 토요타 같은 자동차 제조업체의 생산공장은 완전히 파괴됐고 도시바와 웨스턴 디지털 같은 컴퓨터 업체도 가동을 멈췄다. 2012년에 세계경제포럼WEF은 이런 광범위한 결과가 "재난 사태에 대비할 여유가 없는 효율적인 공급망"[23] 때문에 발생했다고 결론 내렸다. 나비효과라는 이름이 유래한 격언에서는 브라질에서 나비 한 마리가 날개를 펄럭이면 미국에서 폭풍을 일으킬 수 있다고 말한다. 태국 홍수 사태의 경우, 2011년 마지막 분기에만 인텔 이익이 10억 달러 이상 감소하면서 태국에서 발생한 폭풍으로 캘리포니아 주에 사는 주주의 대차대조표가 펄럭였다.[24]

2011년 태국 홍수가 일으킨 체계적 영향은 결코 독특하거나 유례없는 사건이 아니라는 점에 주목할 필요가 있다. 2012년 세계경제포럼 글로벌 위험 보고서는 수많은 사례를 인용한다. 해당 보고서는 2011년 동일본 대지진과 그로 인한 후쿠시마 원자력 발전소 노심 용융이 공급망에 미친 체계적 영향을 조사한 뒤 "기업들이 공급망에 잉여와 여분의 재고를 끼워넣는 관행을 자원 낭비라고 보는 린 경영 모형의 원리로 되돌아가면서 그런 붕괴 위험이 빠르게 잊힐 수 있다."[25]라고 경고한다.

태국 홍수가 전 세계 제조업 잠재력에 이토록 엄청난 영향을 미쳤던 이유는 널리 퍼져 있는 경영 사고가 체계적 실패 위험을 초래할 공급 네트워크를 만들었다는 데 있었다. 모범 사례를 참고하고 성공한 기업의 모범 사례를 모방하는 관행은 일반적인 경영 전략이다. 그러나 업계 차원에서 볼 때 이런 행동은 금융 체계를 동질성(은행이 동일한 기본 전제를 바탕으로 비슷한 비즈니스 모형을 활용해 비슷한 자산을 거래했던 상황)과 복잡성(복잡한 증권이 대량으로 거래되는 바람에 시장이 점점 불투명해진 과정) 상태로 몰아넣었던 것과 마찬가지 방식으로 회복탄력성을 줄이고 체계적 불안정을 유발한다.

모범 사례를 따르는 바람에 위험이 발생한 사례를 알고 싶다면 자동차 제조업체가 조향장치와 같은 핵심 부품 생산을 수익성을 높이고자 아웃소싱하는 경우를 생각해보라. 이런 관행이 어떻게 혁신적인 토요타 생산방식의 핵심을 이루는지 앞에서 살펴봤다. 업계 선도 기업만 생산을 위탁한다면 그리 큰 체계적 위험은 발생하지 않을 것이다. 해당 생산공장에 차질이 발생하는 경우 아웃소싱을 의뢰한 기업의 공급망에는 영향을 미치겠지만 경쟁사들의 공급망은 온전할 것이다. 해당 제조업체에 의존하는 업계(예를 들어, 물류 기업)와 소비자는 문제된 상품을 경쟁사 제품으로 대체할 기회를 누리므로 시장 전체에 미치는 영향은 크지 않을 것이다. 경쟁력 있는 지역, 특히 개발도상국은 사회기반시설이 취약한 경우가 흔하므로(4장 참조) 그런 문제가 발생하는 사태가 드물지 않다. 운송 문제와 자연재해, 지방정부 실수를 비롯한 여러 가지 원인으로 차질이 발생할 수 있다. 만약 업계 전체가 가장 성공적인 기업의 아웃소싱 전략을 채택한다면(모범 사례를 채택하는 업계 전반의 경쟁이 조언하듯이) 훨씬 더 심각한 영향을 미칠 것이다. 관련 기업 모두가 동일한 지역 물자에 의존하는 경우라면 사태는 특히 심각하다.

실제로 기업들은 공통의 생산자, 혹은 적어도 비용 효율이 높은 동일 지역에 생산을 하도급하고 이 과정에서 집적 경제의 수확 체증 현상으로 이익을 얻는다. 세계 양대 HDD 생산업체와 일본 최대 자동차 제조업체를 비롯한 여러 산업이 태국의 단일 지역으로 제조를 아웃소싱했다. 마찬가지로 2010년 한국의 양대 반도체 제조업체는 세계 플래시 메모리 드라이브와 디램 시장에서 거의 50퍼센트를 차지했다.[26] 전자 부품(및 기타 제품)의 집중 사례도 많이 찾아볼 수 있다. 그 결과 한 지역에서 발생한 사건이 해당 부문 전체에 영향을 미칠 수 있다. 공급망에서 발생한 이상이 체계 전체에 영향을 미치는 지금, 소비자는 대체재를 구하는 데 어려움을 겪는다. 분절화를 강조한 토요타 생산방식으로 이제 공급망은 다층 구조를 이루게 됐고 효율성과 더불어 체계적 위험이 발생할 기회도 늘어났다. 그 영향은 생산망을 타고 오르내린다. 조향장치 생산자는 여러 공급업체로 이뤄진 네트워크에 의존할 가능성이 높으며, 이들 중 하나라도 차질을 빚으면 세계 자동차 생산에 영향을 미친다.

이런 위험이 실제로 발생한 사례를 표 3.1에서 볼 수 있다. 이 표는 전 세계에서 애플 제품을 제조하는 공급업체 목록이다. 기업은 전 세계 생산업체에서 납품받은 부품을 조립한다. 정상적인 상황이라면 이런 부품들은 기일에 맞춰 도착하고 최종 생산자, 이 경우 애플이 이윤을 극대화하는 효율성을 발휘한다. 그러나 문제가 발생한 상황에서 공급망 분절화는 기업이 통제할 수 없는 위험에 노출되도록 한다. 예를 들어 애플의 경우 대만 기업인 폭스콘의 정저우 생산공장에서 발생한 품질 문제와 파업으로 2012년 10월 아이폰5의 납품이 늦어졌다.[27]

공급망을 아웃소싱 지역으로 분절화하는 전략은 높은 수익성이 증명돼 지금은 많은 제조업에서 경영 표준으로 자리 잡았다. 태국 홍수 사례는 아웃소싱 중심지에 문제가 발생하는 경우, 《이코노미스트》의 표현을 빌리자면 '공급망이 끊어진 경우'[28]에 어떤 일이 일어날 수 있는지 잘 보여준다. 홍수로 그토록 다양한 업계가 극심한 피해를 입은 이유는 태국처럼 비용을 최소화하는 지역이 다양한 효율성 문제를 해결하는 듯 보이는 경향에 있다. 낮은 세율과 낮은 임금, 관대한 규제를 비롯한 여러 인센티브가 다양한 산업이 특정 지역에 이끌리는 원인이다. 일반적으로 세계화라고 하면 지역의 다양성을 포함하는 과정, 즉 위험을 지리적으로 분산하는 과정이라고 생각하기 쉽지만 실제로는 위험과 불안정을 집중하는 결과를 초래하기도 했다. 이런 복잡한 연계가 발생하도록 함으로써 세계는 말 그대로 달걀을 전부 한 바구니에 담고 대단히 파괴력이 강한 위해에 취약한 상태로 노출됐다.

'린 경영'과 '적기공급'의 위험성

생산의 아웃소싱도 모범 사례 중 하나지만 린 경영 역시 중요한 운영방식 중 하나다. 앞에서 토요타 생산방식이 무리(과중한 부담), 무라(비일관성), 무다(낭비) 감소를 목표로 한다는 점을 살펴봤다. 토요타 엔지니어이자 선구자였던 오노 다이이치는 무다를 일곱 가지 하위 범주로 나눌 수 있다고 했다.

1. 생산 낭비(과잉 생산)
2. 보유 시간 낭비(대기)
3. 운송 낭비
4. 처리 자체의 낭비

표 3.1. 2011년 기준 애플의 공급업체

AAC 테크놀로지 홀딩스
아크벨 폴리테크
아큐먼트 글로벌 테크놀로지스
어드밴스트 마이크로 디바이시스
암페렉스 테크놀로지
암페놀
아날로그 디바이스
안지에 단열재
아사히 카세이
AU 옵트로닉스
AT&S
ams AG
아바고 테크놀로지스
브래디
브릴리언트 인터내셔널 그룹
브로드컴
브로드웨이 인더스트리얼 그룹
비야디
커리어 테크놀로지
캐처 테크놀로지
청룽
청웨이정밀공업
치메이 이노룩스
코일크래프트
컴펙 매뉴팩처링
코스모스서플라이랩
시메트릭(선전) 인쇄
신텍
사이프러스 반도체
다이신쿠
다폰 전자
델타 일렉트로닉스
다이오즈 인코퍼레이티드
다이나팩 인터내셔널 테크놀로지
엘피다 메모리
에머슨 일렉트릭
ES 파워
페어차일드 반도체
패스닝 테크놀로지
플렉시움 인터커넥트
플렉스트로닉

포춘 그랜드 엔터프라이스
포스터 전기
후지 크리스털
후지쿠라
그랜드 업라이트 테크놀로지
그루포 다니
그루포 페레티
하마 나카 쇼킨 공업
핸슨 금속제품
헵타곤 어드밴스트 마이크로 옵틱스
Hi-P 인터내셔널
히타치LG 데이터 스토리지
홍하이정밀(폭스콘)
하이닉스 반도체
이비덴
인피니언 테크놀로지스
인텔
인터플렉스
인터내셔널 렉티파이어
인터실
인벤텍 어플라이언스
자빌 서키트
일본항공전자공업
진리 몰드 매뉴팩처링
카일리 패키징
켄세이샤
놀스 일렉트로닉스
쿤산창윤전자공업
레어드 테크놀로지스
래터럴 솔루션스
렌즈원 테크놀로지(선전)
LG화학
LG디스플레이
LG이노텍
리니어 테크놀로지
라이트온 테크놀로지
롱웰 컴퍼니
LSI 코퍼레이션
루언 풍
매크로닉스 인터내셔널
마리안

마벨 테크놀로지 그룹
맥심 인터그레이티드 프로덕트
메이코
마이크로칩 테크놀로지
마이크론 테크놀로지
미쓰미 전기
몰렉스
물텍
멀티파인라인 일렉트로닉스
무라타제작소
난야 인쇄회로기판
NEC
니폰 메크트론
니쇼쿠 테크놀로지
엔비디아
NXP 반도체
ON 반도체
옵트렉스
오리엔탈 인쇄회로
파나소닉
PCH 인터내셔널
페가트론
파이오니어 재료과학기술
프렌트
프리맥스 일렉트로닉스
퀄컴
퀀타 컴퓨터
르네사스 일렉트로닉스
리팅 컴퓨터 부품
로옴
루비콘
삼성전기
삼성전자
샌디스크
산요 전기
SDI
시게이트

세이코 엡손
세이코 그룹
샤프
시마노
신주싱
실레고 테크놀로지
심플로 테크놀로지
스카이웍스 솔루션스
소니
스탠다드 마이크로시스템스
ST마이크로일렉트로닉스
스미다
스미토모 전기공업
선렉스 테크놀로지
쑤저우 패널 일렉트로닉
타이이 정밀기술
다이요유덴
TDK
텍사스 인스트루먼트
톈진 리션 배터리
도시바
도시바 모바일 디스플레이
토요 이화학연구소
TPK 홀딩스
트라이포드 테크놀로지
트라이퀸트 반도체
트라이엄프 리드 일렉트로닉 테크놀로지
TXC
유니마이크론
유니스틸 테크놀로지
유니버설 사이언티픽 인더스트리얼
비쉐이 인터테크놀로
볼렉스
웨스턴 디지털
윈텍
야교
제니야 알루미늄 제작소

주: 위 표는 2011년 기준 애플 제품의 전 세계 소재, 제조, 조립 조달 비용 중 97퍼센트
를 포함한다.
출처: 애플, 2011, 〈2011년 애플 공급업체〉, 2012년 10월 16일 접속, http://images.
apple.com/supplierresponsibility/pdf/Apple_Supplier_List_2011.pdf.

5. 보유 재고 낭비

6. 이동 낭비

7. 불량 제품을 생산하는 낭비[29]

그러나 언뜻 보기에 낭비처럼 보이는 이런 항목들을 검토해보면 지나칠 정도로 여유가 없는 경영 방식임을 알 수 있다. 토요타 생산방식에서 '보유 재고 낭비'라고 지칭하는 부분은 보기에 따라서 완충재고라고 생각할 수도 있다. 오노가 '과잉 생산 낭비'라고 지적했던 관행은 공급망을 이루는 요소에 차질이 발생하거나 납품이 지연되는 경우 공급망에 공백이 발생하지 않도록 뒷받침할 수 있다. 잉여를 줄이고 적기공급 생산 및 납품 방식을 고수하다 보면 공급망에 팽팽한 긴장감이 발생한다. 공급망을 구성하는 고리 하나에 충격이나 지체가 발생하면 그 영향이 체계 전체로 빠르게 퍼져나간다. 동일한 공급망에 의존하는 다른 기업들도 의무를 이행할 수 없으므로 차질의 영향은 확대된다.

금융위기가 글로벌 금융의 체계적 위험을 밝히는 사례연구 역할을 수행했고 태국 홍수가 아웃소싱과 분절화의 위험을 입증했듯이 토요타 역시 토요타 방식의 위험을 여실히 보여주는 역할을 했다.[30] 2009년부터 아무런 흠잡을 데 없어 보였던 토요타가 문제를 겪기 시작했다. 말썽의 첫 번째 징후는 2009년 10월 바닥 매트 문제로 대량 리콜 사태가 발생했을 때 나타났다. 효율성의 귀감이었던 토요타는 완충재고를 보유하지 않은 상태로 매트 장당 비용을 10달러 미만으로 운용하고 있었다.

2010년 1월 토요타는 '가속 페달의 고착'을 수리하고자 차량

230만 대를 리콜하기로 결정했다. 이 결함으로 의도하지 않은 가속이 발생해 운전자가 페달에 압력을 가하지 않을 때도 자동차 속도가 증가하는 현상이 일어났다. 그러나 결함이 발생한 페달 공급 업체인 CTS의 생산능력 제약으로 교체 부품 납품이 완료되기까지는 수개월이 걸렸다. 이 작은 공장에서 필요한 부품을 확보할 수 있을 때까지 토요타의 글로벌 공급망 전체가 멈출 수밖에 없었다. 1월 말, 토요타는 해당 모델을 전 세계 시장에서 무기한 판매 중단하고 생산을 중지한다고 발표했다. 비용 최소화 기법을 개척한 기업인 토요타는 '매일' 500만 달러에서 1,500만 달러에 이르는 수익 손실을 겪었다. 이는 린 경영에 따르는 예측 가능한 결과였다. 아웃소싱한 작은 공장에서 자재가 기일에 맞춰 도착하고 있었고, 완충재고를 낭비라고 여겼다. 이런 경영진의 선택이 체계적 불안정을 조성한 원인이었다.

토요타 같은 기업의 위험이 따르는 모범 사례를 채택한 업체 수에 관한 뚜렷한 데이터를 얻기는 어렵지만 문헌에 '린 경영'이라는 표현을 사용한 횟수가 그 중대성을 추측하기에 합당한 대용물 역할을 한다. 그림 3.4를 보면 1990년대 동안에 린 경영 원칙 논의가 급증했다는 사실을 알 수 있으며 이는 린 경영의 인기 상승과 관련이 있다. 나아가 21세기 초에도 린 경영 원칙이 다시 유행했음을 확인할 수 있다.

경영교육의 획일화

공급망 관리와 관련해 구체적인 위험을 다루는 세 번째 사례연

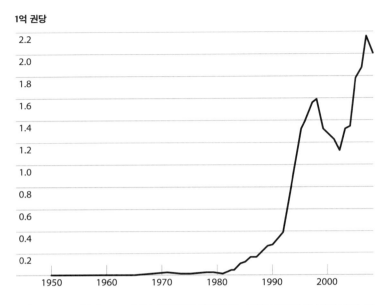

1억 권당

그림 3.4. 1950년부터 2008년까지 서적에 '린 경영'이라는 표현이 언급된 횟수(1억 권당). 평활화 변수를 2로 한 영어 서적 자료 전체에 언급된 횟수를 반영한다. 평활화 변수를 동일하게 설정하고 대상 언어 자료를 '미국 영어'로 바꿔도 같은 패턴이 나타난다. 구글 엔그램, 2012, <구글 북스 엔그램 뷰어Google Books Ngram Viewer>, 2012년 접속, http://books.google.com/ngrams.

구는 경영교육 균질화에서 찾아볼 수 있다. 앞에서 아웃소싱 모방과 수익성 높은 전략을 추구하는 '모범 사례' 복제가 어떻게 위험을 증폭할 수 있는지 살펴봤다. 그러나 더욱더 우려스러운 문제는 경험보다 표준화된 경영교육에 의존하는 정도가 점점 증가하고 있다는 점이다. 경영교육학의 확산은 린 경영과 아웃소싱 같은 전략을 퍼뜨리는 데 그치지 않고 정해진 항목을 점검하는 균질화된 위험관리 접근법에 지나치게 의존하는 사태로 이어졌다. 이러한 접근법은 엄격한 규칙을 적용하는 별도의 '위험관리자'에게 의존하는 대신 위험을 자신의 관심사로 여기는 다양한 개인을 확보할 때 생기는 판단과 직관, 경험 혹은 도전정신을 대체할 수 없다.

그림 3.4에서 나타나는 상승 추세는 경영 문헌 규모의 증가 추세와 비슷하다.[31] 이 같은 경영과학 연구 증가 추세는 경영교육이 수행하는 역할이 커진 데 따른 증상이며 산업혁명과 함께 나타난 '과학적 경영의 출현'에서 그 기원을 찾아볼 수 있다.[32] 경영과학 표준화 경향은 '경영 능력을 증명하는 표준 자격증'으로 자리 잡아 '경영 사상의 수렴'을 유발한 경영학 석사학위MBA 보급과 관련이 있다.[33] 이런 수렴은 미국에서만 발생하는 현상이 아니며 세계 일류 대학교들이 실시하는 공동 학위제가 동일한 모범 사례를 전 세계에서 채택하는 관행에 박차를 가한다는 사실에 주목해야 한다.[34] 현재 공동 학위제는 서로 다른 대륙에 걸쳐 실시될 정도로 아주 흔한 제도다. 홍콩대학교는 파리 HEC 경영대학원과 공동 MBA를 제공하고, 로스앤젤레스에 있는 캘리포니아대학교 앤더슨경영대학원은 싱가포르 국립대학교와 공동으로 학위 프로그램을 운영한다. 대학교들이 이런 프로그램을 도입하면 동양의 신흥 대학교 학생들과 서구의 오래된 대학교 학생들이 서로의 기법을 배우면서 현재 실행되고 있는 모범 사례가 널리 퍼지도록 촉진한다. 그림 3.5는 과거 10년에 걸쳐 MBA 프로그램 지원자 총수의 증가 추세(경기 침체에 따른 단기 감소 두 차례 제외)와 경영교육의 인기도 증가를 나타낸다. 그러나 그림 3.6과 표 3.2를 볼 때 MBA 의 영향력은 세계를 무대로 막 경쟁을 시작한 지역에서 특히 강하게 나타난다는 사실을 알 수 있다.

1990년에 중국 최초의 MBA 프로그램이 개강했을 당시 학생

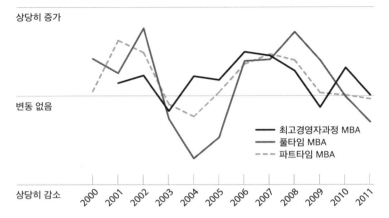

지원자 수의 상대적 변화

상당히 증가

변동 없음

상당히 감소

2000 2001 2002 2003 2004 2005 2006 2007 2008 2009 2010 2011

— 최고경영자과정 MBA
— 풀타임 MBA
--- 파트타임 MBA

그림 3.5. 2000년부터 2011년까지 MBA 지원자 수의 상대적 변화. GMAC(미국 경영대학원 입학위원회), 2011,《지원 추세 조사*Application Trends Survey*》(버지니아 주 레스턴: 미국 경영대학원 입학위원회), 4쪽, 2013년 2월 4일 접속, http://www.gmac.com/~/media/Files/gmac/Research/admissions-and-application-trends/applicationtrends2011_sr.pdf. 미국 경영대학원 입학위원회의 허가받아 전재.

은 86명에 불과했다.[35] 1991년 중국에 MBA 프로그램은 6개에 불과했지만 불과 20년 뒤인 2011년에는 236개로 증가했다. 같은 기간 동안 총 등록자 수는 놀랍게도 3만 6,000명으로 증가했다.[36] 이런 성장세는 중국에 국한되지 않았다. 인도에서도 MBA는 엄청난 선망의 대상이다. 2009년 기준 인도의 MBA 프로그램 수는 900개 이상이었고, '경영 자격증'을 얻을 기회를 얻고자 경쟁하는 지원자들이 몰리면서 입학 '경쟁이 치열'하다고 한다.[37] 실제로 아시아 태평양 지역에서 해외 MBA 과정에 지원하는 사람 수는 유럽과 미국을 비롯해 나머지 전 지역에서 지원하는 사람 수를 합친 것보다 많다(그림 3.6과 표 3.2 참조).

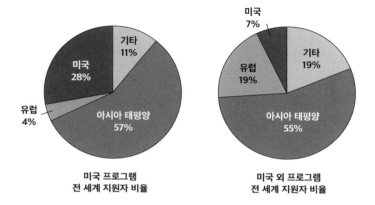

미국 프로그램
전 세계 지원자 비율

미국 외 프로그램
전 세계 지원자 비율

그림 3.6. 2011년 세계 지역별 국제 2년제 풀타임 MBA 지원자 비율: 미국 프로그램과 미국 외 프로그램 비교. GMAC(미국 경영대학원 입학위원회), 2011, 《지원 추세 조사》(버지니아 주 레스턴: 미국 경영대학원 입학위원회), 11쪽, 2013년 2월 4일 접속, http://www.gmac.com/~/media/Files/gmac/Research/admissions-and-application-trends/applicationtrends2011_sr.pdf. 미국 경영대학원 입학위원회의 허가받아 전재.

표 3.2.
2011년 1년제 풀타임 MBA 프로그램 외국인 지원자의 지역별 분포(단위: 퍼센트)

지원자 출신 지역	미국	아시아 태평양	유럽	기타
아프리카 및 중동	11	8	16	25
아시아 태평양	40	64	37	38
캐나다	1	1	3	15
유럽	6	12	23	4
라틴아메리카	5	1	10	13
미국	36	14	11	6
합계[a]	100	100	100	100

[a] 반올림으로 인해 합계는 100퍼센트가 아닐 수도 있다.

출처: GMAC(미국 경영대학원 입학위원회), 2011, 《지원 추세 조사》(버지니아 주 레스턴: 미국 경영대학원 입학위원회), 13쪽, 2013년 2월 4일 접속, http://www.gmac.com/~/media/Files/gmac/Research/admissions-and-application-trends/applicationtrends2011_sr.pdf. 미국 경영대학원 입학위원회의 허가받아 전재.

이토록 많은 새로운 경영자들이 태국 홍수가 부른 거대한 체계적 영향은 물론, 토요타와 인텔이 입은 엄청난 손실을 유발한 관행을 적용하라는 가르침을 받고 있다. 경영학과 학생들은 세계적으로 손꼽히는 명문 경영대학원에서 학위를 따고자 비싼 수업료를 기꺼이 지불하고, 경영대학원은 예비 학생들에게 과거에 MBA 과정을 밟은 집단의 성공에 관한 지침을 제공한다. 비교할 때는 언제나 대학 랭킹이라는 표준 기준을 사용하고, 대학들은 놀라울 정도로 비슷한 사례연구와 교과과정을 사용한다.

개별 학생이나 기업은 과거에 성공을 거뒀다고 입증된 기법과 절차를 학습(모범 사례 활용)함으로써 커다란 도움을 얻을 수 있다. 그러나 경영교육 표준화는 졸업생이 다양한 배경 경험을 활용하고 예상하지 못한 상황에 반응하는 능력을 떨어뜨린다. 교과서에 실린 기법을 획일적으로 가르치는 교수법은 학과 과정 동안 효율성을 보장하므로 표준 시험에 잘 대응할 수 있다. 하지만 이런 기법은 예상하지 못한 상황에 대응하거나 드문 사건에 대처하기에는 역부족이다. 경영교육이 급증하면서 위험 대처 방식의 표준화와 관련 모형 공유 양상이 나타났다. 이것은 교과서 분석에서 예측하지 않은 사건이 발생하는 경우(앞에서 살펴본 글로벌 복잡성 논의로 미뤄볼 때 이런 가능성은 점점 증가하고 있다), 경영자들이 다들 비슷비슷하게 준비가 안 된 상태로 서로 비슷하게 대응할 것임을 의미한다. 체계적 위험은 본질적으로 뜻밖이기 마련이다. 이례적인 도전에 직면했을 때 적용할 설명서나 표준 대응책은 없다. 독창성과 다양한 관점의 통합이 필요하다. 체계적 위험에 대응하려면 독창적으로 생각하고 이질적인 관점을 통합해서 유례없는 난관에 대처할 새로운 해결책을 떠올릴 수 있는 경영자가 필요하다.

공급망 위험 관리하기

공급망은 고립 상태에서 작동하지 않으므로 지금까지 논의한 위험을 억제하는 방법을 꼭 배워야 한다. 제조업체에 내재된 위험 외에 기업의 생산 활동과 투자 간 연결고리에도 잠재적인 위험이 있다. 앞으로 살펴보겠지만 실물경제는 가상경제와 서로 별개가 아니며, 이 장에서 논의한 내용은 앞에서 분석한 금융 분야에도 영향을 미친다. 예를 들어 WTO 연구자들은 공급망과 통화회로monetary circuit 사이에 '공명 효과'가 있다는 사실을 증명했다.[38] 그 연구에서는 부문을 넘나드는 체계적 위험의 증거를 제시하고 국제 공급망이 금융 충격을 퍼트리는 잠재적 도관 역할을 한다고 지목한다. 또한 최근 연구들은 2007~2008년 금융위기 당시 공급망의 세계화가 어떻게 세계 무역 붕괴를 유발했는지 탐구했다.[39] 그 연구 결과는 금융 충격의 규모가 '물리적 인터넷' 구조에 따라 좌우된다는 견해를 뒷받침한다. 개별 위험 부문 연구에서 배울 수 있는 교훈도 많지만 이제는 더 이상 이런 다양한 분야들을 구분할 수 없다. 일단 체계적 위험이 발생하면 위험은 부문의 경계를 뛰어넘고 잠재적 위험의 다양한 차원이 서로 영향을 미친다. 이렇게 동시에 발생하는 효과에 대처하려면 학제간 관점과 균형 잡힌 규제 활동이 필요하다.

현재의 대응

영국 제조업체기구U.K. Manufacturers' Organisation(전 제조업사용자연합EEF)가 150개 기업을 대상으로 조사를 실시한 결과 40퍼센트가 심각한 공급업체 문제를 경험한 적이 있다고 답했다.[40] 같은 조사에서 다시 자체 생산으로 돌렸다고 답한 업체 비율도 40퍼센트 정도에 달했고, 현지 공급업체 이용을 늘렸다고 답한 기업도 4분의 1이었다. 공급망 분절화에서 벗어나 자체 생산 증가로 시스템의 회복탄력성을 키우고자 하는 기업이 있는 반면, 린 경영을 넘어서려는 기업도 있다. 예를 들어 컴퓨터 제조업체 델은 공급망을 위험에서 보호하고자 모듈러 설계modular design를 적용하기 시작했다. 이러한 모듈러 공급망 아키텍처는 "상호 운용 표준도가 아주 높고 하위체계가 표준 연결로 구성돼 구조가 유연"[41]하다. 델은 표준 모듈을 사용하면서도 다른 모듈을 결합할 수 있도록 구조상 유연성을 유지해 특정 공급원에 의존하는 정도를 줄인다.

이 분야에서 체계적 위험에 대처하고자 시도하는 주체는 민간부문에 국한되지 않는다. 2012년 1월 미국 백악관이 발표한 글로벌 공급망 보안 국가 전략National Strategy for Global Supply Chain Security은 공급망 위험 억제로 나아가는 중요한 진전을 이뤘다. 해당 보고서는 "통상 장벽과 생산비용 절감과 더불어 통신기술 발전이 새로운 시장을 열고 노동자들에게 새로운 일자리와 기회를 제공"[42]했다고 지적한다. 그러나 동시에 이 보고서는 지진과 쓰나미, 화산 분출과 같은 자연재해는 물론 "체계를 악용하거나 이를 공격 수단으로 이용하고자 하는"[43] 범죄 및 테러 네트워크가 '세계 경제

성장과 생산성'에 미칠 '부작용' 징후에 대한 인식도 높인다.

백악관의 관심사는 금융 부문 사태로 세계화와 체계적 위험의 연관성에 관한 정치 인식이 얼마나 높아졌는지 잘 보여준다. 그러나 위에서 언급한 보고서가 간결하고 추상적이라는 측면은 정치권의 노력이 아직 예비 단계에 머물러 있다는 신호이기도 하다. 글로벌 공급망을 강화하고 경제가 2007~2008년의 체계적 실패를 되풀이하지 않도록 예방하려면 대변화가 필요하다.

공급 네트워크의 복잡성을 분석하라

금융 부문과 마찬가지로 상호연결성이 높은 기업은 위험 요인을 모두 평가할 수 있는 자원이 부족하다. 이는 그러한 위험이 거래 상대와 하도급업체, 공급업체까지 미치고, 그 결과로 발생하는 복잡성이 1장과 2장에서 살펴본 것과 같은 부류이기 때문이기도 하다.[44] 이런 경우 복잡성은 기업이 위험을 관리하는 능력을 방해할 뿐만 아니라 금융 부문과 마찬가지로 규제 당국이 불안정성을 추적 관찰하는 역량에도 영향을 미친다. 그로 인해 의도적으로 무책임한 행동, 예를 들어 환경 규제나 윤리적 규제를 어기는 행동을 할 기회가 발생한다. 문제의 핵심은 "국제적 분절화가 원산지 개념을 흐리고" 기업에 책임을 묻거나 규제 책임을 부과하기가 점점 어려워지고 있는 실태다.[45]

아웃소싱과 하도급이 글로벌 공급망에 미치는 영향은 여러모로 증권화와 유통시장 거래가 금융 부문에 미치는 영향과 비교할 수 있다. 이런 혁신은 모두 위험을 다각화할 수 있고 개별 기업에는 수익을 가져다줄 수도 있지만 부정적인 외부효과와 체계적 위험을 초래한 책임을 지울 수 없다는 문제점도 따른다. 두 경우 모두 수익을 추구하는 기업이 세계 경제에 지속불가능한 취약성을 주입하는 결과를 초래한다.

공급 네트워크와 금융 네트워크는 서로 별개로 작동하지 않는다. 공급업체가 소매업자에게 상품을 판매할 때마다 공급업체는 소매업자가 제품을 수령한 후 값을 치르기 전에 파산을 신청할 위험에 직면한다.[46] 스테파노 바티스톤은 동료들과 함께 일반 거시경제 체계 안에서 이런 행동을 포착하고 산업 인구통계학에서 정형화된 사실의 상당수를 재현할 수 있는 모형을 개발했다.[47]

바티스톤 등은 악영향이 전파되는 다양한 기제도 구분한다. 그림 3.7의 A와 B는 하향 및 상향 전파를 나타낸다. 수평 채무불이행 전파는 각 단계가 충격을 상하 양방향으로 전달할 때 발생한다. 이는 공급망 충격이 공급 네트워크의 다른 계층뿐만 아니라 같은 계층에 속한 경쟁자들 사이에서 어떻게 전달될 수 있는지 보여준다. 주요 공급업체의 파산이 대형 소매업자의 파산을 유발하는 경우(북유럽 통신사와 유럽 통신사의 사례에서 보듯이 소매업자가 적시에 적절하게 제품을 공급받지 못하므로), 이는 해당 소매업자에게 대금을 받지 못한 다른 공급업체에게 영향을 미칠 수 있다. 바티스톤 모형은 통합 공급망과 관련된 위험을 강조하고 글로벌 공급 네트워크에서 체계적 회복탄력성 분석이 반드시 필요하다고 강력하게 주장한다.

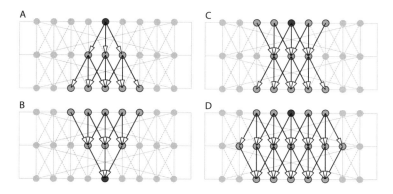

그림 3.7. 생산 네트워크에서 채무불이행의 계단식 전파. 생산 방향은 위에서 아래로 움직인다. 실패를 전파하는 포인트는 짙은 회색이다. 문제의 사태를 유발한 회사는 검은색으로 나타냈다. 2007, 스테파노 바티스톤 외, <생산 네트워크의 신용 사슬과 파산 확산Credit Chains and Bankruptcy Propagation in Production Networks>, 《경제 동학과 통제 저널Journal of Economic Dynamics and Control》 31권 6호: 2061-2084쪽 중 2073쪽 도표. 엘제비어의 허가받아 전재.

공급망 위험에 대한 바람직한 인식 변화

많은 공급망 관리자가 지금까지 논의한 위험을 알고 있다. 맥킨지 앤드 컴퍼니McKinsey and Company가 최근 국제 공급망 관리자를 대상으로 실시한 조사에서 제품 복잡성과 금융 변동성이 공급망 전략을 결정하는 가장 중요한 요인이라는 결과가 나왔다.[48] 같은 조사에서 이런 전문가들은 공급망 위험이 2006년보다 2008년에 더 커졌다고 인식했다. 경영진이 보고한 위험은 글로벌 공급망 상태에 관한 정확한 정보를 획득하기가 어렵다는 사실과 관련이 있었으며, 이는 세계화로 세계가 점점 복잡해지면서 더욱 어려워졌다. 경영진들은 글로벌 공급망 관리에 상당한 자원이 필요하다고 강조했다. 이 조사 결과는 매사추세츠 주에 본사를 둔 컨설팅

회사 PRTM이 글로벌 제조업체 300사를 대상으로 실시한 좀 더 광범위한 별도의 조사에서 얻은 결과와 일치한다.[49] PRTM이 실시한 조사에서는 현재 아웃소싱이 회복탄력성에 부정적인 영향을 미쳐서 린 경영 철학의 핵심을 오히려 거스르다 보니 특정 상황에서는 아웃소싱이 경쟁력을 저해한다고 생각하는 경영자들도 있었다. 이로써 일찍 파악된 위험은 부정적인 외부효과에서 기업의 비용 편익 분석에 반영될 유효한 요인으로 바뀐다. 조사자들은 "연구 참여자의 60퍼센트가 공급망의 탄력성 부족이 지속가능한 세계화를 가로막는 주요 장애물이라고 말한다."[50]라고 보고한다. 또한 금융위기가 발생하기 이전부터 이미 회복탄력성 있는 시장 구조를 가치 있는 자산으로 여겼다는 점에서 공급망 관리자가 금융 관리자보다 앞서 있었다고 판단할 만한 증거도 있다.[51]

회복탄력성을 확보하고자 단기 이익을 희생해야 하는 상황에서도 이런 통찰이 설득력을 얻을 수 있을지는 의문이다. 경쟁 압력이 글로벌 공급망을 취약하게 만드는 데 어떤 역할을 담당하는지는 미국에 본사를 둔 보험 중개 기업 마시 앤드 매클레넌Marsh and McLennan이 내린 공급망 위험의 정의에서 찾아볼 수 있다. 마시 앤드 매클레넌은 21세기 공급망 위험의 특징을 다음과 같이 규정할 수 있다고 설명한다.

공급망 위험은 자연재해, 테러, 팬데믹, 데이터 보안부터 수요 변동과 공급 등락에 이르기까지 모든 것을 망라한다. 극심한 경쟁과 빠듯한 수익은 공급망 실패가 사업에 미치는 영향을 한층 더 증폭할 수 있다. 경제 압력은 특히 신용 대출 시장의 축소, 비용

위험한 나비효과

감축 압력, 소비 시장 축소를 고려할 때 공급업체의 생존 능력과 관련해서 공급망 관련 위험을 악화시킨다.[52]

그러나 경영자들이 장기적 관점에서 회복탄력성이 이윤을 극대화한다고 여기기 시작했다는 측면에서 볼 때 낙관할 만하다. 이는 최종 재화 생산자가 제품 납품 실패를 책임져야 할 가능성이 높아서 공급망에 책임을 물을 동기를 지니기 때문이다.

공급망 관리를 위한 교훈

진화생물학, 특히 해양 연구 분야에서는 탄탄한robust 구조와 회복탄력성 있는 구조를 구분한다. 산호초는 악조건에 견디는 내재된 힘에 의존하는 탄탄한 구조의 표본이다. 반면에 플랑크톤은 회복탄력성 있는 구조로 분류된다. 회복탄력성 있는 구조도 가혹한 환경에서 생존할 수 있지만, 이런 생물은 조정하고 적응하는 능력으로 살아남는다.[53] 이런 구분을 공급망 영역에 적용해서 유추해 보면 체계적 위험에 노출되지 않도록 제한하는 두 가지 방법을 생각할 수 있다. 탄탄한 접근법은 완충재고를 충분히 축적하고 외부 위험에 노출되지 않도록 제한함으로써 자급자족 단위를 생성하는 방법이다. 이 방법은 산호초가 위해를 견디는 방법과 닮았다. 그러나 탄탄한 구조는 기회비용 측면에서 손실이 크다는 문제가 있다. 토요타가 수익을 내지 못하는 낭비(무다)처럼 보이는 요소를 줄이기 시작한 이유도 결국 여기에 있다. 이런 기회비용 때문에 특히 글로벌 경쟁이 증가하는 상황에서 단기적으로 유동성 위기나 지불 능력 문제에 부딪힐 수 있는 기업들은 탄탄한 접근법을 고수하기 어렵다. 탄탄한 구조에 따르는 비용은 또한 그런 구조가 알려졌거나 적어도 예상되는 위험에만 탄탄한 주요 이유이기도 하다. 정치적으로나 경제적으로나 탄탄함은 대개 위험이 충분히 구체적이거나 그에 따르는 위해가 충분히 위협적일 때만(원자로의 경우처럼) 제공될 수 있다.

반면에 회복탄력성 접근법은 알려지지 않은 위험에 용이하게 대응할 수 있도록 설계된다. 플랑크톤이 나타내는 회복탄력성을 창조적으로 경영방식에 구현했다고 볼 수 있는 모듈러 설계가 그런 사례다. 플랑크톤은 악조건에 견디는 대신 적응하는 능력을 길렀다. 다양한 구조를 만들고 위험관리에서 이질성을 수용하는 방법이 공급망 관리에서 이런 적응력에 해당하는 방안이라고 할 수 있다. 두 가지 접근법 중에서 회복탄력성 접근법이 비교적 저렴하면서도 실행 가능한 방법이다. 안타깝게도 한동안 회복탄력성을 저해하는 모범 사례를 모방하는 관행이 널리 퍼지고 표준 경영교육이 급증했다.

다음은 공급망 관리에서 도출할 수 있는 체계적 사고에 대한 몇 가지 교훈이다.

교훈 1:네트워크 회복탄력성을 촉진해야 한다

경제 개혁은 공급망 위험을 다각화할 뿐만 아니라 이용 가능한 위험관리 전략을 다양화함으로써 회복탄력성을 촉진해야 한다.[54] 앞에서 분석했듯이 경영교육 세계화와 전 세계적으로 지식을 균질화할 수 있는 능력이 이와 정반대되는 사태, 즉 균질화를 통한 취약성을 촉진하고 있다. 개별 기업가 관점에서 보면 모범 사례를 채택하고 소수의 교수와 서적에서 학습하는 전략이 지극히 합리적이지만 글로벌 거버넌스 관점에서 볼 때 이는 최적 상태가 아니다. 교육자와 정책 입안자는 학생과 경영자 개개인 특성의 다양성을 촉진하고 유지하는 동시에 다양한 비즈니스 모형의 활용 가능성을 적극적으로 장려해야 한다. 교육 분야의 균질성과 마찬가지로 지리적 균질성, 즉 집중 역시 위험을 유발하는 근원이다. 미국 자동차 제조업이 디트로이트 지역에 집중된 양상이나 마이크로칩과 반도체 생산이 홍수가 잦은 태국이나 대만에 집중된 현상은 평상시에는 이런 산업에 도움이 될 수도 있지만 문제가 발생했을 때 국지적인 지연이나 재난이 특히 가혹한 파급 효과를 미친다. 체계적 접근 방식은 다각화를 추천하지만 지방 당국은 특화 사업을 유치하려는 강력한 동기를 지닌다. 따라서 '전략의 다각화'는 공급망 글로벌 거버넌스에 중요한 필수 조건이자 금융 규제 개혁에도 똑같이 적용되는 필수 조건이다.

교훈 2: 거래 상대방의 위험과 같은 부정적인 외부효과를 인식하고 해결해야 한다

앞에서 사회 전체로 봤을 때 최적의 결과를 방해하고 불가피하게 금융위기를 촉발하는 수많은 외부효과가 금융 체계의 특징이라고 주장했다. 글로벌 공급 네트워크 연구에서도 그런 외부효과 중 상당수를 찾아볼 수 있다. 특히 거래 상대방의 위험은 공급업체들이 분명히 우려하는 관심사다. 금융권은 이 같은 외부효과의

존재를 인정하고 이른바 거시 건전성 규제 대응을 제안하는 반응을 보였지만 글로벌 공급 네트워크에서는 이와 비슷한 반응을 어디에서도 찾아볼 수 없다. 현재 은행은 대규모 자금 조달과 시장 충격을 감당할 수 있도록 상당히 더 많은 자본을 보유해야 할 의무를 진다. 마찬가지로 글로벌 공급망에 의존하는 기업들 역시 린 경영 관행을 채택하는 대신 손실을 흡수하는 완충 장치를 고려해야 한다. 비슷한 자산을 보유하거나 특정 재화를 오직 한 지역 혹은 한 제조업체에서만 생산할 때처럼 한 바구니에 달걀을 모두 담으려면 적어도 바구니에 완충재를 충분히 채우고 여분의 달걀을 마련해 둬야 한다.

교훈 3: 체계적 충격에 대비한 비상 계획을 촉진하는 규제가 필요하다

금융 체계에는 은행이 자본 중 일정 부분을 유동성이 대단히 높은 형태의 자산(현금 혹은 유동성이 높은 국채 및 회사채)으로 보유하도록 요구하는 유동성 비율 기준을 적용하는 정책이 도입됐다. 은행이 손실을 초래하지 않고 대차대조표에서 그런 자산을 쉽게 '처분'할 수 있다는 개념이다. 이 개념을 글로벌 공급 네트워크에 적용하면 기업은 공급업체를 빠르게 바꿀 수 있는 비상 계획을 세워야 한다. 그런 비상 계획을 이미 갖추고 있는 기업도 있지만 공급업체를 인수해서 수직적으로 통합하는 방안을 선택하는 기업도 있다. 글로벌 대기업이 체계적 재난에 대비하도록 도우려면 세계 경제에 심각한 영향을 미치지 않고 사업을 철수하는 방법에 관한 구체적인 계획을 세워야 한다. 예를 들어 대규모 팬데믹은 금융시장에 심각한 지장을 초래할 수 있으며 중국에서 대규모 지진이 발생하면 세계 희토류 원소 생산의 상당 부분이 파괴돼 여러 첨단 기술 제품 생산에 부정적인 영향을 미칠 수 있다.

교훈 4: 충분히 이용되지 않는 자본과 재고, 인력은 부채인 동시에 자산이 될 수 있으며, 전략 부문이 적절한 완충 장치를 갖추도록 규제해야 한다

감사 실무와 경영대학원의 시가 평가 회계 시행과 현재 가치에 근거한 분기별 보고가 문제를 일으키고 있다. 운전자금과 재고를 부채로 간주하고, 금융 부문에서 차입 자본 등으로 이용되지 않는 자본을 비생산적이라고 간주하듯이 제조 부문에서는 창고에 저장된 재고나 쉴 틈 없이 일하지 않는 직원을 부채로 본다. 유휴 생산 능력 감축은 분석가와 회계 감사관의 정기 정밀 조사에서 살아남기 위해 실행해야 하는 경영상 의무 사항이다. 공공 부문과 공공 사업도 점점 이런 추세에 따르고 있다. 예를 들어 병원이 묶여 있는 운전자금을 줄이고 '기를 쓰고 효율성을 확보'하라는 압박을 받으면서 산소 용기와 붕대 재고, 예비 병상, 예비 간호 인력이 줄어들고 있다. 공공 자산과 공공사업 민영화 과정에서 인력과 자산을 영업상 고려사항으로 취급했다. 그 결과 유휴 생산능력과 재고를 자산으로 평가하는 대신 부채로 평가하기에 이르렀다. 이는 해당 체계의 모든 부분에서 충격에 견디거나 예측하지 못한 수요 혹은 공급망 차질에 대응하는 능력이 떨어졌다는 뜻이다. 대부분의 사회에서 병상이 많이 필요한 팬데믹이 발생하면 금방 병상 수용력과 의약품 공급에 차질을 겪게 될 것이다. 금융 부문에서는 최소한의 자본 수준과 유동 자산, 안정적인 자금 조달을 요구하는 규제를 통해 금융위기에서 밝혀진 부적절한 자본 공급에 대처하고 있다. 마찬가지로 필수 서비스 분야의 완충 장치에 관한 규제를 시행해야 한다.

금융위기로 유럽과 미국 전역이 긴축 정책을 시행했고, 이에 따라 필수 서비스의 예산 삭감이 이뤄졌다. 이런 현상은 거의 예외 없이 긴축 경제로 고통받는 국가들이 충격에 견딜 여력과 내성을 한층 더 줄였고, 이런 사회들은 다음번에 발생할 체계적 충격에 특히 취약해진다. 이런 상황에서 규제 당국은 산업 생산뿐만 아니라 필수 공공 서비스와 체계를 유지하도록 더욱 큰 역할을 수행해야 한다.

교훈 5: 경쟁 정책은 산업이 특정 지역에 집중되는 현상에서 발생하는 지리적 위험을 다뤄야 한다

경쟁 정책은 체계 안정성의 특정 차원을 개선하는 데 핵심적인 역할을 수행할 수 있다. 특히 그런 정책은 어떤 한 기업이나 공급 업체가 사회에 미치는 영향력 측면에서 대마불사가 될 위험에 대비하고자 노력할 수 있다. 경쟁 정책을 세울 때 지리에 더 많은 관심을 기울여야 한다. 예를 들어 홍수가 발생하기 쉽거나 팬데믹 혹은 테러 공격으로 감당 불능 상태에 놓일 수 있는 한 장소에 많은 기업이 함께 자리 잡도록 허용하는 경쟁 정책에서 편안함을 느낄 수는 없을 것이다. 데이터 센터나 핵심 인력처럼 백업이 필수인 곳뿐만 아니라 생산 시설도 모두 같은 지역에 있지 않도록 하는 관행이 한두 기업이 모든 생산을 담당하지 않도록 하는 것만큼이나 중요하다. 실제로 위험관리 관점에서 볼 때 기업 혹은 공급 업체 대부분을 한 지역에 모으기보다 세계 곳곳에 퍼진 지원 및

위험한 나비효과

운영 역량을 갖춘 국제 기업이 더 바람직할 수 있다.

네트워크 안정성을 확보하는 규제는 자유시장 및 자유 기업이라는 개념과 조화를 이루기 어렵다. 이는 단기 수익을 해치고 기업 주주의 분노를 살 수 있다. 그러나 정부와 사회가 체계적 위험에 맞서 체계 안정성을 확보하고 그에 따라 지속가능하고 예측 가능성이 높은 경제 개발을 보장함으로써 얻는 이익은 체계적 재앙에서 발생할 수 있는 비용보다 훨씬 크다.

4

사회인프라가 멈춘다

지금까지 우리는 금융과 물리적 재화가 국경을 넘나드는 흐름에서 비롯하는 세계화 관련 위험을 검토했다. 21세기 들어 금융 부문과 실물경제 모두에서 연결성이 급격하게 증가했고 글로벌 거버넌스가 글로벌 통합 속도를 따라잡지 못했다는 사실도 살펴봤다. 그 결과로 발생한 거버넌스 공백은 금융 부문에서 체계적 위험을 유발하고 글로벌 공급망 네트워크에서 불안정성을 초래했다.

글로벌 공급망과 금융 체계는 점점 복잡해지는 사회기반시설 네트워크를 기반으로 작동한다. 사회기반시설은 3장에서 언급했던 화물 및 여행 네트워크뿐만 아니라 세계 에너지 그리드와 우리에게 월드 와이드 웹을 선사한 초고속 정보 통신망도 포함한다.

사회기반시설은 앞에서 이미 검토한 네트워크의 기본 틀을 이루는 동시에 제공하므로 이런 네트워크의 생성과 성장을 촉진한다. 그러면서도 사회기반시설 자체가 체계적 불안정성을 전달하는 매개체가 될 수 있고 그 설계와 운용이 체계적 위험을 유발하는 원천이 될 수 있다.

이번 장은 사회기반시설 위험을 세 가지 관점에서 고려하는 데 초점을 맞춘다. 첫째, 사회기반시설은 다른 모든 부문을 뒷받침하는 기반이므로 사회기반시설 부족은 특히 심각한 위험을 다른 영역으로 퍼트린다. 사회기반시설 붕괴가 부문 경계를 넘어 빠르게 전파되면서 전기 결함이 금융 붕괴로 이어질 수 있고 공항 폐쇄가 글로벌 공급망에 지장을 초래할 수 있으며 인터넷 고장이 통신망을 파괴할 수 있다. 둘째, 사회기반시설 체계의 복잡성이 증가하고 더 많이 연결된 소수의 노드가 차지하는 중요도가 높아지면서 체계 내 특정 혼잡 지점이 불안정을 유발하는 원천이 되고 있다. 영국 히스로 공항을 비롯한 소수의 공항이 유럽을 드나드는 관문 역할을 한다. 몇몇 정유 센터와 환적 센터가 미국에서 사용하는 연료 대부분을 책임진다. 전력, 통신, 금융을 비롯한 여러 체계가 점점 한 지역에 집중되는 양상을 나타내고 있는 데다가 위치를 옮길 만한 실질적인 선택지도 거의 없다. 셋째, 인구 증가와 경제성장 속도 및 연결성과 기술 변화의 빠른 성장은 전 세계적으로 사회기반시설 공급이 수요에 크게 뒤처지는 지역이 상당히 많다는 뜻이다. 선진국에서 사용하고 있는 기존 운송, 수도, 오폐수 처리 시설 네트워크는 50년이 넘은 경우가 많고 심지어 100년을 넘어서서 애초 설계 용량을 훨씬 넘어선 상태로 작동하고 있는 사례도 있다. 경제 위기로 신축 건물과 유지 보수 투자에 할당되는 자본이 줄어들면서 사회기반시설 노후화로 어려움을 겪는 사회가 늘어나고 있다. 이 장에서는 운송, 에너지, 인터넷이라는 세 가지 사회기반시설 부문의 위험을 살펴보고 세계 사회기반시설, 나아가 체계적 위험관리에 도움을 줄 만한 교훈을 제시하고자 한다.

운송 네트워크의 장애

오늘날 교통 사회기반시설의 체계적 위험은 두 가지 차원으로 나눌 수 있다. 첫 번째 차원은 '복잡성' 및 '효율성'과 관련이 있다. 현재 운송 네트워크는 최대 수용력에 가까운 수준으로 작동하고 있으며 공항(예를 들어 시카고 오헤어 국제공항)이나 연결 지점(예를 들어 수에즈 운하) 같은 요충지는 지역은 물론 세계 운송량의 상당한 몫을 아슬아슬하게 처리하고 있다. 주요 항구는 규모의 경제를 통해 소규모 경쟁 항구보다 더 많은 운송량을 처리할 수 있으며 지역 점유율을 항상 더 많이 확보할 수 있다. 마찬가지로 대형 화물선과 비행기를 이용해 대량의 재화를 효율적으로 운송하는 화물 수송업체는 소규모 업체를 시장에서 몰아냈다. 주요 노드와 운송 노선에 과도하게 의존하는 경우 자연재해와 인재가 증폭돼서 체계적 실패를 일으킬 가능성이 커진다.

사회기반시설이 갖는 체계적 위험의 두 번째 차원은 세계화가 연쇄적인 실패 위험을 일으킬 뿐만 아니라 이런 주요 노드의 '취약성'을 키웠다는 사실이다. 많은 사회기반시설 체계가 시대에 뒤떨어지고 감시가 소홀해지면서 점점 더 취약해진다. 운송량이 많다는 말은 유지 보수할 시간이 부족하다는 뜻이다. 한편 이런 노드는 본질적으로 여러 국가를 포괄하므로 국가 규제가 불완전하고 효력도 떨어진다. 이런 두 가지 위험은 간단하게 설명할 수 있다. '복잡성'은 한 노드(예를 들어 공항)에서 발생한 실패가 경제의 여러 부문, 여러 국가, 간접적으로만 연결된 세계 인구 수백만 명에게 쉽게 영향을 미칠 수 있는 체계적 결과를 낳을 가능성이 높다는 뜻이다. '취약성'은 이 한 노드가 실패할 가능성이 더 높다는 뜻이다.

공간 위험: 한곳에 모여 있는 운송 허브

최근 몇 년 동안 위해가 운송 네트워크를 타격해서 체계적 사건으로 바뀐 사례는 수없이 많았다. 그중에서 가장 규모가 컸던 사례는 2010년 4월 14일에 발생한 아이슬란드 에이야퍄들라이외퀴들 화산 폭발의 영향이다. 화산 폭발로 발생한 화산재 구름이 유럽 전역으로 퍼지면서 전 세계에 영향을 미쳤다. 화산재 입자는 최소 0.0001밀리미터(1/25,000인치)부터 최대 2밀리미터(1/12인치)에 이르는 "들쭉날쭉한 돌맹이 조각, 광물질, 천연 유리"로 이뤄졌다.[1] 화산재 입자가 비행기 엔진과 비행경로에 지장을 초래할 것이라는 우려 속에 많은 국가가 엿새 연속으로 항공 운송을 멈출 수밖에 없었다. 유엔환경계획United Nations Environment Programme은 해당 항공 운송 지연으로 전 세계의 여행객 수십만 명이 피해를 입었고 상업 항공사의 수익 감소가 미화 22억 달러에 달했다고 밝혔다.[2] 영국 경제자문기관 옥스퍼드 이코노믹스Oxford Economics가 실시한 연구에 따르면 발이 묶인 노동자들의 생산성 낭비로 발생한 손실이 미화 4억 9,000만 달러에 이르렀고 방문자가 호텔 및 음식점 등에서 지출했을 소비액을 놓쳐서 목적지 경제가 입은 손실은 16억 달러에 달하는 것으로 나타났다.[3] 관광업계 손실, 항공권 환불, 고립된 노동자로도 광범위한 직접 비용이 발생했지만 공급망과 생산체계에 미치는 영향을 통해 체감한 간접 효과는 직접 영향을 넘어서면서 현대 세계의 상호의존성을 반영했다.

세계 경제는 항공 운송에 크게 의존하고 있으며 화산 분출로 재고 운송이 불가능해지면서 많은 산업이 직접적인 영향을 받았다. 제약회사와 농산물 생산자들은 '상하기 쉬운 상품' 때문에 손실을 겪었고 유럽 항공편이 갑자기 전부 결항하면서 장기 이식마저 취소해야 했다.[4] 화산 분출로 인한 추정 손실 총액은 세계 GDP를 기준으로 약 50억 달러에 달했으며 부정적인 영향은 유럽에 국한되지 않았다(그림 4.1).

에이야퍄들라이외퀴들 화산 분출이 특히 대규모 사건이기는 했지만 자연재해가 운송 사회기반시설에 지장을 초래하는 일은 드물지 않다. 2012년 2월에 기상 악화로 이탈리아 주요 고속도로가 전부 폐쇄됐다.[5] 이탈리아 고속도로는 이용률이 대단히 높고 우회도로가 충분하지 않으므로 세계적인 물류 기업 컴퍼스 월드와이드 로지스틱스Compass Worldwide Logistics는 "화물 수거 및 배송이 심각한 영향을 받고 지연을 피할 수 없을 것"[6]이라고 예측했다. 마찬가지로 2010년 겨울 런던에서는 폭설과 추위로 수많은 항공편

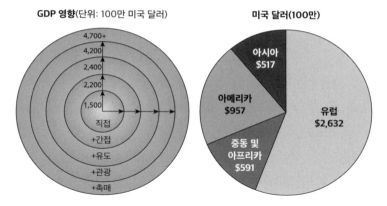

GDP 영향(단위: 100만 미국 달러)

4,700+
4,200
2,400
2,200
1,500
직접
+간접
+유도
+관광
+촉매

미국 달러(100만)

아시아
$517

아메리카
$957

중동 및
아프리카
$591

유럽
$2,632

그림 4.1. 에이야퍄들라이외퀴들 화산 분출이 세계에 미친 영향. 옥스퍼드 이코노믹스는 이 비용이 화산 분출 후 몇 주 동안 항공 운송에 즉각적으로 발생한 지장과 관련이 있다고 시사했다. 옥스퍼드 이코노믹스, 2010, <화산재로 인한 항공 운송 제한이 경제에 미친 영향*The Economic Impacts of Air Travel Restrictions Due to Volcanic Ash*>, 에어버스 제출용 보고서(영국 옥스퍼드: 옥스퍼드 이코노믹스), 5쪽. 허가받아 전재.

과 열차편이 연기됐고 생산공장이 일시적으로 문을 닫는 사태가 발생했다.[7] 여기에서도 운송 집중은 고장 한 건이 많은 글로벌 공급망의 효율적인 기능을 방해하는 사태를 초래했다.

공항이나 고속도로 같은 단일 노드나 네트워크 연계에 집중하거나 과도하게 의존할 때만 취약성이 발생하는 것은 아니다. 좀 더 분절화된 운송 체계도 위에서 설명한 지장이 발생했을 때 똑같이 취약할 수 있다. 공항이나 도로 네트워크가 더 많았다고 해도 화산재나 폭설, 홍수의 영향을 막지는 못했을 것이다. 지역 노드와 연계에 과도하게 의존하는 측면에서 지리적 집중도 한몫을 한다. 노드 사이를 잇는 지역 연결이 끊긴 경우(예를 들어 광범위한 홍수 발생으로) 피해를 입은 지역 내에서 다른 운송 네트워크로 빠르게 전환하거나 공중 수송 같은 외부 운송 네트워크에 의지할 수 있는 가능성에는 한계가 있다.

운송 허브의 출현과 지리적 집중은 팬데믹 및 금융의 특정 지역 집중에서 발생하는 위험을 비롯한 다양한 형태의 체계적 위험에 영향을 미친다. 이 주제는 1장과 6장, 7장에서 다룬다.

운송망을 취약하게 만드는 인재

운송 네트워크 장애는 자연재해나 공격에 국한되지 않으며 인간의 실수 역시 똑같이 중요 노드에 지장을 초래할 수 있다. 인력 감독 능력은 그 사용과 복잡성 측면에서 네트워크 성장에 크게 뒤떨어져 있다. 2011년 4월, 인도 공항 당국의 행정 실수와 하도 급업체 바드라 인터내셔널의 인력 부족으로 인도 첸나이 공항에 6,000톤가량의 초과 화물이 쌓였다.[8] 마찬가지로 2010년 브라질 구아룰류스 공항의 공간 부족으로 8,000건이 넘는 화물 유실 사고가 발생했다.[9] 이런 장애가 항상 우발적인 사태는 아니라는 점도 언급할 필요가 있다. 예를 들어 2012년 2월 프랑크푸르트 공항의 항공 관제사 노조 파업으로 일일 항공편 중 22퍼센트가 취소됐다.[10] 예측할 수 없는 위해가 아닌 '계획된' 장애도 공항 운영에 이처럼 심각한 영향을 미칠 수 있다는 사실은 기존 안전장치가 얼마나 낙후됐는지 보여준다. 사실상 모든 유럽인이 파업에서 비롯하는 연쇄 충격을 경험한 적이 있으며 런던 시민들은 대중교통편이 취소될 때 느끼는 좌절감에 익숙해졌다.

린 경영 관행은 취약성을 악화시킨다. 2013년 런던 히스로 공항은 제설 및 제빙 장치에 제대로 투자하지 못한 까닭에 2인치(5센티미터)도 채 되지 않는 강설로 대규모 지연과 결항 사태를 겪었다. 히스로 공항은 최대 수용력의 98퍼센트 수준으로 운영되므로 공항이 재개됐을 때도 인력이나 장비, 항공편 배치에 발생한 사소한 동요가 연쇄적인 결과를 초래했다.[11]

급속한 세계화와 거버넌스 과제

점점 복잡해지는 네트워크에 장애가 생기면 위험이 증가하고 관련 비용이 발생하므로 이런 취약성에 대한 대처는 지극히 중요한 동시에 어렵기도 해서 지도자가 등한시하기 쉬운 과제다. 정치인에게 운송은 특히 골치 아픈 쟁점이다. 운송 관련 결정은 중대하고 규모가 큰 데다가 단기적으로 재정과 환경을 비롯한 여러 측면에 높은 비용이 들어가고 정치적으로 상당한 악영향을 미칠 가능성이 높은 반면, 그로 인한 혜택은 장기에 걸쳐 분산되고 정권 임기가 지난 후에야 나타나는 경우가 흔하다. 영국 남동부나 독일 프랑크푸르트암마인에 반드시 필요한 공항 용량 추가 건설을 둘러싼 정치적 갈등은 그런 정치 과제를 시사한다.

대규모 사회기반시설 투자는 시행이 더디고 되돌리기가 어려우므로 잘못된 판단은 장기간에 걸쳐 부정적인 영향을 미치게 된다. 일반적으로 완공까지 10년에서 20년이 걸리는 대규모 사회기반시설은 설계와 최종 이용 사이에 오랜 조달 기간과 지체 시간이 있게 마련이므로 애초의 용도 적합성이 유지되는 경우가 드물다. 실은 처음에 최적의 토목공학이라고 판단했던 설계가 때로는 해를 끼치는 경우도 있다. 그러한 실제 사례로는 1909년 시카고 버

넘 계획Burnham Plan을 들 수 있다. 버넘 계획은 현대 화물 운송량과
도시 호반 접근 타당성 외 여러 측면을 제대로 예측하지 못해 지
금 현재 비효율과 지연을 초래했다.[12]

이런 사례는 아주 흔하며 사회가 급속한 변화를 겪는 동시에 사
회기반시설 투자가 점점 뒤처지는 현시대에 특히 우려스러운 문
제다. 중국처럼 사회기반시설에 필요한 관심과 자금 조달, 정치적
자본을 투입할 수 있는 사회는 보기 드물며, 그 결과 다른 국가 대
부분이 지지부진한 투자 속도로 점점 뒤처지는 와중에 경쟁력을
크게 높이고 있다.

에너지 수송 체계의 위험

2011년 2월, 《뉴욕타임스》는 당시 이집트에서 발생한 시위로
수에즈 운하가 봉쇄될 우려가 있으며, 이는 원유 수송 위기로 이
어질 수 있다고 보도했다.[13] 이는 운송 중심지 집중 현상에서 비롯
하는 취약성의 또 다른 예이며, 오늘날 세계에서 연료와 에너지가
특히 운송 체계에 얼마나 중요한지 반영한다.[14] 예를 들어 2007년
미국에서 트럭과 화물로 상품을 운송하는 데 들어간 연료는 1,590
억 리터에 달한다.[15] 프랑스에서는 상품 운송 시 발생하는 온실가
스 배출량이 전체의 14퍼센트를 차지하며, 1990년부터 2006년까
지 매년 26퍼센트씩 증가했다.[16] 사회기반시설의 에너지 수준에
지장이 발생하면 다른 여러 체계에서도 문제를 초래할 수 있으며
따라서 체계적 위험으로 간주할 수 있다.

나무 한 그루가 일으킨 대규모 정전 사태

항공편이 전염병을 세계 곳곳으로 나르면서 운송 네트워크의 극심한 연결성이 질병을 퍼트리는 작용을 할 수 있듯이(이에 관해서는 6장에서 자세히 다룬다), 에너지 네트워크는 시스템 과부하와 위험을 확산하는 도관이 될 수 있다. 2003년 8월 14일 미국 동북부를 강타한 정전 사태가 잘 알려진 사례다. 그 정전은 오하이오 이스트레이크 발전소에서 생긴 문제에서 비롯된 체계적 실패였다.[17] 미국 중서부에서 나무 한 그루가 쓰러진 악의 없는 사건이 동부 해안 발전소 여러 곳이 가동을 멈추는 전력망 붕괴의 사태로 이어졌다.[18] 이 사고로 2만 4,000여 제곱킬로미터에 달하는 면적에 암흑이 드리웠고 5,000만 명이 최대 30시간 이상 전기를 공급받지 못했다.[19] 나무 한 그루가 쓰러진 데 따른 총 추정 비용은 미화 60억 달러에서 100억 달러에 이른다.[20] 이 사건에서 연결성은 비록 신속하고 제약 없는 전력 전송으로 효율성을 달성할 수는 있지만 위험도 전기와 함께 퍼지고 있었다는 의미였다. 그림 4.2는 정전이 진행된 순서를 나타내며 전력 과부하가 에너지 사회기반시설을 통해 어떻게 오하이오 주에서 미시간 주, 이어서 인구밀도가 높은 동부 해안 지역으로 퍼져나갔는지 보여준다.

인프라 노후화와 비상사태에 대비하기

미국 북동부 정전 사태는 규모 측면에서는 이례적이지만 본질 측면에서는 이례적이지 않으며 세계화 속도가 회복탄력성 예방책 수립 속도를 계속해서 앞서간다면 그런 실패 사례는 계속해서 증가할 것이다. 세계화는 전력망을 통한 실패의 확산을 가능하게 할 뿐만 아니라 이렇게 노후화된 네트워크를 특히 취약한 상태로 방치하기 때문이다. 2006년 7월, 뉴욕 퀸스에서 9일에 걸쳐 정전이 발생하면서 10만 명이 전기를 쓸 수 없게 됐다. 정전이 발생한 원인은 해당 지역에 전기를 공급하던 전선의 사용 연수가 30년에서 60년이나 돼 너무 낡았기 때문이었다.[21] 전문 위험관리자 집단인 CRO 포럼은 2011년 세계 정전 위험 조사에서 "일반적으로 정전은 단일 사건이 아니라 여러 가지 결함의 조합으로 발생한다. 아무런 결함 없는 전력망이 단일 원인으로 정전을 일으킨 사태는 알려져 있지 않다."라고 지적했다(그림 4.3은 잠재적 위협을 간략하게 제시한다).[22]

복잡성과 구식 체계에 대한 과잉의존으로 발생하는 서로 전혀 다르지만 때때로 상호연관된 실패 사례 두 가지는 결코 미국이나 유럽 같은 선진국에서만 일어나는 문제가 아니다. 1999년 3월 이러한 위험이 상파울루와 리우데자네이루를 비롯한 여러 브라질 도시들에서 체계적 전력 장애를 일으켰다.[23] 브라질은 1990년대 후반에 투자 위기를 겪었으므로 전력망 유지 보수가 제대로 이뤄지지 않았고 제대로 보호받지 못했다. 그로 인해 상파울루 바우루에 있는 발전소에 번개가 쳤을 때 발전소에 있는 440킬로볼트 회로 대부분이 차단됐다.[24] 투자 부족으로 체계가 취약했고 바우루

그림 4.2. 2003년 8월 14일 북동부 정전 사태. 독립 시스템 운영자(ISO). 지오아이GeoEye가 제공한 오브뷰2OrbView-2 위성 이미지, 에릭 러너Eric Lerner, 2003, <전력망은 무엇이 문제인가?What's Wrong with the Electric Grid?>, 《산업물리학자Industrial Physicist》 9권: 8-13쪽 중 13쪽 그림. 허가받아 전재.

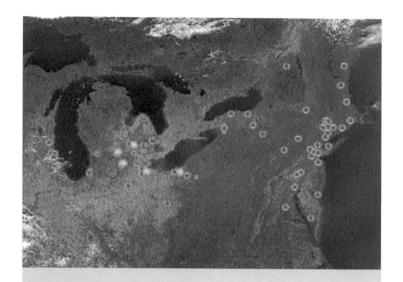

2003년 8월 14일 정전 사건 순서

오후 1시 58분 오하이오 주 이스트레이크 발전소가 가동을 중단했다. 발전소 소유자는 최근 중대 원자력발전소 사고를 비롯한 광범위한 유지관리 문제를 겪은 기업인 퍼스트에너지First Energy였다.

오후 3시 06분 오하이오 주 클리블랜드 남부에서 퍼스트에너지의 345킬로볼트 송전선로가 고장을 일으켰다.

오후 3시 17분 오하이오 주 지역 전력망에서 전압이 일시적으로 하락했다. 관리자가 아무런 조치를 취하지 않았고 첫 번째 고장으로 전력이 다른 송전선으로 이동하면서 오후 3시 32분에 해당 송전선이 나무 위로 처지게 되고 그 송전선마저 작동하지 않게 됐다. 중서부 독립 시스템 운영자Mid West ISO와 퍼스트에너지 관리자가 고장을 파악하고자 했지만 인근 주의 시스템 관리자에게는 통지하지 않았다.

오후 3시 41분과 3시 46분 퍼스트에너지 전력망과 아메리칸 일렉트릭 파워American Electric Power를 연결하는 회로 차단기 두 개가 작동했다.

오후 4시 05분 오하이오 주 일부 전선에서 지속된 전력 과부하가 문제가 더 커지고 있다는 신호를 보냈다.

오후 4시 09분 02초 오하이오 주가 미시간 주에서 전력 2기가와트를 끌어오면서 전압이 크게 낮아졌다.

오후 4시 10분 34초 처음에는 미시간 주에서, 이어서 오하이오 주에서 많은 송전선이 끊어지면서 동부로 가는 전력 흐름이 차단됐다. 발전기가 중단되면서 대규모 전력 부족이 발생했다. 순식간에 동부에서 전력이 빠져나갔고 동부 해안의 발전기가 장치를 보호하고자 가동을 중단하면서 정전 사태가 시작됐다.

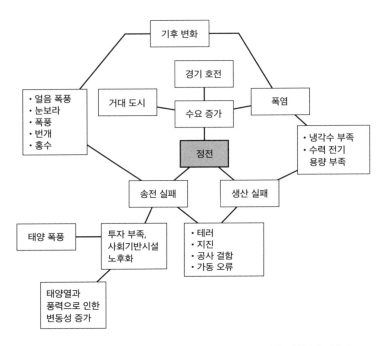

그림 4.3. 정전을 일으키는 잠재적 원인. CRO 포럼, 2011, <정전 위험: 위험관리 선택지Power Blackout Risks: Risk Management Options>, 최신 위험 협의체 성명서Emerging Risk Initiative Position Paper, 11월, 9쪽, 2013년 1월 25일 접속, http://www.agcs.allianz.com/assets/PDFs/Special%20and%20stand-alone%20articles/Power_Blackout_Risks.pdf. 허가받아 전재.

발전소 손실로 전력망에 공백이 발생해 다른 발전소들도 가동을 중단하기에 이르렀다. 당시 브라질과 파라과이 국경에 있던 이타푸아 수력 발전소는 세계 최대 발전소였으며, 그곳의 댐이 440킬로볼트 전력망에서 누락된 전기를 공급해야만 했다. 안타깝게도 이타푸아를 연결하는 750킬로볼트 교류 전선과 600킬로볼트 직류 전선을 따라 사용량이 급증하면서 안전한 용량을 훨씬 초과해 가동하도록 압박을 받은 전선은 결국 차단됐다. 이 사태로 발생한 정전으로 6,000만 명이 암흑에 잠겼고 그 영향은 단순히 전구에 불이 들어오지 않는 상황을 훨씬 뛰어넘었다. 약탈 우려가 널리 퍼지는 가운데 폭동을 저지하고자 리우데자네이루 헌병대가 동원됐다. 6만 명이 넘는 사람이 상파울루 지하철에 갇혔다. 신호등 고장으로 도로에서 대혼란이 발생했다.[25] 요컨대 바우루 발전소를 친 번개는 연쇄적인 고장을 일으켰고 용량 한계에 다다른 전력 공급 체계에 내재된 체계적 위험을 여실히 보여줬다.

브라질 남부에서 발생한 문제는 두 가지였다. 해당 에너지 네트워크는 부적절한 유지 보수와 투자로 어려움을 겪고 있었던 동시에 그 설계도 대체 전력망과 발전 능력을 이용하기에 충분한 회복탄력성을 갖추고 있지 않았다. 단일 네트워크 혹은 용량 한계에 다다른 네트워크에 지나치게 의존하고 노드에 과부하가 걸리면 연쇄적인 고장을 일으킬 가능성이 증가한다.

뉴욕에 정전 사태가 발생한 때와 같은 달인 2006년 7월 세인트루이스를 강타한 격렬한 뇌우가 정유 공장을 덮치면서 70만 명에게 전기 공급이 끊긴 사태도 비슷한 사례다.[26] 미국 3위 정유회사인 코노코필립스ConocoPhillips 공장에 과도하게 의존한 세인트루이스에는 전력 생산 중추를 대체할 예비 대책이 없었다.[27] 따라서 자연재해가 발생했을 때(5장에서 세계화와 기후 변화로 이런 위해가 얼마나 더 자주 발생하고 있는지 논의한다) 에너지 네트워크와 이에 의존하는 모든 체계가 붕괴될 수밖에 없었다.

가스와 석유 공급 네트워크는 서로 비슷하게 복잡하고 취약하다. 미국 가스 파이프라인 네트워크는 2003년 미국 북동부 정전 사태 당시 흔들렸던 취약한 전력 체계만큼이나 장애 가능성에 노

주간 파이프라인
주내 파이프라인
압축 시설

그림 4.4. 2008년 미국 국내 가스 파이프라인 지도. EIA(에너지정보국), 2008, <미국 천연 가스 파이프라인 압축 시설 도해U.S. Natural Gas Pipeline Compressor Stations Illustration>, 에너지정보국, 2013년 2월 4일 접속, http://www.eia.gov/pub/oil_gas/natural_gas/analysis_publications/ngpipeline/compressorMap.html.

출돼 있다(그림 4.4). 그림에 나타난 극도의 연결성뿐 아니라 남동부 지역에 노드가 밀집된 현상은 연쇄적으로 장애를 일으킬 위험을 높인다. 게다가 석유와 가스는 유통에 국내 네트워크뿐만 아니라 수입에도 의존한다는 점에서 추가적인 위험에 직면한다. 이는 2012년 허리케인 샌디가 뉴욕에 상륙하면서 뉴욕 등지의 에너지 및 연료 공급에 심각한 영향을 미쳤던 사태에서 극명하게 나타났다.

유럽은 북쪽(노르웨이)과 동쪽(러시아)에서 파이프라인을 통해, 중동과 아프리카(카타르, 이집트, 리비아, 알제리, 나이지리아)에서 배를 통해 가스를 공급받는다.[28] 석유의 경우와 마찬가지로 주요 노드의 중요성은 물론이고 이러한 네트워크의 복잡성과 길이가

위험한 나비효과

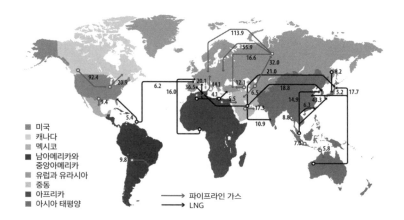

그림 4.5. 2010년 주요 무역 흐름: 가스(단위: 10억 세제곱미터). BP(브리티시 페트롤륨), 2011, 《BP 세계 에너지 통계 고찰*BP Statistical Review of World Energy*》, 2011년 6월(런던: 브리티시 페트롤륨), 29쪽, 2013년 2월 4일 접속, http://www.bp.com/assets/bp_internet/globalbp/globalbp_uk_english/reports_and_publications/statistical_energy_review_2011/STAGING/local_assets/pdf/statistical_review_of_world_energy_full_report_2011.pdf. 허가받아 전재.

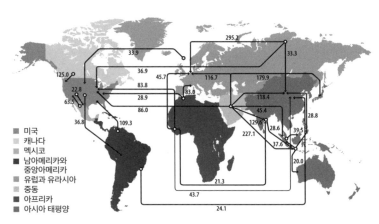

그림 4.6. 2010년 주요 무역 흐름: 석유(단위: 100만 톤). BP(브리티시 페트롤륨), 2011, 《BP 세계 에너지 통계 고찰》, 2011년 6월(런던: 브리티시 페트롤륨), 19쪽, 2013년 2월 4일 접속, http://www.bp.com/assets/bp_internet/globalbp/globalbp_uk_english/reports_and_publications/statistical_energy_review_2011/STAGING/local_assets/pdf/statistical_review_of_world_energy_full_report_2011.pdf. 허가받아 전재.

전 세계적으로 취약성을 유발하는 원천이다(그림 4.5와 4.6). 이 체계를 감시하고 보호하는 과제는 국가적 접근 방식에 국한될 수 없다. 이런 네트워크는 본질적으로 세계화를 뒷받침하는 동맥이 됐고 높은 수준의 집단 관리가 필요한 세계 공공재로 생각할 수 있다. 에너지 부문에서 체계적 위험관리는 국가적 의무이자 국제적 의무다.

인터넷 정보 시스템의 위험

수백 년에 걸쳐 진화한 운송 및 에너지 체계와 달리 인터넷은 비교적 최근에 생긴 현상이다. 인터넷은 여러 측면에서 21세기를 규정했으며, 물리적 사회기반시설의 벡터를 이용한 가상 연결로 세계 경제와 사회의 신경계 역할을 하게 된 통신과 정보 흐름을 실현했다.

인터넷은 놀라운 속도로 성장했다(그림 4.7과 4.8). 2000년 기준 인터넷 이용자는 428,269,181명이었지만 2011년 이 수치는 2,301,333,683명[29]으로 5배 이상 증가했다. 2011년 네트워크 기기 수는 세계 인구와 같아졌다. 이 성장세는 계속될 것이며 2015년에는 네트워크 기기 수가 세계 인구의 두 배와 맞먹을 전망이다. 같은 해에 무선기기 수는 유선기기 수를 넘어설 것이다. 2013년 '일일' 총 인터넷 데이터 트래픽은 1엑사바이트(10^{18}), 즉 100만 테라바이트를 넘어섰다. 이 엄청난 정보량은 10년 전만 해도 '연간' 데이터 트래픽이었다.[30] 사이버 성장의 역사적 맥락은 그림 4.7과

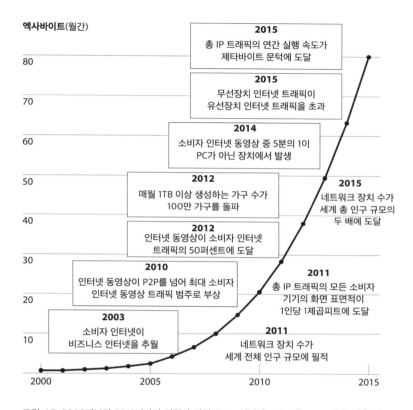

엑사바이트(월간)

2015
총 IP 트래픽의 연간 실행 속도가
제타바이트 문턱에 도달

2015
무선장치 인터넷 트래픽이
유선장치 인터넷 트래픽을 초과

2014
소비자 인터넷 동영상 중 5분의 1이
PC가 아닌 장치에서 발생

2012
매월 1TB 이상 생성하는 가구 수가
100만 가구를 돌파

2015
네트워크 장치 수가
세계 총 인구 규모의
두 배에 도달

2012
인터넷 동영상이 소비자 인터넷
트래픽의 50퍼센트에 도달

2010
인터넷 동영상이 P2P를 넘어 최대 소비자
인터넷 동영상 트래픽 범주로 부상

2011
총 IP 트래픽의 모든 소비자
기기의 화면 표면적이
1인당 1제곱피트에 도달

2003
소비자 인터넷이
비즈니스 인터넷을 추월

2011
네트워크 장치 수가
세계 전체 인구 규모에 필적

80 70 60 50 40 30 20 10

2000   2005   2010   2015

그림 4.7. 2000년부터 2015년까지 연결성 이정표. IP: 인터넷 프로토콜; P2P: 동등 계층 간 통신망; TB: 테라바이트. 시스코, 2011b, <제타바이트 시대 진입Entering the Zettabyte Era>, http://www.cisco.com에서는 해당 기사를 더 이상 제공하지 않지만 2011년 6월 1일 <데일리 와이어리스Daily Wireless>가 이 그림을 <시스코의 트래픽 예측Cisco's Traffic Forecast>에 전재했다. 2013년 2월 7일 접속, http://www.dailywireless.org/2011/06/01/ciscos-traffic-forecast/.

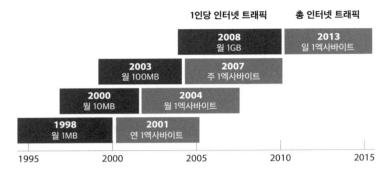

| 1인당 인터넷 트래픽 | 총 인터넷 트래픽 |

2008
월 1GB

2013
일 1엑사바이트

2003
월 100MB

2007
주 1엑사바이트

2000
월 10MB

2004
월 1엑사바이트

1998
월 1MB

2001
연 1엑사바이트

1995 2000 2005 2010 2015

그림 4.8. 1995년부터 2015년까지 역사적 맥락에서 본 연결성. 시스코, 2012, <제타바이트 시대The Zettabyte Era>, 백서, 5월 5일, 2013년 2월 4일 접속, http://www.cisco.com/en/US/solutions/collateral/ns341/ns525/ns537/ns705/ns827/VNI_Hyperconnectivity_WP.html.

4.8에서 볼 수 있다. 두 도표는 트래픽 증가와 연결성 '본질'의 변화를 동시에 나타낸다. 예를 들어 2003년에 들어서야 인터넷은 주된 소비자 플랫폼이 됐다. 도표에 나타난 수치는 인터넷을 활용한 사업 기회 성장과 전자상거래의 부상을 보여준다.

사이버 공격에서 사이버 범죄까지

금융 연결성 및 물리적 연결성과 마찬가지로 인터넷에도 나름의 위험이 따른다. 인터넷에 따르는 위험은 물리적인 동시에 가상이다. 네트워크 구조 및 하드웨어와 관련될 수 있는 동시에 컴퓨터 코드 및 신뢰할 수 있는 데이터 전송과도 관련될 수 있다. 인터넷을 뒷받침하는 물리적 네트워크와 가상 네트워크 둘 다 중요하며 인터넷 체계가 온전하게 작동하는 데 반드시 필요하다. 그러나 사이버 위험 분석의 대부분은 가상 네트워크의 취약성과 사이버

위험한 나비효과

보안 쟁점에 초점을 맞추는 경향이 있다.[31]

인터넷에서 활동하는 기관과 개인의 수가 증가하면서 인터넷 이용으로 얻는 이득도 증가했다. 이는 디지털화가 제공하는 효율성 증대에 대한 의존도가 증가했기 때문이기도 하다. 이제 우리 삶의 모든 측면에 스며들어 있는 공공 서비스와 민간 서비스를 제공하는 데 네트워크로 연결된 컴퓨터를 이용한다. 인터넷을 공격한다면 전자정부와 수도, 전력, 통신 같은 필수 공공 서비스는 물론 상거래와 사회 참여까지 중단될 수 있다.

2007년 에스토니아에서 발생한 일련의 공격 사건 이후 네트워크 컴퓨터에 대한 과잉의존이 얼마나 위험한지 명백하게 드러났다. 에스토니아는 소련군 동상 철거를 둘러싸고 러시아와 분쟁을 벌이는 동안 세 차례 연속으로 '전면적인 사이버 공격'을 겪었다. 해커들은 포획한 '좀비' 컴퓨터 수십만 대를 이용해 에스토니아에 인터넷 트래픽 과부하를 일으켰다. 에스토니아 대통령, 정부 부처 대부분, 에스토니아 최대 은행 두 곳을 비롯해 수많은 웹사이트가 피해를 입었다. 피해가 얼마나 심했는지, 네트워크가 어느 정도로 손상을 입었는지는 불확실하다. 경제적 비용에 관한 믿을 만한 추정치는 없다. 그러나 에스토니아는 은행 거래의 90퍼센트가 온라인에서 이뤄질 정도로 전자상거래 의존도가 몹시 높은 국가다.[32] 따라서 상당한 피해를 입었을 것이다.

특정 정부 조직이나 산업 제어 시스템을 공격하는 '표적 사이버 공격'에서 비롯하는 위험도 있다. 국가 전자정부 서비스뿐만 아니라 발전소, 전력망, 송유관 같은 국가 사회기반시설은 운영비용을 줄이고자 네트워크 제어 시스템을 이용한다. 이런 디지털 시스템에 정보와 권한이 집중되면 악의적인 세력이 공격하기 쉬운 취약 지점이 생긴다. 2010년에 발견됐으며 이란 우라늄 농축 공장에 피해를 줬다고 널리 알려져 있는 스턱스넷Stuxnet 바이러스 침투도 이런 공격 사례 중 하나다. 스턱스넷 바이러스는 이란 시스템을 자세하게 알고 있고 적어도 정부 부처 중 하나에 몸 담고 있는 전문가가 이러한 목적으로 개발했다고 여겨진다.

'사이버 범죄' 역시 인터넷의 가상 무결성을 위협하는 요소다. 사이버 범죄라는 개념은 금전 이득을 얻으려는 동기로 발생한 보안 위협을 의미한다(많은 국가에서 사이버 공격 행위 역시 불법이기는 마찬가지다).

사이버 범죄는 자동화와 규모 측면에서 기존 범죄와 다르다. 이메일 메시지 수천 통을 보내도 기본적으로 비용이 들지 않으며 딱한 명만 속아 넘어가서 첨부 파일을 열면 해커가 '백도어'를 통해 인터넷 시스템에 접속해서 사기 행각에 성공할 수 있다. 유명한 사이버 범죄 사례로는 웨일댁 봇넷waledac botnet 유포를 들 수 있다. 웨일댁 봇넷은 마이크로소프트가 관련 명령 및 제어 서버를 폐쇄하는 데 필요한 법적 명령을 획득하기 전까지 전 세계(PC 수십만 대를 장악해서 스팸 메일 15억 통을 보낼 수 있었다고 추정) 곳곳으로 빠르게 퍼져나간 컴퓨터 웜이다.[33]

사이버 공격은 필수 사회기반시설 체계의 고장이나 중대한 경제적 손실을 초래할 수 있다는 점에서 문제다. 사이버 범죄의 경우 조직적인 공격이 아니라서 이 같은 체계적 위험을 끼칠 가능성은 낮다. 사이버 범죄가 끼치는 진짜 위험은 불편함을 겪은 개인이 PC 같은 개방적이고 유연한 기계에서 벗어나 좀 더 제한적인 기계에 몰리고 인터넷상의 실험을 방해할 것이라는 점이다.[34] 그 결과 혁신이 줄어들고 연결성 증대가 극대화되지 않을 것이다.

사이버 공격과 사이버 범죄의 구분이 점점 모호해지고 있다. 타인이나 집단, 경쟁자에게 정보나 산업 기밀을 몰래 입수하는 행위인 사이버 스파이를 비롯해 새로운 사이버 범죄 형태가 증가할 가능성이 있다. 이런 관행은 극비리에 이뤄지며 직접적인 금전적 보상이 따르지 않는 경우에도 대개 불법이다. 사이버 폭력 cyberbullying, 심지어 사이버 갈취를 비롯한 여러 사이버 공격 형태도 증가하는 추세다.[35] 사이버 폭력은 개인을 대상으로 온라인 학대를 점점 심하게 가하는 형태로 나타나며, 대개 이런 행동의 희생자에게 참담한 결과를 초래할 가능성이 있다.[36]

사이버 공간에서 공격 행동과 범죄 행동 억제에 사용하는 전통적인 수단은 효과를 발휘하지 않는다. 인터넷에서는 익명성을 거의 완벽하게 보장받는 조건에서 공격을 실행할 수 있다. 무고한 구경꾼이 소유한 손상된 컴퓨터로 공격을 행하는 경우가 많으므로 특정한 보안 침해 근원을 추적하기가 매우 어렵다. 공격을 성공적으로 추적했다고 하더라도 치밀한 사이버 범죄자는 그 증거를 파괴할 수 있다. 사이버 습격을 통해 공황을 유발하고 시장에 영향을 미치며 전반적으로 불안정을 유발하는 데 사용할 수 있는 잘못된 정보를 널리 알릴 수 있으므로 그 피해가 더욱 심해질 수 있다.

일반적으로 사이버 범죄는 여러 국가에 걸쳐 발생하므로 억제 또한 효과적이지 않다. 러시아에 사는 공격자가 미국에 있는 손상된 컴퓨터를 이용해 에스토니아에 공격을 실행할 수 있다. 에스토니아 정부 당국이 공격을 추적해 근원이 러시아라는 사실을 밝힌다고 한들 과연 어떻게 그 범죄자를 기소하겠는가? 러시아가 범죄자를 인도해주거나 자국 법률로 기소하는 방식으로 협조해주지 않는 한 억제는 불가능할 것이다. 유감스럽게도 대개는 협력을 거부한다. 실제로 러시아는 2007년 에스토니아 공격 사건 이후에 공격자 상당수가 러시아인이라는 증거가 나왔음에도 에스토니아에 협력하기를 거부했다.

이 두 요소가 결합한 탓에 사이버 영역에서 전통적인 보안 조치는 대개 무용지물이다. 인터넷 이용자 수가 증가하면서 사이버 범죄로 얻을 수 있는 금전 이익은 빠르게 증가할 전망이며, 더 많은 사람을 이 수익성 높은 분야로 끌어들이고 있다. 따라서 사이버 보안 문제의 관건은 두 가지다. 첫째는 사이버 공격으로 인한 체계적 파괴 위험을 최소화할 수 있는 방안이고, 둘째는 정보통신기술의 혁신 능력을 보존하는 동시에 사이버 범죄를 제한하는 방법이다.

사이버 위험의 복잡성은 국경을 초월하고 모든 국가를 위험에 노출시킨다. 사이버 보안이 21세기 중대 관심사로 떠오르고는 있지만 현재 사이버 보안 문제를 중점적으로 다루는 중앙 거버넌스 기구는 없다. 점점 증가하는 사이버 취약성 증거를 추적 관찰하고 사이버 위험을 억제하며 공격이 성공했을 때 지원을 제공하는 국제 정책 및 관련 거버넌스 과제를 담당할 통일된 단체가 필요하다. 보호 전략의 상대적 효율성을 이해하고 측정할 새로운 모형과 더불어 모범 사례와 사이버 습격 관련 데이터를 공유할 글로벌 플랫폼이 필요하다.

금융위기 그리고 앞으로 검토할 팬데믹 부문에서 혁신과 관련된 위험과 마찬가지로, 혁신은 컴퓨터 바이러스와 웜이 성공을 거둔 비결이다. 위험한 바이러스는 공통 프로그램과 운영체계의 취약성을 이용해 접근하거나 기계를 파괴한다. 일단 이런 바이러스가 유포되면 이를 분석할 수 있고, 그것이 취약성을 악용하는 일련의 명령인 익스플로잇exploit을 수정할 수 있다. 그러나 이 과정에는 시간이 걸린다. 소프트웨어 업데이트가 나올 때쯤이면 효력 있는 바이러스가 기계 수백만 대에 이미 감염된 상황이며, 사용자가 프로그램을 자주 업데이트하지 않으므로 이후로도 몇 달 동안 바이러스가 계속 퍼질 수 있다.

인터넷 의존 역시 취약점을 만든다. 거대한 해저 케이블은 대륙 사이를 오가는 디지털 정보 대부분을 나른다. 이런 케이블이 손상되면 전 지역에 걸친 광범위한 '인터넷 정전'을 유발할 수 있다. 2008년 수에즈 운하 근처 케이블이 배의 닻에 망가진 이후 중동과 남아시아 지역의 인터넷 서비스가 중단됐다. 다음 해에는 케이블 손상으로 서아프리카 몇몇 국가에서 인터넷 서비스가 전면 중단됐고, 이후 몇 년 동안 비슷한 인터넷 단절 사태가 여러 차례 발생했다. 우리는 네트워크 컴퓨터 이용을 당연하게 여긴다. 인터넷이 계속해서 세계화와 발전을 추진하는 원동력으로 작용하려면 국내외 상거래와 공공 서비스를 지탱하는 이 새로운 동맥의 취약성 증가에 맞서는 글로벌 해결책을 찾아야 한다.

사이버 위험과 물리적 취약성

 복잡성을 띠는 사이버 공간은 의도하지 않은 실수에 취약하다. 2009년 1월 구글에서 발생한 '인적 오류'로 구글 웹사이트가 약 40분간 다운되면서 인터넷을 둘러싼 불확실성이 드러나자 '인터넷 상거래에 대한 심각한 영향'을 우려한 인터넷 이용자들은 공황 상태에 빠졌다.[37] 그로부터 6개월 뒤, 가수 마이클 잭슨이 사망하면서 구글 검색엔진에 그의 이름을 검색하는 사람이 '쇄도'하자 구글은 다시 한 번 흔들렸고, 페이스북과 트위터 같은 소셜 네트워킹 서비스 역시 트래픽 급증과 속도 둔화를 겪었다.[38] 사이버 영역의 발전은 전 세계에 걸쳐 연결성의 근본 속성을 계속해서 바꿔나갈 것이다.

 구글, 트위터, 페이스북의 사례는 사이버 영역에서 일어날 수 있는 사회기반시설 위험의 또 다른 유형을 암시한다. 중요한 인터넷 시스템을 비교적 소수의 지리적 위치에서 대용량으로 가동하는 서버 허브에 의존하면 고장에 취약하게 된다. 예를 들어 페이스북은 인터넷에서 방문자 수가 가장 많은 사이트가 됐다.[39] 페이스북은 놀랍도록 빠르게 성장하는 서버 네트워크에 의존한다. 정보기술 혁신 관련 뉴스와 분석을 제공하는 웹사이트인 데이터 센터 날리지Data Center Knowledge는 "페이스북 직원이 제시한 기술 발표에 따르면 2009년에는 서버 3만 대, 2008년 당시에는 1만 대로 운영하던 페이스북은 2010년 6월 기준 데이터 센터에서 최소 6만 대 이상의 서버로 운영하고 있다."[40]라고 보도했다. OVH(2012년 4월 기준 서버 12만 대)나 아카마이 테크놀로지스Akamai Technologies(2012년 3월 기준 서버 10만 5,000대), 소프트레이어SoftLayer(2011년 12월 기준 서버 10만 대), 인텔(2011년 8월 기준 서버 7만 5,000대), 원앤드원 인터넷1&1 internet(2010년 2월 기준 서버 7만 대 이상) 같은 기업들은 한층 더 복잡한 물리적 사회기반시설 체계에 의존하고 있다.[41] 여기에서 지리적 다각화와 상충 관계가 발생하며, 좀 더 합심해서 관리 노력을 기울여야 한다.

이런 네트워크는 제한된 수의 서버 클러스터에 과도하게 의존하고 있으며, 위에서 언급한 지역 간 인터넷 케이블 훼손 사례에서 볼 수 있듯이 서버 간 연결고리에 취약하다. 조금 다른 예를 들자면, 2011년 10월 브리티시 텔레콤은 전력 공급이 중단되면서 25만 명이 넘는 고객에게 인터넷 서비스를 제공할 수 없었다. 인터넷 제공업체가 손해배상 청구, 특히 사업 손실이나 시스템 결함에 노출될 가능성이 있는 기업이 제기하는 손해배상 청구에 응할 법적 책임이 있는지 여부는 아직 불분명하다.[42] 이런 실패는 인터넷을 뒷받침하는 물리적 사회기반시설에 고장이 발생할 때 금방 체계적 영향을 미칠 수 있다는 점을 강조해준다. 오늘날 경제에서 너무나 많은 부분이 이 사회기반시설에 의존해 굴러가고 있기 때문이다. 앞에서 제시한 사례에서 볼 수 있듯이 단일한 네트워크 케이블이나 서버를 지나치게 사용하는 경우도 과도하게 연결된 노드 하나에 고장이 발생하면 금방 문제를 일으킬 수 있다.

디지털 격차와 사회적 불평등

7장에서 인터넷상의 사회적 위험을 좀 더 자세하게 검토할 것이다. 여기에서는 인터넷 연결 접근성과 구매 능력 측면에서 발생하는 디지털 격차로 불평등이 증가할 가능성이 있다는 점을 언급하고 싶다. 인터넷이 발달하는 과정에서 그 혁신적인 효과가 모든 지역에 동일하게 다다르지는 않았다. 그림 4.9는 전 세계 인터넷 사용자 수가 전체적으로 빠르게 증가하고 있음을 보여준다. 증가율은 저소득 국가보다 고소득 국가와 중간소득 국가에서 더 높게 나타난다. 웹 기반 비즈니스와 인터넷 판매 플랫폼을 비롯한 여러 인터넷 통신 의존도가 점점 증가하는 세계에서 이런 격차는 연결되지 않은 사회와 개인에게 불이익을 줌으로써 불평등을 증가시킨다.

인터넷-소득 격차는 경제 격차를 심화한다. 동시에 저소득 국가의 사이버 보안에 위험을 유발한다. 인터넷 접속 격차는 월드와이드 웹에 관한 지식과 친숙도 격차와 밀접한 관련을 나타낸다. 인터넷의 장점과 단점에 자주 노출되는 사람은 위험으로부터 자기 자신을 더 잘 보호할 수 있다. 그림 4.10은 21세기 첫 10년에 걸친 안전한 인터넷 서버 개발을 보여줌으로써 이를 잘 보여준다. 그림에서 볼 수 있듯이 라틴아메리카, 중동, 북아프리카 같은 지역이 뒤처진 가운데 북아메리카와 유럽연합 지역에서는 그 수가 훨씬 높게 나타난다.

세계 사회기반시설을 위한 교훈

이 장에서는 세계 사회기반시설 안에서 발생하는 다양한 체계

위험한 나비효과

사용자(단위: 10억 명)

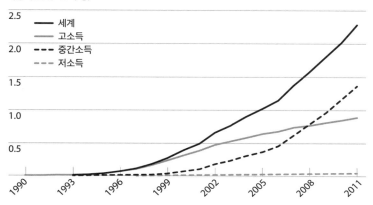

그림 4.9. 1990년부터 2011년까지 소득 계층별 인터넷 사용자 수. 세계은행, 2013, <세계 개발 지표>, 세계자료은행, 2월 12일 접속, http://databank.worldbank.org/data/home.aspx. 허가받아 전재.

사용자 100만 명당

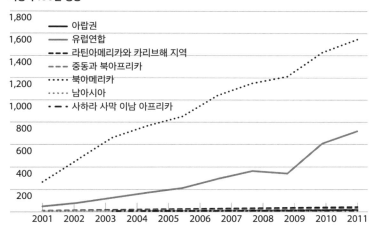

그림 4.10. 2001년부터 2011년까지 안전한 인터넷 서버 대수(인구 100만 명당). 세계은행, 2013, <세계 개발 지표>, 세계자료은행, 2월 12일 접속, http://databank.worldbank.org/. 허가받아 전재.

적 실패 위험의 특징을 살펴봤다. 이 사회기반시설은 수많은 네트워크로 이뤄진 혼합 체계다. 이는 국제 무역과 글로벌 공급망을 움직이는 운송 및 에너지 망을 포함하지만 인터넷을 뒷받침하는 물리적 구조도 포함한다. 이 책에서는 이런 개별 체계를 강화할 필요가 있다는 사실을 보여줬다.

이런 중대한 사회기반시설의 유통과 서비스 제공 업무는 민영화할 수도 있고 인터넷의 경우 비정부 기관이 관리할 수도 있다고 하더라도 그 대부분은 정부가 책임을 진다. 사회기반시설 위험을 완화하기 위한 '일반'적인 교훈이라는 관점에서 우리는 두 가지 접근 방법을 제시한다. 첫째, 복잡한 사회기반시설 체계를 이해하고 체계적 취약성을 감지하기 위해 전 세계가 좀 더 합심해서 노력을 기울일 필요가 있다. 둘째, 적법하고 권위 있는 기관이 빠르게 변화하는 상황에 직면해 정책을 빠르게 고안하고 실행해야 한다.

교훈 1: 사회기반시설의 회복탄력성 증가는 글로벌 통합을 뒷받침하고 세계화의 토대를 제공한다

2장과 3장의 분석에서 세계 금융 및 무역 구조가 점점 복잡해지고 전 세계가 상호연결됐다는 사실을 보여줬다. 이 장에서는 이런 네트워크를 뒷받침하는 사회기반시설 역시 얼마나 복잡한지 분명히 보여주는 다양한 사례를 제시했다. 사회기반시설 체계는 수많은 관할권에 걸친 복잡한 네트워크로 진화했으며, 이를 비롯해 앞에서 설명한 여러 이유로 고장이 발생했을 때 나타날 결과를 예측하기가 점점 어려워지고 있다. 실패는 국경을 초월해 각국 규제기관이 감독하는 영역으로 들어가는 파급 효과를 나타낸다. 우리는 '모두' 사회기반시설이 촉진하는 통합에서 서로 혜택을 얻고 있다. 송유관과 서버, 공항은 연료와 정보, 사람을 세계 곳곳으로 빠르게 나른다. 이런 체계는 글로벌 행위자에 의존한다. 현재는 각국 정부가 이런 체계 관리를 맡고 있지만 체계적 위험을 효과적으로 완화하려면 '여러' 국가가 합동으로 이런 위험관리를 수행해야 한다. 이를 이해하려면 금융 규제나 무역 흐름 관리뿐만 아니라 여러 글로벌 체계를 뒷받침하는 효율적이고 회복탄력성 있는 물리적 네트워크 설계와 관련한 지역 혹은 글로벌 거버넌스가 조직되어야 한다. 정책을 수립할 때는 국가와 지역 및 글로벌 차원에서 감독과 위험관리에 네트워크 중심으로 접근하는 '체계적' 사고가 필요하다.

교훈 2: 네트워크 다이내믹스를 이해하려면 데이터와 분석이 필요하다

체계적으로 접근하려면 관련 정보를 수집해야 한다. 식량 안보 맥락에서 로스 해먼드Ross A. Hammond와 로레트 두베Laurette Dubé는 학제간 연구 환경을 형성하고 촉진하는 정책 입안자의 역할뿐 아니라 "단일 효과와 결합 효과를 나타낼 것으로 예상되는 핵심 과정과 결과에 관한 통합 종단 데이터베이스 개발 필요성"[43]을 강조한다. "내부 지식과 국경을 넘나드는 지식의 배치 역시 체계 접근법과 학제를 초월하는 수단을 실현하기 위해 중요한 단계"이며 이런 노력은 "체계 내부 및 체계 간 연결에 관한 기존 지식을 명확하게 이해"[44]하면서 시작해야 한다. 해먼드와 두베의 통찰력은 글로벌 사회기반시설 영역과 체계적 위험의 글로벌 거버넌스 전반에도 똑같이 적용된다. 핵심 링크 및 노드와 그 진화를 이해하려면 중대 체계에 관한 데이터와 지도가 필요하다.

교훈 3: 중대 국가 및 글로벌 사회기반시설의 회복탄력성을 키워야 한다

핵심 경로와 중대 노드의 식별은 좀 더 탄탄하고 회복탄력성 있는 사회기반시설을 만들기 위한 기초를 제공한다. 회복탄력성을 구축하기 위해 다양한 선택지를 탐색할 수 있다. 이와 관련해 규제와 경쟁 정책이 중요한 역할을 한다. 이런 정책은 단순히 기업 규모 같은 고려사항뿐만 아니라 한층 더 중요한 지리적 위치도 감안해야 한다. 대체 조달과 체계를 확보할 수 있도록 국가 운송 및 에너지 사회기반시설 개발을 국가 우선 과제로 삼아야 한다. 이는 정치 수단을 동원해 공항과 에너지 생산 및 유통 체계뿐만 아니라 필요한 예비 생산능력까지 배치하는 것을 포함한다. 일본의 쓰나미, 허리케인 샌디가 미국 동부 해안에 미친 엄청난 충격, 아이슬란드 화산 사태가 주는 교훈을 배워야 한다. 예를 들어 예비 경로의 지리적 다각화, 역사적 경험을 훨씬 뛰어넘는 비상 대책 스트레스 테스트, 연료와 통신을 비롯한 중대 시스템 다각화로 수백만 명이 어떤 하나의 출처나 노드에만 온전하게 의존하지 않도록 대비해야 한다.

교훈 4: 인터넷 무결성을 보호하고 사이버 범죄에 맞서려면 글로벌 협력이 필요하다

이 장에서는 중대 서버 시스템과 케이블에 의존하는 데서 발생하는 하드웨어 고장 위험을 강조했다. 또한 인터넷을 제압해 '인

위험한 나비효과

터넷 종말'[45] 사태를 야기하겠다고 위협하는 사이버 공격과 사이버 범죄가 가하는 위협도 역설했다. 인터넷이 제압당하지 않도록 하려면 현재 부족한 글로벌 협력이 필요하다. 다른 여러 분야와 마찬가지로 세계화와 기술 변화는 제도적 역량을 앞질렀다. 모든 국가 지도자는 물론 기업 및 시민사회가 이 문제에 시급하게 관심을 기울여야 한다. 이 모든 주체가 취약한 동시에, 각자가 믿을 수 있고 열린 사이버 체계의 무결성을 확보하는 데 제 역할을 다해야 하기 때문이다.

5

환경 파괴가 불러온 재난

    지금까지 우리는 체계적 위험을 검토하면서 경제 발전의 산물인 금융과 무역, 사회기반시설의 불안정성을 다뤘다. 앞에서 자연재해로 이런 구조에 발생할 수 있는 위험을 언급했으며, 홍수와 폭풍 같은 재해가 어떻게 장애를 일으키고 사회기반시설과 취약한 공급망을 무너뜨릴 수 있는지 살펴봤다. 보통 환경 위해는 '메타위험'이라고 말한다. 환경 재해는 자연에서 발생하는 피할 수 없는 사태로 분류되며 앞에서 분석했던 취약한 체계와 외생적 관계에 있다고 본다. 이 장에서는 이와 다른 관점을 취하며, 환경 위험을 세계화의 내생적 혹은 필수적인 결과로 분석한다. 이는 세계화의 힘이 환경 위해의 심각성과 빈도, 충격에 영향을 미치는 정도가 점점 증가하고 있기 때문이다. 이런 의미에서 자연재해의 결과뿐만 아니라 때로는 원인 역시 세계화가 동반하는 부정적 외부 효과로 볼 수 있을 것이다.

'자연'재해와 인재의 구분이 점점 모호해지고 있다. 아이티와 그 이웃인 도미니카공화국(두 국가는 같은 섬에 있다)에 허리케인이 미친 영향의 차이가 증명하듯이, 사실상 모든 재해의 원인뿐만 아니라 그 함의까지도 인간 행위의 결과물이다. 마찬가지로 허리케인 샌디의 영향도 뉴욕과 뉴저지에서 이뤄진 도시화와 투자의 특수성을 반영한다.

이 장에서는 환경에서 '비롯하는' 위험과 환경에 '대한' 위험을 구분하고 각각을 차례로 검토한다. 자연계와 환경은 국경을 준수하지 않으며 환경 체계 관리에는 전 세계, 국가, 지역 등 모든 수준에서 조치가 필요하다. 환경 악화는 '지구 전체의 구조적 맥락'에서 이해해야 한다는 주장이 제기됐다. 이는 "'세계' 자본주의와 '지역' 환경 파괴 사이의 역동적 연계성을 설명하는 데 국민국가 중심 이론이 점점 부족함을 드러내는 현실"을 반영한다. 한 가지 예로 우리는 모두 각자 탄소 배출량을 낮추거나 에너지 수요를 줄이거나 쓰레기를 재활용하는 데 기여해야 한다. 이런 의미에서 모든 환경행동은 정치행동과 마찬가지로 지역에서 일어나며 개인의 선택을 요구한다.

1990년대와 2000년대에 걸쳐 자연재해로 규정할 수 있는 현상의 빈도와 비용이 현저하게 증가했다(그림 5.1). 직감적으로 볼 때 세계화와 환경 위험 사이의 연계성은 명백하다. 경제성장 속도를 높이려면 더 많은 자원과 에너지를 사용해야 하기 때문이다. 통합 생산라인 개발과 공급망의 글로벌 분절화로 오염을 감시하고 통제하기 어려운 지역으로 옮겨 생산과 더불어 환경 파괴까지 사실상 아웃소싱했다. 그러나 이 장에서 보여주듯이 좀 더 자세히 살펴보면 세계화와 환경 파괴의 관계는 좀 더 복잡하다.

환경 위험의 두 가지 측면

환경 위험은 서로 다른 두 가지 방식으로 이해할 수 있다. 환경 위험은 세계 생태계에 미치는 위험을 가리키는 동시에 생태계에서 비롯하는 위험도 가리킨다. 이 책에서는 '위험 원천'으로서 환경과 '위험에 처한 체계'로서 환경을 구분한다. 앞에서도 어느 정도는 이런 구분을 암묵적으로 사용했다. 이처럼 위험을 바라보는 다면적인 시각은 21세기를 특징짓는 연결성과 복잡성에서 비롯하는 불가피한 결과다.

환경 위험의 두 가지 측면을 구분하기는 점점 복잡해지고 있다. 허리케인 샌디가 미국 동부 해안을 파괴했을 때 이는 분명히 환경에서 비롯한 위험의 결과물이었다. 그러나 수많은 환경 과학자는 물론 뉴욕 시장까지도 이 파괴가 인간이 환경에 미치는 영향을 반영하는 기후 변화 탓이라고 말했다. 기상 이변은 갈수록 불안정해

그림 5.1. 1960년 이후 자연재해 발생 빈도(A)와 관련 경제적 비용(B). 10명 이상의 사망자, 100명 이상의 피해자, 국제 원조 요청, 국가 비상사태 선포 중 하나 이상이 발생했을 때 재해역학연구소CRED(Centre for Research on the Epidemiology of Disasters)에 '재해'로 등록된다. 니콜 라프랑부아즈Nicole Laframboise와 부알로 로코Boileau Loko, 2012, <자연재해: 영향 완화와 위험관리Natural Disasters: Mitigating Impact, Managing Risks>, IMF 조사 보고서 12/245호, 국제통화기금, 워싱턴 DC, 6쪽과 8쪽, 2013년 2월 12일 접속, http://www.imf.org/external/pubs/ft/wp/2012/wp12245.pdf.

A
건수

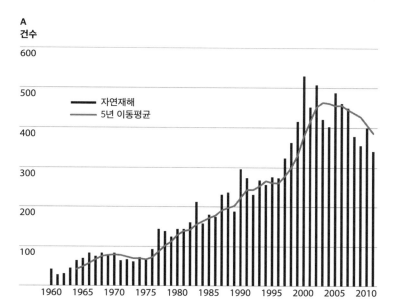

B
미국 달러(단위: 10억)

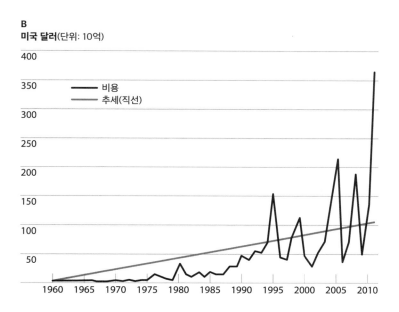

지고 예측불가능해지는 동시에 더욱 빈번하게 발생한다. 이런 추세는 점점 더 큰 인적 비용과 경제적 비용으로 이어질 가능성이 높다.

환경 및 기타 재해의 충격은 인구 증가 및 경제성장은 물론 개인과 사회를 위험에서 보호하고자 하는 정부 정책에도 영향을 받는다. 예측 가능한 한계 안에서는 구체적인 정책과 수단이 상당히 잘 작동하지만 불확실한 세계에서는 꼬리 위험의 비용을 증가시킬 수 있다. 밀려드는 바닷물을 막도록 설계한 방조제를 파괴한 일본 쓰나미와 이와 비슷하게 뉴욕 해상 방어물을 파괴한 허리케인 샌디가 그러한 예다.

소득 증가는 재산과 사업의 가치가 증가하고 있고 어떤 충격이 훨씬 큰 영향을 미친다는 의미다. 인구 증가는 더 많은 사람들이 살아간다는 뜻이고, 토지에 대한 압박은 가난한 나라, 부유한 나라 할 것 없이 점점 더 많은 사람이 범람원, 곡상谷床, 산기슭, 해안가에 자리 잡고 있다는 뜻이다. 유럽과 미국에서는 사람들이 건조지대(스페인 남부, 피닉스, 라스베이거스 같은 지역)로 이주하면서 환경 압력에 저항하는 동시에 이를 악화했다. 이는 소득 증가(우물을 한층 더 깊게 팔 수 있고 더욱 먼 거리에 걸쳐 물을 운반할 수 있도록 뒷받침)와 계획 제약의 규제 완화(장기 지속가능성의 무시)를 모두 반영하는 증거다. 세계화는 부와 발전을 이끈 핵심 동력인만큼이나 환경에서 비롯하는 위험과 환경에 대한 위험을 모두 증가시켰다.

미국의 경우 허리케인 같은 기상 이변의 영향이 홍수 보험과 폭풍 보험의 비뚤어진 영향으로 더욱 심각해졌다. 미국 내 보험회사가 여러 지역에 걸쳐 보험료를 고르게 하도록 강제하는 법률 때문에 개인과 기업은 자신의 행동과 관련된 진짜 위험을 보지 못하거나 그에 해당하는 보험료를 지불하지 않는다. 위험도가 높은 행동을 하도록 사실상 부추기는 도시 계획과 보험 법규로 인해 점점 더 많은 사람들이 취약한 해안가나 범람원에 있는 부동산을 구입하면서 환경 위험에 취약한 사람들이 늘어나고 있다.

환경 위험은 사람이 만든 체계와 자연 체계의 상호작용으로 그 특성이 정해진다는 점에서 금융에서 발생하는 위험과 다르다. 사람이 만든 네트워크와 관련된 주된 관심사는 네트워크가 계속 안정적으로 작동함으로써 그 네트워크가 뒷받침하는 구조 역시 계속해서 가동될 수 있도록 보장하는 것이다. 환경 위험의 경우 그 체계의 복잡성과 장기간에 걸친 진화를 고려할 때 네트워크를 복구하고 회복탄력성을 개발하는 과제가 훨씬 더 힘겹다. 다리를 재건하거나 송전선을 다시 구축하듯이 화석연료를 재생산하거나 탄소를 회수할 수는 없다. 또한 예컨대 생물다양성과 식량, 혹은 대기와 바다와 기상 관측 사이의 복잡한 상호작용도 이해하지 못한다. 따라서 우리는 기존 체계를 '재현'하거나 '대체'하기보다 '보존'하는 데 관심을 기울여야 한다. 환경에 대한 위험과 환경에서 비롯하는 위험 모두 세계화와 더불어 증가해왔으며, 이는 특히 국경을 넘나드는 활동의 여파가 빠르게 증가하는 반면 이를 해결하기 위한 집단행동 역량은 점점 더 뒤처지고 있기 때문이다.

생태계는 재정 관점에서나 인도주의 관점에서나 그 자체로 귀중한 자산으로 인정받는다.[2] 자연 균형이 무너지면 다른 체계의 위험 증가를 유발할 수 있다. 이런 위험은 '환경 운동가'나 해당

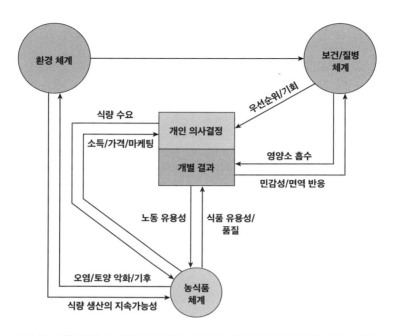

그림 5.2. 식품 및 영양 안보에 대한 체계 구조. 로스 해먼드와 로레트 두베, 2012, <식품 및 영양 보안에 대한 시스템 과학 관점과 초학문적 모형A Systems Science Perspective and Transdisciplinary Models for Food and Nutrition Security>, 《미국 국립과학원회보》109권 31호: 12356-12363쪽, 12357쪽 그림.

체계에 의존하는 지역사회에만 국한되지 않는다. 환경 파괴는 극단적인 기상 조건과 생태계에서 유래하는 질병을 유발하며 필수 체계(식량 및 에너지 공급, 통신, 제조생산 체계 등)를 위험에 빠뜨린다. 환경 위험의 두 가지 측면은 서로 이어져 있다. 세계화가 환경에 대한 위험을 유발하면서 그 결과로 발생한 생태계 파괴가 생물권에서 비롯하는 위험을 야기한다. 그림 5.2는 이 복잡한 상호관계를 식량 안보 맥락에서 도표로 표현한 것이다. 이 도해는 환경 체계와 식량 체계 사이의 상호의존성과 보건 및 질병 체계와의 연관성(이에 관해서는 팬데믹을 다룬 6장에서 언급한다) 및 개인 의사결정과의 연관성(이는 7장에서 다루는 사회적 위험 분석과 관련이 있다)을 나타낸다.

생태계 안정성이 공공재인 한, 환경에 대한 위험은 부정적 외부효과로 이어지며 세계 공유지 문제의 일례다. 이 쟁점을 다루려면 무임승차 문제를 해결해야 한다. 경제학자와 환경 정책 입안자는 대부분 환경 파괴 원인 제공자가 비용을 부담해야 한다는 데 동의한다('오염자 부담' 원칙).[3] 따라서 우리가 직면한 문제는 기본적으로 개별 위험 요소의 원인 제공 분량을 수량화하고 환경 훼손에 값을 매기는 작업으로 요약할 수 있다. 거버넌스가 직면한 과제는 개념적이라기보다는 주로 실질적인 문제이며, 이번 장의 결론에서는 환경 위험의 관리에 적용할 수 있는 응용 교훈을 몇 가지 제공할 것이다.

환경에서 '비롯하는' 위험

그림 5.1에 나타나듯이 자연재해가 재정에 미치는 심각도가 증가하는 원인은 인구 증가와 1인당 소득 증가에 있다.[4] 간단히 말해서 세계화와 발전의 결과 점점 더 좁은 공간에 점점 더 많은 사람이(금전적으로 잃을 것이 훨씬 많은) 살게 됐다. 이 설명이 환경과 세계화 혹은 환경과 다른 부문 사이의 상호작용을 전부 포착하지는 않지만 더 많은 사람이 더 많은 자산을 축적하면서 재해 비용이 상승한다는 사실은 확실하게 강조해준다.

기후 변화와 자연재해의 연관성

세계화는 개발 관련 배출로 지구 온난화를 부채질했다. 기후 변화의 영향으로 재해 자체가 더욱 빈번하게 일어나고 있으며 그 충격이라는 면에서 더욱 큰 영향을 미쳤다. 우리는 이런 환경 위험의 관리에 시급히 나서야 한다.[5]

극지방 만년설이 녹아서 해수면이 상승함에 따라 많은 사람이 위험에 처했다. 세계 인구 절반 이상이 해안선에서 60킬로미터 이내에 살고 있으며, 해수면 상승은 홍수, 지하수와 농작물 오염, 주택과 살림살이 파괴를 유발할 수 있다.[6] 앞에서 사소한 사건이 어떻게 체계적 결과를 낳을 수 있는지 살펴봤다. 홍수는 태국의 공급망을 파괴했다. 허리케인 카트리나와 샌디는 각각 미국의 멕시코만과 동부 해안을 심각하게 파괴했다. 폭풍이 케냐의 인터넷 접속에 영향을 미친 적도 있다. 이런 자연재해는 대개 극심한 영향을 미친다. 세계보건기구는 "1990년대에 기상 관련 자연재해로 전 세계에서 사망자가 약 60만 명 발생했다."[7]라고 보고했다.

지구 온난화의 직접적인 영향은 만년설이 녹는 데 그치지 않는다. 강수량과 기온, 바람 패턴의 변동성이 증가하면 담수와 식량 공급을 위협하고, 가뭄과 기근, 사망자 발생으로 이어질 수 있다. 기후 변화는 건강상 위험도 유발할 수 있다. 세계보건기구는 "기후에 민감한 질병이 세계 최대 사망 원인 중 하나이며, 2004년에 전 세계에서 설사, 말라리아, 단백질 및 열량 결핍으로 사망한 사람만 300만 명이 넘는다."[8]라고 보고한다. 게다가 최근 몇 년 동안 특히 더운 여름 날씨가 빈번하게 발생하면서 심장 질환과 호흡기

위험한 나비효과

질환이 증가하고 있다. 세계보건기구는 "2003년 여름 서유럽의 기록적인 고온 현상으로 예년 같은 기간에 비해 약 7만 명이 더 사망한 것으로 추정"된다고 시사하는 다수의 연구를 언급한다. 이어서 세계보건기구는 기온 상승으로 꽃가루와 공기 중 알레르겐 수가 증가해 전 세계적으로 3억 명 정도의 천식이 악화됐다고 주장한다. 빈곤층과 빈곤국은 기후 관련 식량 및 질병 위협에 특히 취약하다. 세계보건기구는 "이런 사망자 중 3분의 1 이상이 아프리카에서 발생한다."라고 보고한다. 기후 변화는 대단히 불평등한 영향을 미치며 빈곤 및 불평등과 관련된 위험을 악화시킬 것으로 예측할 수 있다(7장 참조).

또한 공중보건 전문가들은 "2차 혹은 간접적인 영향이 생태계 변화 및 인구 이동과 관련이 있을 수 있다."[9]라고 보고한다. 그 결과로 영향을 받은 사회의 물리적·사회적·경제적 구조가 파괴된다. 일부가 다르푸르 사태를 두고 주장했듯이, 극단적인 경우에는 '기후 변화 분쟁'으로 특징지을 수 있는 상황으로 이어질 수도 있다.[10] 환경 위험은 자연재해가 포괄적 성격을 띨 뿐만 아니라 애초의 위해를 훨씬 넘어서 확장되는 '끔찍한 2차 영향'이 발생할 가능성이 있다는 점에서 체계적 위험이다.[11] 2차 영향의 구체적인 예로는 날씨 표준 변화를 들 수 있다. 위해가 숫자상으로 증가하고 있지만 이는 (녹아내리는) 빙산의 일각일 뿐이다. 평균적인 기상 조건 역시 바뀌고 있으며 이는 모든 세계 체계에 체계적 영향을 미칠 것이다.[12] 기후 변화에서 비롯하는 위험은 광범위한 관련 영역에 영향을 미칠 잠재력이 있다는 점에서 체계적이다. 경제협력개발기구는 "연결성은 사고나 질병, 악의적인 행동이 전파될 수 있는 경로를 증가시킨다."[13]라고 결론 내린다. 환경 위해가 유발하는 체계적 결과는 경제적 혼란과 물리적 혼란을 넘어 퍼져나간다. 2004년 동남아시아의 쓰나미, 2005년 허리케인 카트리나, 2010년 사헬 가뭄은 인명에 심각한 위협을 가했던 환경 위해 사례 중 일부에 불과하다.

시장경쟁의 압력에 굴복하다

환경 위험의 개별 측면은 금융과 공급망, 사회기반시설을 취약하게 만드는 요소와 동일한 고려사항, 특히 효율성 강박에서 비롯한다. 오늘날 세계 체계는 용량 한계에 다다른 데다가 효율성을 높이고자 회복탄력성을 희생한 터라 이런 재해에 더욱 취약하다. 경쟁 압력이 높아지는 환경에서 기업들은 장기적으로 불리하더라도 특히 위험도가 높은 지역에서 사업을 벌이는 선택을 하기 쉽다. 3장에서 제조업이 어떻게 위험에도 불구하고 경쟁력 있는 가격에 이끌려 태국을 선택하는지 살펴봤다. 저렴한 운송비(특히 항공으로는 효율적으로 운송할 수 없는 대형 교역 물품의 경우)와 매립지의 유용성은 불확실한 위험과 관련된 현재의 비용을 능가하는 듯 보였다. 대도시(암스테르담, 파리, 런던, 상트페테르부르크, 뉴욕, 로스앤젤레스, 도쿄, 상하이 등)의 발전 양상에서 분명히 나타나듯이 강 주변 지역이나 저지대 해안 지역과 결부된 혜택은 새로운 일이 아니라는 점을 강조할 필요가 있다. 그러나 해수면이 상승하고 홍수 위험이 증가하는 시대에 진입하면서 사람들과 체계를 홍수 피해에서 보호하기 위한 투자 필요성이 증가함에 따라 이런 위치의 이점은 가려질 수 있다.

빈곤과 인구밀도 증가 압력으로 주로 개발도상국 농업인들은 토양의 잠재력을 자연 한계를 넘어서까지 이용하고 휴한지가 회복되는 데 필요한 시간을 줄여나가고 있다. 유럽을 비롯해 높은 보조금을 지급받는 농사 지역에서는 토지 과잉 이용을 부추기는 경쟁 압력과 그릇된 보조금이 문제를 악화시킨다. 시간이 흐르면 이런 관행은 토지 비옥도를 크게 낮추고 지속가능성을 갉아먹는다.[14] 이와 유사한 천연자원 과잉 이용이 임업과 어업에도 적용된다. 칠레의 경우 시장 압력이 가하는 위험이 남획으로 이어져 지속가능한 개발을 심각하게 위협하고 있다.[15]

물리학자 톰 머피Tom Murphy는 화석자원 고갈이 기후 변화보다 지구 체계에 훨씬 더 큰 위협이라고 주장한다. 최근 인터뷰에서 머피는 고갈시킬 자원이 남아나지 않을 것이므로 결국 성장을 지속할 수 없게 될 것이라고 주장했다.[16] 이는 자원 문제에 대한 이론의 여지가 다분하고 지나치게 단순화한 해석이다. 그러나 성장의 지속가능성과 지속적인 자원 채취 및 사용에 관한 가정에 중요한 의문을 제기하는 주장임에는 틀림없다. 이 문제는 현재 사용과 관련된 외부효과와 경제 정책의 주요 목표이자 유일한 목표인 경제성장의 지속가능성을 모두 고려해 철저하게 재평가할 필요가 있다.[17]

생물다양성 감소가 낳는 글로벌 위험

생물다양성의 가치는 "다양성은 체계 안에서 발생할 수 있는 잠재적 상호작용의 수를 확장하므로 평균적으로 더 높은 안정성과 회복탄력성을 제공한다."[18]라는 말로 간단하게 요약할 수 있다. 이는 금융의 다각화 포트폴리오, 글로벌 생산에서 모듈러 공급망, 나아가 우리 생태계에도 적용되는 말이다. 따라서 생물다양성의 손실은 불안정성의 상승과 충격에 견디는 역량의 감소를 의미하게 된다. 그런 위협이 단순히 가정에 그치지 않는다는 점을 강조할 필요가 있다. 한 연구에 따르면 침입종과 병원균의 확산은 "생물다양성과 인간의 건강 사이를 잇는 가장 명확한 연관고리"[19]라고 한다. 실제로 많은 영역에서 위험이 현실로 나타나고 있다. 유엔식량농업기구FAO는 "전 세계 어종 중 70퍼센트 이상이 심각한 남획 혹은 고갈에 직면"하고 있으며 수백만 명의 식량 공급에 "중대한 위협"을 가하고 있다고 추정한다.[20]

경험적으로 생물다양성 감소는 대개 "질병 발생률 증가와 침입종 출현 이후"[21]에 발생한다. 게다가 생물다양성은 의학 연구, 나아가 상업 농업에도 중요한 역할을 한다고 밝혀졌다. 생물다양성은 "신약 개발이나 농작물 및 가축 사육에 사용하는 유전 물질을 비롯해 수많은 재화와 용역을 인류"[22]에게 제공한다. 다시 말해 생물다양성 감소는 직접적(질병)으로나 간접적(식량 공급, 의학 연구)으로나 인류의 건강 위협으로 이어진다. 온전하고 다양한 생물체계가 지니는 금전적 가치는 수조 달러에 이른다. 대개 가장 큰 기여는 사소한 사건들에서 비롯된다. 예를 들어 스위스 벌 군집은 "수분受粉을 도움으로써 미화 2억 1,300만 달러에 달하는 연간 농업 생산"을 보장하고, 캔버라 지방정부 당국이 심은 나무 40만 그루로 개선된 미기후microclimate(지표면 바로 아래에서부터 지표면 위 수미터까지 이르는 식생군락권의 기후—옮긴이)의 가치는 미화

위험한 나비효과

2,000만 달러에서 6,700만 달러 사이로 추정된다.[23]

생물다양성 손실은 두 가지 방식으로 글로벌 위험을 유발한다. 첫째, 균질화를 통해 충격의 강도를 높인다. 지역 생물군의 다양성이 줄어들고 유사성이 증가하면 이전에 제한됐던 피해(질병이나 해충, 포식종이 유발했던 피해)가 더 쉽게 확산될 것이다. 둘째, 생물다양성이 줄어들면 기후 변화와 폭풍을 비롯한 재해 같은 예기치 못한 위험 사건에 대처하는 대응력이 약화되면서 체계적 취약성이 증가한다. 이런 맥락에서 《바이오사이언스BioScience》에 발표된 한 연구는 제1차 역학적 변천이 수렵사회에서 농경사회로 전환을 유발했고 제2차 역학적 변천은 산업혁명 과정에서 일어났지만 "세계화와 생태계 파괴가 신종 전염병뿐만 아니라 예전에 통제하고 있다고 생각했던 전염병의 재등장과 관련이 있는 것"[24]으로 보이면서 지금 우리는 제3차 역학적 변천 단계에 진입한 듯하다고 주장했다.

환경에 '대한' 위험

환경 불안정성은 식량 체계와 보건 체계에, 그리고 기후 변화 사례에서 보듯이 도시와 국가에 더욱 광범위한 체계적 위험을 유발할 수 있다. 이는 환경에서 비롯하는 위험이지만, 앞에서 강조했듯이 우리가 환경에 유발하는 피드백 고리의 일부분이기도 하다. 환경 불안정성은 새로운 문제가 아니다. 사실 5만 년 이상 이전에 발생한 환경 재해로 인류가 사실상 멸종할 뻔했고 생존을 위해 인류가 아프리카 전역으로 이주하도록 촉진했다고 암시하는 증거가 있다. 그때 이후로 인류는 지구 전 지역으로 이주했고 여러모로 환경에 영향을 끼치고 있다. 인간이 영향을 미친 시기와 자신의 선택에 따른 결과를 수습하는 것은 차치하고 결과 자체를 인식하게 되는 시기 사이에는 기나긴 시차가 있을 수 있다. 탄소를 비롯해 인간이 대기 중으로 내보내는 배기가스가 온실효과를 나타낸다는 사실을 발견하기까지는 산업혁명 이후 200년 넘게 걸렸고, 온실효과와 기후 변화 사이의 연계성을 과학적으로 밝힌 지는 20여 년 정도밖에 지나지 않았다. 그 추세를 뒤집기에는 이미 너무 늦었다는 사실을 깨달았지만 부정적인 영향이 심각한 결과를 유발하지 않도록 막으려면 단호하게 행동해야 한다. 이는 온실가스 배출 속도 증가가 세계화 과정의 본질이자 신흥 시장의 경제 발전 및 이에 따른 소득과 에너지 소비 급증과 긴밀한 관련을 맺고 있기 때문이기도 하다.

세계화는 환경 오염을 증가시킨다

세계화와 배출량 증가 사이의 개념적 연결고리를 파악하기는 어렵지 않다. 최근 수십 년 동안 세계가 발전하면서 에너지 사용량도 급격하게 증가했다. 화석연료가 연소하면서 온실가스를 배출함에 따라 연료 및 전기 소비 수준 증가는 이산화탄소 배출량 증가를 유발했다(그림 5.3과 5.4). 온실가스 배출량 증가와 지구 온도 증가 사이의 연관성은 이론적으로 증명된 동시에 경험적으로도 입증된 사실이다. 따라서 이 책의 분석에서는 이산화탄소 수준 증가와 기타 온실가스 배출이 직접적인 환경 위험 요소라고 본다. 니콜라스 스턴Nicholas Stern은 기후 변화를 완화하려면 세계 GDP 의 약 2퍼센트가 필요할 것이라고 추정했다. 이는 여타 예방적 투자 금액과 대체로 대등하며 돌이킬 수 없는 엄청난 피해 가능성을 방지하기에 합리적인 비용으로 보인다.[25]

그림 5.3은 에너지 사용과 이산화탄소 수준 사이의 상관관계를 보여주므로 인과관계는 여전히 모호하지만, 그림 5.4는 배기가스 배출 증가가 개발도상국에서 가장 크게 나타났음을 보여준다. 경제성장이 배기가스 배출 증가를 유발한다는 우리의 예측과 정확히 일치한다. 21세기 기술 발전과 연결성 증가의 직접적인 결과로서 이제 더 많은 나라들이 세계무대에서 경쟁할 수 있다. 배기가스를 만들어내는 산업화 성장이 '세계화'됐다. 이런 수치는 개발도상국이 선진국보다 환경 책임에 무심하다는 뜻이 아니다. 단지 선진국이 오래전에 올랐던 에너지 곡선을 개발도상국은 지금 빠르게 오르고 있다는 의미일 뿐이다. 실제로 개발도상국 경영자 중 15퍼센트가 "기후 변화에 대한 우려를 포함한 환경에 대한 관심 증가"를 사업 전략 결정 요소로 간주하는 반면, 유럽에서 그 비율은 11퍼센트, 북아메리카의 경우 그보다 더 낮은 10퍼센트에 불과하다.[26] 앞에서도 살펴봤지만 한 가지 분명한 이유는 기후 변화의 영향을 개발도상국에서 가장 심각하게 느낄 수 있다는 데 있다. 실제로 이는 '오염자 부담' 원칙의 불운한 결과일 수도 있다.

위 분석은 개발도상국의 이산화탄소 배출량 증가와 최근 세계화 물결 사이의 직접적인 연계성을 입증한다. 경제성장과 환경 외부효과 사이에 밀접한 관계가 있다는 사실은 이미 밝혀졌으며, 다양한 배기가스와 오염원이 발달 단계별로 정점을 찍는다.[27] 환경 경제학자 워너 앤트와일러Werner Antweiler와 브라이언 코플랜드Brian Copeland, 스콧 테일러Scott Taylor는 이산화황 농도에 관한 이론 모형 과 풍부한 국가별 데이터 집합을 바탕으로 국제 시장 통합이 오염 수준에 어떻게 영향을 미치는지 조사했다.[28] 조사 결과 "평균적인 국가를 기준으로 경제 활동 규모가 1퍼센트 증가하면 오염 농도가 0.25퍼센트에서 0.5퍼센트 증가"[28]했다. 그들은 "자본 축적이 가져오는 소득 증가는 오염을 증가시킨다."[29]라는 말로 조사 결과를 요약했다. 매슈 콜Matthew Cole과 로버트 엘리엇Robert Elliott은 2003년에 실시한 산화질소와 이산화탄소 배출량 연구로 이 조사 결과를 확인했다. 콜과 엘리엇의 연구는 부정적인 '규모' 효과도 보고한다.[30] 션준이Junyi Shen는 앤트와일러와 코플랜드, 테일러의 방법론을 채택해 다양한 오염원에 대한 중국 지방 데이터를 연구 했다. 션준이 역시 "무역에서 대기 오염원(이산화황과 강하 분진) 증가는 배출량 증가로 이어진다."[31]라고 결론 내렸다.

그림 5.3. 1990년부터 2005년까지 세계 온실가스 배출량. (A)는 가스에 의한 배출량. HFC: 수소불화탄소; PFC: 과불화탄소; SF6: 육불화황. (B)는 경제 부문에 의한 배출량. 국제 운송(항공 및 해운)은 개별 국가 배출 목록에 속하지 않으므로 에너지 부문과 별개다. 일관성을 확보하기 위해 두 도표에서 배출량은 모두 이산화탄소 환산량 기준 100만 미터톤으로 표현했다. 이 합계는 토지 이용 변화나 임업으로 인한 배출량을 포함하지 않는다. 이는 최근 몇 년에 해당하는 추정치를 구할 수 없기 때문이다. EPA(환경보호국), 2010, 《미국 내 기후 변화 지표Climate Change Indicators in the United States》(워싱턴 DC: 미국 환경보호국), 12쪽, 2013년 2월 5일 접속, http://www.epa.gov/climatechange/pdfs/CI-full-2010.pdf.

위험한 나비효과

A
배출량(단위: 이산화탄소 환산량 기준 100만 미터톤)

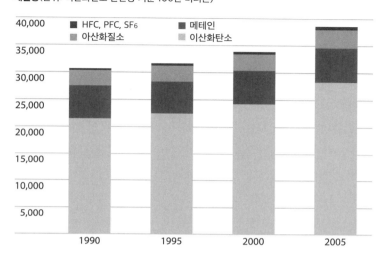

B
배출량(단위: 이산화탄소 환산량 기준 100만 미터톤)

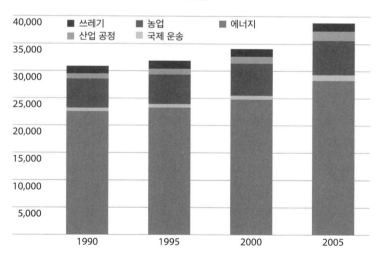

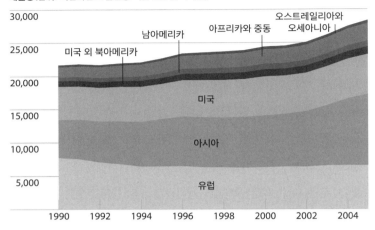

배출량(단위: 이산화탄소 환산량 기준 100만 미터톤)

그림 5.4. 1990년부터 2005년까지 세계 지역별 이산화탄소 배출량. 이 데이터는 토지 이용이나 토지 이용 변화, 임업에 기인한 배출량을 포함하지 않는다. EPA(환경보호국), 2010,《미국내 기후 변화 지표》(워싱턴 DC: 미국 환경보호국), 13쪽, 2013년 2월 5일 접속, http://www.epa.gov/climatechange/pdfs/CI-full-2010.pdf.

세계화는 생물다양성을 위협한다

앞에서 생물다양성 상실이 어떻게 인류의 건강을 직접적으로 위협하는 동시에 의약 및 농업의 잠재력 상실에 의한 간접적인 문제로 이어지는지 살펴봤다. 인간이 생물다양성에 간섭하는 행위는 비록 사소할지라도 생태계 안정성을 위험에 처하게 할 수 있으며 따라서 불확실하지만 잠재적으로 사회에 상당히 높은 비용을 초래할 수 있다. 경험적으로 연구자들은 "세계화와 외래 생물 이동이 지역 생물군을 비토착 생물종으로 대체하는 광범위한 생물 균질화를 유발했다."[32]라는 결론을 내렸다. 또한 "이런 외래종은 지역 분류군 멸종을 초래할 수 있으며 유전 변이부터 생물종 수에 이르기까지 여러 수준에서 다양성 상실을 유발할 수 있다."[33]라고 강조했다.

물리적 연결성 증가는 아마도 세계화가 생물다양성에 미치는 영향을 좌우하는 가장 중요한 단일 인적 요인일 것이다. 곤충학자들은 "인간이 조력하는 이동이 인간의 피를 선호하는 벼룩, 이, 침노린재, 모기 등 가장 침습적인 매개체가 들어오고 퍼지는 주된 원인"[34]이라는 사실을 발견했다. 이런 침입이 발생하는 정확한 경로가 다양하므로 그런 이동을 예방하기가 어렵다. 주된 원인은 컨테이너선, 특히 물을 저장하는 화물선의 도착으로 추정된다.[35]

세계화가 생산 체계, 특히 농업에 미치는 영향은 생물다양성을 '간접적'으로 위협한다. 토지 이용을 단일 경작에 집중하는 경향은 생태계 균질화, 생물다양성 상실, 토지 및 수자원의 화학적 오염을 유발했다. 유럽과 미국, 일본의 농업 보조금은 화학 비료와 살충제를 과도하게 살포하도록 부추겨서 문제를 악화했다. 특히 옥수수, 지방 종자, 설탕, 면화 등 특정 OECD 국가에서 부당한 보조금을 지급해 보호하는 주요 농산물에 대한 투자를 보상하는 정책은 강력한 수확량 증가 압력으로 이어졌고 윤작과 휴경을 실시하고자 하는 인센티브를 낮췄다. 최근 수년 동안 평균 2,500억 달러를 기록한 보조금은 지대와 인건비를 비롯한 비용 상승에 반영됐고 기계화와 화학물질 살포 증가를 유발했다.[36]

한편, 이런 농작물을 주요 시장에 수출하지 못하도록 막는 보호무역주의 정책 때문에 개발도상국 농업 생산자는 어쩔 수 없이 주요 수출 시장에서 보호받지 않는 농산물 생산에 집중하고 코코아와 커피 같은 단일 경작물 생산을 늘리는 경향이 더욱 증가하게 된다.

세계화가 환경에 바람직할 수 있을까?

세계화가 환경에 부정적인 영향만 미치는 것은 아니다. '기술'
과 '규모' 효과 형태로 긍정적인 영향도 미친다. 다음 단락에서는
이렇게 세계화로 얻을 수 있는 혜택의 범위를 평가한다.

앞에서 언급한 앤트와일러와 코플랜드, 테일러의 기념비적 연
구 역시 경제성장이 "기술 효과를 통해 오염 '농도'를 1.25퍼센트
에서 1.5퍼센트까지 떨어뜨린다."[37]라고 언급했다. 저자들은 "무역
이 유발한 기술과 규모 효과는 이런 원천에서 비롯하는 오염의 순
감소를 암시한다."라고 결론 내렸는데, 이는 "자유로운 무역이 환
경에 바람직해 보인다."[38]라는 뜻이다.

반면에 이언 골딘과 앨런 윈터스Alan Winters는 콜, 엘리엇과 함께
오염원의 특성에 따라 순효과가 달라질 수 있다고 강조한다. 콜과
엘리엇은 산화질소와 이산화탄소가 미치는 해로운 순효과 외에
"기술 효과가 이산화황과 생화학적 산소요구량에 대한 규모 효과
를 지배하고 있다."[39]라고 보고한다. 따라서 일부 오염원의 경우
"오염이 1인당 소득에 따라 감소"하지만 저자들은 이것이 보편적
이지는 않다고 강조한다.[40] 같은 맥락에서 선준이는 대기 오염원
에 대한 자신의 연구 결과와는 대조를 이루지만 "수질 오염원(화
학적 산소요구량, 비소, 카드뮴)의 경우 무역 자유화가 배출량을 줄
인다."[41]라고 말한다.

제프리 프랑켈Jeffrey Frankel과 앤드루 로즈Andrew Rose는 무역의 내생성endogeneity과 관련된 추정 문제를 다루고자 도구 변수 접근법을 사용해 "무역은 대기 오염 척도 세 가지를 줄이는 경향을 나타내며" 좀 더 정확하게 말해 "이산화황 농도의 경우 통계적 유의도가 높고 이산화질소의 경우 통계적 유의도가 보통이며 미세먼지의 경우 통계적 유의도가 부족하다."[42]라는 사실을 보여준다. 앤트와일러와 코플랜드, 테일러와 마찬가지로 프랑켈과 로즈 역시 "무역이 환경에 해로운 영향을 미친다는 증거는 거의 없다."[43]라고 결론 내린다. 이와 비슷한 결론에 도달한 안드레 두아André Dua와 대니얼 에스티Daniel Esty는 아시아 태평양 지역의 경우 "경제적 팽창과 환경 보호는 사실상 상호 지원하는 관계를 맺을 수 있다."[44]라고 보고한다. 이는 규모 효과의 실례이자 경제학자들이 '집약 한계intensive margin'라고 부르는 용어와 관련이 있다. 즉 개인 소득이 증가하면 사람들이 좀 더 친환경적인 선호도를 나타내고 배출량을 제한할 여유를 누릴 수 있으므로 평균 오염 수준은 감소한다. 반면에 소득 분포 하위 집단에서 평균 소득이 증가하면 가구들이 첫 '백색 가전'(냉장고, 난방 기구, 에어컨, 전자레인지)과 컴퓨터, 전자제품, 자동차를 구매할 수 있게 되고 여행을 다니고 점점 가공식품을 많이 먹게 된다는 사실을 기억해야 한다. 여기에서 세계화와 생태계 위험 사이의 연계성은 참여 혹은 '외연 한계extensive margin' 증가에서 비롯한다. 이 한계의 효과는 성장이 저소득 상태에서 중간소득 상태로 나아감에 따라 성장과 관련된 환경 외부효과가 가속화된다는 것이다.

세계화가 배출량에 '긍정적인 효과'를 미칠 수 있다는 발견이 나오면서 일부에서는 환경 쿠즈네츠 곡선EKC(environmental Kuznets curve)을 상정하기에 이르렀다. 환경 쿠즈네츠 곡선은 소득(가로축)과 오염 강도(세로축) 사이에 나타나는 뒤집힌 U자 형태의 상관관계를 말한다. 대니얼 에스티는 환경 쿠즈네츠 곡선을 지지하면서 "환경 조건은 산업화 초기에 악화되다가 이후 국가가 1인당 GDP 약 5,000달러에서 8,000달러에 해당하는 중간소득 집단에 진입하면서 개선되는 경향을 나타낸다."[45]라고 보고한다. 이런 소득 수준에서 추가로 벌어들인 모든 금액을 에너지와 물을 비롯한 천연자원 수요로 환산하면 수확이 체감하게 된다. 따라서 이 지점을 넘어서 총 수요와 배출량이 증가하더라도 증가율은 둔화된다. 앞으로 20년 동안 20억 명 이상이 이 소득 전환을 겪게 될 것이며 에너지 및 천연자원은 물론 관련 환경 비용 측면에서도 무거운 부담을 안겨줄 것이다.

오염 피난처: 선진국의 오염산업 아웃소싱

지금까지 우리는 주로 세계화와 경제 활동 증가와 관련된 환경 위험 사이의 연계성에 초점을 맞췄다. 공개 토론회에서 많은 관심을 받았던 또 다른 중요한 관심사는 '녹색 선호'가 강한 지역(예를 들어 구속력 있는 환경 규제가 있는 지역)이 오염 발생 행위 그 자체 혹은 발생한 폐기물 처리를 아웃소싱하는 경향이다.[46] 이런 '오염 피난처'와 관련해 두 가지 가설이 존재한다. 둘 중 더 강경한 "세계화가 환경오염 산업을 가난한 국가로 이전하도록 부추긴다.”라는 주장을 가리켜 오염 피난처 가설PHH(pollution haven hypothesis)이라고 한다.[47] 이보다 온건한 이론은 “엄격한 환경 규제는 비용에서 비교 우위에 영향을 미치지만 그렇다고 해서 반드시 산업이 대규모로 규제가 약한 지역으로 이주하는 사태로 이어지지는 않는다.”라고 상정한다.[48] 이는 경제 선진국의 경우 비교적 환경법이 엄격한 경우가 많기는 하지만 엄격한 환경법이 반드시 산업 이전을 초래하지는 않는다는 뜻이다. 이를 가리켜 오염 피난처 효과PHE(pollution haven effect)라고 한다. 이론상으로는 설득력이 있지만 경험 연구를 보면 강경한 오염 피난처 가설에 의문을 품게 되고 그 대신 이론상 주장을 뒷받침할 강력한 관찰 데이터를 가지고 있는 오염 피난처 효과를 지지하게 된다.[49] 오염 강도가 규제가 엄격한 국가에서 규제가 약한 국가로 이동했다는 증거가 있기는 하지만 여전히 선진국은 ‘환경오염 산업’ 전체를 아웃소싱하지는 않는다. 실질적인 오염 피난처 사례가 많이 있으며 오염 피난처 효과는 국가 간뿐만 아니라 국가 내에서도 발생한다는 사실에 주목할 필요가 있다. 예를 들어 캘리포니아 주는 오래전부터 유해 가스를 캘리포니아 주에서 허용하는 기준보다 훨씬 더 많이 배출하는 미국 서부 석탄화력발전소에서 에너지를 수입해왔다.[50]

사회가 발전하고 소득이 증가하면서 오염에 관한 규제 및 집행 여건은 보통 강화되므로 오염 아웃소싱은 주로 부유한 지역에서 빈곤한 지역으로 이뤄진다. 그러나 환경 위험은 비선형인 경우가 많다. 바다나 숲은 낮은 수준의 오염에서 회복할 수 있지만 일정한 임계값을 넘어서는 오염은 돌이킬 수 없는 손상으로 이어질 수 있다. 예를 들어 표토 침식은 영구한 사막화로 이어질 수 있다. 이런 이유로 많은 선진국이 여전히 초기 단계에 발생한 환경 파괴의 잔재로 고통을 받고 있다.

　오염 피난처는 적어도 두 가지 이유로 체계적 위험에 해당한다. 첫째, 오염을 수출하는 경향은 부유한 국가가 청정 기술과 효율성 높은 폐기물 처리 체계에 투자할 인센티브를 낮춘다. 둘째, 가난한 국가가 오염을 수입해서 경제적 이득을 얻고 환경 쿠즈네츠 곡선을 따라 이동한다고 하더라도 돌이킬 수 없는 손상이라는 진짜 위험이 도사리고 있다.[51] 오염 피난처는 다른 곳보다 낮은 비용으로 더 적은 규제 아래 더 많은 폐기물을 처리해야 하므로 가장 효과적인 폐기물 처리 기술에 투자하거나 좀 더 엄격한 규칙을 시행하기에 적합하지 않다.

환경 위험의 관리에 필요한 교훈

　이 장에서는 환경 위험의 가장 중요한 측면을 환경에서 '비롯하는' 위험과 환경에 '대한' 위험이라는 두 가지 범주로 분류하고자 했다. 우리의 설명은 결코 완전하지 않다. 이밖에도 유전자 변형, 도시화, 증가하는 인구의 압력과 같은 잠재적인 위험이 있다. 또한 많은 연구와 서적이 다루는 주제인 위태로운 대양과 어업, 산림 생태계를 비롯한 다양한 논제를 폭넓게 고려하지 않았다. 이런 주제들도 환경 위험과 관련된 체계적 위험에 대한 증거를 제공한다. 우리의 목적은 세계화와 환경 위험의 복잡성과 체계적 상호 관계를 설명하고 환경에서 비롯하는 위험과 환경에 대한 위험 두 가지를 모두 강조하는 것이었다. 이 장의 핵심 교훈은 다음과 같다.

교훈 1: 현재의 관행은 환경 위험을 야기한다

최근 수십 년 동안의 발전 속도는 자연 생태계를 여러모로 불안정하게 만들었다. 그 결과로 재해가 늘어나고 위해에 대한 취약성이 증가하며 자원과 생물다양성이 고갈되면서 체계와 사람이 위험에 처하게 될 것이다. 이에 따라 전문가들은 "세계 10대 도시 손실 가능성이 증가할 것으로 추정"[52]하며 2005년부터 2015년 사이 기간에 걸쳐 재해 손실 가능성은 도쿄가 22퍼센트, 상하이와 자카르타는 88퍼센트에 이른다고 예측했다.[53] 이런 예측을 고려할 때 위험 분석을 개선하고 재해 위험을 줄이기 위한 투자를 확대하려는 노력을 시급하게 기울여야 한다.

교훈 2: 환경 위험을 완화하기 위해 탄탄하고 회복탄력성 있는 대응이 필요하다

환경 위험에 대한 '탄탄'하고 '회복탄력성' 있는 대응 개발에 힘써야 한다. 강건한 대응으로는 생물다양성 보호, 더 많은 나무 심기, 허리케인 카트리나 이후 루이지애나 주에 설치한 홍수 차단기와 로테르담 인공 장벽 같은 재해 방지 장벽 강화를 들 수 있다.[54] 혹은 그 대신에 생물다양성 확대 장려, 단일 경작 지양, 유역 관리 강화, 토지를 보호하고 천연자원 고갈을 방지하는 정책 추진으로 회복탄력성을 향상할 수 있다. 환경 재해가 금융 부문, 기상 선물 先物 등에 여파를 미치지 않도록 예방하는 재해 연계 채권 같은 금융상품 역시 농업인 등에게 어느 정도 보호막을 제공함으로써 환경 위험 사태가 유발하는 체계적 결과를 완화할 수 있다.[55] 동시에 범람원에 건물을 짓도록 부추기는 보험상품 같은 비뚤어진 규제와 화석연료 소비를 촉진하는 비뚤어진 보조금, 유럽과 북아메리카에서 단일 경작과 해로운 바이오연료의 과도한 생산을 초래하는 부유한 국가의 농업 보조금을 없앤다면 환경의 회복탄력성이 증가할 것이다.

교훈 3: 환경 위험의 관리에 접근하는 현행 방식은 효과가 없으며 조화로운 초국가적 대응이 필요하다

환경 위험의 관리에는 글로벌, 지역, 국가, 공동체 차원의 개입이 필요하다. 세계화는 오염이 가장 보호받지 못하는 곳으로 이동하도록 방치하고 오염 피난처를 조장했다. 글로벌 탄소세와 소비선택과 관련된 외부효과에 대해 생산과 소비에 직접 지불하는 정책이 바람직할 것이다. 그런 포괄적인 접근법에 실패한다면 환경 외부효과에 상응하는 비용을 부과하는 국경세를 국가 혹은 지역(예를 들어 유럽연합) 차원에서 탐구해야 할 것이다. 합동 작업 부족과 사익을 추구하는 로비 행위(석탄산업 로비 등)는 환경 지속가능성을 개선하려는 노력을 좀먹고 있다. 조각난 규제는 환경 보호라는 환상을 만들고 오염 아웃소싱 방지에 실패한다. 캘리포니아 주에서는 에너지 수요가 증가하면서도 겉보기에 친환경도가 상승하는 실적을 기록하고 있지만 이는 에너지 집약적인 제품을 다른 지역에서 생산했기 때문에 글로벌 탄소 배출량에 대한 순효과가 예측보다 훨씬 낮았다는 뜻이다. 그러나 운송과 국내 사용에 청정 기술을 채택하도록 이끈 결과로 캘리포니아 주는 올바른 방향으로 움직였다.

위험한 나비효과

지구 환경을 관리하기에 현행 구조는 불충분하다. 예를 들어 '무역-환경 격차' 맥락에서 볼 때 "지속가능한 발전이라는 약속에 끌리는 사람들조차도 현실에서는 환경 정책 도구가 세계화 압력에 미치지 못한다고 우려"[56]한다. 또한 "정부가 독립적인 환경 정책을 추구할 수 있도록 유연성을 허용하는 행위와 무역 협정의 허점을 좁히고자 정부 능력을 제약하는 행위 간의 절충"[57]을 강조하는 주장도 있다. 다른 영역과 마찬가지로 이 분야에서도 조화로운 초국가적 대응에 관한 한, 갈 길이 요원하다.

교훈 4: 가난한 국가와 가난한 사람들이 환경 위험에 가장 많이 시달린다

방글라데시와 몰디브를 비롯한 저지대 국가와 아프리카를 비롯한 건조하고 취약한 땅에 사는 사람들이 환경 위험에서 가장 큰 위협을 받는다. 최근 수십 년 동안 환경 위험에 가장 크게 영향받는 사람들의 선택지를 심각하게 제약하는 국제 이주 규제가 증가하고 있다. 생산 및 오염의 세계화와 여러 사회에서 발생하는 차별 원가 사이의 불일치는 불평등과 자원 고갈에서 비롯하는 위험을 악화한다. 세계화로 발생하는 체계적 환경 위험에 대처하는 전략은 이런 차등 영향을 고려해야 한다. 세계화를 늦추거나 환경 여파를 이유로 신흥 시장의 성장을 저지하는 행위는 윤리적·정치적·경제적으로 역효과를 낳는다. 많은 신흥 시장, 특히 중국은 이미 탄소 집약도와 환경 파괴를 줄이는 방향으로 성장 전략을 조정하고 있다. 그러나 환경 친화적 성장을 촉진하는 기술을 채택하려는 인센티브를 마련하고 개발도상국이 환경 위험을 완화하고 관리하는 역량을 기르는 데 훨씬 더 많은 관심을 기울여야 한다.

6

반복되는 팬데믹

이 장에서는 팬데믹의 체계적 위험을 다룬다. 세계화는 엄청난 건강상 혜택을 가져왔지만 다양한 건강상 위협으로도 이어졌다. 세계화가 진행된 결과인 팬데믹은 심각하고 치명적일 수 있는 체계적 결과를 유발할 수 있다.

2002년 11월 중국 광둥성에서 사스(중증급성호흡기증후군)가 처음 발생했을 때 강한 발병력 때문에 빠르게 전염병으로 번졌다. 광둥성 전역에서 발병 사례가 나타났지만 대부분은 한 진원지를 중심으로 국소 지역에 머물렀다.[1] 인류 역사 대부분의 기간에서 이야기는 이로써 끝을 맺었을 것이다. 류젠룬劉劍倫 같은 사례는 인류 역사 대부분에서 불가능했다. 광둥성에서 사스 환자를 치료했던 64세의 의사 류젠룬은 2003년 2월 17일 홍콩 메트로폴 호

　　　　　　　　　　　　위험한 나비효과

텔에 투숙했다. 류젠룬은 그 고급 호텔에 머무르는 동안 세계 각국에서 온 손님들과 접촉했다. 류젠룬과 함께 엘리베이터에 타고 식당을 이용한 손님들은 다시 비행기를 타고 집으로 돌아갔고 자신도 모르게 사스 병원체를 전 세계로 날랐다. 2003년 6월 말에는 모든 대륙에서 사스 환자가 확인됐고 보건 전문가들은 최악의 사태를 우려했다. 30개국에서 8,400건이 넘는 사례가 보고됐고 정책 입안자들은 격리를 시행하기 시작하고 대규모 혼란을 막고자 노력했다. 그러나 래리 브릴리언트Larry Brilliant(미국의 전염병학자—옮긴이)가 지적하듯이 "사스는 일어나지 않은 팬데믹"[2]이었다. 세계공중보건정보네트워크Global Public Health Intelligence Network 같은 조직이 빠르게 발견하고 세계보건기구WHO가 효과적으로 대응한 덕분에 세계적인 재앙으로 번질 수 있었던 사태를 방지했다. 사스로 인한 사망은 비극적인 일이고 아직 바이러스가 완전히 뿌리 뽑히지는 않았지만(마지막으로 확인된 사례는 2004년 4월이었다)[3] 세계가 함께 행동하고 협력한 덕분에 전 세계로 체계적 결과가 퍼져 나가지는 않았다.

그러나 이전 팬데믹의 경고에 주의를 기울이지 않았고 팬데믹을 감당할 수 있다는 안일한 마음가짐이 2020년 치명적인 코로나바이러스감염증-19 팬데믹으로 이어졌다. 코로나바이러스감염증-19는 넉 달 만에 195개 이상의 국가로 퍼져나갔고 4월 말 현재 확진 환자가 350만 명 이상, 코로나바이러스감염증-19가 직접 사인인 사망자가 25만 명 넘게 발생했다. 검사율이 낮고 코로나바이러스감염증-19로 인한 사망자 다수가 국가 통계에 포함되지 않았다는 사실은 이것이 지난 100년 동안 발생한 가장 치명적인 팬데믹이라는 뜻이다. 그러나 R 수치(감염되어 바이러스를 옮긴 사람들 수의 평균 즉 기초감염재생산수)와 사망률(감염자 수 대비 사망자 수의 비율)이 에볼라와 사스보다 훨씬 낮다는 점을 고려할 때 사태는 훨씬 심각할 수도 있었다.

코로나바이러스감염증-19 같은 팬데믹이 전 세계로 퍼지고 그 결과로 경제와 생활에 엄청난 충격이 발생할 것이라는 상황은 충분히 예측할 수 있었다. 정부가 이 사태에서 배우고 코로나바이러스감염증-19가 마지막 글로벌 팬데믹이 되도록 체계를 확실히 구축해야 한다. 코로나바이러스감염증-19보다 더 심각할 수 있는 다른 팬데믹이 절대 다시는 발생하지 않도록 하려면 각국 정부가 세계화가 유발하는 부정적인 나비효과를 이해해야 한다. 코로나바이러스감염증-19와 사스를 비롯한 여러 팬데믹을 학습한다면 팬데믹이 유발하는 비용의 일부분만으로 향후 글로벌 팬데믹을 예방할 수 있다.

팬데믹 연구는 대단히 중요하며, 세계화가 보건 위험에 어떻게 영향을 미쳤고 팬데믹 발발이 글로벌 체계에 어떻게 영향을 미칠 것인가라는 좀 더 넓은 맥락에서 살펴보아야 한다. 이는 질병 위험에 직접 대처하기 위해 필요한 일이다. 또한 질병에 대처하는 세계 체계가 가장 발달한 동시에 가장 효과적인 체계이므로 공중보건 관리가 체계적 사고에 중요한 교훈을 가르쳐줄 수 있다는 이유에서도 필요하다. 코로나바이러스감염증-19가 발생하기 전까지 세계보건기구는 제2차 세계대전 이후 대부분의 기간 동안 팬데믹 위협을 성공적으로 차단했고, 유엔에이즈계획UNAIDS(Joint United Nations Programme on HIV/AIDS)을 비롯한 새로운 전담

기관들이 때때로 마비를 일으키는 세계보건기구의 정치 문제와 관료주의에 방해받았을 법한 주요 보건 문제에 대처하는 대체 수단을 효과적으로 제공했다.

보건 관리 원칙을 다른 영역에 적용하는 방법을 배우고자 우리는 먼저 팬데믹의 성격을 분석하고 세계화와 팬데믹의 고유한 관계를 관찰한다. 그다음에는 세계화가 수반하는 '연계성 증가' 특성이 질병 전이를 촉진할 수 있는 방식 몇 가지를 제시한다. 또한 과거 팬데믹과 그 질병이 끌어낸 대응을 살펴보고, 그로부터 체계적 사고와 미래의 팬데믹을 비롯한 여러 체계적 위험의 관리에 적용할 수 있는 교훈을 이끌어내고자 한다.

세계화와 전염병의 위험

세계화와 인구 증가, 도시화는 전염병 전파를 촉진했다. 세계 여행과 글로벌 통합이 복잡한 양상을 띠면서 이제는 '최초 감염자'가 발생한 이후 몇 단계만 걸치면 전염병이 과거 고립 공동체였던 곳까지 퍼지게 된다. 의학 전문가들은 지난 20년 동안에 30종 이상의 질병 유발 유기체가 새로 나타났다고 말한다. 에볼라, C형 간염, 인체면역결핍바이러스HIV 같은 치명적인 병원균도 여기에 속한다. 게다가 콜레라, 말라리아, 페스트처럼 한때 근절됐다고 여겼던 질병들도 한층 더 강력한 발병력으로 돌아왔다.[4] 21세기 첫 10년 동안 세계는 사스, H1N1(돼지 인플루엔자), H5N1(조류 인플루엔자), 에볼라에 이르기까지 적어도 네 차례 주요 팬데믹에 위협받았다. 그러던 2020년 코로나바이러스감염증-19는 우리가 예측했던 바를 끔찍하게 증명하는 사례를 제공했다. 세계화의 특징인 연결성과 통합은 다른 분야에서와 마찬가지로 보건 분야에서도 심각한 부정적 외부효과의 발생 가능성을 만들어냈다.

팬데믹의 정의

팬데믹을 특징짓기란 간단한 작업이 아니며 합의된 하나의 정의는 존재하지 않는다. 세계보건기구는 "팬데믹에 대비하기 위한 지침을 10년 동안 발행했음에도 불구"하고 2009년에야 공식적인 정의를 내놓았다.[5] 세계보건기구는 팬데믹을 "지역사회 수준에서 발발"하고 "적어도 2개 국가에 걸쳐 사람과 사람 사이에 바이러스 전파"가 나타나는 인플루엔자로 정의했다.[6] 면역학자들은 팬데믹의 특징을 광범위한 지리에 걸쳐 발생, 질병 이동, 높은 발병률, 최소 집단 면역, 새로움, 감염성, 전염성, 심각성으로 좀 더 보편적으로 규정한다.[7] 미국 보건복지부도 이와 비슷하게 급속한 전 세계 전파, 의료 체계 과부하, 의약용품 부족, 병원 침상 부족, 경제 및 사회 붕괴를 "팬데믹의 성격 및 문제점"으로 꼽는다.[8]

'팬데믹'의 정확한 정의는 중요하지만 이 책에서 다루는 내용을 설명하기에는 팬데믹이 '사람들 사이에 쉽게 퍼지고 전 세계 환자에게 감염'된 바이러스와 관련이 있다고만 언급해도 충분하다.[9] 여기에서 핵심 용어는 '전 세계'이며 이것이 팬데믹과 전염병 epidemic을 구분하는 기준이다. 전염병은 "인구나 공동체, 지역 안에서 다수의 개인"에게 영향을 미치는 질병으로 보며, 전염병의

위험한 나비효과

지리적 분포에 제한이 있다는 점에서 팬데믹과 다르다.[10]

가장 치명적인 체계적 위험

세계화와 팬데믹 사이의 연관성을 보여주는 사례는 많다. 통합의 증가는 질병의 발생과 확산을 동시에 촉진한다. 보건 위험은 체계적일 수밖에 없으므로 팬데믹이나 확대되는 질병은 다른 부문에 영향을 미칠 것이다. 이를 가장 잘 설명할 수 있는 사례가 바로 천연두다. '역사상 최대 살인마'라고 불렸던 천연두는 이집트 파라오 람세스 5세, 로마 황제 마르쿠스 아우렐리우스, 스페인 신성로마 황제 페르디난드 4세, 중국 황제 순치제, 영국 여왕 메리 2세, 오렌지공 윌리엄 3세, 러시아 황제 표트르 2세, 프랑스 국왕 루이 15세에 이르기까지 수많은 세계 지도자의 목숨을 앗아갔다고 전한다.[11] 전염병은 분명히 장소와 사람을 가리지 않으며 심지어 가장 큰 권력을 누리고 철저하게 보호받는 사람들에게도 영향을 미칠 수 있다.

2014년에 발표했던 이 책의 초판에서 우리는 "팬데믹이 뉴욕이나 런던 같은 금융 중심지를 강타하고 질병이나 격리, 공황 상태, 혹은 2차 서비스(운송, 에너지, 정보기술 등) 붕괴로 글로벌 체계의 주요 행위자가 적어도 일시적으로 고립되는 사태로 이어질 가능성이 상당히 높다. 팬데믹은 워싱턴이나 화이트홀Whitehall(영국 런던의 관청 밀집 지역—옮긴이), 브뤼셀, 베이징도 고립시킬 수 있다. 많은 전문가가 이런 사태는 어차피 일어날 일이고 관건은 그 시기라고 생각한다. 따라서 팬데믹 연구와 그 예방은 모든 세계 체계를 보호하기 위해 필수불가결하다."라고 썼다. 우리의 우려는 현재 코로나바이러스감염증-19 사태로 현실화됐다. 이제 세계화가 많은 혜택을 가져오는 동시에 끔찍한 체계적 위험 역시 만들어 낸다는 말에 의심을 품을 수 있는 사람은 아무도 없을 것이다.

연결성의 증가와 슈퍼 전파자

인간과 인간, 인간과 동물 사이를 연결하는 밀도와 강도는 팬데믹 발병과 확산을 좌우하는 주요 결정 요인이다. 1967년 스탠리 밀그램Stanley Milgram은 글로벌 연결성을 수량화하는 실험을 실시한 결과 사람들은 평균 여섯 단계를 거치면 서로 연결된다는 사실을 발견했다.[12] 밀그램은 네브래스카 주 오마하와 캔자스 주 위치타에 사는 사람들에게 무작위로 소포를 보내 매사추세츠 주 보스턴에 사는 사람이 소포를 건네받으려면 '친구의 친구'를 몇 명이나 거쳐야 하는지 측정하고자 했다. 당시로는 대단한 실험이었지만 이 실험에서 측정한 연결성은 미국 대륙으로 국한됐고 소포를 건네받은 공통의 친구 여섯 명은 모두 미국 거주자였다. 세계화된 21세기 세계에서 통합은 밀그램의 실험 결과를 크게 넘어섰다. 2011년 페이스북은 지구에 사는 두 사람이 연결되려면 몇 단계가 필요한지 알아내고자 '전 세계' 이용자 7억 2,100만 명을 분석했다. 그 결과 페이스북 이용자 두 사람이 서로 연결되기까지, 설사 그 두 사람이 물리적으로 수천 킬로미터 떨어져 있다고 하더라도 '공통의 친구' 단 4.7명만 거치면 된다는 사실을 발견했다.[13] 인구 증가와 여행, 나아가 동물이 상업적으로나 의도하지 않게 이

위험한 나비효과

동하는 경우(선박에 들어간 쥐나 비행기에 들어간 모기)까지 겹치면서 전염병 확산 위험이 급속하게 증가했다. 사스 '슈퍼 전파자'였던 중국인 의사 류젠룬 사례에서 봤듯이 연결은 위험할 수 있다. 발병력이 강한 병원균은 대개 짧은 접촉만으로도 감염되고 확산된다. 이런 특성 때문에 비행기와 국제 여행은 질병을 전달하는 매개체가 된다.

팬데믹 위험을 더하는 도시화와 인구 집중

2025년이 되면 세계 인구의 도시 거주 비율이 70퍼센트까지 상승할 것으로 예상된다.[14] 도쿄의 인구밀도가 1제곱킬로미터당 5,847명에 이르고, 25명 중 1명이 이미 인구 1,000만 명이 넘는 거대 도시에 살고 있는 상황에서 "팬데믹에 대처하려면 감시와 대비, 대응에 새로운 접근법이 필요"[15]할 수밖에 없다. 이는 어디에서나 중요하지만 특히 과도하게 붐비거나 비위생적인 환경, 사람이 동물 가까이에 사는 곳과 물이 오염되기 쉬운 곳에서 특히 중요하다. 전염병이 발생하고 확산되는 인큐베이터 같은 장소가 특히 빠르게 증가할 것으로 예상된다. 사실상 모든 거대 도시 발달이 향후 수십 년 동안 개발도상국에서 일어날 것이고 그중에는 판자촌을 비롯해 사람들이 열악한 환경에서 생활하는 공동체가 있기 때문이다. 따라서 도시 내 불평등과 위생, 깨끗한 물, 의료 서비스 같은 기본 혜택을 받지 못하는 인구는 잠재적인 팬데믹 위험의 원천이다.

집중의 위험은 대도시권 안에서나 세계적으로나 연결성의 위험을 증폭하는데, 이는 특히 주요 공항 허브가 이런 대도시 주변에 있는 경우가 많기 때문이다. 만약 어떤 질병이 대도시에서 발생한다면 그 질병이 전 세계로 퍼져나가는 사태를 막기란 거의 불가능하다. 일반적으로 거대 도시는 자주 이동하는 이주자와 모든 대륙과 관계를 맺는 사업가들이 거주하는 곳이기도 하다.

팬데믹 정보의 관리가 시급하다

요즘에는 정보와 소문이 인터넷과 소셜 미디어를 통해 거의 순식간에 퍼질 수 있다. 이런 가능성 때문에 전염병 관련 공황 상태가 발생할 위험이 급격히 증가했고 팬데믹 관리에 따르는 복잡성이 큰 폭으로 늘어났다. 시민들이 의약품이나 마스크를 사재기하려고 하고 사람과 의약품, 주요 서비스의 이동을 통제하려는 정부의 시도가 대중의 반응에 실패로 돌아가면서 히스테리가 위험을 체계적으로 악화시킬 수 있으므로 정보 관리는 필수다. 정부는 집단 히스테리를 예방하고자 할 때 필수 정보를 위험하게 억압하려는 유혹을 받을 수도 있다. 금융계의 소셜 네트워크 맥락에서 볼 때 "개별 의사결정자는 사회적으로 연결된 상대방의 행동과 결정, 심지어 신념(위험 인식 등)에도 주의를 기울이는 경우가 많다."[16] 라는 증거가 있다. 바로 이런 의미에서 우리는 혁신과 기술이 전염병에서 비롯되는 위험을 형성했다고 생각한다. 물리적인 전염 경로 외에 "'사회적' 전염"[17]과 관련된 위험도 인식해야 한다.

민감한 연구에 대한 정보 보급 관리 역시 해결해야 할 과제다. 유력 과학 전문지인 《네이처》와 《사이언스》에 H5N1 인플루엔자

바이러스 진화에 관한 연구 발표를 보류해 달라고 요청한 미국 정부의 결정을 둘러싼 논쟁이 그 예다. 종국에는 관련 연구들이 발표됐지만 보건 분야 뉴스를 보도하는 웹사이트 〈메디컬 뉴스 투데이〉는 그 연구들이 "그런 데이터를 공개하면 테러리스트가 생물 무기를 더 쉽게 만들 수 있도록 돕는 셈이라는 국제적 우려로 보류됐다."[18]라고 밝혔다. (생물 테러 위험은 7장에서 더 자세하게 다룬다.)

비공식 네트워크 및 소셜 네트워크와 팬데믹 위험 간의 연계성은 질병 확산 예방에 공중보건이 기여하는 역할과도 관련이 있다. 예를 들어 한 연구는 공중보건 상태와 1918년 인플루엔자 팬데믹('스페인 독감') 사이의 상호관계를 분석했다. 이 연구는 당시 "전염병은 새로운 공중보건의 한계를 일깨우는 달갑지 않은 신호"였다고 결론지으면서도 이어서 "이전 시대의 공중보건 기법은 여전히 관련성이 있었고 질병을 저지할 힘도 지니고 있었다."[19]라고 주장한다. 팬데믹을 방지하는 데 예방 조치는 도움이 될 수 있으며 그런 질병을 억제하는 해결책을 개발하고 시행하는 데 중심적인 역할을 수행할 수 있다. 긴밀하게 통합된 요즘 세상에서 이런 예방 조치로 팬데믹 확산을 막으려면 전 세계적인 추적 관찰, 시의적절한 탐지, 효과적인 개입이 필요하다.

사례연구

이 책에서 다루는 사례연구는 팬데믹 관리에 필요한 핵심 교훈을 밝힌다. 구체적인 사례를 살펴봄으로써 앞에서 확인한 이론적 위험을 더 잘 이해하고 앞으로 다가올 위협에 대응할 능력을 극대화할 수 있다. 최근 연구에서 인플루엔자 팬데믹은 10년에서 15년마다 비슷한 바이러스가 나타나는 주기적인 패턴에 따른다는 사실이 밝혀졌다.[20] 2014년에 우리는 "그렇다면 세계는 팬데믹을 겪을 시기를 이미 오래전에 '지나친' 셈"이라고 지적했다. 우리가 꼽은 사례연구들은 팬데믹의 가능한 기원과 시사점에 대한 실마리를 던진다.

역사상 팬데믹

여러 국가에 걸쳐 발생한 최초의 전염병 기록은 기원전 430년까지 거슬러 올라간다. 아테네 역병이라는 이름으로 알려지게 된 이 질병은 지금의 에티오피아 지역에서 발생해 펠로폰네소스 전쟁 중에 부대 이동을 통해 이집트로 퍼졌다.[21] 그때 이후로 '광범위한 전염병'의 유행파wave는 무역 국제화와 관련이 있었다.[22] 1347년에 '흑사병'으로도 알려진 선腺페스트와 함께 시작된 무역 증가는 상인의 거래선이 병원균을 전파하는 도관 역할을 할 수 있다는 뜻이었다.[23] 17세기 동안에 세계화는 유럽의 식민지 건설을 통해 전염병 전파를 도왔고 이 과정에서 원주민들은 인플루엔자, 홍역, 천연두 같은 바이러스에 노출됐다.[24] 20세기에 이르면서 무역은 지구상에서 가장 외딴 곳들을 제외한 모든 지역에 도달했고 광범위한 전염병이 '팬데믹'이 되고 있었다.

스페인 독감

스페인 독감으로도 알려진 1918년 세계 인플루엔자 팬데믹은 바이러스 감염이 미치는 끔찍한 영향을 잘 보여주는 적절한 예로 자주 언급된다. 스페인 독감은 "특출한 발병력"을 발휘하고 "인류 역사상 가장 치명적인 공중보건 위기"[25]로 여겨졌다. 스페인 독감으로 사망한 사람은 인도에서만 약 1,700만 명에 이르고 전 세계적으로 5,000만 명에서 1억 명에 이르는 사망자를 냈다.[26] 스페인 독감은 9개월 간격으로 점점 치명적인 세 차례 유행파 사태를 맞이했다. 비극적이게도 스페인 독감은 젊은이들에게 특히 위험했고, 전체 사망자 중 절반은 20세에서 40세 사이였다.[27] 스페인 독감의 정확한 기원은 아직 알려져 있지 않지만 해당 바이러스가 사람과 동물 간 '유전자 재편성'이 아니라 '게놈 적응'에서 비롯됐다는 증거가 있다. 이는 그 전구체가 인간에게 영향을 미치기 시작하기 전에 "모호한 생태적 지위에 숨어" 있었다는 뜻이다.[28] 스페인 독감은 스페인에서 시작되지 않았고 발병률이 가장 높지도 않았다. 그보다는 스페인이 상대적으로 개방적인 매체를 보유하고 있었고 보도를 금지하지 않았기 때문에 그런 이름이 붙게 됐다.

스페인 독감은 처음 발병한 지 몇 주 만에 세계 대다수 국가에 영향을 미쳤다.[29] 이는 제1차 세계대전 도중과 그 이후에 부대가 이동했고 군 생활의 위생 조건이 열악했기 때문이기도 했다.[30] 당시로서는 이런 상황이 예외적이었지만 현재와 비교하면 그런 이동은 느리고 단편적이었다. 당시로는 대단했던 병참 활동으로 군인들을 세계 곳곳으로 수송했고 좁은 지역에 많은 사람이 모였다. 제1차 세계대전 직후 유럽의 이동 양상은 오늘날은 일상이고, 사람들은 경제적인 이유로 팬데믹 발생과 확산이라는 측면에서 볼 때 한층 더 심각한 위협을 가하는 거대 도시와 빈민가에 모여들었다.

아시아 독감(H2N2)과 홍콩 인플루엔자(H3N2)

1957년에 발생한 아시아 독감과 1968년에 발생한 홍콩 인플루엔자는 1918년 스페인 독감에서 유래한 것으로 보인다.[31] 세 차례에 걸친 인플루엔자 발발은 20세기 주요 팬데믹으로 꼽힌다. 병원균 자체가 물리적 특징을 공유하고 있을 뿐만 아니라 세 위기의 분포 패턴 역시 서로 비슷하다. 1957년 아시아 독감은 거의 40년 전에 발생한 스페인 독감과 똑같은 다수의 유행파 구조를 나타냈다.[32] 첫 번째 유행파는 1957년 2월 아시아에서 H2N2 바이러스 발발이 처음으로 보고됐을 때 왔다. 5월에는 H2N2 바이러스가 미국에 전파됐고 미국 정부는 백신을 대량 생산하기 시작했다. 감염률은 10월에 정점을 찍었고 12월에 이르자 최악의 사태는 끝난 듯 보였다. 그러나 첫 번째 사례가 발생한 지 1년 만인 1958년 2월, 제2차 유행파 감염이 급증했다. 아시아 독감으로 인한 약 7만 명에 이르는 미국인 사망자는 대부분 예상치 못했던 이 두 번째 유행파 시기에 발생했다.[33]

아시아 독감이 발생한 지 10년 만에 극동 아시아 지역에서 또 팬데믹이 발생했다. '홍콩 인플루엔자'는 1968년 초 홍콩에서 처음으로 발견됐고 같은 해 9월까지 미국에 퍼지지 않았다. 따라서 아시아 독감의 경우와 마찬가지로 초기 전파 속도는 1918년 스페인 인플루엔자의 경우보다 훨씬 느렸다. H3N2 바이러스로 인한 사망은 1968년 12월에서 1969년 1월 사이에 최고조에 달했지만 이전 두 차례의 '대' 팬데믹과 달리 주로 65세 이상인 사람들에게 영향을 미쳤다. 그러나 이번에도 바이러스는 뒤이은 발발로 되돌아와 1970년과 1972년에 각각 두 번째와 세 번째 유행파를 기록했다. 홍콩 인플루엔자로 인한 미국 전체 사망자 수는 3만 3,800명으로 "20세기 가장 가벼운 인플루엔자 팬데믹"[34]이 됐다.

미국 보건복지부에 따르면 팬데믹 영향의 심각도를 결정하는 요소는 시기라고 한다. 학기 중에 일어나는 발병은 대단히 충격적인 결과를 유발할 가능성이 훨씬 높다. 학교에서 일어나는 집단 접촉은 세계화된 상호작용의 전형이라는 점에서 이는 연결성이 팬데믹 발생을 초래할 수 있다는 강력한 증거로 받아들일 수 있다.

아시아 독감과 홍콩 인플루엔자에 대한 '대응' 역시 그 영향을 크게 억제했다. 이 두 차례의 팬데믹 퇴치를 주도했던 과학자 에드윈 킬버른Edwin Kilbourne은 이 질병들의 초기 사례를 발견하고 보도한 주체는 정부 기관이 아니라 언론 매체였다고 전한다.[35] 뉴스 그룹은 병원균의 위협에 대한 대중의 주의와 정책 입안자의 관심을 이끌어낼 책임을 졌다. 이는 향후 팬데믹 전파를 억제하는 데 비공식적인 보고 네트워크가 중요한 역할을 할 것이라는 뜻이다. 즉 모바일 기기나 소셜 네트워킹 사이트 같은 현대 기술이 21세기 팬데믹 관리에 결정적인 역할을 할 것이라는 의미다. 물론 앞에서 지적했듯이, 그 기술들이 공황이나 비생산적 대응을 유발하여 위협을 일으킬 수도 있다.

인체면역결핍바이러스 및 에이즈

우리는 최근 수십 년 동안 발생한 가장 끔찍한 질병 중 하나인 인체면역결핍바이러스 및 에이즈HIV/AIDS에 특별한 주의를 기울여야 한다고 생각한다.

인체면역결핍바이러스 및 에이즈는 팬데믹이라기보다는 전염병으로 불린다. 그러나 그 이유는 불분명하다. 정의는 다양하지만 보통 다음의 특징으로 두 개념을 구별한다. 전염병은 일반적으로 이미 돌고 있는 바이러스 아형이 계절 요인으로 발발하면서 발생하는 반면, 팬데믹은 보통 새로운 바이러스 유형 혹은 아형(발병 지역 주민에게 면역력이 거의 혹은 아예 없는)에 의해 발생한다. 전염병 '발발' 수준은 평균적인 수준보다 높지만(감염 사례 수가 평상시 예상을 초과하므로) 특정 공동체 혹은 지역에 국한된다. 팬데믹은 전 세계 규모로 감염이 증가하고 인명, 사회 혼란, 경제 손실, 전반적인 곤란도 측면에서 훨씬 더 큰 비용을 초래한다.[36]

1981년 이후 인체면역결핍바이러스 및 에이즈로 인한 사망자 수가 2,500만 명을 넘어섰고 현재 이 질병을 앓고 있는 사람도 3,300만 명에 이르는 현재 상황에서 그 위기 수준은 팬데믹이나 다름없다.[37] 2010년 한 해만 해도 인체면역결핍바이러스 및 에이즈로 끔찍하게 죽음을 맞은 사람이 180만 명에 달하고 같은 해 발생한 신규 감염자가 270만 명이었다.[38] 게다가 감염자 중 67퍼센트가 아프리카에서 가장 빈곤한 지역에 살고 있는 상황을 감안할 때 이 질병은 확실히 7장에서 논의할 세계 불평등 문제를 일으키는 원인이기도 하다.[39]

이렇게 감당하기 벅찬 수치에도 인체면역결핍바이러스 및 에이즈 퇴치 운동에서 배울 수 있는 긍정적인 교훈이 있다. 에이즈 팬데믹은 "유명한 사람이 감염"[40]되고 나서야 공개 담론의 대상

위험한 나비효과

이 됐다. 이는 세계 원조 네트워크 대응이 늦어진 이유이기도 하다. 세계보건기구는 첫 번째 사례가 발견된 지 6년이 지나 미국과 유럽으로 퍼진 다음인 1987년까지 퇴치 운동을 시작하지 않았다. 1990년대 초까지 보건 전문가들은 전염을 제한하고 기대수명을 연장하는 데 효과를 나타낼 수 있는 치료법을 확보하지 못했으므로 예방 조치에 집중했다.[41] 이런 실수를 바탕으로 오늘날 우리가 직면하고 있는 인체면역결핍바이러스 및 에이즈 문제 같은 상황을 회피하려면 향후 팬데믹에 빠르고 효과적인 조치로 대처하는 것이 얼마나 중요한지 알 수 있다. 세계가 행동하기까지 너무 오래 걸렸다 보니 아직도 감염자 대부분이 예방과 관리, 치료를 받지 못하고 있으며, 인체면역결핍바이러스 및 에이즈를 퇴치하는 싸움을 계속해 나가야 한다.[42]

21세기 팬데믹

21세기 들어 지금까지 팬데믹을 다섯 차례 겪었다. 앞에서 살펴봤듯이 오늘날 세계화를 특징짓는 연결성과 지리적 '집중'은 그런 위기가 발생할 위험을 높이는 결과를 유발했다.

사스

2003년 2월 세계보건기구의 카를로 우르바니Carlo Urbani 박사는 사스의 첫 번째 사례를 보고했다. 중국 광둥성에서 쓴 글에서 우르바니 박사는 이 사례를 가리켜 '21세기에 출현한 첫 중증 감염 질병'이라고 칭했다. 그는 그 질병이 "세계 보건 안보와 사람들의 생활, 보건 체계의 기능, 경제 안정과 성장에 중대한 위협을 가할 것"[43]이라고 썼다. 사스 발발은 '폭발적'이고 '확률에 근거'한다고 여겨질 수 있어서 본질적으로 통제하기 어려웠다.[44] 그림 6.1은 일일 감염자 수와 그에 상응하는 증가율 관련 데이터와 함께 초기 사례 수 과소추산에 대한 데이터를 제공한다.

첫 번째 사례 발견 이후 넉 달 만인 2003년 7월 사스는 전 세계로 퍼졌고 세계를 위기로 몰아갈 기세였다. 26개국에서 8,000명이 넘는 사스 환자가 나왔고 774명이 사망했다. 사스는 여행 역량에 미치는 영향으로 "중대한 사회·경제적 지장"을 초래했다(그림 6.2 참조).[45] 2003년 10월에는 세계보건기구의 아나르피 아사모아-바Anarfi Asamoa-Baah 박사를 비롯한 학자들이 사스가 세계화와 연결성의 부정적 측면을 보여준다고 주장하기에 이르렀다. 그러나 앞에서 언급했듯이 사스는 "일어나지 않은 팬데믹"이었다. 세계화에 대한 두려움과 더불어 희망적인 면도 있었다. 특히 아사모아-바 박사는 "사스는 종래의 공중보건 방식으로 새로운 질병을 억제할 수 있다는 사실을 보여줬다."[46]라고 강조했다. 세계보건기구는 국제 유행병 발생 경보 및 대응 네트워크Global Outbreak Alert and Response Network와 함께 노력해서 "기존 기관과 네트워크의 기술적 협력"[47]을 이뤘다.

이러한 활동으로 신속하게 발병을 파악하고 대응을 조정하는 데 필요한 인적 자원 및 기술 자원을 모두 모았다.[48] 효과적인 조치의 결과로 사스 환자는 수십만 명이 아니라 수천 명 수준에 머물렀다.

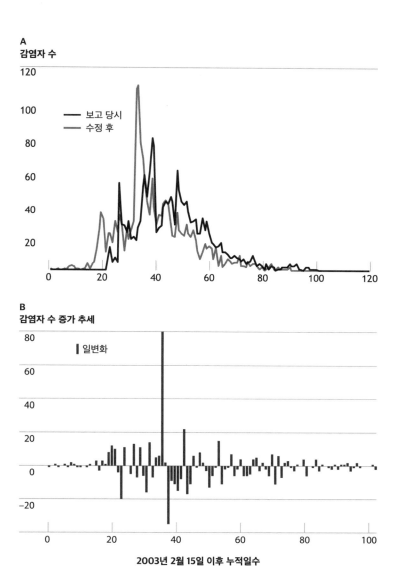

A
감염자 수

- 보고 당시
- 수정 후

B
감염자 수 증가 추세

┃ 일변화

2003년 2월 15일 이후 누적일수

그림 6.1. 2003년 홍콩 사스 사태. 마이클 스몰Michael Small과 치 체Chi K. Tse, 2005, <사스 전염의 작은 세상과 척도 독립 모형Small World and Scale Free Model of Transmission of SARS>, 《국제 분기 및 혼돈 저널International Journal of Bifurcation and Chaos》 15권 5호: 1745-1755쪽, 1746쪽 그림. 허가받아 전재.

그림 6.2. 2003년 사스 발발 당시 홍콩 항공기 결항 사태를 보여주는 공항 항공편 현황 게시판 사진. 데이비드 벨David M. Bell, 2012, <개정 국제 보건 규칙 시행에 따른 국제 무역 안보Global Trade Security Depends on Implementation of the Revised International Health Regulations>, 파워포인트 프레젠테이션, 미국 질병통제예방센터Centers for Disease Control and Prevention, 애틀랜타, 8, 8월 25일 접속, http://iom.edu/~/media/Files/Activity%20Files/Global/USandGlobalHealth/Bell.pdf.

조류 인플루엔자

21세기 들어 두 번째로 발생한 팬데믹 유사 사태는 H5N1, 많은 사람이 두려워했던 조류 인플루엔자의 발발이었다. 세계보건기구는 H5N1을 '고병원성'으로 규정해왔고, 1997년 홍콩의 사육조류에서 발생했을 당시 인간이 조류 인플루엔자 바이러스에 감염된 첫 사례가 나왔다. 그때 이후 병원균은 아시아에서 유럽으로, 이어서 아프리카로 퍼지면서 전 세계 조류 집단의 고질병이 됐다. 전체로 봤을 때 "사육조류 감염 사례 수백만 건, 인간 감염 사례 수백 건이 발생했고 많은 사람이 사망"[49]했다. 2007년 3월 기준으로 인간 감염이 확인된 사례는 277건이고 그중 사망자는 167명이었다(즉 사망률이 최소 65퍼센트라는 의미).[50] 조류 인플루엔자 바

위험한 나비효과

이러스의 확산세는 어느 정도 둔화됐지만 병원체에 인간 대 인간 전염력이 발생할 수 있다는 중대한 우려가 남아 있다(지금까지 조류 인플루엔자는 조류에서 인간으로만 전염됐다).[51] 인류와 조류가 긴밀하게 접촉하면 바이러스가 돌연변이를 일으키면서 인간 대 인간 전염을 발생시킬 수 있다는 두려움이 있다. 이런 사태가 발생할 위험은 인구밀도가 높은 거대 도시와 주변 빈민가에서 훨씬 높다.

H5N1 바이러스는 조류 집단에서 발생했으므로 먼 거리를 날아서 이동하는 철새가 바이러스를 퍼트릴 수 있다는 당연한 두려움이 있다. 이렇게 된다면 조류 인플루엔자는 한층 더 빠른 확산으로 이어질 수 있고 억제하기는 사실상 불가능해질 것이다. 과학 연구에 따르면 이동하는 야생 조류가 H5N1 바이러스를 옮길 잠재력은 있지만 "장거리에 걸쳐 바이러스가 확산될 가능성은 낮고 감염이 500킬로미터에 걸쳐 H5N1 바이러스를 확산시킬 수 있는 날은 개별 철새의 경우 평균 연간 5일에서 15일에 불과할 것으로 추정"[52]한다. 그러나 살아있는 새와 동물을 항공기와 선박으로 옮기는 요즘 이런 병원균은 예전보다 더 빠르고 멀리 이동할 수 있으며 장거리를 이동하는 철새에 의존할 필요가 없다. 간단히 말해, 현대 기술은 글로벌 팬데믹 위험을 상당히 높인다.

돼지 인플루엔자

21세기 들어 팬데믹 혹은 팬데믹에 가까운 지위를 차지한 세 번째 질병은 주로 '돼지 인플루엔자'로 불리는 H1N1이다. 2009년 돼지 인플루엔자의 발발은 2003년 조류 인플루엔자의 패턴에 비견할 수준이었지만 항공사 '허브'가 발휘한 역할 때문에 세계화와 관계가 더욱 뚜렷하게 드러났다.[53] 2009년 4월 초 멕시코시티와 뉴욕에서 등장한 H1N1 변종인 신종 S-OIV 바이러스는 인간 대 인간 전염을 매개로 몇 주 안에 전 세계 30개국으로 퍼졌다.[54] 돼지 인플루엔자는 사스 및 조류 인플루엔자와 대조적으로 병원균이 동떨어진 동아시아 지역이 아니라 세계에서 가장 많이 연결된 두 지역에서 발생했다는 점에서 흥미롭다. 이는 돼지 인플루엔자의 발병력과 심각성을 설명할 수 있으며, 따라서 보건 위험이라는 측면에서 거대 도시가 얼마나 위험할 수 있는지 잘 보여준다.

사망자 추정치는 12,799명이라는 초기 추정부터 전 세계적으로 이 질병으로 57만 명이 넘는 사람이 사망했다는 비교적 최근 연구에 이르기까지 다양하다.[55] 돼지 인플루엔자 확산에 세계화가 담당한 역할은 그림 6.3에 나타난 밀접한 연결 관계에서 뚜렷하게 나타난다.

웨스트나일 바이러스

웨스트나일 바이러스는 팬데믹과 무관하지만 앞에서 설명한 위험을 잘 보여주므로 이 부분에 포함했다. 맘 킬패트릭Marm Kilpatrick 은 "무역과 여행 세계화로 퍼진 침입종 중 상당수가 병원균"[56]이라고 지적한다. 킬패트릭은 웨스트나일 바이러스를 예로 들어 세계화가 팬데믹 기원을 야기하는 중대한 원인 요소라고 주장한다. 그는 1937년 우간다에서 처음으로 발견된 웨스트나일 바이러스가 1999년 북아메리카에 들어와 4년 만에 서부 해안에 도달하면서 2002년과 2003년에 지역 전염병을 일으켰다고 보고한다.

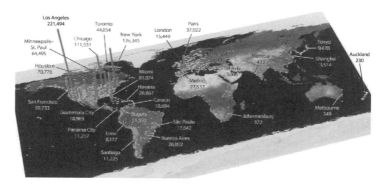

그림 6.3. 2008년 3월 1일부터 4월 30일까지 멕시코발 국제선 승객의 도착지와 상응하는 승객 수. 캄란 칸Kamran Khan 외, 2009, <국제 항공사 수송을 통한 신종 인플루엔자 A(H1N1) 바이러스 확산Spread of a Novel Influenza A (H1N1) Virus via Global Airline Transportation>,《뉴잉글랜드의학저널New England Journal of Medicine》361권 2호: 212-214쪽. 저작권자 매사추세츠 의학 협회Massachusetts Medical Society. 허가받아 전재.

2010년에 이르자 웨스트나일 바이러스에 감염된 사람은 180만 명에 이르렀고 36만 명이 증세를 나타냈으며 1,308명이 사망했다.[57] 2012년 미국 질병통제예방센터가 웨스트나일 바이러스가 미국 48개 주로 퍼졌고 12월까지 기록적인 286명의 사망자를 냈다고 보고하면서 사태는 더욱 나빠졌다.[58] 야생동물에 미친 영향은 훨씬 더 심각해서 조류 수백만 마리가 죽었고 연간 미화 1,200억 달러가 넘는 손해를 유발했다.

웨스트나일 바이러스가 그토록 큰 손해를 준 원인은 세계화로 서식지가 도시 및 경작지로 바뀌면서 바이러스가 번성할 수 있었다는 데 있다.[59] 이는 웨스트나일 바이러스의 발발을 세계 통합이 유발한 직접적인 결과로 간주할 수 있다는 의미다. 웨스트나일 바이러스는 인간 활동으로 인공 조성된 환경에서 살아남을 수 있었다. 게다가 북아메리카 같은 선진 지역의 집중과 연결성 덕분에 바이러스가 전례 없는 속도로 퍼져나갈 수 있었으므로 그 영향은 한층 더 치명적이었다. 아프리카의 경우 바이러스가 천천히 퍼져나갔으므로 15세 이상 인구 중 최대 80퍼센트가 해당 바이러스에 장기간 노출된 결과로 항체를 형성했다.[60] 연결성과 도시화 정도가 높은 장소에서는 인체 면역 체계가 이런 보호 조치를 형성할 시간이 충분하지 않았으며, 따라서 그렇지 않은 장소보다 사망률이 높았다.

킬패트릭은 웨스트나일 바이러스에 대한 경험을 바탕으로 세계의 생물군이 "역사상 그 어느 때보다도 더 연결"돼 있으며 "생물지리 장벽" 다수가 제거됐다고 주장한다.[61] 그 결과로 무방비한 서식지에 새로운 종이 들어왔고 교통 발달과 국제 무역 성장이 그 속도를 높였다. 예를 들어 킬패트릭은 뉴욕시로 들어가는 항공 교통은 외래 유기체를 미국으로 들여오는 "유력한 통로"라고 말한다.[62] 그는 "전 세계가 연결된 우리 지구에서 병원균이 새로운 지역에 계속 들어가는 현상은 불가피하다."[63]라고 결론짓는다.

에볼라

현재 공식적으로 에볼라바이러스감염증EVD(Ebola virus disease)이라고 부르는 에볼라출혈열은 혈액이나 다른 체액이 묻은 표면 및 물질을 포함한 오염된 유동체와 직접 접촉함으로써 야생동물에서 인간에게 전염되는 바이러스로 발병하는 치명적인 질병이다. 사망률은 평균 50퍼센트이지만 최근 발병한 감염자 중 사망한 비율은 25퍼센트에서 90퍼센트까지 그 폭이 넓다. 기록상 최초 발병은 1976년 중앙아프리카 열대 우림 주변의 외딴 마을에서 일어났다. 2013년 12월 서아프리카 기니에서 처음 확인된 발발 사태는 이웃한 시에라리온과 라이베리아로 빠르게 퍼졌다. 2016년까지 이어진 이 사태로 그 이전에 에볼라로 사망한 사람 수를 다 합친 것보다 더 많은 총 1만 1,310명 이상의 사망자가 발생했다. 발발 사태를 통제하고자 감염자가 발생한 국가들과 국제사회가 힘을 합쳐야 했다. 좀 더 최근인 2020년 초에는 콩고민주공화국에서 에볼라가 발생했다. 이때도 단호한 대응이 필요했고 세계보건기구가 제공한 조언과 자원에 의지했다. 이에 대응한 인력은 고립된 발발 지역과 의료진을 공격한 무장 단체 활동을 비롯한 여러 문제와 맞서 싸워야 했다.

코로나바이러스감염증-19

21세기 들어 사스, 조류 인플루엔자, 돼지 인플루엔자, 에볼라에 이르기까지 네 차례 팬데믹을 비교적 성공적으로 저지한 후로 인류는 발생 빈도 증가를 경계하고 지독한 글로벌 팬데믹이 발생할 잠재성 증가에 겁먹는 대신 이런 위협을 물리치는 법을 배웠다는 생각으로 안주했다. 세계보건기구의 자금 부족과 보호 장치 구축 실패는 불가피한 사태가 도래할 것이라는 뜻이었고, 이는 2020년 4월 말 현재 195개국에서 350만 명이 넘는 감염자가 발생하고 확인된 사망자가 25만 명을 훨씬 넘어서는 코로나바이러스감염증-19 형태로 나타났다.

제2형 중증급성호흡기증후군 코로나바이러스SARS-CoV-2(Severe Acute Respiratory Syndrome Coronavirus-2)라는 정식 명칭이 붙은 코로나바이러스감염증-19는 이전에 인간에게서 발견된 적이 없는 새로운 코로나바이러스 변종이다. 이는 2019년 말에 중국 우한에서 처음 나타났지만 광둥성을 비롯한 다른 지역에서 유래했을 가능성도 충분하다. 다른 코로나바이러스와 마찬가지로 코로나바이러스감염증-19 역시 야생동물에서 유래했으며, 이 바이러스의 온상인 박쥐 종류가 기원일 가능성이 가장 높다. 트럼프 미국 대통령이 이 바이러스를 중국 바이러스라고 부르고 해당 바이러스가 연구실에서 탄생했다는 풍문을 퍼트리면서 바이러스의 기원은 지정학적 긴장을 고조하는 주제로 떠올랐으나 굴지의 과학자들은 물론 미국 정보기관들까지도 이 주장을 일축했다.

코로나바이러스감염증-19는 중국에서 퍼졌지만 어디에서라도 발생할 수 있었다. 어느 한 국가를 비난하는 대응은 잘못이다. 좀 더 효과적인 협력을 통해서만 다음 팬데믹을 막을 수 있기 때문이다.

세계화가 퍼트리는 비감염성 질병들

이 장에서는 주로 팬데믹과 그 확산을 인간 대 인간 전염과 연관지을 수 있는 질병을 다뤘지만 세계화가 보건 위험에 미친 영향을 좀 더 전반적으로 언급할 필요가 있다. 이는 '선진' 세계에서 개발도상국으로 위험한 관행이 퍼지면서 발생하는 위험과 좀 더 보편적인 문화 통합에서 비롯하는 위험이라는 두 가지 일반 범주로 나눌 수 있다.

세계화 결과로 발생한 일반적인 보건 위험 중 하나는 국제화가 어떻게 마케팅의 본질을 바꾸고 광고 '대상 집단'을 넓혔는지 반영한다. 그 예로 흡연이 전 세계로 퍼지고 그 결과로 폐암을 비롯한 흡연 관련 질병이 증가한 사태를 들 수 있다. 이런 영향은 맥도날드나 코카콜라 같은 브랜드의 세계화에서도 찾아볼 수 있다. 패스트푸드 체인은 제품을 전 세계로 수출하는 데 가장 성공한 기업이다. 식습관이 변화하면서 중국과 일본처럼 예전에는 비만과 당뇨, 심장 관련 질병이 드물었던 지역에서도 그런 질환이 증가했다. 링컨 첸Lincoln C. Chen과 팀 에반스Tim G. Evans, 리처드 캐시Richard A. Cash는 식민지 개척기에 홍역과 천연두를 '수출'했듯이 글로벌 마케팅이 폐암과 비만을 수출하기에 이르렀다고 주장한다.[64] 세계보건기구는 이 가설과 일관되게 2030년이면 비전염성 질병이 아프리카에서 가장 흔한 사망 원인으로 모체 질환, 출산 전후 질환, 영양성 질환을 넘어설 것으로 예측한다.[65] 세계화는 '분명히' 발전을 촉진하고 동시에 생명을 구할 수 있는 정보와 의약품도 조성하지만, 세계화가 '생활습관' 질병을 개발도상국으로 전파한 책임도 유념해야 한다.[66]

두 번째 비감염성 질병 위험은 병원균이 아니라 사람이 세계 곳곳으로 이동하는 데서 비롯한다. 다이나 아린-텐코랑Dyna Arhin-Tenkorang과 페드로 콘세이상Pedro Conceição은 유전 질환이 전염병과 동일한 글로벌 확산 패턴을 나타내는 듯하다고 보고한다. 두 연구자는 아프리카인 수천 명을 비참한 노예 신분으로 미국까지 배로 싣고 올 때 처음 미국에 들어온 질환인 겸상적혈구빈혈 사례를 든다. 겸상적혈구빈혈은 원래 아프리카계 미국인 공동체에서만 발생했으나 인종 간 교류가 나타난 결과 지금은 훨씬 넓은 인구통계 집단으로 퍼졌다. 오늘날 '전체' 미국인 중 약 10퍼센트가 이 질환에 걸릴 위험에 처해 있다.[67] 아린-텐코랑과 콘세이상은 '개발도상국이 지고 있는 과도한 질병 부담'은 글로벌 거버넌스가 해결할 문제로 인식해야 한다고 주장한다. 두 연구자는 21세기에는 어떤 질병도 한 지역 혹은 한 국가의 문제로 남아 있을 수 없다는 경고를 전한다.

질병 통제를 위한 국제 협력

아린-텐코랑과 콘세이상은 "보건상 우려가 150년 넘게 체계적인 국제 협력을 촉발"했고 보건상 쟁점에 관한 국제 협력은 군사 협력이나 무역 및 금융과 같은 분야의 협조보다 더 오래되고 뿌리가 깊다고 주장한다.[68] 이는 세계화와 관련된 여러 체계적 위험을 해결하기 위해 글로벌 거버넌스를 어떻게 발전시킬지와 관련해서 이 장에서 배울 교훈이 있다는 뜻이다.

국제 보건기구의 역사

아린-텐코랑과 콘세이상은 19세기 초에 발생한 콜레라 팬데믹 사례를 논의한다.[69] 두 연구자는 콜레라가 1826년 인도에서 처음 발생한 이후 어떻게 불과 1년 만에 러시아까지 퍼졌는지 기록한다. 거기서부터 5년 안에 콜레라 병원균은 독일과 헝가리, 오스트리아까지 도달했다. 다음해에는 파리와 런던, 결국에는 뉴욕까지 덮쳤다. 대서양을 건너는 교통수단이 배밖에 없던 세계에서 콜레라는 처음 발발한 지 겨우 7년 만에 미국 태평양 연안과 멕시코를 뒤덮었다. 콜레라 확산을 저지하려는 노력으로 미국 공공 정책은 외국인 입국자에 대한 엄격한 검역을 실시하기 시작했다. 주요 항구에서 엄격한 검역을 실시했고, 상당한 비용을 부과하고 무역 활동이 줄어드는 경우가 많았다. 그러나 콜레라 확산세가 이어지면서 곧 이런 격리 검역이 별다른 효과를 나타내지 않는다는 사실이 명백해졌다. 협력이 미흡해 목표를 달성할 수 없었고 상업 여행에 대한 제한은 미국 경제에 상당하고 비효율적인 부담을 지웠다.

중앙정부들이 콜로라 팬데믹에 제대로 대처하지 못하자 1834년 프랑스 정부가 국제 협력을 요청했다. 칭찬할 만한 일이었지만 이 호소는 별다른 호응을 이끌어내지 못했고 콜레라는 계속 퍼져나가면서 1848년과 1849년에 더 심각한 팬데믹 사태에 이르렀다. 새롭게 발발한 콜레라의 영향이 세계로 퍼져나가자 정부들은 드디어 이 질병을 퇴치하는 데 국제 협력이 반드시 필요하다는 사실을 깨닫기 시작했다. 이 깨달음은 1851년 마침내 첫 번째 국제 위생 회의로 이어졌고 이후 1859년, 1866년, 1874년에도 회의가 열렸다. 국가 대표들이 참석한 이런 모임이 토론의 장을 제공하기는 했지만 1902년에 이르러서야 최초의 국제 보건 단체인 국제위생국International Sanitary Bureau(범미보건기구Pan American Health Organization의 전신)이 설립됐다. 다국적 보건 관리 접근법의 효과가 명확하게 나타난 1907년에 파리에서 국제공공위생사무국International Office of Public Hygiene이 출범했다. 10년 뒤 최초로 글로벌 거버넌스를 공개적으로 수용한 기관인 국제연맹 보건기구Health Organisation of the League of Nations가 제1차 세계대전의 여파로 설립됐다.

이런 초기 기구들은 국경 통제 조정과 정보 공유에 초점을 맞췄다. 20세기 초반 기구 대부분은 인플루엔자 팬데믹에 명확한 관심을 보이지 않았다. 제2차 세계대전 이전의 정책 입안자들은 자신의 과학 지식과 질병 퇴치 능력이 전염병의 발병력에 맞서 싸우기에 충분하지 않다는 사실을 아는 듯했다. 그러나 1928년에 페니실린을 발견하고 그로부터 20년 뒤에 세계보건기구가 만들어지면서 국제기구들은 "모든 전염병을 근본까지 제거"[70]하겠다는 야심을 품었다. 세계보건기구가 시행한 전염병 근절 초기 운동은 어느 정도 성공을 거뒀다. 1968년에는 역사상 최대 규모였던 국제보건 활동에서 의사와 의료 종사자, 열렬한 자원봉사자들이 천연두 근절에 나섰다. 선구자 중 한 명이었던 래리 브릴리언트 박사는 이 작전에 "문화, 국가, 인종, 종교를 불문한 의사들"이 참여했고 그가 이끌었던 팀은 동남아시아를 비롯한 여러 지역에 걸쳐 10억 건이 넘는 왕진을 통해 천연두 환자들을 방문했다고 말한다.[71] 1967년에 이 운동을 시작했을 때 천연두는 전 세계 37개국에 널리 퍼져 있었다. 목표를 세워 노력한 결과 3년 안에 이 수치는 18개국으로 줄어들었다. 세계보건기구가 이 '대담한 임무'에 착수한 지 불과 6년 뒤인 1974년, 천연두는 5개국에서만 발생했다.[72] 현재 천연두는 지구상에서 사라졌고, 공중보건 전문가들은 강변실명증 river blindness(회선사상충 감염으로 발생하는 질병으로 실명을 일으킬 수 있다—옮긴이) 퇴치 운동을 벌이고 있는 아프리카를 비롯해 세계 곳곳에서 세계보건기구가 성공으로 이끈 운동에서 얻은 교훈을 실천하고 있다. 이는 대단한 업적이지만 보편적인 성공과는 거리가 있다는 사실을 지적할 필요가 있다. 말라리아를 근절하려는 지속적인 노력은 실패로 돌아갔다. 아직도 2억 2,000만 명 이상의 환자가 있으며 일일 사망자가 2,000명에 이를 것으로 추정된다. 전체로 봤을 때 전염성 질병은 세계 질병 부담 중 3분의 1을 차지하고 있으며 여전히 조기 사망을 유발하는 주요 원인 중 하나다.

노벨상 수상자 조슈아 레더버그Joshua Lederberg는 보건 관리 발달과 함께 새로운 도전이 찾아왔다고 지적했다. 1997년 레더버그는 20세기 초반과 중반에 각각 항생제가 도입되고 소아마비 예방 접종이 발견되면서 득과 실이 동시에 나타났다고 주장했다. 이런 발전은 치명적인 질병과 싸우는 의사들에게 상당한 자원을 제공했지만 동시에 "국가, 나아가 거의 전 세계가 만성 질환과 체질성 질환으로 관심을 돌리는 계기"[73]가 되기도 했다. 레더버그는 비전염성 질병 연구를 우선하느라 전염병을 등한시해서는 안 된다고 경고했다. 그는 "암 병인학 관점에서 레트로바이러스 연구가 이미 이뤄져서 다행"이며 그렇지 않았더라면 "인체면역결핍바이러스와 에이즈에 대처할 어떠한 과학적 발판도 없었을 것"[74]이라고 말했다.

21세기 세계 보건의 과제

21세기에 들어서면서 질병을 통제하는 새로운 자원이 등장한 동시에 새로운 도전 과제도 생겼다. 팬데믹이 어떻게 발생하는지를 결정하는 요인은 "대개 복잡하고 이해하기 곤란"[75]하다. 이는 세계화에서 비롯하는 부정적 외부효과의 전형이다.

조슈아 레더버그는 1997년에 발표한 논문에서 다가오는 21세기가 새로운 도전을 불러올 것이라고 인식했다.[76] 그는 진보에서 비롯한 결과가 위험이 되는 구체적인 사례를 몇 가지 지적했다. 레더버그는 보건 관리에 대한 글로벌 관점이 지속가능한 발전의 전제조건이라고 봤으며, 공중보건과 농업미생물학, 새로운 질병 퇴치 방법 연구에 투자해야 한다고 주장했다. 그는 이런 투자와 더불어 정보를 빠르게 공유하는 능력이 필수적이고 청결과 교육을 의무화해야 한다고 여겼다. 레더버그는 정부가 개인에게서 권력을 넘겨받아야 한다는 사실을 인식하고 "개인의 권리가 득세하면서 최근 팬데믹에서 공중보건 관점은 힘겨운 투쟁을 이어왔다."라고 썼다. 이런 투쟁은 "제한의 사회적 맥락"[77]에 대한 논의와 인식 향상의 필요성을 강조한다.

첸과 에반스, 캐시 역시 세계화가 해결책과 새로운 도전 과제를 동시에 내놓는 원천이라고 강조한다. 그들은 전염병 감시 자체가 공익이라고 주장하고 "세계화가 보건의 균형을 글로벌 공익으로 옮기고 있을 수도 있다."[78]라고 시사한다. 그들은 1999년에 이미 "세계 보건의 형평성과 사회적 배제 사이에 내재하는 긴장"을 언급하면서 "세계화로 보건 부문에서 공과 사를 구분하는 전통적인 선이 흐릿해지고 있다."[79]라고 주장했다. 저명한 공중보건 전문가인 이 저자들은 이런 공익의 결과가 공공'악'public bad을 포함하는 "제3의 보건 위협 물결"일 수도 있다고 봤다. 그들은 이 사태가 새로운 감염 형태로 나타나고, 나아가 새로운 비전염성 질병과 5장에서 검토했던 오염 및 기타 환경 위협의 결과로도 나타날 것이라고 주장했다. 그들은 개발도상국에서 나타나는 새로운 전염병(예를 들어, 라틴아메리카에서 발생한 콜레라 감염), 이전에는 걸리지

　　　　　　　　　　　　　　위험한 나비효과

않았던 인구 집단 내에서 나타나는 지역 감염(예를 들어, 미국에서 이른바 여행자 설사라고 불리는 원포자충 감염), 새로운 보건 위협(예를 들어, 유럽에서 등장한 '광우'병)에 대한 책임을 부여하고자 했다. 그들은 팬데믹의 근원을 경제적 이득과 성장을 가져온 동시에 다양한 수단으로 새로운 보건 문제점을 낳은 "국제 무역 가속화"에서 찾을 수 있다고 주장했다.[80]

첸과 에반스, 캐시는 국제 활동 조율이 이해 상충에 부딪힐 수 있다고 지적한다. 참여자와 우선순위가 다양하다 보면 다양한 물질적 이해관계에서 발생하는 국제 협력에 대처하는 방법에 관해 서로 다른 행위자가 서로 다른 관점과 시각을 나타내기 마련이다. 저자들은 애초에는 부유한 국가들이 새롭게 등장하는 바이러스의 전 세계 확산을 방지하고 결국 억제하는 일에 관심을 가질 수도 있겠지만, 선진국들은 설사병이나 호흡기 질환처럼 좀 더 흔하면서도 치명적인 질병의 전염 패턴을 이해하는 데 희소한 자원을 집중하는 정책을 선호할 수도 있다고 추측했다.

팬데믹 관리에서 얻은 교훈

데이비드 벨David M. Bell 연구진은 2009년 멕시코시티와 뉴욕에서 발생한 H1N1 바이러스(돼지 인플루엔자)에 대처하고자 취한 조치들을 대조했다. 4월 24일에 멕시코 정부는 광범위한 공황을 예측하고 비상 지휘권을 발동했다. 이로써 정부 당국은 집중적인 언론 캠페인을 벌일 수 있었고 동시에 사회적 거리두기와 항바이러스제 보급을 실시하기 위한 수단을 마련할 수 있었다. 교육 체계로 바이러스가 확산되는 사태를 통제하고자 멕시코 정부는 전국의 모든 학생들을 대상으로 검진을 실시했다. 그러나 멕시코 의료 서비스는 분열 상태라서 정부가 3대 의료 체계 사이에서 조치를 조정하는 데 어려움을 겪었다. 결과적으로 멕시코의 실험실 검사 능력이 이 위기에 대처하기에는 턱없이 부족했고 전반적인 비용 추정치는 멕시코 GDP의 0.3퍼센트에 달하는 미화 23억 달러를 넘어선다.[81]

반면에 뉴욕에서는 공공 캠페인에서 임시 휴교에만 관여했고 그 대신 기존 보건 기제를 강조했다. '평상시 유통 경로'가 계속해서 충분히 제 기능을 했으므로 지방 당국이 모은 비상 백신 재고는 결국 필요하지 않았다.[82] 오히려 뉴욕의 문제는 서로 다른 행정 관할 지역에 걸쳐 거주하고 일하고 통근하는 사람들과 관련이 있었다. 이는 위협에 유연하게 대응하는 능력은 필요하지만 사전 계획과 준비의 중요성은 아무리 강조해도 지나치지 않다는 뜻이다.

미네소타 대학교 전염병 역학과 교수 마거리트 파파이오아누 Marguerite Pappaioanou는 이와 같은 맥락에서 팬데믹 위험을 최소화하는 '기본 전략'을 앞장서서 주장했다. 이 전략은 특히 농부, 판매업자, 살아있는 동물을 운송하는 일에 종사하는 사람처럼 고위험군 사이에서 인간이 동물에 노출되는 상황을 최소화하는 데 주력한다.[83] 파파이오아누는 이와 더불어 팬데믹 위험을 가장 효과적으로 예방하는 접근법은 예방접종이라고 생각하며, 따라서 "인류와 사육조류, 돼지를 대상으로 조류 인플루엔자 바이러스에 대한 지속적인 바이러스 및 질병 감시"를 지지한다고 썼다. 파파이오아누는 팬데믹 위험을 추적 관찰하고 발발에 적절하게 대비하려면 이 방법이 '필수'라고 주장했다.[84] 파파이오아누 교수는 결론에서 세계보건기구가 제정한 "팬데믹을 가장 잘 예방하고 준비하는 우선 조치 다섯 가지"를 조류 인플루엔자와 구체적으로 연관지어서 인용했다.

- 사람이 바이러스에 노출되는 상황을 줄인다.
- 조기 경보 체계를 강화한다.
- 신속한 억제 작전을 강화한다.
- 대처 역량을 구축한다.
- 국제 연구를 조직화한다.[85]

이러한 구체적인 행동은 모든 팬데믹과 관련이 있지만, 안타깝게도 우리는 코로나바이러스감염증-19에 대비할 정도로 이를 익히지 못했다. 래리 브릴리언트는 이와 관련된 두 가지 간단한 원칙을 "천연두를 근절할 수 있었던 비결은 '조기 탐지'와 '조기 대응'이었다."[86]라고 요약했다. 요컨대 세계화에서 비롯하는 보건 위험과 관련해 체계적 사고를 하려면 배워야 할 필수 교훈이 세 가지 있다.

교훈 1: 위험을 식별하려면 조기 탐지 기제가 필수다

팬데믹 관리와 연관된 어려움은 감염자 수에 따라 기하급수적으로 증가한다. 관건은 병원체의 근원을 정확히 파악해 격리하고 억제하는 것이다. 브릴리언트 박사는 "있는지도 모르는 대상을 치료하거나 예방할 수는 없다."[87]라고 강조했다. 웹은 팬데믹 발발을 탐지하기 위해 다양한 언어권에 걸친 수많은 웹 기반 활동을 탐색하도록 설정할 수 있는 글로벌 검색엔진을 제공한다. 이런 검색엔진은 오랜 소요 기간과 지체 시간이 걸리는 개인 보고에 의존하는 세계보건기구 같은 기관보다 직관적으로나 경험적으로나 훨씬 빠르게 결과를 낼 수 있다.

사스 발발 당시 캐나다의 웹 기반 시스템인 세계공중보건정보네트워크GPHIN가 세계보건기구에 문제 발생을 경고했다.[88] 세계공중보건정보네트워크의 웹 기반 검색은 유럽 미디어 모니터European Media Monitor나 구글이 지원하는 응급사태질병재난혁신지원Innovative Support to Emergencies, Diseases, and Disasters 같은 비슷한 체계와 함께 굼뜬 기관 조직을 앞질러 조기 경보를 실현하고 언어 장벽을 넘어서 정보를 쉽게 수집할 수 있는 장점을 자랑한다.[89] 시민사회가 이런 활동을 지원하도록 이끌고 휴대전화에 진화하는 센서를 내장하는 등 필요한 기술을 확립함으로써 세계가 팬데믹의 근원을 찾아내고 억제할 수 있다.

신기술이 제공하는 능력이 효율적인 국가 간 협력을 대체할 대안은 아니다. 잠재적인 위협에 관한 정보를 공유하는 사람들이 팬데믹에 대처하는 의약품의 후속 개발에서 이익을 얻을 수 있도록 보장하기 위해 지적 재산권 획득에 관한 우려를 극복하는 것이 관건이다. 또한 세계 모든 지역, 특히 시골과 도시 빈민 지역에서 잠재적인 팬데믹을 적절하게 추적 관찰하고 식별할 수 있도록 필요한 기술과 실험실을 비롯한 기타 역량을 제공해야 한다.

교훈 2: 일단 팬데믹이 발견되면 조기 대응 기제를 반드시 가동해야 한다

팬데믹의 근원 규명은 첫 번째로 필요한 조치다. 팬데믹의 격리와 근절은 다음으로 필요한 조치다. 이를 수행할 국가, 지역, 세계의 역량을 반드시 구축해야 한다. 의료 및 기타 능력을 갖춘 특수기동대 같은 팀을 신속하게 동원하고(기나긴 허가 절차 없이) 세계어느 곳에든 파견할 수 있어야 한다. 국가적으로나 전 세계적으로나 팬데믹에 대처하려면 그런 능력이 필요하다. 일단 병원체가 시골에서 거대 도시로, 거대 도시에서 주요 공항으로 넘어가면 되돌릴 방법이 없다. 일단은 의료 대응이 우선이지만 좀 더 폭넓은 영향도 심사숙고해야 한다. 예를 들어 응급 상황에서 사람들이 생계와 영양 섭취를 의존하는 사육조류나 돼지를 전부 도살해야 한다면 피해 집단을 지원할 대안 기제를 즉시 마련해야 하며, 잠재적인 세계적 비상사태에 대응하는 데 들어가는 비용은 세계보건기구를 비롯한 국제기관이 부담해야 한다.

교훈 3: 체계적 위험에는 체계적 대응이 필요하다

인체면역결핍바이러스 및 에이즈, 사스를 비롯한 최근 팬데믹 사태에 대한 국제 협력은 연구와 조정, 글로벌 행동이 얼마나 중요한 역할을 하는지 잘 보여준다. 팬데믹은 국경을 가리지 않으며, 알려진 모든 위협에 대한 잠복기를 감안할 때 위협을 국경에서 억제할 수 있다고 생각한다면 착각이다. 주요 공항 허브를 통과한 병원균은 길어야 사흘이면 전 세계로 퍼질 것이다. 따라서다음과 같은 대책들이 시급하게 필요하다. (1)백신과 기타 방어조치 등에 대한 연구 투자 증대 (2)전 세계로 통합된 국가 차원의 추적 관찰 및 감시 체계 개발 (3)생물학적 위험에 대응하는 특수 기동대 팀을 설립하고 주요 대륙간 허브마다 적어도 한 팀은 출동할 수 있도록 대기 (4)과거 최악의 경험을 바탕으로 국내 및 전 세계 파급 시나리오 작성 (5)점점 비용이 저렴해지고 있는 DNA 염기 서열 결정과 새로운 화학 합성물을 통해 치명적인 병원균을 만들어낼 가능성을 포함해 치명적인 병원균 발생에 대한 관심 확대 (6)항생제 내성에 더 많은 관심을 기울이고 항생제 투여 축소. 항생제가 앞으로도 계속 효능을 발휘하도록 하려면 항생제 남용을 중단해야 한다. 처방전이 필요 없는 일반의약품 항생제 유통과 인체 투여 이외 목적의 항생제 사용을 제한해야 한다. 항생제의 절반 이상이 공장식 사육 효율성을 높이고자 축산업에 사용되고 있으며 그 외 용도로 항생제를 사용하는 경우(예를 들어 따개비 번식을 줄이고자 배의 선체에 도포)가 증가하면서 우리가 생존하기 위해 항생제를 써야 할 때 그 효과가 나타나지 않을 위험이 점점 커지고 있다.

7

불평등과 사회 갈등

세계화는 국가 내 불평등과 국가 간 불평등을 모두 심화했다. 역사상 세계화는 가난한 사람의 소득을 높이는 가장 강력한 힘이었다. 그러나 모두가 동등하게 혜택을 얻지는 않았다. 한 국가 안에서는 교육 수준이 높은 사람과 물리적으로나 가상세계에서나 가장 많이 연결된 사람들이 가장 큰 혜택을 얻었다. 국가 간에서는 신흥 시장 대부분이 선진국보다 세 배에서 다섯 배가량 빠르게 성장하고 있어서 이른바 "수렴, 대성공"[1]이라는 현상으로 이어졌다. 그러나 실패한 국가, 분쟁 중인 국가, 북한 같은 나라 등 최빈국 중 최대 20개국은 위기로 고립 상태에 있거나 세계화에 등을 돌리고 있다. 이런 국가들은 정체 상태에 머무르거나 심지어 더 가난해져서 가장 부유한 국가와 가장 가난한 국가를 비교할 때 소득 격차가 벌어지는 현상이 나타나고 있다.

이언 골딘과 케네스 레이너트는 《개발을 위한 세계화》에서 세계화와 불평등의 관계를 검토하고 좀 더 포용적인 성장으로 이어질 수 있는 정책을 체계적으로 설명했다.[2] 이 책에서 다루는 관심사는 체계적 위험이므로 세계화와 불평등, 체계적 위험 사이의 관계에 초점을 맞추겠다. 이 세 요소의 관계는 불안정하며 사회통합 문제를 해결하지 않으면 앞에서 지적한 쟁점 중 어떤 것도 해결할 수 없을 것이다. 체계의 불안정성에 대처하려면 '포용적인' 세계화가 필요하다. 지금까지 이 책에서 실시한 분석은 '회복탄력성' 있고 '탄탄한' 세계화를 촉진하는 데 초점을 맞췄다. 이 장에서는 '지속가능한 세계화'를 이어가려면 앞에서 자세히 설명한 비교적 기술적인 우려 외에도 사회적 요소를 고려해야 한다는 사실을 논의한다.

지속가능한 세계화를 이루려면 제대로 작동하는 물리적 사회기반시설과 가상의 사회기반시설만큼이나 사회통합이 중요하다. 정치 불안정과 양극화는 홍수나 사회기반시설 붕괴에서 비롯하는 위험만큼이나 위협적인 메타위험이다. 이런 위기를 방지하지 못하면 많은 영역에 걸쳐 영향을 미칠 것이며 세계의 통합과 연결성을 해칠 수 있다. 심지어 세계화를 완전히 번복하는 사태를 유발할 수도 있다. 세계화를 잘못 관리하면 세계화가 이룩한 혜택을 훼손할 위험이 있다. 시민들이 세계화를 기회가 아니라 위협을 유발하는 근원으로 보고 보호무역주의와 국수주의, 외국인 혐오 정책으로 이를 번복하고자 한다면 수많은 이들에게 혜택을 줬던 발전을 단념해야 할 수도 있다. 가난한 사람들과 아직 세계화의 혜택을 충분히 받지 못한 사람들에게 이는 특히 부정적인 영향을 미칠 것이다.

이 장에서는 먼저 오늘날 세계 불평등 상태를 검토한다. 이런 불균형이 어떻게 발생했는지 조사하고 위험이 형성되는 경로를 살펴본다. 우리가 논의할 위협 중 일부, 특히 거버넌스 관련 위협은 하버드대학교 경제학과 교수 대니 로드릭이 2002년 《하버드 매거진》에 발표한 논문에서 지적했고 이후 2011년에 출판한 책 《자본주의 새판짜기 *The Globalization Paradox*》에서 더 자세히 다뤘던 문제와 비슷하다.[3] 이 장 마지막에서는 글로벌 거버넌스를 위한 교훈을 제시할 것이다.

세계화가 불평등을 키우는가?

세계화의 혜택에 대해 회의적인 사람들도 글로벌 통합이 이뤄진 지난 수십 년 동안 빈곤이 평균적으로 감소했다는 사실은 인정한다.[4] 하루에 미화 1.25달러(구매력평가지수 기준) 미만으로 생활하는 개발도상국 사람 수는 1990년 19억 명이었으나 2008년에는 12억 9,000만 명까지 줄었다. 같은 기간 동안에 빈곤 인원수 비율은 43.1퍼센트에서 22.4퍼센트로 줄어들었다.[5] 좀 더 높은 소득 수준을 보더라도 "현재 세계 인구 중 약 29퍼센트 정도인 6,000달러에서 3만 달러 소득 계층에 속한 비율이 2030년이면 약 50퍼센트에 이를 것(1980년대에는 약 24퍼센트)"[6]으로 예측된다. 사실 2007~2008년 금융위기가 발생하기 전 20년 동안 "경제협력개발기구OECD 회원국 모두에서 실질가처분소득이 평균 연 1.7퍼센트씩 증가"[7]했다. 게다가 세계화와 빈곤 감소 간의 연관성은 우연이 아니며 증가하는 통합과 개방성이 실제로 세계 빈곤을 줄이는 원인이라는 증거도 있다.[8]

이는 지나치게 단순화한 수치이며, 고려해야 할 관련 개발 지표와 이를 측정하는 적절한 방법에 관한 논의는 여전히 많은 개발 경제학자의 관심사다. 특히 거버넌스 관련 문제를 고려할 때 중요한 요건은 국가 내 불평등과 국가 간 불평등을 구분하는 것이다. 경제성장과 발전에 관한 문헌에서 나타나는 전통적인 시각과 일치하듯이 개발도상국 대부분이 급속한 소득 증가를 누리고 있어서 세계 차원의 전반적인 불평등이 감소하고 있다고 볼 수 있다.[9] 여전히 절대적인 소득 격차는 매우 크지만 개발도상국 상당수와 선진 OECD 국가들의 평균 소득은 수렴 현상이 나타나고 있다. 그러나 부유한 국가, 가난한 국가 할 것 없이 사실상 모든 나라에서 국가 내 불평등은 증가하고 있다.[10] 세계화가 그 원인 중 하나다. 계속되는 유로존의 위기와 세계 금융위기의 여파가 이런 불평등 증가를 더욱더 부채질했다. 지금부터 이런 패턴을 자세히 설명할 것이다.

국가 내 불평등

OECD는 소득 불평등이 1980년대 중반부터 2000년대 후반까지 OECD 회원국 대부분에서 증가하고 있다고 보고한다. 그 예외는 불평등이 줄어든 터키와 그리스, 2000년대 후반 내내 불평등

위험한 나비효과

소득 불평등을 나타내는 지니 계수

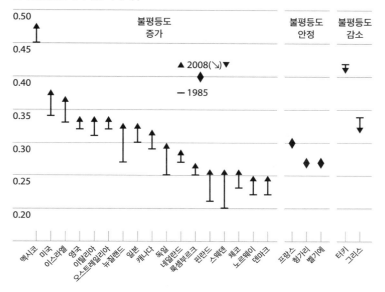

그림 7.1. 1980년대 중반과 2000년대 말 OECD 회원국의 소득 불평등도. 체코와 헝가리의 경우 1980년대 중반에 해당하는 데이터가 실제로는 1990년대 초반 데이터다. OECD(경제협력개발기구), 2011b, 《OECD 회원국에서 증가하는 소득 불평등도: 그 원인과 정책적 대처 방법 *Growing Income Inequality in OECD Countries: What Drives It and How Can Policy Tackle It?*》, OECD 불평등 대처 포럼OECD Forum on Tackling Inequality, 파리, 5월 2일, 6쪽, 2013년 2월 3일 접속, http://www.oecd.org/els/socialpoliciesanddata/47723414.pdf. 허가받아 전재.

도가 안정적이었던 프랑스와 헝가리, 벨기에다(그림 7.1). 미국이나 영국 같은 앵글로색슨 국가에서는 불평등 증가가 1970년대를 시작으로 계속 이어지는 추세다. "덴마크, 독일, 스웨덴처럼 전통적으로 불평등도가 낮았던 국가들이 이제는 불평등 증가 추세를 면치 못하고 있다."라는 현상이 비교적 최근에 나타났다.[11]

　이런 불평등은 일정 부분 임금 변화, 좀 더 구체적으로 말하자면 고소득자 임금 상승 가속화로 설명할 수 있다.[12] 그러나 좀 더 구조적으로 설명할 수도 있다. 예를 들어 노동시간 단축은 저임금 집단에서 더 흔하게 나타나며, 이런 조정을 자주 사용하면 임금이 변하지 않더라도 소득 격차가 벌어지게 된다. 경쟁 압력이 증가하고 운송과 통신 기회가 발달하면서 실제로 노동시간 단축 조정은 더욱 널리 퍼졌다.[13] 저임금 지역으로 쉽게 이전할 수 있는 일자리는 특히 더 그렇다. 이는 국가 차원에서 세계화와 소득 불평등 간의 구조적 연계성을 재현한다. 최근 수십 년에 걸쳐 일어난 기술 변화, 특히 인터넷 발달과 물류 자동화 및 혁신 역시 불평등을 증가시켰다. 3장에서 새로운 국제 노동 분업과 노동집약적 생산을 저임금 국가로 옮길 수 있는 능력과 관련된 차원을 논의했다. 고임금 국가에서 노동자 대신 자본을 기계에 투자하는 대체도 불평등이 증가하는 원인이다. 이윤으로 나타나는 자본 수익률이 증가하면서 자산과 소득이 있는 사람들은 그런 기본 재산이 없는 사람에 비해 혜택을 누렸다. OECD는 "세계화와 숙련 편향적 기술 진보, 제도와 규제 개혁"이 "OECD 회원국의 불평등 확대에 영향을 미치는 가장 중요한 충격"이라고 설명했다.[14]

그림 7.2는 개인과 중소기업이 통신기술 혁신을 채용할 수 있게 된 시기에 무역 통합, 연구개발 지출, 특히 금융 개방 척도가 급속하게 증가했다는 사실을 보여준다. 이렇게 기술 혁신 비용이 저렴해지면서 이런 기술을 채용할 수 있는 사람들은 새로운 기회를 얻었지만, 미숙련자나 필요한 훈련 및 장비를 갖출 여유가 없는 사람들은 신기술 도약으로 뒤처지게 됐다. 이와 관련해서 OECD는 "이 같은 변화로 고숙련 노동자는 더 높은 보상을 받게 됐고 노동수입이 분배되는 방식에 영향을 미쳤다."[15]라고 언급했다. 고숙련

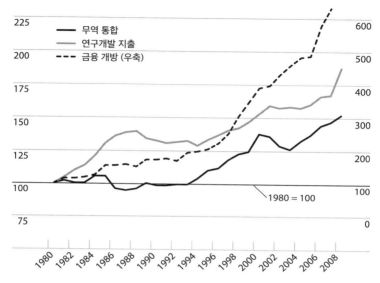

그림 7.2. 1980년부터 2008년까지 경제통합과 기술 혁신(1980 = 100). 이 그림은 경제협력개발기구 회원국의 무역 통합, 금융 개방, 기술 변화 발전 수준 평균을 나타내며 생산가능인구 중 유급 근로자 사용을 전제로 한다. 무역 통합은 수출입 합계가 GDP에서 차지하는 비율로 규정한다. 금융 개방은 국경을 넘나드는 부채와 자산의 합계가 GDP에서 차지하는 비율로 규정한다. 연구개발 지출은 기업 부문이 연구개발에 투자한 지출이 GDP에서 차지하는 비율을 말한다. 벨기에와 프랑스의 경우 2000년대 중반에 해당하는 데이터가 실제로는 2000년 데이터다. 오스트리아, 체코, 프랑스, 그리스, 헝가리, 아일랜드의 경우 1980년대 중반에 해당하는 데이터가 실제로는 1990년대 초 데이터다. OECD(경제개발협력기구), 2011b, 《OECD 회원국에서 증가하는 소득 불평등도: 그 원인과 정책적 대처 방법》, OECD 불평등 대처 포럼, 파리, 5월 2일, 9쪽, 2013년 2월 3일 접속, http://www.oecd.org/els/socialpoliciesanddata/47723414.pdf. 허가받아 전재.

직원은 숙련에 대한 대가로 더 높은 프리미엄을 받은 반면, 저숙련 노동자가 받는 보상은 절대적인 기준으로는 그렇지 않다고 하더라도 기술 수준에 비해 확실히 정체됐다. 예를 들어 부유한 도시와 가난한 도시의 임금 격차가 저숙련 노동자 사이에서 더 높게 나타난다고 보고한 세계은행 연구자 브랑코 밀라노비치Branko Milanović는 그런 숙련 프리미엄의 증거를 제공한다(표 7.1). OECD

표 7.1 2009년 기준 숙련 노동자와 미숙련 노동자의 임금 격차(단위: 미국 달러)

도시/ 부유한 도시 대 가난한 도시	건축 노동자[a]		숙련 산업 노동자[b]		엔지니어[c]	
	명목 세후 임금	식비 반영 실질 임금	명목 세후 임금	식비 반영 실질 임금	명목 세후 임금	식비 반영 실질 임금
뉴욕	16.6	16.6	29.0	29	26.5	26.5
런던	15.4	9.7	19.0	30.4	22.1	35.2
베이징	1.3	0.8	2.3	3.8	5.8	9.5
델리	1.7	0.5	2.1	6.9	2.9	9.1
나이로비	1.5	0.6	2.0	4.7	4.0	9.2
부유한 도시 대 가난한 도시 (가중치 미부과 비율)[d]	10.9	20.4	11.0	5.8	5.8	3.3

주: 식품 가격은 서유럽인 소비 패턴을 반영하는 식품 39개 품목에 가중치를 부과해 추산한다. 뉴욕 식품 가격을 1로 설정했다. 식비 반영 실질 임금(뉴욕 식품 가격 기준)은 명목 세후 임금을 식량 가격 지수(표에 기재하지 않음)로 나누어 추산한다. 연간 노동시간은 국가별로 각 직업마다 주어진 주당 노동시간에 52주를 곱하고 연간 공식 유급 휴가일을 제한 것과 같다.

[a] 미숙련 혹은 반숙련 노동자, 25세 내외, 독신.

[b] 직업훈련을 받았고 10년 정도 경력이 있으며 금속공업 대기업에 근무하는 숙련 노동자, 35세 내외, 기혼, 2자녀.

[c] 전기공학 분야 산업 기업에 고용된 노동자, 대학 혹은 기술대학 졸업자로 경력 최소 5년, 35세 내외, 기혼, 2자녀.

[d] 부유한 도시는 뉴욕과 런던, 가난한 도시는 베이징, 델리, 나이로비.

출처: 브랑코 밀라노비치, 2011, 〈계급에서 위치로, 프롤레타리아에서 이주자로 옮겨간 세계 불평등Global Inequality from Class to Location, from Proletarians to Migrants〉, 정책 조사 보고서 5820호Policy Research Working Paper 5820, 세계은행, 워싱턴 DC, 15쪽, 2013년 2월 3일 접속, http://www-wds.worldbank.org/servlet/WDSContentServer/WDSP/IB/2011/09/29/000158349_20110929082257/Rendered/PDF/WPS5820.pdf. 허가받아 전재.

역시 "숙련 노동자와 미숙련 노동자 사이"에 나타나는 임금 격차 증거를 발견했다.[16] 세계은행의 마틴 라마Martin Rama는 이와 비슷한 증거를 바탕으로 "만약 국제 무역과 외국인직접투자 노출이 숙련에 따른 임금 프리미엄을 증가시킨다면 보편적인 교육 접근권을 무엇보다도 우선시해야 한다."[17]라는 결론을 내린다.

세계화가 국가 내 불평등에 미치는 영향은 나라마다 다르지만[18] 대부분의 경우 세계 경제로의 통합은 소득 불평등 증가를 유발한다. 예를 들어 중국은 1980년대 이래 지니 지수로 측정한 소득 불평등 수준에서 완만하지만 지속적인 증가를 겪었다.[19] 같은 기간 동안 낮고 안정적인 불평등 수준(지니 지수가 약 31퍼센트 수준을 유지)에서 이익을 얻은 인도조차 최신(금융위기 이후) 데이터 포인트를 포함하면 소폭 상승을 나타낸다.[20] 그림 7.3은 미국을 비롯해 브라질, 러시아, 인도, 중국의 국가 내 소득 불평등 양상을 잘 보여준다.

이 같은 흥미로운 증거가 있지만 경제 이론 관점에서 볼 때 기술 진보와 글로벌 연결성이 국가 내 불평등 수준에 미치는 영향은 그리 간단하지 않다. 완전 시장 세계에서 정보 가용성 향상, 재화와 용역 및 노동 이동성 상승, 경쟁 정도 증가는 효율성을 높여서 노동의 한계생산(임금)을 높여야 한다. 능력이 서로 다른 세계에서도 이 같은 효율성 증가는 '파이 크기' 증가로 이어지고 적절한 사회 정책을 시행한다면 궁극적으로 생활 수준 향상으로 이어져야 한다. 그럼에도 불구하고 정통 무역 이론에서는 무역 증가가 개발도상국에서 불평등을 줄이는 동시에 선진국에서 임금 격차 증가를 유발할 수 있다[21]고 예측한다. 그러나 이는 가난한 국가들

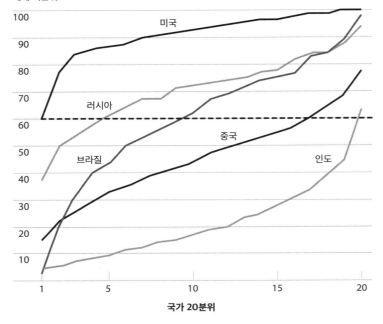

세계 백분위

국가 20분위

그림 7.3. 2005년 미국과 브릭BRIC 국가의 소득 분배. 전국 가구 조사를 바탕으로 최신 구매력평가지수 수치를 사용해 국가 간 물가 차이를 조정한 1인당 소득 혹은 1인당 소비로 매긴 순위. 브릭은 신흥 시장 경제국인 브라질, 러시아, 인도, 중국을 가리킨다. 가로축의 각 값은 전체 인구 중 5퍼센트(20분위)를 나타낸다. 값 1은 가장 가난한 5퍼센트, 값 20은 가장 부유한 5퍼센트에 해당한다. 세로축 값은 각 나라의 20분위가 전 세계 백분위에서 차지하는 위치에 해당한다. 미국 인구 중 가장 가난한 5퍼센트(가로축 값 1)는 세계 백분위에서 60(표에서 점선으로 표시한 위치)에 해당하며, 이는 미국에서 가장 가난한 5퍼센트가 전 세계 인구 60퍼센트보다 잘 산다는 뜻이다. 브랑코 밀라노비치, 2011, <계급에서 위치로, 프롤레타리아에서 이주자로 옮겨간 세계 불평등>, 정책 조사 보고서 5820호Policy Research Working Paper 5820, 세계은행, 워싱턴 DC, 8쪽, 2013년 2월 3일 접속, http://www-wds.worldbank.org/servlet/WDSContentServer/WDSP/IB/2011/09/29/000158349_20110929082257/Rendered/PDF/WPS5820.pdf. 허가받아 전재.

을 포함해 전 세계적으로 불평등이 증가하고 있다는 증거와 모순된다.[22] 세계은행 연구자 브랑코 밀라노비치와 경제학자 린 스콰이어Lynn Squire는 혁신에서 이익을 얻는 능력에 제약이 있는 사람들, 즉 기술 및 초기 투자 수준이 낮은 사람들에게 혁신이 초기에 부정적인 효과를 미친다는 사실을 보여준다.[23] 그러나 일부에서는 글로벌 통합이 명백하게 소득 불평등 증가로 이어진다는 주장에 이의를 제기한다. 예를 들어 몇몇 연구에서는 "개발도상국에서 수입이 증가하면 선진국에서 소득 불평등 감소로 이어진다."[24]라고 제시한다. 이 발견은 구체적으로 무역 개방 효과에 적용된다. 또한 특히 금융 통합의 해로운 영향을 억제할 수 있는 경우 사려 깊게 행한 통합은 불평등 감소와 앞에서 언급한 생활 수준 향상을 가져올 잠재력을 갖추고 있다는 증거가 될 수 있다.[25]

세계 불평등

그에 반해서 세계화와 세계 소득 불평등 사이에 관계가 있다는 증거는 불분명하고, 특히 표본 선택에 따라 달라지는 듯하다. 그림 7.3이 보여주듯이 개인 차원에서 보면 심지어 국가 평균으로 순위를 매겼을 때 딱히 소득 분배 밑바닥에 속하지 않은 국가들의 시민들 사이에도 커다란 소득 격차가 존재한다. 그러나 이런 비교 데이터는 정적인 속성을 지니므로 시간의 흐름에 따라 개인 불평등이 어떻게 변화하는지, 세계화가 인과관계에 어떤 영향을 미치는지 말해주지 않는다. 브랑코 밀라노비치는 이에 상응하는 역학을 언급하면서 "오늘날 세계는 그 일부는 역사상 어느 때보다도 대단히 부유한 반면 어떤 지역은 150년, 심지어 500년 전과 같은 소득 수준을 나타내는 기이한 양상을 나타낸다."라고 말한다. 또한 "중국과 인도처럼 빠르게 성장하는 '신흥 경제국'을 부유한 세계와 비교하더라도 21세기 들어 첫 10년간의 격차는 1850년경의 격차보다 더 크다."[26]라고 단언한다. 이런 증거를 근거로 볼 때 불평등 양상은 전 세계 규모로 보더라도 국가 내 양상과 비슷하다. 즉 세계화가 진행될수록 더욱 불평등한 세계가 될 가능성이 높다. 세계에서 가장 가난하고 인구가 많은 일부 국가(특히 중국과 인도)가 최근 들어 실제로 세계 불평등을 줄이고 수렴을 촉진했다는 사실을 인정한다면 이렇게 장기에 걸쳐 나타나는 역사적 추세는 더욱 주목할 만하다.[27]

골드만삭스 연구원 도미닉 윌슨Dominic Wilson과 라루카 드라구사누Raluca Dragusanu는 이보다 약간 높은 소득 집단을 분석하면서 최근에 나타난 '수렴' 현상을 설명하는 데 도움이 될 만한 증거를 제시한다. 두 연구원은 세계 중산층이 "폭발적으로 증가"하고 있으며 세계 소득 분배가 "좁아지고" 있다고 설명한다.[28] 그들은 "현재 세계 인구 중 29퍼센트 정도(1980년대에는 약 24퍼센트)가 속한 6,000달러에서 3만 달러 소득 계층이 2030년이면 대략 50퍼센트에 이를 것"[29]이라고 장담한다. 윌슨과 드라구사누는 "세계 빈곤층에서 아프리카가 차지하는 비율은 계속 증가할 수도"[30] 있지만 절대적인 기준에서 볼 때 빈곤 수준은 감소할 것으로 예상한다. 밀라노비치의 분석과 달리 두 연구원은 세계 소득 분배가 전반적으로 더 좁아지는 추세를 나타낸다고 데이터를 해석한다(그림 7.4). 골드만삭스 데이터에 따르면 선진국의 구조적 변화가 아

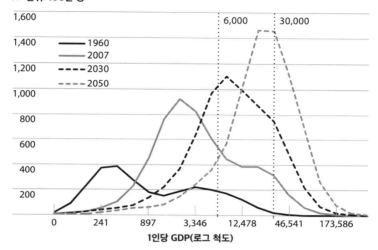

A 단위: 100만 명

1,600
1,400 —— 1960
—— 2007
1,200 --- 2030
---- 2050
1,000
800
600
400
200

6,000   30,000

0   241   897   3,346   12,478   46,541   173,586
1인당 GDP(로그 척도)

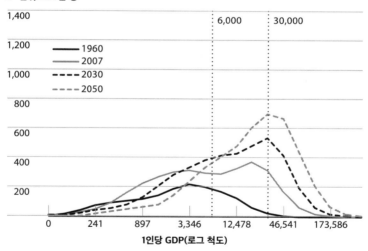

B 단위: 100만 명

1,400
1,200 —— 1960
—— 2007
1,000 --- 2030
---- 2050
800
600
400
200

6,000   30,000

0   241   897   3,346   12,478   46,541   173,586
1인당 GDP(로그 척도)

그림 7.4. 1960년부터 2050년까지 (A) 세계 소득 분배와 (B) 중국과 인도를 제외한 세계 소득 분배. 도미닉 윌슨과 라루카 드라구사누, 2008, <팽창하는 중산층: 팽창하는 세계 중산층과 감소하는 세계 불평등The Expanding Middle: The Exploding World Middle Class and Falling Global Inequality>, 세계 경제 보고서 170호Global Economic Papers 170, 골드만삭스, 뉴욕, 5쪽, 2013년 2월 3일 접속, http://www.ryanallis.com/wp-content/uploads/2008/07/expandingmiddle.pdf. 허가받아 전재.

니라 몇몇 개발도상국의 평균 소득 증가가 세계화가 세계 소득 분배에 미치는 영향을 주도한다.[31]

밀라노비치의 데이터(그림 7.3 참조)를 보면 국가 내부에서 상당한 이질성이 나타나는 모습을 알 수 있지만 국가 평균을 비교하면 개별 국가 수준 분석과 똑같은 질적 특징을 나타낸다. 골드만삭스 연구에서 나타나듯이 개발도상국에서 평균 소득은 증가했다. 소득이 정체 상태이거나 감소하는 저소득 국가는 표준이 아니라 예외다. 표 7.2는 21세기 들어 첫 10년 동안 저소득 국가 집단이 고소득 국가 집단보다 빠른 경제성장을 보였지만 중간소득 국가들이 한층 빠른 성장을 나타내면서 소득 분배 하위권에서 격차가 벌어졌음을 보여준다. 수렴 현상을 뒷받침하는 증거(2000년에서 2011년 사이에 북아메리카의 소득은 43퍼센트 증가한 반면 사하라 사막 이남 아프리카의 소득 증가율은 180퍼센트였다)가 있기는 하지만 표 7.2는 소득 분배 하위권에 속한 일부 국가들이 뒤처져 있다는 사실도 보여준다.

국가가 부유해질수록 인구 증가율은 대개 느려지므로 부유한 국가와 가난한 국가의 1인당 GDP 격차는 국가 수준의 총 소득 격차보다 한층 더 뚜렷하게 나타난다. 최근 개발도상국은 선진국보다 훨씬 빠르게 성장했으므로 개발도상국 대부분에서 1인당 평균 소득 역시 빠르게 증가했다. 국가 간 수렴은 초기 성장 논문에서 중심이 됐던 예측 중 하나이며 최근 들어 실제로도 어느 정도 이런 현상이 나타났다. 그러나 모든 개발도상국이 급속한 경제성장을 누리지는 않았다. 일부 개발도상국이 정체 혹은 퇴보하면서 모든 국가를 고려할 때 경제 전망은 제각각으로 갈린다. 따라서

위험한 나비효과

표 7.2 **2000년부터 2011년까지 일부 지역 및 국가의 1인당 GDP**

소득 수준/지역	1인당 GDP (현재 미국 달러) 2011	1인당 GDP 증가율(%) 2000-2011	1인당 GDP 순위 (현재 미국 달러, 2011)a
고소득	41,095.47	63.15	
중소득	4,570.30	253.32	
저소득	580.74	125.13	
북아메리카	48,639.67	43.25	
사하라 사막 이남 아프리카 (모든 소득 수준)	1,444.90	180.80	

일부 국가(2000년부터 2011년까지 성장 속도가 가장 느린 국가부터 가장 빠른 국가 순)

감비아	624.57	2.98	20
바하마	22,431.03	5.52	145
앤티가바부다	12,595.51	21.88	126
일본	45,902.67	23.09	160
벨리즈	4,133.48	24.09	81
미크로네시아	2,851.84	30.75	61
아랍에미리트	45,653.09	32.73	159
기니	501.99	34.59	12
중국 홍콩 특별행정구	34,456.96	35.79	153
미국	48,441.56	38.08	164

ᵃ 순위는 제일 낮은 나라에서 제일 높은 나라 순서다. 즉 미국의 1인당 GDP가 가장 높고 기니가 가장 낮다.

출처: 세계은행, 2012a, 〈1인당 GDP(현재 미국 달러)GDP per Capita (Current US$)〉, *Data*, 9월 3일 접속, http://data.worldbank.org/indicator/NY.GDP.PCAP.CD/countries. 허가받아 전재.

국가 내 불평등뿐만 아니라 국가 간 불평등도 줄이려면 구체적인 정책이 필요하다.[32]

세계화가 만든 새로운 불평등들

혁신의 산물을 이용하는 한계비용이 감소하면서 새로운 기술이 가난한 사람들의 생활 조건(및 소득)을 향상할 수 있게 됐다. 이를 보여주는 좋은 사례가 바로 휴대전화 혹은 인터넷 비용이다. 휴대전화와 인터넷 같은 기술은 연결성을 높이고 교육과 정보 접근성을 향상함으로써 소득 격차를 줄이는 데 기여할 수 있다. 수많은 연구에서 교육과 정보 흐름이 여성의 소득과 고용 전망을 높이고 영양과 건강 상태를 개선하며 시골과 소외된 지역사회의 고립을 줄이는 데 중대한 역할을 하고 있다는 사실을 보여준다.[33]

세계화가 소득 분배에 영향을 미치는 통로로 글로벌 경쟁과 규제 개혁의 상호작용도 들 수 있다. 예를 들어 노동시장의 경우 유연성 증가(예를 들어 임시 노동자에 대한 고용 보호 약화)는 고용 수준을 높이는 동시에 소득 격차가 더욱 뚜렷해지는 결과를 가져왔다는 주장이 제기됐다.[34] 세계화에서 비롯하는 경쟁 압력과 연관된 두드러진 예로 세금 경쟁(특히 법인세와 자본소득세 관련)과 환경 및 금융 규제도 들 수 있다.

2012년 11월 영국 언론에서 세금 경쟁 사례를 집중 조명했다. 영국 언론은 스타벅스(영국에서 14년 동안 올린 매출 30억 파운드에 대해 법인세로 1퍼센트에도 미치지 않는 860만 파운드를 납부했다), 아마존(영국에서 33억 파운드의 매출을 올리고 법인세를 한 푼도 내지 않았다), 애플(해외에서 올린 이익 미화 368억 달러에 대해 세율 1.9퍼센트에 해당하는 7억 1,300만 달러를 세금으로 납부) 같은 글로벌 기업이 납부하는 낮은 세율에 초점을 맞추면서 세계화와 국권의 긴장 관계를 강조했다.[35] 다음 해 6월에 G8은 국가 간에 정보를 공유하고 세제를 개혁하며 기업이 이익과 모든 세금 당국에 납부한 세금을(장소에 무관하게) 보고하도록 의무화함으로써 조세 회피 문제 해결에 "실질적인 차이를 만들겠다."라고 약속했다.[36] 한 달 뒤 G20과 OECD는 모든 세금을 기업이 판매하고 이익을 얻는 장소에서 내도록 함으로써 "세금을 실질에 맞춰 조정"하는 실행 계획서를 발표했다.[37]

불평등이 어떻게 세계화를 위협하는가?

이 단락에서는 앞에서 살펴본 관측을 바탕으로 불평등이 세계화의 혜택을 위기로 몰아넣는 여러 방식을 논의한다. 여기에서 다루는 중심 주제는 사회통합 부족과 참여하지 못하는 사람들이 느끼는 좌절감의 증가가 발전한 세계 생활 수준이 의지하는 기반을 훼손한다는 점이다. 국가 내에서 이런 좌절감은 글로벌 도전 과제와 지역 거버넌스 구조 사이의 부조화를 폭로한다. 우리 미래를 결정할 핵심 쟁점은 국경 너머에 있는 힘에서 발생하는데도 정치인들은 국내만 고려해서 생각하고 대응한다.[38]

사회통합과 정치적 안정

최근에 나온 어떤 책에서는 세계화와 사회통합 사이의 연계성과 관련해 서로 대립하는 두 가지 힘이 작용한다는 뜻을 내비쳤다.[39] 한편으로는 '문화적 균질화'와 증가하는 정보 공유 능력, 지구상에 살고 있는 누구나 겪고 있는 광범위한 문제들이 사회통합을 키울 것이라고 기대한다. 반면에 세계화로 사회복지제도 유지가 더욱 어려워지고 비용이 많이 들게 되면서 글로벌 통합에 따르는 도전 과제가 사회통합을 해칠 수 있다는 예측도 나온다.

국가 내 불평등과 국가 간 불평등의 구분은 중요하지만 세계화의 지속가능성을 고려할 때는 둘 다 중요하다. 많은 사람이 세계화가 미치는 영향과 관련해 세계화가 세계 인구 전체를 대상으로 불평등 감소를 유발하는지 여부(일부는 그렇게 예상한다[40])를 주요 관심사이자 기준으로 삼는다. 이는 지속가능한 글로벌 협정에 국가 차원의 안정성과 운영 가능한 기관이 필요하다는 점에서 중요한 정치적 차원을 무시하는 관점이다.[41] 국민국가가 국내로 눈을 돌리고 세계화를 뒤집으려고 한다면 이 과정은 포용적일 수도 없고 세계 공유지 및 세계 체계적 위험 문제에 제대로 대처할 수 없을 것이다.

따라서 국가 차원에서 과도한 불평등을 피하는 것이 세계 불평등을 타개하려는 모든 정책의 전제조건이 된다. 이는 글로벌 거버넌스에 중대한 도전을 제기한다. 만약 국가 여건에 대응하도록 선거 인센티브와 기관을 설계한다면(예를 들어, 정치인이 실업을 줄이거나 이주를 억제하는 보호무역주의 정책을 추구하도록 인센티브

위험한 나비효과

를 제공), 세계가 이룬 성과를 단념해야 할 위험이 있다. 소득 양극화와 사회 여건 격차 심화로 권력을 쥔 소수의 엘리트가 실질적인 도전을 제기하는 중산층("사회 가치의 보루"[42]로 여겨지는)의 역량을 쥐어짜 정책 의제를 정할 수 있게 되는 경우도 마찬가지다.

대니 로드릭은 지속가능한 세계화를 이어가려면 세계화된 경쟁의 혜택을 수확하는 행위와 더욱 강한 국가기관으로 국가 차원의 안정성을 유지하는 행위 사이에서 발생하는 상충 관계를 해결해야 한다고 주장한다.[43] 우리 저자들은 로드릭의 진단에 동의하지만 "세계적 관점이 정치적으로 잘 대표되지 않는다."라는 문제는 여전히 남는다.[44] 국가기관을 강화하려는 로드릭의 접근법이 이 문제를 해결한다는 보장은 없으며 오히려 우리가 필수라고 봤던 세계 대표를 향한 노력을 손상시킬 가능성도 있다.

윌슨과 드라구사누는 증가하는 '세계' 중산층에 초점을 맞춤으로써 이 쟁점에 다른 시각을 제시한다. 두 사람의 연구에서 발췌한 그림 7.5는 가계 소득과 석유 수요 사이 및 가계 소득과 자동차 소유 사이의 S자형 관계를 나타낸다. 두 그래프의 곡선은 미화 6,000달러부터 3만 달러 사이 소득 구간에서 가장 가파른 기울기를 나타낸다. 이는 바로 2030년이면 세계 소득 수령자 약 50퍼센트를 차지할 것으로 예상되는 집단의 소득 범위다. 개인이 2만 5,000달러에서 3만 달러 문턱에 도달하면 기울기가 완만해지는 듯 보이지만, 이 데이터를 바탕으로 향후 20년에 걸쳐 천연자원에 대한 최고 수요와 이를 둘러싼 잠재적 갈등이 발생할 것임을 추측할 수 있다. 윌슨과 드라구사누의 말을 빌리자면 이와 관련된 어려움은 "중산층의 팽창이 세계 자원에 가할 수 있는 수요 및 압력

A
석유 사용량(단위: 1인당 킬로그램)

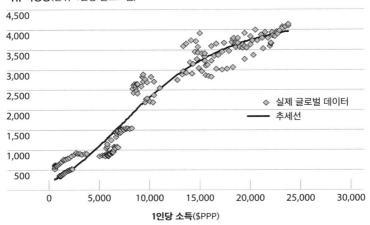

B
1,000명 당 자동차 대수

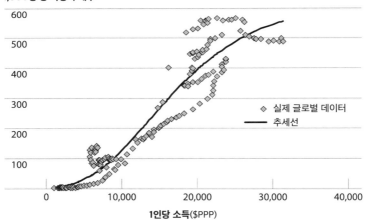

그림 7.5. 소득 수준에 따른 (A) 석유 수요량과 (B) 자동차 소유 양상. PPP: 구매력평가지수. 도미닉 윌슨과 라루카 드라구사누, 2008, <팽창하는 중산층: 팽창하는 세계 중산층과 감소하는 세계 불평등>, 세계 경제 보고서 170호, 골드만삭스, 뉴욕, 17쪽, 2013년 2월 3일 접속, http://www.ryanallis.com/wp-content/uploads/2008/07/expandingmiddle.pdf. 허가받아 전재.

위험한 나비효과

과 일으킬 수 있는 변화가 국가 내와 국가 간에 긴장을 낳을 것임에는 의심할 여지가 없다."[45]라는 점이다.

이런 어려움은 강한 글로벌 기관의 필요성을 더욱 강화한다. 조직화된 글로벌 정책이 없다면 이런 압력을 관리하기가 어려울 것이다. 한편 "일부 국가 내 불평등 수준이 여전히 높거나 더욱 증가"하면 그 국가의 정치인들은 국가 정책에 먼저 초점을 맞추고 세계 차원에서 필요한 조정은 뒤로 미루려는 인센티브를 갖게 될 것이다.[46] 국가 이익을 충족하고자 고안한 정책이 실업이나 불평등과 관련된 국내 문제를 단기적으로 완화하는 대가로 세계 통합이 장기적으로 가져올 잠재적인 이득을 훼손할 위험이 점점 커지고 있다.

세계화와 사회적 안정 사이의 관계는 분명히 복잡하다. 게다가 불평등의 본질 자체가 달라졌다. 과거에는 사회 계급 혹은 좀 더 직접적으로 토지 소유가 소득을 결정했다. 프랑수와 부르기뇽François Bourguignon과 크리스티앙 모리송Christian Morrisson은 한 흥미진진한 연구에서 1820년 당시 위치는 소득 불평등 중 아주 일부분만(국가 간 격차 원인 중 11.7퍼센트를 설명) 결정한 반면, 사회 계급은 훨씬 더 중요했음을 발견했다(타일 지수Theil Index로 측정했을 때 국가 내 격차가 소득 불평등 중 88.5퍼센트를 설명). 1992년에 이르자 위치가 불평등을 유발하는 원인 중 60퍼센트까지 차지하는 반면, 계급은 40퍼센트를 설명하는 데 그쳤다.[47] 2005년 데이터와 지니 계수를 이용해 불평등을 측정한 다른 연구에서는 계급 관련성이 더욱 감소했고(지니 계수의 15퍼센트만을 설명) 국가 간 격차 관련성은 더욱 증가했다는(85퍼센트까지) 사실을 발견했다.[48] 사실 밀라노비치는 요즘에는 노동 계급 구성원이라고 해도 국가마다 서로 경제적으로 공통점이 적고 심지어 '상충하는' 이해관계를 가질 수 있으므로 이런 국면이 글로벌 통합을 약화했다고 본다.[49] 부유한 도시에 사는 미숙련 노동자는 가난한 지역에 사는 미숙련 노동자보다 더 높은 소득을 올리고 훨씬 더 잘 산다(표 7.1 참조). 따라서 미숙련 노동자의 이해관계를 뒷받침하는 세계 연합을 조직하고 형성하기가 더욱 어려워졌으며, 기술적 기회 측면에서는 그런 연합을 조직하기가 좋아졌지만 실제로는 소용이 없다. 연합에 가입할 공동체들이 다양한 지역의 이해관계를 응집력 있는 글로벌 의제로 전환해서 글로벌 정책과 기관에 실질적인 변화를 일으킬 수 있을지는 미지수다. 현재를 살아가는 개인들은 걱정거리를 공유하지만 책임이 복잡하고 분산된 까닭에 정치적 동원과 영향력을 특히나 지속적으로 달성하기란 힘들기 마련이다.

세계 노동 계급이 연합하는 일은 이제 없을지도 모르지만 아탁 ATTAC, 어나니머스Anonymous, 인디그나도Indignados, 점령 운동Occupy movement 등을 통해 잘 드러난 세계화에 대한 새로운 도전 사례가 있다.[50] 시위자들은 노동조건에 항의하는 대신 글로벌 기관의 불투명성과 많은 사람이 세계화가 일자리와 지속가능한 환경을 제공하는 데 체계적 실패를 일으켰다고 보는 부정적인 결과에 우려한다. 세계화는 세상을 더욱 복잡하게 하고 위험의 근원을 추적하기 어렵게 함으로써 세계 사회를 세계화에 따른 혜택에 대비하고 이를 받아들일 수 있는 집단과 복잡한 인과관계와 삶에 미치는 이해하기 어려운 영향, 정치적 책임이나 제도적 책임을 구분하기 어려운 무능력에 억눌린 사람들로 갈라놓았다.

이전과 차원이 다른 연결성은 생활 수준과 기회가 세계 각 지역마다 얼마나 다른지 드러냈고, 세계 곳곳에 사는 사람들에게 많은 이들이 관여하려 하지 않고 성공 가능성이 거의 없다고 느끼는 글로벌 체계의 증거를 적나라하게 제시한다. 점령 운동 사례가 보여주듯이 이런 우려는 점점 더 큰 박탈감을 느끼는 젊은이들 사이에서 특히 뚜렷하게 나타난다. 전 세계 수많은 국가와 도시에서 "젊은이들은 자기는 아무런 책임도 없는 위기를 정면으로 맞고 있는 와중에 고소득자들은 아무런 피해를 입지 않은 듯 보인다고 생각하며 시위 대열에 가담"[51]하고 있다.

많은 세계화 체계가 사회 이동성을 억압하고 재능 있고 열심히 일하는 사람들이 마땅히 누려야 할 보상을 받지 못하도록 방해하는 듯 보인다는 부분도 문제다. "세대 간 이동성" 부족이 특히 두드러지는 나라로는 이탈리아, 미국, 영국을 꼽을 수 있다. 가능성과 신분 상승 가능성 부족은 불평등한 기회와 좌절로 이어진다. 이는 "정치적 불안"뿐만 아니라 "사회적 적개심을 키우고 대중영합주의자와 보호무역주의자, 반세계화 정서에 부채질을 할 수 있으며 소수의 승자들만이 계속 부유해지는 동안 자신은 손해만 본다고 느끼는 사람들이 무역 개방과 자유시장을 지지하지 않도록"[52] 유도할 수 있다.

복잡성에 점점 더 좌절하고 소득과 기회가 양극화되는 추세는 21세기에 가장 중요한 정치적 위험이다.[53] 세계화가 개발도상국과 선진국 모두에서 더 많은 사람의 생활 여건과 기회를 개선하겠다는 약속을 이행하는 데 실패하면서 세계화의 윤리적·도덕적 기반이 무너지고 있는 실질적인 위험이 있다. 결과적으로 대중영합주의와 극단주의가 번창할 비옥한 토양을 발견할 것이고, 배타적인 태도를 취함으로써 복잡성에 맞서 싸우려는 유권자들의 갈망으로 민주주의가 불안정해질 가능성이 높아진다.

국수주의, 외국인 혐오, 보호무역주의로의 퇴행

텔레비전과 인터넷 덕분에 가난한 지역에 거주하는 사람들이 부유한 국가와 도시의 좋은 생활 여건을 계속해서 접하는 세상에서 이런 격차는 이주를 통하지 않고는 실현할 수 없는 갈망과 포부를 만들어낸다. 이 자체는 위험이 아니며 사실 이주는 끈질긴 세계 불평등을 해결할 가장 유망한 해결책 중 하나다. 밀라노비치는 이주를 "세계 빈곤과 불평등을 줄일 가장 강력한 도구"라고 보며 "가난한 국가에서 성장에 현저한 가속이 붙지 않는 상황"에서 이주는 "위대한 21세기의 조정 기제"[54]라고 규정한다. 우리 저자들처럼 밀라노비치도 "원조와 이주는 세계 불평등과 세계 빈곤 감소를 달성하기 위한 상호 보완적인 수단으로 간주해야 한다."[55]라고 확신한다.

그러나 최근 유럽(오스트리아, 네덜란드, 헝가리, 그리스, 영국 포함)에서 일어난 사건과 선거를 볼 때 세계 불평등을 줄이는 데 이주라는 접근법을 성공적으로 적용하기란 어느 때보다도 어려운 일이다. 이주민을 받는 국가들이 증가하는 불평등에 시달리고 경제 위기를 견디는 상황에서는 다른 때보다도 이민자를 받아들이려는 의향이 한층 약해지는 듯하다.

안정에 대한 위협과 그에 따르는 정치적 결과는 현실이다. 세계

위험한 나비효과

화를 뒤집으려는 경향은 이미 눈에 띈다. 동유럽, 특히 헝가리의 국면에 대해 루마니아 정치학자 크리스티안 프르불레스쿠Cristian Pârvulescu는 유럽연합 가입에 대한 실망감이 널리 퍼지면서 "대중 영합주의와 국수주의로 회귀"가 나타나고 있다고 설명한다. 프르 불레스쿠는 "유럽연합은 헝가리 국면을 경보 신호로 받아들여야 한다."[56]라고 경고한다. 프랑스에서도 "극좌파와 극우파 모두 경제적으로 불안하고 정치적으로 박탈감을 느끼는 수많은 프랑스인들, 본질적으로 개방 사회에서는 자신에게 기회가 없다고 여기는 모든 사람들 중에서 핵심 지지층을 찾는다."[57]라는 관측이 나왔다. 오스트리아, 핀란드, 그리스, 네덜란드 등 국수주의 후보자 지지율이 급증한 국가에도 비슷한 이유를 적용할 수 있으며 이는 "유럽에서 나타나는 대중영합주의의 진정한 에너지는 정부가 자기가 통제할 수 있는 범위를 벗어났다고 느끼며 어떻게 해서든 그 통제권을 되찾고 싶다고 생각하는 사람들에게서 나온다."[58]라는 뜻이다. 세계화와 관련된 복잡성과 지각된 위험의 연계성은 즉각 나타난다.

주목할 만한 한 연구에서는 정책 반응을 주도하는 복잡한 요인을 세계 금융위기 및 기후 변화와 비교한다. 이 연구는 서로 다른 이해관계를 지닌 당사자의 수, 로비 활동을 부추기는 다양한 인과관계 요인의 상호작용, 복잡한 체계에서 자체적으로 발생할 수 있고 체계적 위험을 유발할 수 있는 티핑 포인트에 영향을 미치는 잘못된 안전 의식과 행동을 만들어내는 비선형 역학을 지적한다.[59] 따라서 전 세계 규모로 볼 때 바람직한 정책이 한 국가 입장에서 최선인 정책과 상충할 수 있다. 예를 들어 이산화탄소 배출량을 줄여서 기후 안정성에 기여하는 행동은 전 세계 규모로 볼 때 바람직하지만 국가 차원에서는 단기 성장에 타격을 줄 수 있다. 그 같은 복잡한 과정에서 인과관계를 확립하기는 어려우므로 로비 활동을 벌일 여지가 있으며, 이는 개혁에 반대하는 금융업계 로비스트와 탄소 배출량을 줄이는 조치에 반대하는 석탄산업에서 분명하게 드러난다. 인과관계가 단순하고 명확하다면 금융 안정을 촉진하지 않는 정책에 찬성하는 로비 활동은 더욱 어렵고, 사회적으로나 정치적으로나 용납할 수 없는 행동으로 간주될 것이다. 체계적 위험은 천천히 증가하고 '눈에 띄지 않는' 상태로 머무르는 경우가 많으므로 위기가 발생하기 이전에는 정책 입안자들이 행동해야 할 절박감을 느끼지 못한다. 이런 의미에서 세계화와 세계화에 따르는 복잡성이 민주주의 체제의 근본 요소를 훼손하도록 촉진한다고 주장할 수 있다. 따라서 '사회의 체계적 위험'이라는 문제를 해결해야 할 긴급성을 과소평가할 수 없다.

유로존 위기는 복잡성에 대한 좌절만이 사회적 위험을 일으킬 잠재적 원천이 아니라는 사실도 보여줬다. 게다가 정치 엘리트들(자기가 세계화에서 얻는 이익을 보호하고자 하는 사람들)이 시의적절하고 단호한 정치적 대응을 할 수 있도록 하기 위해 민주주의 가치를 무시하려는 유혹을 느낄 위험도 있다. 예를 들어 이탈리아와 그리스에서는 "외부 채권자들이 압력을 행사한 결과"로 비선출직 총리가 취임했다. 이는 "유럽 통합의 중심에서 민주주의의 결핍"[60]을 드러내 보일 수도 있다. 이런 결핍이 시위로 이어졌다. 공격성은 낮지만 위험도는 결코 낮지 않은 '투표함에서의' 대안 시위다. 2007년 금융위기 시작 당시 재임했던 민주적으로 선출된 지도자 27명 중 5년 뒤에도 재임 중인 사람은 3명뿐이었다. 《이코노미스트》는 2010년 유로 위기가 시작된 지 2년 만에 "유로존의 국가 지도자 17명 중 9명 이상이 자리에서 쫓겨났다."[61]라고 보도했다. 핀란드, 네덜란드, 그리스, 프랑스 같은 국가에서 투표자들이 "불투명하고 복잡하고 동떨어진" 유럽 거버넌스 구조에 항의한 결과로 이른바 극소 정당들이 전례 없는 성공을 거뒀다.[62]

세계 규모의 통합을 위해 정치 입안자는 복잡성이 눈보라처럼 불어 닥치고 있으며 혜택 분배가 불공평하다는 인식의 증가가 세계화 근간을 위협하는 반응을 불러일으키고 있다는 사실을 알아차려야 한다는 교훈을 새겨야 한다. 개인이 자기가 통제할 수도 없고 책임을 물을 수도 없는 동떨어진 불투명한 기관이 자기의 미래를 결정하는 것이 아니라 여전히 자기 미래는 자기 손에 달렸다고 느끼려면 대안 정책과 그 함의에 참여하고 고려할 수 있는 가능성이 중요하다. 한 정부 공직자는 "체계의 약점은 지출과 성장 촉진 방법이 아니라 정당성에 있다."[63]라고 말한다. 민주적 정당성 유지와 시의적절한 대응 능력 사이에서 균형을 달성하기란 대단히 중요한 동시에 지극히 어려운 과제다.

유럽에서는 국가·지역·세계 책임성 사이의 긴장감이 극심해졌다. 그림 7.6은 유럽의회에 대한 신뢰가 무너지는 추세를 보여준다. 프랑스 정부 공직자가 주장하듯이 이는 유로 위기가 닥쳤을 때 "유럽연합 집행위원회가 기술적으로나 정치적으로 준비가 되어 있지 않아서 주도권을 잡고 신속하게 행동할 수 없었기 때문"이기도 하다(국가 차원에서 비슷한 전개 양상이 뚜렷하다).[64] 유럽 부채 위기와 이를 관리하는 유럽 기관의 실패로 수많은 논평가가

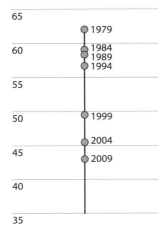

총유권자 중 비율

65 — ● 1979

60 — ● 1984
      ● 1989
      ● 1994

55

50 — ● 1999

45 — ● 2004
      ● 2009

40

35

그림 7.6. 1979년부터 2009년까지 유럽의회 선거 투표율(단위: 퍼센트). 《이코노미스트》, 2012b, <유로 위기: 점점 심각해지는 민주주의 결핍The Euro Crisis: An Ever-Deeper Democratic Deficit>, 5월 26일, 2013년 1월 28일 접속, http://www.economist.com/node/21555927. 허가받아 전재.

"당황스러울 정도로 복잡하고 허술한 이례적인 정치 기구와 규칙, 제재를 바탕으로 하는 현행 접근법이 국가 권력에 불가피한 한계를 정하는 최선의 방법은 아니라는 점은 분명하다."[65]라고 주장하기에 이르렀다. 독일 언론인 크리스티안 베르니케Christian Wernicke는 "현재 우리는 유럽연합을 1980년대에 IMF(국제통화기금)가 하던 행태와 아주 비슷해 보이도록 바꾸고 있다."[66]라고 표현한다. 이는 지속가능한 민주주의 거버넌스의 본보기가 될 수 없다.

신뢰를 회복하지 못하면 십중팔구 "우리나라는 지금까지 뒷바라지와 허리띠 조르기를 충분히 했고 이제 다시 국가 가치와 이익을 챙길 때가 왔다는 단순한 메시지를 주장하는 정치인들"[67]의 손아귀에 놀아나게 될 것이다. 대부분의 경우 통합이 너무 빨랐고 글로벌 경쟁 압력에 적절히 대비하지 못했다는 교훈을 새겨야 한다. 예를 들어, 헝가리의 경우 글로벌 통합과 관련된 기대는 충족하지 못했고 국민들은 국수주의와 보호무역주의로 후퇴하는 반응을 보였다. 언론인 케노 베르세크Keno Verseck는 "21세기에 들어선 뒤 많은 외국 기업이 더 동쪽으로 이동하면서 헝가리는 동유럽 최초의 세계화 희생자가 됐다. 국가 경제의 큰 부분을 차지하던 농업과 식품 산업은 너무 낙후된 상태여서 2004년 헝가리의 유럽연합 가입 여파를 견디지 못했다."[68]라고 설명한다.

헝가리 사례는 글로벌 복잡성과 경쟁에 너무 갑작스럽고 대응하기 힘들 정도로 노출되면 반발이 뒤따를 수 있다는 좀 더 포괄적인 우려를 시사한다. 그런 반발은 갑작스럽게 나타날 수 있고 실망과 정체성 상실이라는 공포에서 기인한 과격화를 동반할 수 있다. 이런 맥락에서 "경제적 고충보다 공동체와 정체성 문제가 분명히 더 중요"하다는 점을 발견했고, 이는 예를 들어 "오스트리아와 스위스에서 노동자 유권자를 대상으로 우파 대중영합주의 정당이 선거에서 성공을 거둔 상황은 주로 문화적 보호무역주의, 즉 외부인에 대한 국가 정체성 방어에서 기인"하는 반면, "벨기에와 프랑스, 노르웨이에서는 민주주의가 작동하는 방식에 대한 뿌리 깊은 불만이 문화적 보호무역주의를 보완"한다는 사실을 시사한다.[69]

유럽 국가부채 위기는 유럽연합 회원국 다수에서 발생한 정치 과격화 현상을 유발한 원인 중 하나다(표 7.3). 경제적 고통과 긴축에다, 겉보기에 '독단적'이고 불투명한 외국 기관이 자국의 경제 및 정치 영역에 개입한다는 인상이 겹치면서 자신의 실패를 외부로 돌리려는 정치인들에게 핑곗거리를 제공하고 지역이나 외국 기관에 대한 편견을 강화했다. 유럽 통치 기구가 가끔 마비를 일

표 7.3. 1980년부터 2009년까지 국가 선거(평균)와 유럽의회 선거에서 극우 정당의 선거 결과(퍼센트)

국가	1980-84	1985-89	1990-94	1995-99	2000-2004	2005-9	유럽의회 2009
벨기에	1.1	1.7	6.6	11.6[a]	13.8	14.0	10.1
덴마크	6.4	6.9	6.4	9.8	12.6	13.9	14.8
독일연방 공화국	0.2	0.6	2.3	3.3	1.0	2.1	1.7
프랑스	0.4	9.9	12.7	14.9	12.4	4.7	6.3
영국	—	0.6	0.9	—	0.2	0.7	8.3
이탈리아	6.8	5.9	17.8	15.7	4.3[b]	8.3[b]	10.2[b]
노르웨이	4.5	8.4	6.0	15.3	14.7	22.5	—
오스트리아	5.0	9.7	19.6	24.4	10.0	28.2	17.8
스웨덴	—	—	4.0	—	1.5	3.0	3.3
스위스	3.8	6.3	10.9	9.3	1.3	30.0	—
평균	2.8	5.0	8.7	13.0	7.2	12.7	—

주: 계산에 포함된 당은 다음과 같다: 벨기에—플람스의 이익, 국민전선; 덴마크—진보당, 덴마크 인민당; 독일—공화당, 독일인민연합, 독일국민민주당; 프랑스—국민전선, 국민공화국운동; 영국—영국국민당, 국민전선; 이탈리아—이탈리아사회운동, 국민동맹, 삼색불꽃사회운동, 북부동맹; 네덜란드—중도당, 중도민주당, 핌포르튀인당, 자유당; 오스트리아—오스트리아자유당, 오스트리아미래동맹; 스웨덴—신민주주의당, 스웨덴민주당, 국민민주당. 줄표는 데이터가 없음을 의미한다.

[a] 이 수치(와 이에 상응하는 평균)는 2013년 7월 21일 http://electionresources.org/에 접속해서 얻은 데이터를 근거로 수정했다.

[b] 국민동맹을 제외하고 북부동맹, 삼색불꽃사회운동, 무솔리니, 라우티 포함.

출처: 미하엘 민켄베르크Michael Minkenberg, 2011, 〈오늘날 유럽의 극우주의: 동유럽과 서유럽의 추세와 패턴The Radical Right in Europe Today: Trends and Patterns in East and West〉, 《유럽은 '우파' 경로를 타고 있는가? 유럽의 극우주의와 우파 대중영합주의Is Europe on the "Right" Path? Right-Wing Extremism and Right-Wing Populism in Europe》(베를린: 프리드리히 에베르트 재단 포럼Friedrich Ebert Stiftung Forum), 37-55쪽, 44쪽 데이터. 허가받아 전재.

으키고 국가부채 위기를 해결하는 데 실패하면서 전통적으로 중도 성향을 나타냈던 투표자들 사이에서도 대중영합주의 정치가 인기를 얻었다. 나라마다 이런 경향이 나타나는 정도는 상당히 달랐으며, 이는 국가와 문화 차이는 물론 위기의 심각성과 정치 및 언론 토론의 성격도 반영한다. 이는 독일 투표자의 과격화가 아직은 프랑스의 국민전선 정당이나 헝가리의 요비크Jobbik가 달성한 수준까지 나아가지 않은 이유를 일부 설명한다.

과격화를 피하려면 단기적으로 경제적으로나 정치적으로 더 높은 비용이 발생할 위험이 있다고 하더라도 사려 깊은 관리와 포용이 무엇보다 중요하다. 글로벌 통합을 조정하고 공들여 대비해야 하며 투명해야 한다. 현재 이를 달성할 기술적 수단은 이미 갖추고 있지만 이를 관리하는 데 필요한 기관이 아직 없다.

민주적 대응과 경제난의 연계성은 여전히 불분명하고 이를 밝히려면 추가 연구가 필요하지만 경제 상황 쇠퇴와 범죄의 관계는 좀 더 명확하다. 실제로 극우파 범죄를 반세계화 및 반이주 정서를 파악하는 대용물로 볼 수 있다는 증거가 있다. 예를 들어 "국가 차원 실업과 극우파 범죄 사이에 현저한 상관관계"[70]가 있다는 사실이 증명됐다. 흥미롭게도 이 결과는 폭력 범죄가 아니라 비폭력 범죄에만 해당한다. 이를 뒷받침하는 연구는 청년 실업보다 전체 실업이 극우파 범죄를 더 잘 예측하는 변수이며, 이는 특히 경제적 고통에 직면한 상황에서 우파 정서가 전체 사회의 문제라는 점을 암시한다. 이 결론은 "실업률이 높은 환경에서 우파 범죄자에 대한 규범적 압박이 약해질 수 있다."[71]라는 추측과도 일치한다. 그러나 "열악한 경제 상황이 괴롭힘의 가능성을 악화"[72]한다는 일반적인 통찰을 입증하는 연구도 있다.

우파에 투표하는 결정을 좌우하는 요인을 분석한 사회학자들은 우파 투표자들이 '진짜' 외국인 혐오보다는 이민 회의론에 이끌린다는 사실을 발견했다.[73] 이는 투표자가 과격한 정당에 이끌리는 데는 경제적 요인과 더불어 정치적 요인도 있다는 뜻이다.[74] 또한 이런 유권자가 극소 정당을 지지하게 된 데는 정치인과 기관에 어느 정도 책임이 있으며, 그리스 정치 혼란에서 드러나듯이 좀 더 포용적인 정책을 수행했더라면 현재 진행 중인 유럽 국가부채 위기를 둘러싼 정치 문제를 어느 정도 피할 수 있었을 것이다. 유럽 국가부채 위기는 세계화에 관한 우려를 키웠고, 이는 지금 유럽 통합과 유럽 사회의 응집력을 위협하고 있다. 전 세계 차원에서 정책 입안자들은 이런 전개 양상을 면밀하게 관찰해야 한다. 유럽의 경험이 글로벌 통합과 씨름하는 다른 사회에 교훈을 제공할 수 있기 때문이다.

세계화가 낳는 새로운 사회 위협들

앞 단락에서는 국가 내 불평등과 세계화의 경쟁 압력이 어떻게 사회질서에서 긴장을 낳고 투표자들의 과격화로 이어질 수 있는지 논의했다. 세계 규모에서도 비슷한 양상이 벌어지는데, 앞에서 살펴봤듯이 '뒤처진' 일부 국가와 지역이 그렇다. 세계 발전을 따라잡을 수 없다고 느끼고 세계화가 제공하는 새로운 기회라는 풍요를 활용할 자원(물리적 자원 및 교육 자원 모두)이 없는 사람들은 그 체계가 자신에게 아무것도 제공하지 않고 실제로 자기가 겪고 있는 어려움의 근원이라고 느낄 수 있다. 이런 상황은 종종 아주 다른 문화와 충돌하면서 불만, 나아가 불안정이 발생할 가능성을 깨운다.

신기술, 특히 인터넷은 분개한 개인이 한정된 자원으로 커다란 영향을 미칠 수 있는 기회를 제공한다. 사이버 공간은 진입 장벽이 매우 낮으므로 긴장감이 폭발하는 현장이 될 수 있다. 인터넷은 대다수 시민에게 견해를 표현하고 온라인 공동체를 양성하거나 이에 가입할 수 있는 장소를 제공한다. 개인과 집단, 심지어 국가도 인터넷을 사이버 습격에 이용할 수 있지만 새로운 사이버 범죄의 기회에서 금전적으로나 그 외 방식으로 이득을 볼 수 있는 개인은 소수에 불과하다. 딜로이트 사이버 혁신 센터Deloitte Center for Cyber Innovation 소장인 해리 라두기Harry D. Raduege Jr. 중장은 "21세기 미국인들은 사이버 공간을 이용해 산업을 운영하고 정보를 공유하고 기계를 제어하며 상품을 구매하고 돈을 움직이고 필수 정부 서비스를 수행한다."[75]라고 지적했다. 전 세계적으로 사람들은 생활과 생계를 가상 연결성에 크게 의존하고 있다. 동서협회 EastWest Institute가 실시한 조사에서는 여전히 인터넷 통제가 심한 중국에서도 인터넷 불안정 위험이 "필수적인 개인과 기업, 심지어 국가 이익도 위협"한다고 강조한다.[76] 앞에서 사이버 범죄가 널리 퍼져 있으며 이를 탐지하고 기소하고 억제하기가 특히 어렵다는 사실을 보여줬다(4장). 이런 이유로 물리적 사회기반시설과 인터넷 남용을 관리하려면 국가 간은 물론이고 민관 부문 간에도 조정이 필요하다. 라두기는 "사이버 공간에서 스파이 행위와 범죄, 공격으로부터 정보망을 보호하려면 전례 없는 민관 협력 관계가 필요."[77] 하다고 제안한다.

극단적인 경우, 영향력이 크고 비용이 적게 드는 위협은 인터넷을 넘어 생물 테러로 확대될 수 있다. 제프리 아놀드Jeffrey L. Arnold 는 2002년 탄저균 편지 공격과 함께 21세기 초에 사상 최대 생물 테러 공격이 발생해 다섯 명이 숨지고 3만 2,000명이 넘는 개인이 예방 항생제 치료를 받아야 했다고 지적한다.[78] 조작된 생물 테러 위험은 악랄한 개인뿐만 아니라 국가에서도 발생한다. 많은 국가가 생물학 무기 개발에 상당한 금액을 투자하고 있으며 이는 그런 국가들이 감염원을 자진해서 만들고 비축한다는 뜻이다. 최근 그런 비축물을 축적하거나 축적하려고 했다고 보고된 국가 중에는 이라크, 리비아, 북한, 수단, 시리아처럼 취약한 국가도 있다.[79] 최근 시리아 사태가 잘 보여주듯이, 이런 국가들이 불안정한 정치 리더십과 커져가는 경제적 좌절감으로 고군분투하는 세상에서 생물학 무기의 존재는 커다란 위험이다.[80] 그러나 그런 위험은 결코 취약하거나 적대적인 국가에 국한되지 않는다. 아놀드가 지적했듯이 "가장 최근에 발생한 천연두 사례는 1978년 실험실 사고에서 기인"했으며 편지 공격에 사용된 탄저균 균주는 애초에 미국 국방부 실험실에서 나왔다고 밝혀졌다.[81]

개인과 소규모 집단은 인터넷에서 폭탄 제조법이나 병원균 혹은 화학물질 실험 방법에 관한 설명을 비롯한 풍부한 정보를 얻을 수 있다.[82] 1998년 사이비 종교 집단 옴진리교가 도쿄 지하철에서 벌인 사린가스 공격은 위험한 물질이 충분한 정보와 결합하면 테러리스트가 어떤 위협을 가할 수 있는지 잘 보여준다. 옴진리교는 지하철 다섯 개 차량에 맹독성 가스를 살포해 13명을 죽이고

5,000명이 넘는 사람들에게 중상을 입혔다.[83]

인구밀도가 높고 여행과 교역 빈도가 높은 지극히 밀집된 도시 지역에서 적은 비용으로 그렇게 치명적인 무기가 되는 정보를 축적하고 재료를 모을 수 있는 여건까지 겹치면서 위험한 인물들이 고성능 무기를 쉽게 손에 넣을 수 있는 상황이다.

세계화로 이런 종류의 위험은 한층 더 위태롭게 됐다. 감시와 통제를 강화하는 방법 외에는 대안이 거의 없다. 이로 인해 사생활 침해에 관한 우려가 점점 커지고 있다. 악한이나 불량 국가가 제멋대로 영향력을 발휘하지 못하도록 막으려면 회복탄력성 및 완화 조치에 더 큰 관심을 기울여야 한다. 정치·종교·경제 혹은 정신 이상과 같은 이유로 사회를 공격하려는 개별 행위자나 소집단이 세계화의 특성인 정보와 공급물자, 영향력이 큰 노드에서 세력을 얻을 수 있다. 회복탄력성을 구축하려면 해당 취약성을 제대로 인식해야 한다. 따라서 위협을 최소화하는 동시에 어떤 개별 행위도 연쇄적인 위험으로 이어지지 않도록 하겠다는 목표를 세워야 한다. 세계화 사회의 기반을 제공하는 '생태계' 안정에 관련된 모든 정부는 개인이나 소집단이 예금 인출 소동이나 핵심 교통, 사이버, 에너지, 수도 등 필수 허브의 붕괴를 유발하지 않도록 보장하는 정책을 우선순위로 삼아야 한다.

세계 불평등에 맞서기 위한 교훈

이 장에서 논의한 바를 바탕으로 세계 불평등에 대처하기 위한 핵심 정책 교훈을 세 가지 제시한다.

교훈 1: 글로벌 거버넌스는 운용도와 유연성을 희생할지라도 투명해야 한다

노벨상 수상자 조지프 스티글리츠Joseph Stiglitz는 최근에 발표한 책 서문에서 지구촌 세계에서 불평등의 역할을 언급하면서 "세계화 자체가 나쁘거나 잘못됐다기보다는 정부가 이에 너무 부실하게 대응하고 있다는 점이 문제"[84]라고 선언한다. 스티글리츠는 특히 세계 전역과 국가 내에서 커져가는 불평등을 우려하며 이것이 어떻게 특수 이익 집단의 영향력 증가를 수반하는지 설명한다. 부는 권력으로 이어지고 점점 더 소수의 사람들이 점점 더 세계 부의 많은 부분을 차지하고 있다는 사실은 민주주의 원칙을 위협한다. 가장 힘 있는 기업과 개인들이 국경을 넘나들며 활동하다 보니 국가 차원에서 그들의 행위와 로비 활동의 영향을 파악하기가 어려울 때가 많다. 인식이 중요하므로 개인이 자기 의견이 반영되지 않는다고 '느끼다' 보면 소외감을 느끼고 이를 자기 통제를 넘어선 힘이나 세계화 탓으로 돌리기 쉽다. 이런 막연한 좌절감과 아노미 상태를 피하려면 투명성을 반드시 향상해야 한다. 좀 더 포용적인 세계화를 이룩하고 불평등 증가에서 비롯하는 체계적 위험을 완화하려면 평범한 시민이 이해하기 쉬운 정책을 선택하고 시민의 삶에 영향을 미치는 결정에 발언권을 제공해야 한다.

이를 확보할 실질적인 수단을 제시하자면 첫째, 2013년 6월 G8 회의와 2013년 7월 G20 회의에서 논의한 대로 부가가치가 발생한 국가에서 세금을 납부하고 수취하도록 해야 하고 둘째, 로비스트의 권력과 역할을 제한하여 부유한 개인과 기업이 규제 및 입법 과정에 영향력을 발휘해서 특권을 강화하는 일이 없도록 해야 한다.

교훈 2: 세계화를 계속 성공으로 이끌어 나가려면 그 전제조건으로 국가 차원에서 불평등을 줄여야 한다

국가 차원에서 포용성을 보장하는 방법과 관련해 앞에서 한 논의에서 이끌어낸 두 번째 교훈은 불평등 확대에 정면으로 부딪쳐야 한다는 것이다. 세계화가 안정되려면 사회 전체는 아니더라도 대부분이 세계화가 이익이 된다고 느껴야 한다. 전체 인구 중에서 세계화가 생활 수준을 갉아먹고 있으며 기회보다 더 큰 위협을 가한다고 느끼는 비중이 상당하다면 더 차원 높은 통합을 이룩하기가 점점 더 어려워질 것이고 보호무역주의와 고립을 지지할 것이다. 기회의 평등을 확대하는 데 집중해야 한다. 사회에서 가장 빈곤한 집단에 특히 초점을 맞추는 광범위한 대책이 필요하다. 기회를 넓히려면 유치원부터 대학교까지 전 단계에 걸쳐 질 좋은 교육에 동일하게 접근할 수 있도록 교육에 투자해야 한다. 기술과 재교육에 더욱 집중하고, 건강 문제 및 영양 결핍을 극복하도록 단호한 노력을 기울여야 한다. 주택과 교통, 정보를 제공함으로써 지리적 이동성을 높이고, 광대역 기능에 대한 전국적 접근권을 비롯한 필수 사회기반시설을 제공해야 한다. 이런 투자가 원하는 결과를 내도록 하려면 세계 모범 사례 학습과 무작위 시험 도입에서 도움을 얻을 수 있다. 예산 부족 시대에 불평등을 줄이는 기회에 지출을 높이려면 반드시 세금 부과로 세수를 높여야 한다. 세계화를 지속하려면 더 단단한 사회적 연대가 필요하다.

국제통화기금은 "세계화와 기술 변화는 인적 자본 수익률을 높인다."라고 결론 내렸다. 이 결과는 "선진국과 개발도상국 모두에서 교육과 훈련이 얼마나 중요한지 강조"[85]한다. 따라서 인적 자본에 대한 투자를 우선시하면 글로벌 연결성에서 얻는 유리한 효과를 가속화할 수 있다. OECD에 따르면 세계 불평등 감소에 교육이 수행하는 역할은 기술이나 기관이 개별적으로 기여하는 정도보다 훨씬 더 크다고 한다.[86]

교훈 3: 세계화를 계속 성공으로 이끌어 나가려면 그 전제조건으로 세계 차원에서 불평등을 줄여야 한다

국가 사회를 흔들어 놓을 좌절감은 국제 차원에서도 동일한 영향을 미칠 것이다.《개발을 위한 세계화》에서 골딘과 레이너트는 이 맥락에서 무역과 원조의 역할이 특히 중요하다는 사실을 보여준다.[87] 예를 들어 부유한 국가에서는 오래전에 농업 보호무역주의를 급격히 축소했어야 했다.[88] 유럽과 미국에서 농민에게 지급하는 보조금은 경제적으로 근거가 없고 환경을 파괴하며 부유한 국가들의 국내 소득 측면에서 보더라도 심각한 역진세에 해당한다. 5억 명이 넘는 아프리카 사람들의 평균 소득 두 배를 유럽 젖소에 제공하는 정책(일일 보조금과 비용 기준)은 시급히 개혁해야 한다. 한편 개발도상국은 어느 때보다도 잘 돌아가고 있고 부유한 국가들은 더 부유해졌으므로 OECD 소득의 0.7퍼센트를 원조금으로 제공하겠다던 40년 전 약속을 이제는 이행해야 할 것이다.[89] 그런 정책은 세계 불평등을 줄이고 좀 더 포용적인 세계화를 이루겠다는 공약을 입증하는 데 크게 기여할 것이다. 원조와 무역 정책 간의 일관성은 필수지만 아마도 국제 이주 관련 정책이 더 중요할 것이다. 역사적으로 이주는 사람들이 극심한 빈곤과 기타 위협에서 탈출하는 방법이었다. 현재 세계화 단계는 국경을 넘나드는 모든 흐름이 급격하게 증가하는 특징을 나타내지만, 국가 혹은 세계 인구 전체에 대한 비율로 볼 때 이주는 한 세기 전에 나타났던 대규모 이주 시대 수준에 훨씬 못 미치는 수준으로 줄어들었다. 너무 많은 사람이 빈곤에 발목을 잡혀 세계화 시대가 제공하는 기회를 누리지 못하고 있다. 골딘과 캐머런, 발라라잔이《특출한 사람들》에서 보여줬듯이 이주는 세계 체계의 고아다. 합법하게 이주자 수를 늘리는 정책과 이주자가 권리에 따르는 책임을 받아들이도록 보장하는 정책으로 이런 상황을 고쳐나가야 한다.[90]

8

체계적 위험을
어떻게 관리할 것인가?

우리가 살아가는 세상은 불과 20년 전과도 확연하게 다르다. 재화와 용역, 사람, 생각이 이전 그 어느 때보다도 빠르게 국경을 넘나든다. 이런 연결성 덕분에 평균적인 생활 수준 및 건강 상태가 전례 없이 상승했다. 풍부한 정보와 폭넓은 선택지, 더 많은 기회로 우리 삶은 풍요로워졌다. 또한 정치적 긴장 완화에도 기여했다. 냉전 종식, 중국 개방, 오랫동안 지속된 유럽의 평화는 물론 아프리카와 라틴아메리카, 아시아의 60여 개국에서 권위주의 정권이 몰락한 사태도 이런 특별한 과정의 일환이다. 연결성은 수많은 사람들의 삶을 더 바람직한 방향으로 바꾼 혁신 확산의 속도도 높였다. 점점 증가하는 세계 인구 대부분에게 세계화, 다시 말해 연결성 증가는 축복이었다.

위험한 나비효과

그러나 세계화를 저주라고 생각하는 사람이 점점 늘어나고 있다. 그들은 증가하는 불평등과 긴밀한 통합에서 비롯하는 혜택을 받지 못하는 사람들을 우려한다. 또한 팬데믹과 금융위기, 기후 변화, 환경 파괴, 사이버 습격을 비롯한 연쇄 위협이 존재한다는 엄연한 증거를 지적하면서 세계화가 가져온 위험 증가도 걱정한다. 우리 저자들도 이런 문제를 우려한다. 우리 인간의 인지 능력과 관리 능력으로는 지금까지 쌓아온 세계의 복잡성을 포착하기 어려울 수도 있다. 우리는 글로벌 네트워크에 지나친 부담을 지우고 있다. 글로벌 네트워크 역량을 바람직한 수준 이상으로 과도하게 이용하고 있다. 앞에서 제시했듯이 우리는 우리 모두를 위협하는 아주 다양한 위험, 특히 세계 곳곳의 활동을 연결하는 복잡한 네트워크와 연결된 지리적 중추 노드에 활동이 집중되면서 발생하는 위험의 축적을 너무 자주 무시했다.

이 책에서 분석한 결과에서 얻을 수 있는 근본적인 교훈은 바로 세계화를 지속하려면 '투명성' '포용성' '회복탄력성'을 지도 원리로 삼아 세심하게 관리해야 한다는 사실이다. 글로벌 통합이 의존하는 수많은 네트워크와 기제가 통치 기관의 역량을 벗어나도록 허용해서는 안 된다. 국가 차원에서 회복탄력성을 구축하는 정책과 기관에 시급하게 투자를 늘려야 한다. 체계적 위험과 세계화는 특히 국경을 초월하는 관계를 의미하므로 이는 지역 기관과 국제기관 개혁이 필요하다는 뜻이기도 하다. 몇 가지 눈에 띄는 예외가 있기는 하지만 현재 이런 기관들은 제2차 세계대전과 이후 이어진 냉전의 유산으로 21세기 용도에는 적합하지 않다. 광범위한 개선이 필요하고 국제적 시스템의 업무를 이끄는 권한, 지분과 지배 구조, 기술, 개념 모형, 운영 절차를 근본적으로 재평가해야 한다. 이런 개선 과정은 단번에 이뤄질 수 없다. 도전 과제의 진화 속도를 감안할 때 기술과 권한을 정기적으로 감시하고 평가하고 갱신할 수 있는 유연한 구조를 만들어야 한다. 그러려면 영구 고용을 기대하는 정규직 공무원 형태 모형을 줄이고 업무 중심 역량에 초점을 맞춘, 민간 부분에서 볼 수 있는 모형에 좀 더 가까운 제도 모형을 더 많이 고려해야 한다. 성공한 기관에 더 많은 자금이 유치되고 권력이 집중될 위험 역시 신중하게 고려해야 한다. 보건이나 보안을 관장하는 기관과 달리 국제 금융기관은 권력이나 인력, 자원, 데이터 부족에 시달리지 않았다. 국제통화기금과 국제결제은행을 비롯한 여러 글로벌 금융기관과 이를 상대하는 국가기관―재무부, 재경부, 중앙은행 등―은 가장 힘 있는 글로벌 기관과 국가기관이다. 이들의 핵심 목표는 글로벌 재정 안정과 국가 재정 안정이다. 그러나 이런 기관들은 획일적인 금융 관리 방식을 선택했고 기술 및 기타 변화에 따라가지 못했으므로 그들의 조언으로 문제가 곪아가다 결국 연쇄 위기로 이어졌다. 앞에서 지적했듯이 다른 글로벌 거버넌스 측면과 마찬가지로 금융 거버넌스가 21세기 용도에 적합해지려면 지적 혁명과 더불어 제도 혁명이 필요하다.

세계화는 인과관계의 규명을 더욱 어렵게 만들고 때로는 파악하기 불가능하게 하는 점점 복잡해지는 관계 및 상호연결과 관련이 있다. 시민들은 자신의 운명을 통제할 수 없다고 느낀다. 한편 정치인과 책임 있는 지위에 있는 사람들은 이리저리 뒤얽힌 세계화 네트워크 미로 속에 숨을 수 있다. 통제력이 감소한다는 느낄 때 사람들은 책임을 국내로 가져와 좀 더 좁은 영역에서 다루려고 한다. 그 영향으로 정치와 의사결정의 거리감을 좁히려고 하고 한때 단결했던 국가에 분열을 일으킨다. 2014년에 영국에서 스코틀랜드가 스코틀랜드 독립 여부를 물었던 국민투표는 영국 내각이 영국의 유럽연합 회원 탈퇴 여부를 물었던 국민투표와 마찬가지로 이런 분열을 보여주는 한 단면이다. 2013년 5월에 실시한 지방선거에서 영국독립당은 총 투표수 중 약 23퍼센트를 얻었다.[1] 그리고 2016년 6월에 실시한 영국 국민투표에서 유럽연합 탈퇴에 찬성하는 의견이 근소한 차이로 다수를 차지했다. 글로벌 복잡성에 짓눌린 세계 곳곳의 시민과 정치인들은 문제가 발생하면 그 탓을 외국인에게 돌리면서 국수적이고 근시안적인 방향으로 나아가게 됐다. 이는 지역과 세계의 경제 발전과 혁신을 저해할 뿐만 아니라 국수주의와 보호무역주의 이념에 여지를 제공하고 최근 수십 년 동안 힘들게 이룩한 평화와 상대적으로 안정적이었던 세계 정치 양상을 위협한다. 세계화 관리가 실패하면서 영국이 브렉시트를 단행하고 트럼프가 미국 대통령으로 당선되는 역풍이 일었다. 금융위기로 생계가 막막해진 사람들이 세계화에 특히 환멸을 느꼈고 높은 수입을 챙긴 전문가들이 체계적 위험의 관리에 실패했다는 점을 생각할 때, 만약 금융위기가 일어나지 않았더라면 브렉시트와 트럼프 대통령 당선은 둘 다 일어나지 않았을 것이다. 다음 번 팬데믹을 막을 만큼 높은 장벽은 없음에도 불구하고 코로나바이러스감염증-19는 한층 더 큰 반발을 일으킬 조짐을 보인다. 막상 이런 높은 장벽은 팬데믹과 모든 체계적 위험의 관리에 필수적인 전문지식과 협조 능력을 차단할 뿐이다.

세계화는 계속 보존해야 하고 오히려 더 심화해야 할 가치가 있다. 그러나 더 포용적이고 투명하며(세계화에 따르는 복잡성을 더 잘 이해할 수 있도록 돕고 책임감을 확보하도록) 회복탄력성 있는 세계화가 되도록 보살피고 구현해야 한다. 세계화가 발전을 저해하는 대신 발전을 뒷받침하도록 보장하는 지역·국가·세계 차원의 정책이 필요하다. 이언 골딘은 다른 책들에서 이런 정책들을 다루고 있으며[2], 세계화를 유지하려면 그 정책들에 시급하게 관심을 기울여야 한다.

세계화를 계속 진전시키려면…

이 책에서는 세계가 이어져 있고 개인들이 이어져 있고 기업들도 이어져 있으며 각국 정부는 그 어느 때보다도 서로에게 의존한다는 단순하지만 중요한 사실을 뒷받침하는 풍부한 증거를 제시한다. 우리는 이 발전상을 멈출 수도 없고 되돌릴 수도 없다. 국경과 규제가 재화와 용역의 물리적인 흐름을 방해할 수는 있겠지만 가상교환은 그런 장애물을 쉽게 극복한다. 세상은 로버트 코헤인Robert Keohane과 조지프 나이Joseph Nye가 "복합적 상호의존complex interdependence"[3]이라고 칭한 상태를 경험했다. 세계화를 제대로 관리하지 못하면 우리가 살아가는 세계는 지나치게 복합적으로 상호의존하는 상황에 처하고, 그 결과로 발생하는 연쇄적 충격과 책임성 결여는 국제적으로 연결된 정치가 아니라 지역 정치를 부추길 것이다.

위험한 나비효과

글로벌 통합 속도는 느려질 수 있고, 이런 상황이 바람직할 수도 있지만 이제는 국가 정부가 홀로 글로벌 도전 과제에 대처하기를 기대할 수 없다. 이런 도전 과제는 국가 주권이 미치는 국경을 초월한다. 우리는 세계의 문제와 국경을 초월한 문제를 함께 책임져야 한다. 모든 차원의 참여가 글로벌 협정에 필수적인 구성 요소겠지만 국가 단독이나 양국, 심지어 지역 단위도 아닌 전 세계가 함께 조정하고 협력하는 법을 배워야만 이 책임을 인정할 수있다. 우리에게는 열의 넘치고 상황을 주도하며 어느 정도 자율적인 글로벌 역량이 필요하다. 글로벌 기관은 더 책임감 있고 투명해야 하는 동시에 정치적 흐름에 따른 끊임없는 진동에 비교적 영향을 받지 않는 권한과 자원도 부여받아야 한다. 우리 시대 도전과제에 대응하려면 적절한 자원이 필요하다. 2009년 미국 대통령버락 오바마Barack Obama는 카이로 대학교에서 한 연설에서 이런글로벌 책임을 인식했다.

한 국가에서 금융 체계가 약해지면 어디에서나 번영에 타격을입습니다. 한 사람이 신종 인플루엔자에 걸리면 모두가 위험해집니다. 한 국가가 핵무기를 추구하면 모든 국가에서 핵 공격의위험이 높아집니다. 폭력적인 극단주의자가 어떤 산줄기에서 활동하면 대양 건너에 있는 사람들이 위기에 처합니다. 보스니아와 다르푸르에 사는 무고한 사람들이 학살당하면 그 사건은 우리의 집단적 양심에 오점을 남깁니다. 21세기에 이 세상을 함께살아간다는 것은 그런 뜻입니다. 그것이 우리가 인간으로서 서로에게 지는 책임입니다. 이런 상호의존성을 고려할 때 어떤 한 국가나 인간 집단을 다른 국가나 집단보다 우위에 놓으려는 세계 질서는 반드시 실패할 것입니다. 우리 문제는 협력 관계로 해결해야 하고 진보는 반드시 공유해야 합니다.[4]

오바마 대통령은 집단적 도전 과제에 대처하려면 글로벌 행동이 시급하게 필요하다고 강조한다. 그러나 현실에서 여전히 미국은 특히 기후 변화와 심도 깊은 국제 금융 체제 개혁을 비롯한 여러 중대 영역에서 국제 협정을 가로막는 주요 걸림돌이다.

대니 로드릭은 《자본주의 새판짜기》에서 국가 통제를 강화하고 국제기관에 이양하는 권력을 줄여야 한다고 주장한다. 시민과 공동체의 결정을 반영하도록 최대한 당면 지역에서 의사를 결정하는(최하위 실무 당국이 결정) '보완성subsidiarity' 원칙이다. 그러나 코로나바이러스감염증-19 사태가 우리에게 가르쳐준 것이 있다면 세계화로 상호의존성이 증가하면서 조정이 필요한 결정도 늘어났다는 사실이다. 상호의존성은 세계화의 핵심이며, 전부는 아니겠지만 많은 영역에서 통합과 연결성이 가져오는 이익을 훼손하지 않고서는 상호의존성을 되돌릴 수 없다. 국가 정부만으로는 앞으로 다가올 많은 도전 과제에 대응할 수 없다. 2007~2008년 금융위기와 유럽 통합 사례가 이 사실을 보여준다. 후쿠시마 원자력 발전소 사태와 에이야퍄들라이외퀴들 화산 분출은 물론 코로나바이러스감염증-19와 에볼라, 돼지 인플루엔자와 조류 인플루엔자에 대한 대응 역시 마찬가지다. 전쟁과 테러, 사이버 범죄를 막으려면 공동 대응이 필요하듯이 기후 변화를 막기 위해서도 공동 대응이 필수다. 세계화가 힘을 발휘하려면 전 세계와 국가·지역 차원에서 적극적인 관리가 필요하다.

모든 쟁점에 글로벌 집단행동이 필요하지는 않다. 이런 쟁점 중 상당수는 국가나 지역, 혹은 양자 차원에서나 민간 부문 및 시민 단체 같은 비정부 행위자가 해결할 수 있으므로 보완성 원칙을 적용해야 한다.[5] 문제를 해결하기 위해 각국 정부가 서로 협력하여 추진하는 공적 조치가 필요한 경우에만 글로벌 관리를 고려해야 한다. 모든 글로벌 협상에 모든 행위자가 관여할 필요는 없으며 해결책을 가장 잘 도출할 수 있는 핵심 행위자와 가장 많은 영향을 받는 국가들이 관여하는 선별적 포함 원칙을 적용해야 한다.

체계적 위험은 새로운 글로벌 행동을 요구한다

글로벌 연결성에 글로벌 정책 조율이 필요하다는 인식은 새로운 의견이 아니다. 1930년대 대공황은 통화 정책 조정(금본위제)으로 이어졌고 제2차 세계대전 여파로 정책 입안자들은 "각각에게 적용할 수 있고 누구에게도 불편하지 않은 공통 수단, 공통 기준, 공통 규칙을 찾아야 한다."[6]라는 압박을 받았다. 1944년에 열린 브레턴우즈 회의에서 당시 지도자들은 통화 정책 조정을 되살리고 국제통화기금과 국제부흥개발은행(세계은행)을 설립하는 데 합의함으로써 이 도전에 대응했다. 이 기관들은 계속해서 중요한 역할을 수행했다. 그러나 이들은 지금과 다른 시대를 배경으로 고안된 기관이고 앞에서 언급했듯이 현재 도전 과제를 해결하려면 철저한 개혁이 필요하다. 2020년에 발생한 코로나바이러스감염증-19 팬데믹과 2008년 금융위기는 체계적 위험이 점점 더 위태로워지고 있다는 사실을 잘 보여주며 21세기판 '브레턴우즈 국면'을 요구한다. 이는 글로벌 거버넌스의 근본적인 개편을 제공할 것이다.

코로나바이러스감염증-19는 현재 체제가 불충분하다는 사실을 밝혔을 뿐만 아니라 세계적 위기가 얼마나 막대한 비용을 지울 수 있는지 전 세계를 대상으로 아주 생생하게 드러냈다는 점에서 금융위기보다도 극적으로 제도 변화를 가져올 계기를 제공한다. 전 세계 사람들이 그 영향으로 고통을 겪고 있다. 체계적 위험이 얼마나 빨리 퍼져나갈 수 있으며 얼마나 예기치 않게 나타날 수 있는지 우리 모두가 직접 체험했다. 코로나바이러스감염증-19 사례로 우리는 한 국가에서 발생한 바이러스가 넉 달 만에 전 세계 모든 국가로 퍼질 수 있다는 사실을 목격했다. 많은 국가에서 인명 손실 관점에서 끔찍한 결과를 맞이했고 여기에 경제적 타격까지 겹쳐서 역사상 최대 규모의 경제성장 퇴보로 이어졌다. 금융위기 사례에서는 미국 서부 해안에 집중된 비교적 소규모 금융시장에서 발생한 실패가 어떻게 대륙을 가로질러 뉴욕까지 퍼지고, 이후 런던을 비롯한 모든 대륙의 금융 중심지로 번질 수 있었는지 봤다. 이런 금융 중심지가 무너지면서 국내 경제 위기를 유발했고 수억 명의 저축 포트폴리오와 일자리를 파괴했다. 2020년 팬데믹과 금융위기를 경험하면서 체계적 위험이 손으로 만져질 듯 뚜렷한 개념으로 다가왔다. 정치인과 기업 및 각계 지도자들은 이런 위험이 세계화에 따른 필연적인 결과물이며 이런 위험에 억눌리지 않으려면 시급한 관리가 필요하다는 사실을 책임지고 널리 알려야 한다.

체계적 위험은 이제 추상적인 개념이 아니라 가족이나 동료, 친구를 팬데믹으로 잃은 모든 사람이 겪는 고통이다. 저축이 있는 사람이라면 누구나 공감할 수 있는 위험이다. 안타깝게도 실업자, 고용 불안에 떠는 사람들, 새로운 취업 기회를 찾고 있는 사람들 역시 마찬가지다. 고정 수입 연금과 기타 보조금으로 생활하는 사람들에게도 적용된다. 팬데믹과 금융위기를 관리하는 데 실패한 이후 이미 어느 정도 위험에 대한 인식이 높아지고 안전문화 의식이 향상되었다.

금융 분야에서는 2008년 위기로 민간 금융 부문과 공공 기관이 깊은 대화를 나눴지만 그런 대화가 좀 더 탄탄한 체계로 이어지지 않았고 금융위기가 다시 발생할 위험도 사라지지 않았다. 시장이 안정되는 추세가 나타나면서 규제 개혁이 흐지부지됐다. 세계 곳곳에서 개혁은 불충분한 수준에 머물렀고 취약한 금융기관과 사이버 체계를 비롯한 여러 체계가 같은 지역에 집중적으로 모여 있는 상태와 같은 체계적 위험의 중요한 차원을 고려하지 못했다. 바젤 III 협약을 비롯해 채택된 규제들은 2007~2008년 금융위기를 예방하지 못했을 것이다. 그런 규제들은 확실히 2020년 금융 붕괴를 막지 못했고 우리가 보기에는 앞으로 다가올 체계적 위기도 막지 못할 것이다.

1997년까지 거슬러 올라가면 G30(Group of Thirty, 민관 부문과 학계 원로 대표로 이뤄진 국제 민간 협의체)이 이미 체계적 위기를 관리할 민관 부문 협력 모형을 제시한 적이 있다. G30은 《글로벌 기관, 국가 감독과 체계적 위험*Global Institutions, National Supervision, and*

Systemic Risk》이라는 제목의 보고서에서 "글로벌 기업에서 발생하는 위험 전반"을 고려하고 "위험을 관리하는 포괄적 원칙을 공포하고 검토할 상임위원회의 구성"을 요구했다. 그들은 다국적 기업이 "독립된 단독 외부 감사 기업이나 기업 집단이 실시하는 폭넓은 검토"를 받아야 하며 "포괄적이고 통합된 기반으로 금융 및 위험 정보를 일관되고 의미 있게 공시"해야 한다고 제안했다.[7] 특히 다국적 기업의 위험 노출을 파악하는 포괄적 검토 과정이라는 개념은 민관 협력을 통해 투명성과 위험을 평가하는 유망하고 타당성 있는 모형을 제공한다.

지금까지는 심지어 금융 분야에서도 개혁이 너무 부족했다. 이로 인해 코로나바이러스감염증-19에서 비롯된 위기의 영향이 확대됐고 추가로 위기가 발생할 위험도 증가했다. 기회의 창이 닫히고 있다. 코로나바이러스감염증-19 팬데믹을 막지 못하고 이전에 발생한 금융위기에 대처하지 못한 데 실망하고 마음이 멀어진 시민(과 그 정부)은 전 세계가 연결된 해결책 대신 길거리와 지역으로 눈을 돌리고 있다. 정치인과 논평자는 이런 위기의 원인과 결과를 최대한 냉철하게 바라봐야 한다. 국경 밖 세력이 우리 미래에 점점 더 많은 영향을 미치는 지금 협조적인 결과를 얻기 위해 국가 의사결정을 다소 희생할 필요가 있다. 다음 충격이 어디에서 비롯할지는 알 수 없다. 국민 보호가 정부의 가장 중요한 목표라면 사전예방 원칙은 바람직한 정책 기반이다. 이는 불확실성에 직면한 상황에서 우리가 잠재적 위협 영역에 투자하고 반응하고 적응할 역량을 키워야 한다는 뜻이다. 글로벌 거버넌스의 혜택을 설명하려면 글로벌 거버넌스가 부재할 때 발생하는 위협을 밝혀야 한다. 글로벌 거버넌스는 국가 주권 상실과 재정 부담 측면에서 상당한 비용이 따른다. 혜택이 이런 비용보다 더 크다는 사실을 분명히 보여줘야 한다.

회복탄력성을 확보하려면 다양화가 필요하지만 지금 세계는 점점 지리적으로 집중되는 양상을 나타내고 있다. 사무실과 자산, 인적 자원을 여러 지역에 배치한 다국적 기업은 귀중한 자원을 모두 한곳에 집중해놓은 기업보다 자연재해나 사회기반시설 파손이 발생했을 때 더 잘 견뎌낼 수 있을 것이다. 다음번 재해가 어떤 형태로 어디를 덮칠지 예상할 수 없다면 기업은 지식과 리더십의 중심을 신중하게 다각화해야 한다. 이 전략으로 국지적인 위협에 노출되는 빈도는 증가하겠지만, 지역에서 문제가 발생했을 때 네트워크 대부분은 여전히 작동할 것이므로 회복탄력성도 증가할 것이다. 그러나 이렇게 다각화하려면 국제 조율이 필요하다. 다국적 기업이 국가 관할권을 벗어나는 일이 없도록 감독해야 한다. 2012년에 영국 언론은 구글과 스타벅스를 비롯한 주요 국제 브랜드가 영국 재무부에 납부하는 세금을 줄이고자 납세 거주 기간을 최적화하는 실태를 집중 취재했다. 이는 다국적 기업과 관련된 체계적 위험을 관리해야 할 필요성과 지역 및 국가 차원에서 발생할 수 있는 긴장 상태를 반영한다.

많은 문제가 국제적 차원에서 발생하므로 국가 정부 혼자 이를 다룰 수 없다. 따라서 국경을 넘나드는 조율과 더불어 민간 부문과 시민사회에서도 조율을 확대해야 한다. 예를 들어 유럽항공안전청European Aviation Safety Agency은 화산재 구름에서 비롯하는 위험은 능숙하게 다룰 수 있겠지만 항공 교통에 지장이 발생했을 때 이식용 장기 공급을 확보하는 일에는 아무런 전문지식이 없다. 마찬가지로 뉴욕 소방서와 미국 국방부가 9/11 같은 테러 공격에 초기 대응은 할 수 있겠지만 뉴욕 증권거래소 폐쇄에 따른 금융 파장을 완화할 지식은 없다. 커다란 대가가 따르는 경제 및 사회 손실과 혼란 사태를 피하려면 이런 연쇄적인 위험에 대한 대응을 조율할 수 있는 중재 기관과 태스크포스가 필요하다.

앞에서 살펴봤듯이 이런 문제의 본질은 딱히 새로울 것이 없다. 새로운 것은 관련 링크의 폭과 깊이 및 점점 증가하는 복잡성이다. 상호연결성은 복합적 상호의존으로 변했다. 이는 서로 연결된 국가와 사람과 물체의 수, 우리 삶과 경제의 모든 측면에 스며 있는 연결의 속도와 범위를 반영한다.

글로벌 거버넌스를 개혁해야 하는 이유

우리 시대의 필요를 파악할 수 있도록 글로벌 거버넌스의 전체 체계를 재평가해야 한다. 기후 변화, 사이버 공간, 이주를 비롯해 관할 기관이 없는 중대 쟁점들이 있다. 팬데믹과 공중보건 같은 쟁점은 세계보건기구처럼 이를 책임지는 담당 국제 관할 기관이 있지만 금융과 빈곤 감소를 책임지는 기관과 마찬가지로 이들 기관들도 쇄신이 시급하다.[8]

정책 입안자들이 체계적 위험과 연쇄 위기에 대비하고 대응할 수 있으려면 새로운 규칙과 제도적 틀이 필요하다. 허리케인 카트리나나 후쿠시마 원자력 발전소 사고 대응이 각각 미국과 일본이 감당해야 할 문제였다면, 그런 재난이 국경을 넘어가거나 2010년에 대지진이 아이티를 덮쳤던 사례처럼 피해를 입은 사회가 가난하고 제대로 대응할 수 없어서 국제 협력이 필요한 경우에는 상황이 훨씬 더 복잡해진다. 예를 들어 유엔 인도주의 업무 조정국은 인도주의적 위기에 대응할 때마다 국가 간 활동과 자금 지원을 조정해야 한다. 2010년 아이티 지진은 이것이 어려움에 처한 사람들에게 무엇을 의미할 수 있는지 보여주는 불운한 사례다.[9] 2013년 1월에 시작된 프랑스의 말리 개입 사태의 본질 역시 국제 대응 조율이 얼마나 느리게 이뤄지는지 보여준다. 국제연합은 2012년 12월 20일에 조치를 승인하는 관련 안전보장이사회 결의안을 통과시켰다. 그러나 한 달 뒤 말리 북부에서 이슬람 극단주의자들에게 맞서기로 배정된 서아프리카경제공동체ECOWAS: Economic Community of West African States 소속 군인 3,300명은 여전히 말리 군대와 정확한 군사 지원 조건을 협상하고 있었다.[10] 전반적으로 봤을 때 현행 기관들이 "위험도가 낮다고 해서 위험이 없는 것은 아니다."[11]라는 사실에 대비하지 못하고 있다는 점이 문제다. 일부 위험에는 대응하도록 준비하고 있지만 본질적으로 예측할 수 없거나 가능성이 매우 낮다고 여기는 상황에는 대비하지 못하고 있다.

통합된 사회는 글로벌 도전 과제를 성공적으로 관리하도록 가장 잘 뒷받침할 수 있다. 그러나 그런 사회도 확실한 초고속 정보 통신망, 믿을 수 있는 사회기반시설, 온전한 환경, 효율적인 생산 부문, 감당할 수 있는 신용 공급, 효과적인 교육 및 보건 체제, 기타 기본적인 사회 및 물리적 기반시설과 같은 안정적인 토대에 의지해야 한다. 또한 이런 기반을 갖추려면 지역 및 글로벌 차원에서 효과적인 거버넌스가 필요하다. 즉 가장 중대한 상호의존성을 파악할 수 있는 동시에 사회가 예측할 수 없는 실패에 대비해 준비를 갖춰야 한다는 필요성을 이해하는 기관이 있어야 한다.

이 과업을 달성하려면 '단순, 투명, 유연'한 거버넌스 구조를 유지해야 한다. 최근 규제 당국은 복잡성을 줄이고 단순성을 높여야 할 필요를 인식했다.[12] 어쩌면 규제 자체가 너무 복잡해졌을 수도 있다. 차익거래를 막으려면 더 단순하고 탄탄한 규제 체계에 의지해야 한다.[13] 또한 거버넌스 구조는 책임성과 정당성 보장에 도움을 주도록 더욱 투명해져야 한다. 참여하는 대중이 없다면 정치인들은 세계화를 지속하는 데 필요한 어렵고 많은 대가가 따를 결정을 뒷받침해줄 다수의 지지자를 확보할 수 없을 것이다. 이는 거버넌스 구조가 빠르게 진화하는 기술과 사회에 더욱 유연하고 즉각적으로 대응해야 한다는 뜻이다. 금융 거버넌스 제도와 규제 체제의 개혁이라는 측면에서는 어느 정도 진전이 있었지만 다른 형태의 체계적 위험에 대처하는 준비 과정은 그렇다고 말할 수 없다. 다음번에 닥칠 커다란 위기는 질병이나 사이버 테러, 기후 변화, 혹은 예기치 못한 새로운 재앙에서 비롯할지도 모른다.

완충 장치와 안전망, 비상조치 역시 필요하다. 위험관리에 신중한 접근법을 채택하려는 정부와 기업은 예비 체제를 '비생산적 자본'이나 불필요한 투자로 간주하지 말아야 한다. 모든 일이 술술 풀릴 때는 린 경영이 유익할 수 있다. 그러나 상호연결과 상호의존성, 위험도가 증가하는 세상에서는 유휴 생산능력이 필요하다. 회복탄력성에 대한 투자금은 그저 삭감해야 할 비용이 아니라 대차대조표에 강점을 제공하는 원천으로 봐야 한다. 위험관리나 예비 전략에 할당된 운전자금이 항상 부채인 것은 아니며 최악의 상황에서는 그 조직이 지닌 최대 자산이 될 수 있다. 공익 기업체의 경우 재고를 유지하지 못하도록 막는 회계 규칙이 회복탄력성을 갉아먹는 경우가 많다. 여기서 말하는 재고란 의사와 간호사의 업무를 보완하는 인공호흡기, 중환자실 침상, 항생제, 백신부터 얼어붙은 도로를 사용할 수 있도록 개방하는 데 필요한 모래와 소금 공급에 이르기까지 모든 것을 포함한다.[14] 이런 경우 린 경영은 '기를 쓰고 효율성을 확보'하는 데 그치지 않고 충격에 제대로 대비하지 못하는 지나치게 빠듯하고 불안정한 체계를 유발한다.

이 책 전반에 걸쳐 논의한 많은 위험 사례에는 갑작스럽고 맹렬하게 나타나기 전에 한동안 숨어 있었다는 공통점이 있다. 즉 '빈도는 낮고' '영향력은 큰' 사건이다. 하워드 쿤로이더Howard Kunreuther와 마이클 유심Michael Useem은 이런 위험 유형에 초점을 맞춰 위험관리의 여섯 가지 측면을 밝힌다.

- 위험 예측
- 위험 정보 소통
- 경제적 인센티브
- 민관 협력
- 재보험과 기타 금융상품
- 회복탄력성과 지속가능성[15]

이 책에서는 항목의 순위를 다르게 매기기는 했지만 이들 사항이 우리가 앞에서 다뤘던 중심 교훈들 중 일부라는 사실을 금방 알 수 있다. 글로벌 연결성은 '회복탄력성 있고' '지속가능한' 기반을 토대로 구축해야 한다는 통찰은 이 책에서 가장 중요하게 다룬 내용이다. 우리 시대의 새로운 도전 과제에 견디고 대응할 수 있도록 물리적 네트워크와 가상 네트워크, 사회 연결망을 구축해야 한다. 이런 네트워크는 정적이기보다는 유연하고 유기적이어야 하며 그 역량을 한계까지 밀어붙이는 일이 없어야 한다.

또한 이 책, 특히 7장에서는 정책 대안을 '투명하게 소통'해야 할 필요성을 강조했다. 복잡한 세상에서 투명성을 달성하기란 쉬운 일이 아니다. '구할 수 있는' 정보를 모두 가진 사람들조차 정책 선택에 따르는 결과 전체를 알 수 없는 경우가 많다. 따라서 불확실하고 알 수 없는 상황을 솔직하게 터놓고[16] 이해할 수 있는 방식으로 선택하도록 동기를 부여하는 것이 더욱 중요하다. 말로만 관리 가능하다고 약속하면 단기적으로는 고통을 완화할 수 있겠지만 그런 약속이 계속해서 깨지면 신뢰성과 정당성을 떨어뜨린다. 지금도 진행 중인 유럽통화동맹European Monetary Union 위기는 지키지 못한 약속이 얼마나 해로운 결과를 낳는지 보여주는 불행한 증거를 제공한다. 또한 협정을 신뢰할 수 있으려면 협정을 이행하고 그 강제 가능성을 확보해야 한다는 사실을 잘 보여준다. 유럽연합 회원국을 대상으로 엄격한 재정 지침을 설정한 1992년 마스트리히트 조약Maastricht Treaty을 고수하지 못한 실패가 프랑스와 독일에서 시작해 지속가능성이 더욱 떨어지는 방식으로 남유럽까지 확장되며 유럽 전역에 걸쳐 부채가 급증하는 사태로 이어졌다. 금융 및 기타 영역에서 투명성을 강화하면 고의로 행하는 악행을 좀 더 쉽게 파악할 수 있다는 이익이 추가로 발생한다. 이

위험한 나비효과

는 특권으로 이익을 얻는 수단과 영향력을 가진 사람들이 행하는 기회주의적 행동을 감추는 복잡성이라는 덮개를 들추는 역할을 한다. 백신의 효능에 이의를 제기하는 가짜 뉴스 사용은 팬데믹이 제기하는 글로벌 위험을 관리하는 능력을 크게 좀먹고 있다. 트럼프 대통령이 사용하는 분열을 초래하는 언어나 과학과 정보를 비롯한 여러 분야 전문가의 견해를 무시하는 의견을 홍보하는 행태도 마찬가지다. 체계적 위험을 관리하려면 협력적 해결책이 필요하며, 국수주의와 보호무역주의 정책뿐만 아니라 이기적이고 오해의 소지가 있는 거짓 정보도 협력적 해결책을 훼손한다.

위험 예측은 글로벌 거버넌스 맥락에서 위험 측정을 개선하는 결과를 낳는다. 빠르게 진화하고 점점 복잡해지는 환경에서 그런 노력의 한계를 인식하는 동시에 21세기 위험을 이해하려면 더 많은 노력이 필요하다. 위험 측정 개선은 불확실성 파악은 물론 책임성 향상과 정책 선택 소통에도 필수다. 체계적 위험을 해결하려면 경제적 인센티브를 바로잡고 외부효과를 고려하지 못한 정책 실패를 받아들여야 한다.

지금까지 개혁이 왜 부진했는가?

국제기구들은 세계화의 근본적인 변화와 체계적 위험의 본질을 인식하기까지 오래 걸렸다. 그런 와중에 경제협력개발기구OECD 가 2003년에 내놓은 보고서 《21세기에 다가오는 위험*Emerging Risks in the 21st Century*》은 자연재해, 기술 사고, 전염병, 테러 관련 위험, 식품 안전과 관련해 "변화를 주도하는 근원적인 힘"을 검토했다는 점에서 특출하다.[17] 이 보고서에서는 "종래 위해와 새로운 위해를 평가하고 대비하고 대응할 때 OECD 회원국들이 특히 국제 차원에서 직면하는 도전 과제"를 밝히고 "다가오는 체계적 위험의 관리를 향상시킬 수 있는 방법에 관해 정부와 민간 영역이 도입할 수 있는 다양한 권고안을 제시"한다.[18] 해당 보고서는 대공황 이후 최대 금융위기가 발생하기 이전에 나왔고 체계적 위험 쟁점을 지적하지는 않았다. 그러나 보고서에서 제시한 전반적인 결론은 여전히 유효하다. 보고서는 결론에서 앞으로 닥칠 위해라는 도전에 어떻게 대응할지에 관해 다음 다섯 가지 사항을 제시한다.

- 위험관리에 새로운 정책 접근 방식을 채택하라.
- 공공 부문과 민간 부문 사이의 시너지를 키워라.
- 이해당사자와 일반 대중에 정보를 제공하고 이들을 끌어들여라.
- 국제 협력을 강화하라.
- 기술 잠재력 활용도를 높이고 연구 활동을 증진하라.[19]

권고안 중 일부는 조율과 연구처럼 잘 알려진 요소를 반복 제시한다. 투명성을 요구하는 동시에 이해당사자와 일반 대중을 끌어들여야 한다는 요구는 앞에서 지적했던 교육 측면과 관련이 있다. 민관 부문의 시너지를 키워야 한다는 강조점은 '위험 인식'과 '안전 문화' 발전을 포함한다. 또한 민관 부문 양측 행위자들 간에 '대화 증진'과 '신뢰 구축'도 목표로 한다.

앞에서 살펴봤듯이 20여 년 전에 G30은 "복잡한 금융상품을 이해하고 정교한 위험관리 체계를 평가할 수 있으며 글로벌 시장에서 위기관리에 대처할 수 있도록 감독기관 역량을 향상"해야 한다고 권고했다. G30이 내놓은 보고서에서는 다음 사항과 '관련한 법률'을 강화해야 한다고 권고했다.

- 상계 강제 가능성
- 담보 계약 강제 가능성
- 빠르고 의심스러운 파산 절차
- 거래 시 고객의 자산, 자금, 지위 보호[20]

이 권고안의 목표는 만일의 사태를 규정하고 법적 책임을 명확히 하는 것이다. 강력하고 즉각 대응하는 거버넌스를 촉진하고 규제 당국이 금융 복잡성에 관한 이해도를 높여야 한다고 명확히 진술한다. 2007~2008년 금융위기를 겪은 후에 이 결론을 꼼꼼히 읽은 사람은 이 권고를 실천에 옮기고자 좀 더 많은 노력을 기울였더라면 금융위기 피해를 완화할 수 있었을 것이라는 생각이 저절로 들었을 것이다.

위험을 억제하기 위한 국제 시스템 개혁이 왜 그토록 부진했는가라는 의문이 자연스럽게 생긴다. 국제관계 이론에서 한 가지 답을 찾을 수 있다. 자유주의 관점은 국가 간 협력이 실현 가능하고 시간이 흐름에 따라 성장할 것이라고 본다. 로버트 엑셀로드Robert Axelrod와 로버트 코헤인 같은 제도 이론가들은 게임 이론을 바탕으로 국가들이 협력하는 방식과 이유를 분석했다.[21] 두 학자는 협력을 촉진하는 학습법의 역할을 강조한다. 그들은 제도 덕분에 국가들이 서로 계속 상호작용하고 과거 경험에서 배울 수 있다고 본다. 따라서 국제기구는 협력을 촉진한다.

그러나 불과 몇십 년 사이에 세계화의 속도와 깊이가 급격하게 바뀌었다. 21세기에 들어선 지금 국가들은 과거 경험에 의존하기가 거의 불가능할 정도로 어려운 새로운 문제와 위험 유형에 직면하고 있다. 이런 문제들은 이전 그 어느 때보다도 빠르고 광범위하게 퍼져나갈 잠재력을 지니고 있다. 악당 주식 중개인은 버튼 몇 개만 눌러도 글로벌 기업을 무너뜨릴 수 있다. 컴퓨터 바이러스나 시스템 연쇄 충돌은 대륙을 연결하는 네트워크 전체를 파괴할 수 있다. 새로운 전염병은 사흘 안으로 전 세계에 퍼질 수 있다. 자유주의 관점에서는 개혁이 느린 이유를 이런 근본적인 변화로 설명한다.[22]

한스 모겐소Hans Morgenthau는 케네스 왈츠Kenneth Waltz와 마찬가지로 국익을 추구하는 주권 국가의 역할을 훨씬 더 강조한다.[23] 모겐소와 왈츠는 국제 협력 가능성에 회의적이다. 영향력 있는 국제기구가 많고 비정부기구와 다국적 기업 같은 비국가 행위자가 중요하다는 점을 감안할 때 단순히 국가통제주의 관점에서 국제 정책을 보기는 어렵다. 이 책에서는 금융위기의 결과로 많은 국가에서 수면 위로 떠오르고 2020년 코로나바이러스감염증-19 팬데믹 이후로 더욱 극명하게 나타난 국수주의 경향을 검토했다. 이런 경향은 국가가 자국 이익에 따라 행동하고 협력 가능성을 제한한다는 관점을 강화할 것이다. 따라서 이후에 언급할 정책 개혁 관련 교훈은 국수주의 경향을 극복하고 국가 간 협력 잠재력을 향상시키는 데 특히 중요하다.

글로벌 위험이 수많은 다양한 영역에 걸쳐 나타나는 상황에서 우리는 체계적 위험 분석에서 도출한 교훈을 무시하는 여유를 부릴 수 없다. 이는 금융위기에서 먼저 나타났고 이후 코로나바이러스감염증-19 팬데믹에서 더욱 강력하게 드러났다. 다음번에 나타날 결과는 더욱 심각하고 더 큰 비용을 동반하며 더 많은 목숨을 빼앗아갈지도 모른다.

글로벌 정책 개혁을 위한 교훈

우리가 논의한 바를 바탕으로 글로벌 정책 개혁을 위한 교훈 여섯 가지를 제시한다.

교훈 1: 회복탄력성과 지속가능성을 증진하라―지리와 회계

공공 부문 및 민간 부문 지도자들은 위험을 예측할 수 없는 상황이 점점 증가하고 있다는 사실을 명심하고 예기지 못한 문제에 회복탄력성 있는 조직 형태로 대처할 수 있도록 준비해야 한다. 이런 준비 과정에서는 특히 유연성을 강화하고 단일 경로 및 기제에 지나치게 의존하는 사태를 피해야 한다. 지속가능성을 달성하려면 폭넓은 맥락과 장기간에 걸친 추세를 고려해야 한다. 눈에 띄지 않는 선택도 체계적 위험을 유발할 수 있다. 회복탄력성에 투자하면 단기적으로는 비용이 증가할 수도 있지만 이 점을 명심한다면 위험을 줄여서 장기 비용 역시 삭감할 수 있을 것이다.

현실에서 이는 정부와 기업이 의사를 결정할 때 지리와 활동 장소에 훨씬 더 많은 주의를 기울여야 한다는 뜻이다. 몇 안 되는 중요 노드에 경제 활동이 집중되면서 체계적 위험이 발생할 전망이 증가하고 있다. 에너지, 사이버, 교통을 포함한 필수 사회기반 시설의 세계 및 국내 유통은 어떤 한 노드가 작동하지 않는 상태가 됐을 때 발생할 수 있는 잠재적 영향에 견딜 수 있도록 설계해야 한다. 이는 팬데믹이나 사이버 공격 및 미생물 공격, 에너지 장애, 또는 아이슬란드 화산재 확산이나 일본 쓰나미처럼 예기치 않은 사건과 관련된 이유 때문일 수도 있다. 지리적 분산은 잠재적 위험에 비추어 고려해야 하며, 예를 들어 홍수나 공항 폐쇄, 팬데믹에 똑같이 취약할 서비스가 분리되는 사태를 피하도록 위험의 상관관계를 고려해 중요 노드 사이의 거리는 가능한 한 극대화해야 한다. 금융 분야에서는 런던이나 뉴욕의 금융기관이 지리상으로 멀리 떨어져 있고 그런 기관의 운영 사이버 체계에 대한 공격에 견딜 수 있는 장소에 시스템 예비 대책을 마련하도록 규제해야 한다.

　정부는 지역 및 도시 계획을 세울 때 홍수 방어 및 기타 투자에 집중할 뿐만 아니라 중요 노드 분산을 촉진함으로써 회복탄력성을 확보해야 한다. 미국 주택보험 시장에서 눈에 띄듯이 개인이 플로리다를 비롯해 대단히 취약한 범람 지역에 주택을 구매할 때 따르는 위험을 상당 부분 덜어주는 보험상품이나 화석연료 사용을 촉진하는 에너지 보조금처럼 비뚤어진 장려책을 생산하는 규제나 재정 정책은 특히 큰 역효과를 낳는다.

　경쟁 정책은 국가 경제 측면에서 어떤 한 기업이 대마불사가 되거나 어떤 한 장소가 지나치게 중요한 지위를 차지하지 않도록 함으로써 체계적 위험을 줄이는 데 중대한 역할을 수행한다. 지리적 집중에 따르는 위험에 대한 인식을 높이면 기관의 크기 및 체계적 중요성에는 초점을 맞춰왔으나 그 위치를 간과했던 금융 분야를 포함한 많은 영역에서 규제 논쟁의 성격을 바꾸게 될 것이다. 월스트리트나 런던 카나리워프 같은 주요 금융 지구에 몰려 있는 은행 집단의 경우 어떤 한 은행 자체가 체계상으로 중대한 지위를 차지하고 있지 않더라고 중대 위험 사건이 터져서 은행들이 집단으로 영향을 받게 되면 체계적 위험을 초래한다. 이 같은 집중 위험은 서버 팜server farm(다수의 컴퓨터 서버를 한곳에 모아 운영하는 곳―옮긴이)과 백신 저장고를 비롯해 글로벌 생산이나 관리 사슬의 중요한 부분에도 적용된다. 정부나 대기업의 경우 사업을 지속적으로 운영하기 위해 어떤 한 위치나 개인, 한 장소에 모여 있는 집단, 정보 체계에 전적으로 의지해서는 안 된다.

회계와 경영 정책은 민간 부문과 공공 부문 모두에서 의사결정에 강력한 영향을 미친다. 이 책에서는 시가 평가 회계와 분기 및 단기 보고에 대한 집착이 회복탄력성 감소를 유발했다고 주장했다. 어디에나 있는 MBA가 '린 경영' 문화와 유휴 생산능력이나 재고, 기타 회복탄력성 투자로 묶이는 비용 및 운전자금 감축을 전파했다. 기업이 충격 발생 후에 다시 회복하고 체계적 위험에 견디는 능력은 부채가 아니라 중요한 자산이다. 이런 인식을 회계 및 경영 전문직에게 심고 주주들에게 투자를 장기적 관점에서 생각해야 한다고 교육한다면 체계적 위험을 줄이고 회복탄력성을 구축하는 데 도움이 될 것이다. 여기에서 우리가 제시할 실용적인 해결책은 경영자와 회계 전문가가 대차대조표상에서 회복 탄력성을 높이는 투자를 자산으로 보도록 장려하는 것이다. 예를 들어 민간 기업의 경우 이는 예비 부품 가용성이나 공급망 유연성 측면에서 어느 정도 예비 대책이 있도록 보장한다는 뜻이다. 예를 들어 병원과 같은 공익사업의 경우 이는 의료용품과 치료 능력을 좀 더 많이 보유하는 것을 의미한다. 묶여 있는 운전자금을 늘리는 데 따르는 비용은 예기치 못한 상황에 대응하는 능력에 따르는 이익으로 상쇄된다. 자본 비용은 단기적으로 측정할 수 있다. 그러나 완충 자본에 따르는 혜택은 기업의 지속가능성과 그에 상응하는 사회 이익을 통해 장기간에 걸쳐 쌓인다. 현재 회계 및 경영 관행에서는 이런 혜택을 제대로 평가하지 않는다.

교훈 2: 정책 대안에 따르는 선택과 위험, 불확실성을 투명하게 소통함으로써 정치적 도전 과제와 귀인 문제에 대처하라

복잡성과 거래 속도가 증가하면서 투명성이 줄어들고 있다. 민관 부문 지도자들은 이 사실을 이해하고 투명성을 높이도록 대응해야 한다. 책임 소재를 파악할 수 없다면 책임성을 확보하고 법적 책임을 묻기가 어렵다. 주주는 불안정과 위험을 초래할 잠재적 원천에 관련된 정보를 포함해 결정의 근거가 될 정보를 요구한다. 마찬가지로 유권자는 합리적인 선택을 하고 민주적 안정성을 보장하고자 투명성을 요구한다. 책임성을 높이려면 정치적 선택과 전략적 선택을 둘러싼 불확실성을 전달해야 한다. 의사소통은 일어날 가능성이 낮은 사건과 알려지지 않은 위험에 대비할 자원을 마련해야 하는 이유에 관한 의식을 높이는 데도 도움이 될 수 있

위험한 나비효과

다. 우리 세계의 복잡성을 전달하고 관련 어려움에 관한 일반 대중의 인식을 높이면 지나치게 단순화한 주장을 내세우는 대중영합주의자의 부상을 막을 수 있다. 거짓된 안도감을 주기보다는 불확실성을 인정하는 편이 낫다. 빠르게 변화하는 세계에서 과거 경험의 무게는 장래 계획을 세우는 데 방해가 될 수 있다. 우리가 추산한 바에 따르면 팬데믹이 국민에게 미치는 위협은 전쟁이 국민에게 미치는 위협보다 적어도 100배 이상 크지만, 영국과 미국에서 유권자 대부분은 각각 세출의 약 2.6퍼센트와 4.7퍼센트를 군대에 할당하는 정부 결정을 적절하다고 보면서도 이 금액의 100분의 1보다도 적은 예산을 팬데믹 예방에 할당하는 결정은 과도하다고 여긴다.[24]

교훈 3: 위험 측정을 개선하라

복잡성과 상호의존성이 증가하면서 우리는 부문 간 위험과 국경 간 위험을 정확하게 평가하는 측면에서 한계에 도달하고 있다. 그러나 그렇다고 해서 노력을 포기해야 한다는 뜻은 아니다. 오히려 노력을 배가해야 한다. 특히 복잡성과 광범위한 데이터 안에 아주 미약한 신호가 숨어 있는 '빅데이터'를 이해하는 데 투자해야 한다. 대단히 복잡하고 방대한 데이터세트를 검토하는 작업은 천체물리학자, 기후과학자, 팬데믹 모형 제작자, 신경과학자 등에게 친숙한 영역이며, 이런 영역에 걸쳐 위험 모형을 제작하고 측정하는 방법을 배운다면 복잡성과 위험 모형을 제작하는 데 도움이 될 것이다.[25] 또한 위험관리를 개선하려면 계산을 둘러싼 불확실성을 인정해야 한다. 정교한 위험 측정에 지나치게 의존하지 말고 우리가 놓칠 수 있는 위험이 여전히 있다는 사실을 인정해야 한다. 위험 측정 개선은 효율적인 자원 배분에 도움을 줄 수 있지만 예기치 못한 사태와 언뜻 보기에 일어날 가능성이 낮은 사태에 대비하는 자세를 방해하지 않아야 한다. 기후 분야의 경우 우리 저자들은 전 세계 일류 기후과학자들이 정보와 모형 제작 전문지식을 모을 수 있는 중앙 집중형 글로벌 컴퓨팅 및 연구 센터에 투자를 강화하여 유럽입자물리연구소CERN에 준하는 기관을 창설해야 한다는 주장을 지지한다.[26] 이 기관의 목적은 기후 변화와 기후 변화가 초래할 영향에 대한 지식 수준을 높여 다양한 완화 전략의 긴급성과 상대적 중요성에 대한 이해도를 향상할 뿐만 아니라 적응에 필요한 투자의 우선순위를 정할 수 있도록 하는 것이다.

교훈 4: 경제적 인센티브를 수정하라

경제학 연구, 특히 행동 및 경험적 연구는 우리 시대의 복잡성에 맞서는 정치적 대응에서 중요한 역할을 수행한다. 급여와 세금, 보험 납입금, 시장, 가격은 수많은 사람들의 선택에 중요한 영향을 미친다. 이런 선택이 환경에 해를 끼치거나 금융 위험을 초래하거나 사회기반시설 장애를 비롯해 가상 영역에서 비롯하는 위험을 포함한 여러 위험에 취약해지도록 만들 수 있다. 정부는 자신이 제공하는 인센티브와 법률 체계가 어떻게 자국 유권자뿐만 아니라 전 세계 시민들의 결정에 영향을 미치는지 이해하는 데 투자해야 한다. 이런 이해를 의학 연구나 환경 연구, 위험 측정에서 얻은 지식과 결합해 사적인 인센티브가 공공의 인센티브와 일치하는 인센티브 제도를 설계해야 한다. 이런 모형은 주의를 기울여 적용해야 하며 가능하다면 다양한 견본이나 실험을 거쳐 진화해야 한다. 예를 들어 너무 낮은 탄소세처럼 잘못 설계한 수단은 문제를 완화하기는커녕 오히려 키울 수 있다. 정책 변화의 영향은 면밀하게 검토해야 하며 최초 설계에서 결함이 발견되는 경우 정책 입안자들은 선택을 조정할 준비를 해야 한다.

사람들이 담배를 피우지 않도록 장려하고자 개발한 정책처럼 개인이나 국가의 필요에 부응하는 선택으로 소비자를 이끌기 위해 설계한 정책에서 정책적 함의를 찾을 수 있다. 예를 들어 탄소세를 비롯한 공해세처럼 외부효과 비용을 선택에 포함시키는 인센티브도 중요하다. 투자에 적용되는 할인율을 유력 기업과 정부가 적용하는 수준으로 낮추면 지속가능성과 미래에 따르는 가치가 증가한다. 장기 실적에 더 큰 비중을 두는 경쟁과 회계, 보수 정책 역시 회복탄력성과 지속가능성에 대한 투자를 촉진할 것이다.

미국 주택 거품이나 잘못 설계한 인센티브에서 비롯되는 종류의 체계적 위험은 가격으로 표현된 경제적 합리성이라는 개념과 시장 신호를 지나치게 신뢰하는 판단 오류를 저지른 경제학자들이 정책 입안자들에게 미치는 과도한 영향력을 반영한다. 협력과 지속가능성 문제를 더욱 중요하게 여기고 실업과 불평등, 복잡성 같은 실세계 문제를 해결하고자 경제적 도구를 사용하는 좀 더 다원적인 경제학이 발달하고 있다.[27] 잘못 설계한 인센티브라는 문제를 바로잡으려면 이는 필수다.

옥스퍼드 마틴 스쿨 미래세대위원회Oxford Martin Commission for Future Generations가 《장기 안목으로 바라보는 지금Now for the Long Term》이라는 제목의 보고서에서 자세히 설명한 이유들 때문에, 최근 수십 년 동안 기업과 정부는 단기 고려사항을 바탕으로 결정을 내리라는 압력에 크게 시달렸다.[28] 불확실성과 위험을 부적절하게 설명하는 정부 및 기업 투자 결정에 할인 전략을 적용하는 경우는 이런 단기 성과주의가 낳은 수많은 부정적 결과 중 하나다.

교훈 5: 만일의 사태에 대비하라

공공 행위자는 위험관리 연구를 수행함과 동시에 만일의 사태에 대비한 계획을 세우고 예기치 못한 위험에 신속하게 대응할 수 있는 능력을 키우도록 노력해야 한다. 그러려면 예비 자원을 확보하고 위험 및 재난 관리 전문가를 교육하고 전 세계 차원에서 정치적 조율이 갑자기 필요한 만일의 사태를 규정해야 한다. 대개 그렇듯이 이런 과제를 맡을 수 있는 초국가 기관이 없다면 국제 협력 계획을 세워야 한다.

동시에 기업들은 공공 행위의 한계를 인식하고 대비해야 한다. 최근 발생한 금융위기 초기에는 구제금융과 정부 개입을 둘러싼 불확실성이 문제의 상당 부분을 차지했다(이 글을 쓰는 지금도 유럽 국가 채무 위기 맥락에서 여전히 그렇다). 질서 있는 채무불이행에 대비한 대책, 즉 체계적으로 연관된 금융기관 및 채무불이행을 선언한 국가에 대한 비상 대책이 없었다. 예를 들어 민영 기업이 원자로 고장에 대비한 비상 대책을 세워야 하듯이 다국적 기업은 공급망 실패에 대비하거나 필수 의약품이나 안전 혹은 기타 장비를 제공할 수 있도록 대비해야 한다.

비상 대책을 사후에 시행할 예정인 경우에도 인센티브를 수정할 수 있다. 비상 대책은 모든 행위자, 모든 참가자가 비용 대비

편익을 가늠하도록 하고, 제대로 설계된 대책이라면 공익에 최선인 선택을 하도록 이끈다. 이런 의미에서 만일의 사태에 대비한 비상 대책과 경제적 인센티브 수정은 상호 보완 관계라고 할 수 있다.

비상 대책에는 예기치 못한 사태에 대응하도록 도울 수 있다는 혜택도 따른다. 조슈아 레더버그가 암 연구 결과가 당시 정체불명이었던 인체면역결핍바이러스를 연구할 발판을 제공했다고 인정했듯이, 그리고 같은 이유에서 조기 경보 체계와 알려진 인플루엔자 형태에 대한 예방 접종이 팬데믹 위험에 맞서는 예방 조치에 기여할 수 있듯이, 어떤 한 영역에 관련된 비상 대책이 원래 대상이 아니었던 사건 혹은 영역에 대한 대응 속도를 높일 수도 있다. 예를 들어 의사소통과 정보 공유에서 질서정연한 절차를 제공하거나 위계 구조 및 책임을 미리 정의하는 것과 같은 대책들이다.

교훈 6: 통일된 법적 책임을 규정하고 집행하라

법적 책임을 통일하고 집행한다고 해서 국가 법률 체계가 반드시 동질화될 필요는 없다. 그러나 기업의 근거지가 대만이든 케이맨 제도든 미국이든 간에 모든 기업은 세계무대에 미치는 영향 측면에서 동일한 규범에 따라야 한다. 통일된 글로벌 법률 체계는 이를 달성하는 한 가지 방편이 될 것이다. 단기간 안에 이를 정치적으로 실현할 수 있을 가능성은 낮다. 그러나 유럽은 유럽 경쟁법 사례에서 초국가적 법적 구조가 가능하다는 사실을 보여줬고, 이는 보건, 무역, 세금, 사이버 및 기타 분야에서 국제 규범과 관할권을 이끌어낼 수 있다. 법적 책임의 통일은 다양한 시사점을 제시한다. 법적 책임을 통일하면 이동으로 기소를 면하기가 어려워지므로 책임감을 강화한다. 그 결과 인센티브도 증진된다. 명확하고 널리 적용되는 규범과 규제를 만들면 복잡성이 감소하고 투명성이 증가하며, 그 과정에서 위험관리와 측정을 개선할 수 있다. 옥스퍼드 마틴 스쿨 미래세대위원회는 사이버와 세금을 비롯한 여러 분야에서 진전을 이루기 위한 초기 단계를 제안했으며 이는 기업과 정부가 정보를 공유하고 직업 규약에 합의하는 '업무 연합'을 형성함으로써 시작할 수 있다. 시간이 흐르면 이 규약은 국제법의 효력을 지니는 조약에 근거한 협정으로 진화할 수 있지만 한편으로는 좌절감을 느낄 정도로 달성하기 어려운 국제 만장일치 추구에 발목을 잡혀 진전이 없을 수도 있다.

정부의 법적 책임을 규정할 때는 공공 부문이 단독으로 세계화와 체계적 위험의 관리라는 부담을 전부 질 수는 없다는 사실을 반드시 인식해야 한다. 이는 모든 수준의 정부와 사회의 나머지, 특히 민간 부문과 시민사회가 협력해야 할 활동으로 봐야 한다. 또한 이런 각 부문 간에 신뢰와 투명성을 증진하고, 단기적으로 민간 부문에 이득이 될 것 같은 일이 좀 더 폭넓은 맥락에서 보면 공공과 민간 부문 양측에 엄청난 비용을 초래할 수 있다는 합의를 이끌어내야 한다. 회복탄력성은 국가의 목표인 동시에 세계의 목표다. 회복탄력성을 정부가 전용하고 정부만의 법적 책임, 혹은 특정 정부 기관이나 장관 및 최고 위험 책임자만의 책임이라고 본다면 실패할 수밖에 없다.

가장 위대한 진보를 위한 위험관리

지금까지 우리는 세계화가 체계적 위험을 초래하는 원인인 동시에 아이러니하게도 해결책이기도 하다는 사실을 설명했다.[29] 세계화를 국내 사정에 맞게 받아들여야만, 즉 회복탄력성 있는 세계화를 실현해야만 세계는 연결성 증가에 따르는 보상을 거두는 동시에 그에 따르는 위험을 줄일 수 있다. 이 책의 서문과 머리말에서 지적했듯이 세계화에는 체계적 위험이 따르기 마련이다. 세계화의 혜택은 반드시 다양한 형태의 체계적 위험으로 나타난다. 연결성과 개방성 증가, 빠른 변화, 인구 증가, 소득 상승은 복잡성을 키우고 체계적 위험이 발생할 가능성을 높인다. 따라서 체계적 위험은 극복해야 할 문제가 아니라 관리해야 할 과정이다. 회복탄력성 있는 세계화의 구축이 체계적 위험을 관리하는 최선의 수단이다. 회복탄력성 있는 세계화의 토대를 마련할 국내기관과 국제기관을 구축해야 한다.

이 책에서 우리는 이런 위험의 핵심 차원들을 식별하고 이런 위험이 어떻게 진화해왔는지 사례연구를 통해 설명했다. 각각의 주제를 다룬 장에서는 우리가 배운 교훈들을 요약해서 제시했다. 이런 교훈들이 모여 체계적 위험과 관련된 도전 과제에 대처하는 예비 도구 모음을 제공한다.

앞에서 종합한 바를 보면 우리가 살펴봤던 다양한 영역에 여러 공통점이 있다는 사실을 알 수 있다. 체계적 위험에 대처하지 못하면 그것은 더 빈번하게 발생할 것이며 인명과 경제적 비용이라는 측면에서 더 큰 위협이 될 것이다. 또한 위험이 미치는 영향은 사람마다 다르므로 우리 사회의 분열이 더욱 심각해질 것이다. 사회통합이 부족하면 정치적 도전 과제는 더욱 어려워질 것이다. 앞에서 우리는 미국과 영국, 유럽에서 2008년 금융위기가 어떻게 정치 분열과 국수주의 및 극단주의 견해의 지지 상승으로 이어졌는지 살펴봤다. 이는 책임을 회피하는 듯 보이는 지역 정치인이나 기업에 책임을 지우고자 하는 욕망을 반영하는 경향이기도 하다. 국경을 초월한 충격의 연쇄는 통합과 연결성 수준 상승에 필연적으로 따르는 결과다. 우리는 이를 관리하는 법을 배워야 한다. 이런 쟁점에 대한 인식을 제고하는 것이 좀 더 포용적이고 지속가능한 세계화를 만들어나가기 위한 첫 번째 단계다. 우리는 세계화가 세상에 알려진 가장 위대한 진보의 원천이므로 옹호할 가치가 있다고 주장했다. 그러나 코로나바이러스감염증-19와 그 이전에 발생한 금융위기를 통해, 세계화가 유발하는 체계적 위험의 힘에 짓눌리지 않으려면 세계화를 신중하게 관리해야 한다는 사실을 뼈저리게 깨달았다. 이 책에서 우리는 쟁점에 관한 인식을 높이고 독자들이 이런 쟁점에 관심을 가지도록 동기를 부여하고자 했다. 우리는 독자들이 지구촌 시대를 살아가고 있다는 사실을 실감하는 데 기여했기를 바란다. 세계화를 좀 더 잘 관리한다면 모든 시민이 우리 세계가 이룬 멋진 성취, 아직 그 정점이 오지 않은 성취를 함께 누릴 수 있을 것이다.

감사의 말

이 책을 쓰면서 마이크 마리아타산과 함께 일할 수 있어서 행운이었다. 마이크는 방대한 자료를 완전히 이해하고 내 머릿속에서 어렴풋하게 맴돌던 수많은 개념을 탐색했다. 경제학 박사학위를 받은 지 얼마 되지 않은 마이크는 여러 상황을 제쳐두고 체계적 위험의 복잡성을 다루는 학제간 연구에 몰두했다. 이 책의 중심 논지를 처음 개발할 때는 티파니 보겔과 공동 작업에서 큰 도움을 받았다. 티파니는 신선한 시각을 제시했고, 아이디어를 결과로 연결하는 티파니의 보기 드문 능력은 우리가 함께 집필한 논문 〈21세기 글로벌 거버넌스와 체계적 위험: 금융위기에서 얻은 교훈 Global Governance and Systemic Risk in the 21st Century: Lessons from the Financial Crisis〉에 잘 드러난다. 그 울림은 이 책 2장에 특히 잘 나타나며, 그런 이유로 2장 첫머리에 티파니의 이름을 언급했다.[1]

마이크와 나는 여름 동안 아르바이트로 연구에 참여한 대단히 뛰어난 재능을 지닌 옥스퍼드 대학교 학부생 엘리 샌들러 Ely Sandler 에게 큰 도움을 받았다. 그는 이 책에 비교적 짧은 시간 동안 참여했지만 이 책의 서술을 개선하고 여러 논쟁을 좀 더 명확하게 해설하는 데 영향을 끼쳤다. 또한 엘리는 이 책의 제목을 정하는 데도 기여했다. 마지막 단계에서 코 피에르 게오르그는 원고에 복잡성과 체계적 위험, 경제학의 접점에 관한 최근 추세를 반영할 수 있도록 크게 기여했다. 우리는 몇 주를 투자해서 이 책의 여러 복잡한 부분을 명확하게 밝히도록 돕고 수많은 신선한 통찰과 관점을 더해준 그에게 큰 감사를 전한다. 그의 흔적은 금융을 집중해서 다룬 2장에 가장 많이 나타났고, 당연히 그를 공저자로 명시했다.

내가 이 책을 쓰는 프로젝트에 착수하고 그 밑바탕에 깔린 아이디어를 얻을 수 있었던 것은 옥스퍼드 대학교의 옥스퍼드 마틴 스쿨 이사라는 직위 덕분이었다. 옥스퍼드 마틴 스쿨은 20개 이상의 분야에서 모인 300명을 훨씬 웃도는 옥스퍼드 학자들이 참여하는 정말 놀랍고 독특한 학제간 공동체다. 마틴 스쿨 산하의 협회와 프로그램들은 인류가 직면하고 있는 수많은 엄청난 도전 과제를 해결하기 위한 신선한 시각을 제공하고자 노력하고 있다. 금융과 팬데믹, 이주, 사이버 보안, 기후, 생물다양성은 물론 복잡성과 글로벌 거버넌스에 이르기까지 이 책에서 다룬 여러 쟁점은 세계에서 가장 유능한 연구팀들이 중점적으로 다루는 주제다. 그런 학자들이 평생 전문적으로 다뤘던 분야에 관해 아무래도 부족했을 나의 질문으로 그들의 전문지식과 너그러운 관용을 이끌어낼 수 있었다는 점에서 나는 대단히 운이 좋았다.

옥스퍼드 마틴 스쿨 신경제사고연구소INET Oxford는 좀 더 지속 가능하고 공정한 세계 경제 발전을 뒷받침하는 개념과 도구를 개발하고자 한다. 이는 조지 소로스George Soros의 비전과 두둑한 후원을 바탕으로 신경제사고연구소재단의 자금을 지원받아 설립됐다. 옥스퍼드 마틴 스쿨은 이 연구소 덕분에 록펠러재단이 공동으로 지원하고 펠릭스 리드 토하스Felix Reed-Tsochas가 이끈 위험과 회복탄력성에 관한 프로그램뿐만 아니라 복잡성에 관한 프로그램 등 수많은 연구 프로그램을 실시할 수 있었다. 이 책 원고 일부에 대해 대단히 건설적인 논평을 해 준 펠릭스에게 감사한다.

우리 행정 업무를 맡은 로라 라우어Laura Lauer가 효율적인 운영 리더십을 발휘한 덕분에 마틴 스쿨과 내 연구가 순탄하게 흘러가고 있다. 린지 워커Lindsay Walker는 원고에 꼭 필요한 전문적인 도움을 제공했으며 놀라운 일정 관리 능력으로 내가 생각하고 글을 쓰는 데 필요한 시간을 마련해줬다. 클레어 조던Claire Jordan은 우리가 '거인의 어깨 위에 서는' 데 필요한 법적 허가 절차를 밟아주었다.

프린스턴 대학교 출판사는 이번에도 뛰어난 명성에 부응했다. 운 좋게도 내가 프린스턴 대학교 출판사에서 냈던 전작《특출한 사람들》을 편집장 피터 도허티Peter Dougherty가 직접 맡았다. 그가 내게 이 책을 쓰라고 권했을 때 나는 무척 기뻤다. 피터는 꼭 필요한 길잡이를 제공하고 쉬는 날에 나를 도와 논증의 틀을 짜고 연마해 원고를 다듬는 등 맡은 임무 그 이상을 해내는 모범적인 출판인이다. 피터 도허티는 프린스턴 대학교 출판사 유럽 담당 출판인인 동료 앨 버트런드Al Bertrand와 해나 폴Hannah Paul, 피터 스트럽Peter Strupp, 프린스턴 편집위원회 동료들과 함께 전문성을 발휘해 이 책을 출판으로 인도했다. 익명의 프린스턴 대학교 출판사 심사위원들이 제공한 대단히 유용한 피드백을 받아들여 우리는 원고를 재구성하고 논지를 개선했다. 데이비드 클라크David Clark는 대단히 뛰어난 편집자로 이번에도 시간 압박을 받으면서도 태연하게 자기 전문이 아닌 주제를 검토하는 능력을 발휘했다. 데이비드는 지칠 줄 모르고 일하며 실질적인 동시에 편집과 관련된 수많은 문제를 해소했고 다른 바쁜 약속을 기꺼이 제쳐두고 우리 원고의 출판 준비에 헌신했다.

위에서 분명히 밝혔듯이 마이크와 나는 다른 사람들의 길잡이와 지원에 많은 신세를 졌다. 언급한 개인이나 기관 중 그 누구도 최종 원고에 대한 책임을 지지 않으며, 모든 오류나 누락에 대한 책임은 마이크와 나에게 있다.

내가 다시 책 쓰기에 몰두하는 바람에 가족들이 고생했다. 밤 시간과 주말에 책을 읽거나 글을 쓸 수 있었던 것은 가족들이 나 없이 그 시간을 보낸 덕분이다. 테사, 올리비아, 알렉스에게 이 책을 바친다.

영국 옥스퍼드에서
이언 골딘

이 책은 내가 옥스퍼드 마틴 스쿨 신경제사고연구소에 근무하는 동안 쓴 것이다. 이언은 내게 충분한 시간을 들여 금융 규제의 세부 내용을 생각할 기회를 줬고 막 박사 과정을 마쳤던 나는 기꺼이 그 기회를 받아들였다. 그의 광대한 경험에서 배우고 세상을 다른 각도에서 보려고 노력하면서 보냈던 알찬 한 해는 특권이었다. 나를 믿고 이 프로젝트의 중요한 부분을 맡겨주고, 도전 의식을 북돋우면서 이끌어주었으며, 많은 토론을 함께 해준 이언에게 감사한다.

　이언이 이미 감사 인사를 전한 모든 분들과 더불어 내가 박사 과정을 밟을 때 조언을 주었고 집필을 응원해준 라몬 마리몬Ramon Marimon과 아르파드 아브라함Arpad Abraham에게 특히 감사하게 생각한다. 또한 정치학자로서 지식을 나눠준 아내에게 큰 신세를 졌다. 아내는 형식과 방법론은 물론 특히 내용에 이의를 제기했고 이런 프로젝트에 따르는 좌절감을 극복할 수 있도록 도와줬다. 마지막으로 열린 마음을 유지하는 것이 얼마나 중요한지 가르쳐주신 부모님과 내가 긴장감을 늦추지 않도록 자극하는 형제들에게 감사한다.

오스트리아 빈에서

마이크 마리아타산

주

한국어판 서문

1. Edward N. Lorenz, 1963, "Deterministic Nonperiodic Flow," *Journal of the Atmospheric Sciences* 20 (2): 130-141. 처음에는 갈매기 날갯짓에 비유했다. '나비 효과'라는 용어는 나중에 동료인 필 메릴리스Phil Merilees가 로렌츠 강연 제목으로 생각해낸 어구였다. Tim Palmer, 2009, "Edward Norton Lorenz, 23 May 1916-16 April 2008," *Biographical Memoirs of Fellows of the Royal Society* 55: 139-155, esp. 145 ff.

머리말

1. 우리는 책의 도입 문장을 제안해준 익명의 추천인에게 무척 감사하게 생각한다.

2. David Ricardo, 1817, *On the Principles of Political Economy, and Taxation* (London: John Murray). 리카도는 두 국가가 노동 생산성 측면에서 비교 우위에 있는 재화와 용역을 특화해서 생산해야 한다고 주장했다. 이는 양측이 상대방과 비교해서 한계비용 혹은 기회비용이 낮은 재화나 용역을 생산해야 한다는 뜻이다. 리카도의 비교 우위 이론은 비록 한 측이 거래 대상 재화 및 용역 생산에서 절대 효율 우위를 갖고 있다고 하더라도 양측이 상대 효율에 따라 특화하는 한 양측 모두 무역으로 이득을 얻을 수 있다는 사실을 증명한다. 앞으로 이 책에서는 이 개념을 리카도 효율성이라고 부를 것이다. 이 이론을 좀 더 자세히 알고 싶다면, 다음을 참고하라. Ronald Findlay, 2008, "Comparative Advantage," in *The New Palgrave Dictionary of Economics*, vol. 1, 2nd ed., ed. Steven N. Durlauf and Lawrence E. Blume (Basingstoke, UK: Palgrave Macmillan), 514-517.

3. 이 분류는 Ian Goldin and Kenneth Reinert, 2012, *Globalization for Development: Meeting New Challenges*, new ed. (Oxford, UK: Oxford University Press)에 따른다. 다른 세계화 물결에 대한 논의는 다음을 참고하라. Dani Rodrik, 2011, *The Globalization Paradox: Democracy and the Future of the World Economy* (New York and London: W. W. Norton); Richard E. Baldwin and Phillipe Martin, 1999, "Two Waves of Globalization: Superficial Similarities, Fundamental Differences," NBER Working Paper 6904, National Bureau of Economic Research,

위험한 나비효과

Cambridge, MA, accessed 4 January 2013, http://www.nber.org/papers/w6904. pdf.

4. 우리는 이 점을 지적해준 익명의 추천인에게 무척 감사하게 생각한다.

5. Kelly Swing, 2013, "Conservation: Inertia Is Speeding Fish-Stock Declines," *Nature* 494: 314.

6. 글로벌 거버넌스에 대한 교훈을 좀 더 명쾌하게 설명한 분석은 다음을 참고하라. Ian Goldin, 2013, *Divided Nations: Why Global Governance Is Failing, and What We Can Do about It* (Oxford, UK: Oxford University Press).

1장 연결된 세계의 위험

1. Peter H. Diamandis and Stephen Kotler, 2012, *Abundance: The Future Is Better Than You Think* (New York: Free Press), 9.

2. David Held et al., 1999, *Global Transformations: Politics, Economics, Culture* (Cambridge, UK: Polity Press); Ian Goldin and Kenneth Reinert, 2012, *Globalization for Development*, new ed. (Oxford, UK: Oxford University Press).

3. Goldin and Reinert, 2012.

4. Gordon E. Moore, 1965, "Cramming More Components onto Integrated Circuits," *Electronics Magazine* 38 (19 April), accessed 8 July 2013, http://download.intel.com/museum/Moores_Law/Articles-Press_Releases/Gordon_Moore_1965_Article.pdf. 무어는 10년 뒤에 이 예측을 트랜지스터 수가 2년마다 두 배로 증가한다는 의미로 수정했다. Gordon E. Moore, 1975, "Progress in Digital Integrated Electronics," *Electron Devices Meeting* 27: 11-13. 현재 무어의 법칙은 컴퓨터 칩에 들어가는 트랜지스터 수가 두 배로 증가하는 데 더 짧아진 18개월이 걸린다고 본다.

5. CII (Chartered Insurance Institute), 2012, *Future Risk: How Technology Could Make or Break Our World*, Centenary Future Risk Series, Report 4 (London: Chartered Insurance Institute), 3.

6. UNFPA (United Nations Population Fund), 2011, *State of World Population 2011: People and Possibilities in a World of Seven Billion* (New York: United Nations Population Fund).

7. Ian Goldin, 2011, "Globalisation and Risks for Business: Implications for an Increasingly Connected World," *Lloyd's 360° Risk Insight* (London: Lloyds, and Oxford, UK: James Martin 21st Century School), 8, accessed 9 January 2013, http://www.lloyds.com/~/media/Lloyds/Reports/360/360%20Globalisation/Lloyds_360_Globalisaton.pdf.

8. 많은 나라, 특히 동아시아 국가들은 이 대신에 개입주의 국가 정책으로 발전을 꾀했다.

9. 이 수치는 Goldin, 2011, 8과 Charles Roxburgh, Susan Lund, and John Piotrowski, 2011, *Updated Research: Mapping Global Capital Markets* (New York: McKinsey), August, 1, accessed 21 January 2013, http://www.mckinsey.com/insights/mgi/research/financial_markets/mapping_global_capital_markets_2011 에서 발췌했다.

10. Goldin, 2011, 8. 이란과 이라크는 WTO에 가입하지 않은 국가 중 경제 규모가 가장 큰 나라들이다.

11. Ian Goldin, Geoffrey Cameron, and Meera Balarajan, 2011, *Exceptional People: How Migration Shaped Our World and Will Define Our Future* (Princeton, NJ, and Oxford, UK: Princeton University Press).

12. Stephen Castles and Mark J. Miller, 2009, *The Age of Migration: International Population Movements in the Modern World* (New York: Palgrave Macmillan).

13. Goldin, Cameron, and Balarajan, 2011, 58-63, 85-96; Castles and Miller, 2009,2.

14. 아시아, 라틴아메리카, 동유럽, 중동, 북아프리카, 오스트레일리아에 고속철도 연계망이 더 많이 생길 예정이다. UIC (International Union of Railways), 2010, *High Speed around the World*, 15 December (Paris: High Speed Department, International Union of Railways).

15. 2010년 세계 컨테이너 항만 수송량은 5억 3,800만 TEU에 달했다. 컨테이너 항만 수송량 데이터는 다음을 보라. World Bank, 2013, *World Development Indicators*, WorldDatabank, accessed 7 January, http://databank.worldbank.org/.

16. 예를 들어 다음을 보라. Jean-Paul Rodrigue, Claude Comtois, and Brian Slack, 2009, *The Geography of Transport Systems* (New York: Routledge); Goldin, 2011,11.

17. 경제, 정치, 기술 변화가 어떻게 서로 상호작용하고 맞물리는지는 이 책에서 다루는 범위를 벗어난 문제다. 이런 영역 중 하나에서 변화가 일어나지 않았거나 근본적으로 다른 변화가 일어났더라면 세계 발전이 과연 어떻게 진행됐을지도 흥미로운 의문이지만 이 역시 이 책에서 탐구할 수 없다. 이런 쟁점을 다루는 개발의 정치경제학 논의가 궁금하다면, 다음 책들을 참고하라. Ha-joon Chang, 2002, *Kicking Away the Ladder* (London: Anthem); Ha-joon Chang and Ilene Grabel, 2004, *Reclaiming Development: An Alternative Economic Policy Manual* (London: Zed Books); Phillip A. O'Hara, 2006, *Growth and Development in the Global Political Economy* (London: Routledge).

18. Cisco, 2011a, "Cisco Visual Networking Index: Global Mobile Data Traffic

Forecast Update, 2010-2015," Cisco White Paper, 1 February, 1.

19. Ibid., 2.

20. 전력망으로 전기를 공급하지 않는 지역에서는 전화를 발전기를 보유한 지역 상점이나 직장 같은 곳에서 충전한다. 실제로 전화기 충전은 많은 가난한 지역 에서 영세 기업이 제공하는 수많은 서비스 중 하나다.

21. 특히 가난한 국가의 경우 인터넷 데이터를 처리할 수 있는 물리적 사회기반시 설이 여전히 부족한 지역이 많다. 상당한 투자를 하지 않는다면 이런 지역에서 는 앞으로도 계속 음성과 문자 메시지 서비스만 사용할 수 있을 것이다.

22. 시스코는 2010년부터 2015년까지 연평균 성장률을 라틴아메리카 111퍼센트, 동유럽 102퍼센트, 북아프리카와 중동 129퍼센트로 전망한다. Ibid., 3.

23. 가령, 다음을 보라. Habibul H. Khondker, 2011, "Role of the New Media in the Arab Spring," *Globalizations* 8 (5): 675-679.

24. Richard H. Day, 2010, "On Simplicity and Macroeconomic Complexity," in *Handbook of Research on Complexity*, ed. J. Barkley Rosser Jr. (Cheltenham, UK: Edward Elgar), 195.

25. J. Barkley Rosser Jr., 2009b, "Introduction," in *Handbook of Research on Complexity*, ed. J. Barkley Rosser Jr. (Cheltenham, UK: Edgar Elgar), 3-11.

26. J. Barkley Rosser Jr., 2009a, "Computational and Dynamic Complexity in Economics," in *Handbook of Research on Complexity*, ed. J. Barkley Rosser Jr. (Cheltenham, UK: Edgar Elgar), 22-25.

27. John Horgan, 1997, *The End of Science: Facing the Limits of Knowledge in the Twilight of the Scientific Age* (New York: Broadway Books), 303; Neil Johnson, 2009, *Simply Complexity: A Clear Guide to Complexity Theory* (Oxford, UK: Oneworld Publications).

28. Paul Ormerod, 2012, *Positive Linking: How Networks Can Revolutionise the World* (London: Faber and Faber).

29. Ibid., x.

30. Ibid., xi.

31. 말콤 글래드웰은 겉보기에 설명할 수 없는 이유로 발생하는 수많은 사건과 동 향을 목록으로 정리한다. 패션 동향이나 범죄 같은 다양한 주제를 전염병 발 생 패턴과 연결하는 글래드웰의 저서에서는 우리가 이 책 전반에서 연구하 고자 하는 21세기 위험의 비선형적이고 불투명한 성격을 정확하게 보여준 다. Malcolm Gladwell, 2002, *The Tipping Point: How Little Things Can Make a Big Difference* (London: Abacus).

32. Dirk Brockmann, Lars Hufnagel, and Theo Geisel, 2005, "Dynamics of Modern

Epidemics," in *SARS: A Case Study in Emerging Infections*, ed. Angela McLean et al. (New York and London, UK: Oxford University Press), 81-91.

33. Goldin, 2011, 24.

34. Peter Dattels and Laura Kodres, 2009, "Further Action Needed to Reinforce Signs of Market Recovery: IMF," *IMF Survey Magazine: IMF Research*, 21 April, accessed 8 January 2013, http://www.imf.org/external/pubs/ft/survey/so/2009/RES042109C.htm.

35. 예를 들어 다음을 보라. William C. Hunter, George G. Kaufman, and Thomas H. Krueger, eds., 1999, *The Asian Financial Crisis: Origins, Implications, and Solutions* (Norwell, MA: Kluwer Academic).

36. Ortwin Renn, 2008, *Risk Governance: Coping with Uncertainty in a Complex World* (London: Earthscan), vi.

37. Frank H. Knight, 1921, *Risk, Uncertainty, and Profit* (Boston: Hart, Schaffner, and Marx); and Larry G. Epstein and Tan Wang, 1994, "Intertemporal Asset Pricing under Knightian Uncertainty," *Econometrica* 62 (3): 283-322, quote on 283.

38. Epstein and Tan Wang, 1994, 283.

39. 중요한 논의는 다음을 참고하라. Jochen Runde, 1998, "Clarifying Frank Knight's Discussion of the Meaning of Risk and Uncertainty," *Cambridge Journal of Economics* 22 (5): 539-546.

40. UNISDR (United Nations Office for Disaster Risk Reduction), 2004, "Note on Terminology from the WCDR Conference Secretariat to the Drafting Committee (18/11/2004)," United Nations Office for Disaster Risk Reduction, Geneva, 2, accessed 15 October 2012, http://www.unisdr.org/2005/wcdr/intergover/draftingcommitte/terminology.pdf.

41. Renn, 2008.

42. Ian Goldin and Tiffany Vogel, 2010, "Global Governance and Systemic Risk in the 21st Century: Lessons from the Financial Crisis," *Global Policy* 1 (1): 4-15, quote on 5; George G. Kaufman and Kenneth E. Scott, 2003, "What Is Systemic Risk, and Do Bank Regulators Retard or Contribute to It?" *Independent Review* 7 (3): 371-391, quote on 371.

43. 독일 사회학자 울리히 벡도 비슷한 통찰을 제시한다. "현대화 속도가 빨라지면서 우리가 생각하고 행동하는 정량화할 수 있는 위험 세계와 우리가 만들고 있는 정량화할 수 없는 불안 세계 사이에 괴리가 생겨났다." Ulrich Beck, 2002, "The Terrorist Threat: World Risk Society Revisited," *Theory Culture Society* 19 (4): 39-55, quote on 40.

44. Kaufman and Scott, 2003, 371.

45. Domenico Delli Gatti et al., 2009, "Business Fluctuations and Bankruptcy Avalanches in an Evolving Network Economy" *Journal of Economic Interaction and Coordination* 4 (2): 195–212.

46. George G. Kaufman, 1995, "Comment on Systemic Risk," in *Research in Financial Services: Banking, Financial Markets, and Systemic Risk*, vol. 7, ed. George G. Kaufman (Greenwich, CT: JAI Press), 47–52, quote on 47.

47. Robert Jervis, 1997, *System Effects* (Princeton, NJ: Princeton University Press).

48. Robert M. May, Simon A. Levin, and George Sugihara, 2008, "Complex Systems: Ecology for Bankers," *Nature* 451 (21 February): 893–895.

49. 금융위기에서 정책 교훈을 이끌어내는 데 복잡성 연구를 성공적으로 적용한 최근 사례는 다음을 보라. Andrew G. Haldane and Robert M. May, 2011, "Systemic Risk in Banking Ecosystems," *Nature* 469: 351–355; Felix Reed-Tsochas, 2005, "From Biology to Business and Beyond," *Business at Oxford* (Magazine of the Said Business School) 8 (Winter): 4–5, accessed 9 January 2013, http://www.sbs.ox.ac. uk/Documents/bao/BuisnessatOxfordWinter2005. pdf.

50. Bruno Latour, 2005, *Reassembling the Social: An Introduction to Actor-Network-Theory*(Oxford, UK: Oxford University Press).

51. A. Marm Kilpatrick, 2011, "Globalization, Land Use, and the Invasion of West Nile Virus," *Science* 334 (6054): 323–327, quote on 323.

52. BOI (Board of Investment, Thailand), 2012, *Thailand Investment Review* 28(8): 6, accessed 17 January 2013, http://www.boi.go.th/tirlissue/201208_22_8/TIR-201208_22_8.pdf.

53. 항공 교통은 4월 15일부터 21일까지 전면 중단됐고 5월 셋째 주까지도 주기적으로 결항이 이어졌다. 손실은 Oxford Economics, 2010, *The Economic Impacts of Air Travel Restrictions Due to Volcanic Ash*, report prepared for Airbus, 5 January (Oxford, UK: Oxford Economics)에서 발췌했다.

54. Michael Useem, 2011, "Deutsche Bank Case Study: Catastrophic Risk Management during the Fukushima Earthquake in March 2011," presentation at the Sasin Bangkok Forum: Asia in Transformation, Royal Méridien Hotel, Bangkok, 8–9 July.

55. 리카도 효율성의 개념은 머리말에서 설명했다, n. 2.

56. 예를 들어 다음을 보라. Joseph E. Stiglitz, 2006, *Making Globalization Work* (London: W. W. Norton); Anthony B. Atkinson, 2012, "Optimum Population,

Welfare Economics, and Inequality," Oxford Martin School seminar paper, revised version, January, University of Oxford, Oxford, UK; Francois Bourguignon, 2012, *La Mondialisation de l'inégalité* (Paris: Editions du Seuil et La Republique des Idees); Dani Rodrik, 2012, "Global Poverty amid Global Plenty: Getting Globalization Right," *Americas Quarterly*, Spring, accessed 4 January 2013, http://www.americasquarterly.org/node/3560.

57. '거버넌스 공백'을 좀 더 자세히 다룬 논의는 다음을 보라. Ian Goldin, 2013, *Divided Nations: Why Global Governance Is Failing, and What We Can Do about It* (Oxford, UK: Oxford University Press).

58. Goldin and Reinert, 2011, 26 and 130.

59. Lars-Hendrik Roeller and Leonard Waverman, 2001, "Telecommunications Infrastructure and Economic Development: A Simultaneous Approach," *American Economic Review* 91 (4): 909-923.

60. Goldin, 2011.

61. Martin Ravallion and Shaohua Chen, 2004, "Learning from Success: Understanding China's (Uneven) Progress against Poverty," *Finance and Development* 41 (4): 16-19.

62. 세계 인구 대다수의 입장에서 세계화로 인한 이익이 비용을 넘어선다는 견해를 뒷받침하는 증거를 자세히 알고 싶다면 다음을 참고하라. Ian Goldin, F. Halsey Rogers, and Nicholas H. Stern, 2002, "The Role and Effectiveness of Development Assistance: Lessons from World Bank Experience," research paper, Development Economics Vice Presidency of the World Bank, Washington, DC; Jagdish Bhagwati, 2007, *In Defense of Globalization* (New York: Oxford University Press); Goldin and Reinert, 2012.

63. Anthony Giddens, 1991, *The Consequences of Modernity* (Stanford, CA: Stanford University Press), 175.

64. Khaled Fourati, 2009, "Half Full or Half Empty? The Contribution of Information and Communication Technologies to Development," *Global Governance* 15 (1): 37-42.

65. Stiglitz, 2006, and Goldin and Reinert, 2012.

66. Ravallion and Chen, 2004.

67. Alex Evans, Bruce Jones, and David Steven, 2010, *Confronting the Long Crisis of Globalization: Risk, Resilience, and International Order* (New York: Brookings Institute and Center on International Cooperation, New York University), 5.

68. Brian Walker et al., 2004, "Resilience, Adaptability, and Transformability in

Social-Ecological Systems," *Ecology and Society* 11 (1): 5, accessed 9 January 2013, http://www.ecologyandsociety.org/vol9/iss2/art5/print.pdf.

69. Goldin, 2011.

70. Kilpatrick, 2011, 334.

71. Rodrik, 2011.

72. William D. Nordhaus, 1994, *Managing the Global Commons: The Economics of Climate Change* (Cambridge, MA: MIT Press).

73. Brian Wynne and Kerstin Dressel, 2001, "Cultures of Uncertainty: Transboundary Risks and BSE in Europe," in *Transboundary Risk: Management*, ed. Joanne Linneroth-Bayer, Ragnar Löefstedt, and Gunnar Sjöestedt (London: Earthscan), 126-154.

74. 이 쟁점에 관해서는 Goldin, 2013을 참조하라.

75. John F. Kennedy, 1959, "Education: United Negro College Fund," speech to the United Negro College Fund, Indianapolis, Indiana, 12 April, 2, accessed 10 July 2013, http://www.jfklibrary.org/Asset-Viewer/Archives/JFKCAMPI960-1029-036.aspx.

2장 금융위기: 21세기 최초의 체계적 위험

1. 이언 골딘과 티파니 보겔은 2010년에 발표한 논문 "Global Governance and Systemic Risk in the 21st Century: Lessons from the Financial Crisis," *Global Policy* 1 (1): 4-15, quote on 6에서 '황금기'라는 용어를 사용했다.

2. Robert Jackson, 2008, "The Big Chill," *Financial Times*, 15 November, accessed 20 January 2013, http://www.ft.com/intl/cms/s/0/8641d080-b2b4-11dd-bbc9-0000779fd18c.html#axzz2Cn5IKHoa.

3. Central Bank of Iceland, 2008a, "Economic Indicators," September, 2, accessed 24 January 2013, http://www.sedlabanki.is/lisalib/getfile.aspx?itemid=6451.

4. Central Bank of Iceland, 2008b, "Economic Indicators," November, accessed 24 January 2013, http://www.sedlabanki.is/lisalib/getfile.aspx?itemid=6628.

5. Jackson, 2008.

6. 이 수치는 각각 8월 매매기준율 근사치와 11월 28일 매매기준율이다. 이 수치는 Central Bank of Iceland, 2013, "Exchange Rate," accessed 11 July, http://www.cb.is/exchange-rate/에서 발췌했다.

7. Tasneem Brogger and Helga Kristin Einarsdottir, 2008, "Iceland Gets $4.6 Billion Bailout from IMF, Nordics (Update3)," Bloomberg website, 20 November, accessed 5 February 2013, http://www.bloomberg.com/apps/news?

pid=newsarchive&sid=a3zflf9IBUWg&refer=europe.

8. 이는 2000년 고정 미국 달러로 나타낸 수치로 World Bank, 2013, *World Development Indicators*, World Databank, accessed 7 January, http://databank. worldbank.org/에서 발췌했다.

9. Directorate of Labour (Iceland), 2013a, "Unemployment 9.3 in February 2010," *Directorate of Labour News*, 10 March, accessed 24 January, http:// english.vinnumalastofnun.is/about-directorate-of-labour/news/nr/1031/, and Directorate of Labour, 2013b, "Unemployment 9.3 in March 2010," *Directorate of Labour News*, 20 April, accessed 24 January, http://english.vinnumalastofnun. is/about-directorate-of-labour/news/nr/1061/.

10. Omar Valdimarsson. 2009, "Iceland Parliament Approves Debt Bill," *Reuters*, 28 August, accessed 25 January 2013, http://www.reuters.com/article/2009/08/28/ businesspro-us-iceland-debts-idUSTRE57R3B920090828.

11. Jackson, 2008.

12. Rowena Mason, 2009, "David Oddsson's Ascent to Iceland's Editor in Chief Splits Opinion as Bloggers Gain Ground," *Telegraph*, 29 September, accessed 1 February 2013, http://blogs.telegraph.co.uk/finance/rowenamason/100001134/ david-oddssons-ascent-to-icelands-editor-in-chief-splits-opinion-as- bloggers-gain-ground/.

13. Vincent Maraia, 2006, *The Build Master: Microsoft's Software Configuration Management Best Practices* (Upper Saddle River, NJ: Addison-Wesley).

14. Jenny Strasburg and Jacob Bunge, 2012, "Loss Swamps Trading Firm: Knight Capital Searches for Partner as Tab for Computer Glitch Hits $440 Million," *Wall Street Journal*, 2 August, accessed 21 January 2013, http://online.wsj.com/ article/SB10000872396390443866404577564772083961412.html.

15. Matthew Jarzemsky, 2012, "Fat-Finger' Error Caused Oil-Stock Price Swings," *Wall Street Journal*, 19 September, accessed 21 January 2013, http://blogs. wsj.com/marketbeat/2012/09/19/fat-finger-error-caused-oil-stock-price- swings/?KEYWORDS=Oilwell+Varco.

16. Lawrence J. White, 1997, "Technological Change, Financial Innovation, and Financial Regulation in the U.S.: The Challenges for Public Policy," presentation at the Conference on Performance of Financial Institutions, Wharton Financial Institutions Center, University of Pennsylvania, Philadelphia, May 8-10, 24.

17. Ibid.

18. Charles Roxburgh, Susan Lund, and John Piotrowski, 2011, *Updated Research: Mapping Global Capital Markets* (New York: McKinsey), August, 2, accessed 21 January 2013, http://www.mckinsey.comlinsights/mgi/researchlfinancial_markets/mapping_global_capital_markets_2011.

19. Charles Roxburgh et al., 2009, *Global Capital Markets: Entering a New Era* (New York: McKinsey), September, 21, accessed 21 January 2013, http://www.mckinsey.com/insights/mgi/research/financial_marketsglobal_capital_markets_entering_a_new_era.

20. Prasanna Cai, Andrew Haldane, and Sujit Kapadia, 2011, "Complexity, Concentration, and Contagion," *Journal of Monetary Economics* 58 (5): 453-470.

21. Charles Perrow, 2009, "Modeling Firms in the Global Economy: New Forms, New Concentrations," *Theory and Society* 38 (3): 217-243; William K. Tabb, 2004, *Economic Governance in the Age of Globalization* (New York: Columbia University Press); Jeniffer Bair, 2008, *Frontiers of Commodity Chain Research* (Stanford, CA: Stanford University Press). Quote from Perrow, 2009, 217.

22. Ian Goldin, 2010, "Managing and Mitigating Global Risks," in *Global Redesign: Strengthening Cooperation in a More Interdependent World*, ed. Richard Samans, Klaus Schwab, and Mark Malloch-Brown (Geneva: World Economic Forum), 429-442, quote on 431.

23. Garry B. Gorton and Andrew Metrick, 2010b, "Securitized Banking and the Run on Repo," NBER Working Paper 15223, National Bureau of Economic Research, Cambridge, MA.

24. 꼬리 위험은 상대적으로 적은 대출이 증권화 자금으로 남아 있을 때 거래 끝 무렵으로 향하면서 상대적으로 큰 손실이 발생할 위험이다.

25. Markus K. Brunnermeier, 2008, "Deciphering the Liquidity and Credit Crunch, 2007-08," NBER Working Paper 14612, National Bureau of Economic Research, Cambridge, MA, accessed 21 January 2013, http://www.nber.org/papers/w14612.

26. Nicola Gennaioli, Andrei Shleifer, and Robert W. Vishny, 2012, "Neglected Risks, Financial Innovation, and Financial Fragility" *Journal of Financial Economics* 104 (3): 452-468.

27. William A. Brock, Cars H. Hommes, and Florian O. O. Wagener, 2008, "More Hedging Instruments May Destabilize Markets," CeNDEF Working Paper 08-04, Center for Nonlinear Dynamics in Economics and Finance, University of Amsterdam, Amsterdam.

28. Alp Simsek, 2011, "Speculation and Risk Sharing with New Financial Assets," NBER Working Paper 17506, National Bureau of Economic Research, Cambridge, MA.

29. 이는 그림 2.5와 Viral V. Acharya et al., 2011, "Dividends and Bank Capital in the Financial Crisis of 2007-2009," NBER Working Paper 16896, National Bureau of Economic Research, Cambridge, MA, table 3a, accessed 21 January 2013, http://www.nber.org/papers/w16896에서 뽑은 데이터를 바탕으로 2007 년분과 2008년분을 함께 집계한 수치다.

30. JP 모건(250억 달러), 웰스 파고(250억 달러), 씨티그룹(450억 달러), 모건 스탠 리(100억 달러), 뱅크 오브 아메리카(450억 달러), 골드만삭스(100억 달러)가 구 제 금융을 받았다. Ibid.

31. Senate Banking Committee, 1999, "Gramm's Statement at Signing Ceremony for Gramm-Leach-Bliley Act," Senate Banking Committee Press Release, 12 November, accessed 21 January 2013, http://banking.senate.gov/pre199/1112gbl.htm.

32. William Keegan, 2012, "Bank Deregulation Leads to Disaster: Shout It from the Rooftops," *Observer*, 6 May, accessed 21 January 2013, http://www.guardian.co.uk/business/2012/may/06/shout-rooftops-bank-deregulation-leads-to-disaster.

33. 예를 들어 다음을 보라. Raghuram G. Rajan, 2005, "The Greenspan Era: Lessons for the Future," speech delivered at Financial Markets, Financial Fragility, and Central Banking, a symposium sponsored by the Federal Reserve Bank of Kansas City, Jackson Hole, Wyoming, 27 August, accessed 21 January 2013, http://www.imf.org/externallnp/speeches/2005/082705.htm. 금융위기 가 발생한 심층적인 원인에 대한 라잔의 평가와 '한층 더 치명적인 위기'가 뒤 따를 수 있다는 추가 경고에 관해서는 다음을 보라. Raghuram G. Rajan, 2011, *Fault Lines: How Hidden Fractures Still Threaten the World Economy* (Princeton, NJ: Princeton University Press).

34. Paul R. Krugman, 2009, *The Conscience of a Liberal* (New York: Penguin), xii.

35. George Kanatas and Jianping Qi, 2003, "Integration of Lending and Underwriting: Implications of Scope Economies," *Journal of Finance* 58 (3): 1167-1191; George Kanatas and Jianping Qi, 1998, "Underwriting by Commercial Banks: Incentive Conflicts, Scope Economies, and Project Quality," *Journal of Money, Credit, and Banking* 30: 119-133; and Xavier Freixas, Gyöngyi Lóránth. and Alan D. Morrison, 2007, "Regulating Financial

Conglomerates," *Journal of Financial Intermediation* 16: 479-514.

36. Tom Foreman, 2008, "Culprits of the Collapse —#7 phil Gramm," CNN website, 14 October, accessed 22 January 2013, http://ac360.blogs.cnn. com/2008/10/14/culprits-of-the-collapse-7-phil-gramm/; and Goldin and Vogel, 2010, 7. 이는 미국 주요 은행의 은행장을 거친 인사가 재무부 장관으로 임명되고 퇴임 이후 다시 금융 서비스 업계의 회장이나 그 외 높은 보수를 지급하는 자문 직위로 복귀하는 월스트리트와 미국 재무부 지도부 사이의 유서 깊은 회전문 인사 패턴에 따른 것이다. 2001년 이후 금융 및 산업계와 관련된 재무부 장관으로는 폴 오닐Paul O'Neill(알코아, 랜드 연구소), 존 스노John Snow(CSX, 서버러스 자본 운용 그룹), 헨리 폴슨Henry Paulson(골드만삭스)이 있다. 게다가 미국 당국은 1980년 예금기관 규제 완화 및 금융 통제법과 1982년 대안 모기지 거래 동등법을 제정해 대출 상품 규제를 상당히 완화했다.

37. Shaun French, Andrew Leyshon, and Nigel Thrift, 2009, "A Very Geographical Crisis: The Making and Breaking of the 2007-2008 Financial Crisis," *Cambridge Journal of Regions, Economy, and Society* 2 (2): 287-302.

38. Simon Johnson, 2009, "The Quiet Coup," *Atlantic Magazine*, May, accessed 16 October 2012, http://www.theatlantic.com/magazine/archive/2009/05/the-quiet-coup/307364/.

39. Nestor A. Espenilla Jr., 2009, "Regulatory Factors That Contributed to the Global Financial Crisis," *Asia-Pacific Social Science Review* 9 (1) : 35-40.

40. James H. Stock and Mark W. Watson, 2002. "Has the Business Cycle Changed and Why?," in *NBER Macroeconomics Annual*, vol. 17, ed. Mark Gertler and Kenneth Rogoff (Cambridge, MA: MIT Press), 159-218.

41. Andrew G. Haldane, 2009, "Rethinking the Financial Network" speech delivered to the Amsterdam Student Association, April, accessed 21 January 2013, http://www.bankofengland.co.uk/archive/Documents/historicpubs/speeches12009/speech386.pdf.

42. Lucinda Maer and Nida Broughton, 2012, "Financial Services: Contribution to the UK Economy," SN/EP/06193, House of Commons Library (Economics, Politics, and Statistics Section), p. 3, table 1, accessed 22 January 2013, http://www.parliament.uk/briefing-papers/SN06193.pdf에서 발췌한 데이터를 바탕으로 저자들이 계산한 값이다.

43. Maer and Broughton, 2012, 1.

44. Sebastian Schich and Sofia Lindh, 2012, "Implicit Guarantees for Bank Debt: Where Do We Standr," *OECD Journal: Financial Market Trends* 2012 (1), accessed

22 January 2013, http://www.oecd.org/finance/financialmarkets/Implicit-Guarantees-for-bank-debt.pdf.

45. Federal Reserve Bank of St. Louis, 2012, "Debt Outstanding Domestic Financial Sectors," Board of Governors of the Federal Reserve System, accessed 7 December, http://research.stlouisfed.org/fred2/data/DODFS.txt.

46. Mathias Dewatripont and Jean-Charles Rochet, 2010, "The Treatment of Distressed Banks," in *Balancing the Banks: Global Lessons from the Financial Crisis*, ed. Mathias Dewatripont, Jean-Charles Rochet, and Jean Tirole (Princeton, NJ: Princeton University Press), 107-130, esp. 113.

47. Andrew G. Haldane and Robert M. May, 2011, "Systemic Risk in Banking Ecosystems," *Nature* 469: 351-355, quotes on 351.

48. Franklin Allen and Douglas Gale, 2000, "Financial Contagion," *Journal of Political Economy* 108 (1): 1-33; and Prasanna Gai and Sujit Kapadia, 2010, "Contagion in Financial Networks," Bank of England Working Paper 383, Bank of England, London.

49. Ricardo J. Caballero and Alp Simsek, 2009, "Fire-Sales in a Model of Complexity," MIT Department of Economics Working Paper 09-28, Massachusetts Institute of Technology, Cambridge, MA, abstract.

50. Andrew G. Haldane, 2012, "The Dog and the Frisbee," speech delivered at the Federal Reserve Bank of Kansas City's 36th Economic Policy Symposium, The Changing Policy Landscape, Jackson Hole, Wyoming, 31 August, accessed 31 January 2013, http://www.bankofengland.co.uk/publications/Documents/speeches/2012/speech596.pdf.

51. 증가하는 금융 복잡성 관리에 도움이 될 간단한 규칙을 제공하도록 응용할 수 있는 접근법을 제안한 책이 있다. Gerd Gigerenzer, 2010, *Rationality for Mortals: How People Cope with Uncertainty* (New York: Oxford University Press).

52. Philipp Hartmann, Oliver De Bandt, and José Luis Peydró-Alcalde, 2009, "Systemic Risk in Banking: An Update," in *The Oxford Handbook of Banking*, ed. Allen N. Berger, Philip Molyneux, and John O. S. Wilson (Oxford, UK: Oxford University Press).

53. IMF (International Monetary Fund) Staff, 2009, "Guidance to Assess the Systemic Importance of Financial Institutions, Markets, and Instruments," Report to G20 Finance Ministers and Governors, International Monetary Fund, Bank for International Settlements, and Financial Stability Board, October, 2, accessed 1 February 2013, http://www.financialstabilityboard.

org/publications/r_091107c.pdf; IMF Staff, 2010, "The Financial Crisis and Information Gaps," Progress Report, International Monetary Fund Bank for International Settlements and Financial Stability Board, May, accessed 1 February 2013, http://www.imf.org/external/np/g20/pdf/053110.pdf.

54. ECB (European Central Bank), 2009, "The Concept of Systemic Risk," *Financial Stability Review*, December, European Central Bank Frankfurt, 134-142.

55. 금융 네트워크 문헌을 광범위하게 검토한 논문이 있다. Franklin Allen, Anna Babus, and Elena Carletti, 2010, "Financial Connections and Systemic Risk" EUI Working Paper ECO 2010/30, Department of Economics, European University Institute, Badia Fiesolana, Italy.

56. Allen and Gale, 2000.

57. Gai and Kapadia, 2010.

58. Haldane, 2009.

59. Giulia Iori, Saqib Jafarey, and Francisco G. Padilla, 2006, "Systemic Risk on the Interbank Market," *Journal of Economic Behavior and Organization* 61: 525-542.

60. Co-Pierre Georg and Jenny Poschmann, 2010, "Systemic Risk in a Network Model of Interbank Markets with Central Bank Activity," Jena Economic Research Paper 2010-33, Friedrich Schiller University and the Max Planck Institute of Economics, Jena. Germany, accessed 1 February 2013, http://pubdb.wiwi.uni-jena.de/pdf/wp_2010_033.pdf; and Co-Pierre Georg, 2011, "The Effect of the Interbank Network Structure on Contagion and Financial Stability," Discussion Paper Series 2: Banking and Financial Studies 12/2011, Deutsche Bundesbank Frankfurt, accessed 1 February 2013, http://econstor. eu/bitstream/10419/52134/1/671536869.pdf.

61. Haldane, 2009.

62. Erlend Nier et al., 2007, "Network Models and Financial Stability," *Journal of Economic Dynamics and Control* 31 (6): 2033-2060.

63. Viral V. Acharya and Tanju Yorulmazer, 2008, "Cash-in-the-Market Pricing and Optimal Resolution of Bank Failures," *Review of Financial Studies* 21 (6): 2705-2742.

64. Viral V. Acharya, 2009, "A Theory of Systemic Risk and Design of Prudential Bank Regulation," *Journal of Financial Stability* 5 (3): 224-255.

65. Georg and Poschrnann, 2010.

66. Gianni De Nicolo and Myron L. Kwast, 2002, "Systemic Risk and Financial Consolidation: Are They Related I," *Journal of Banking and Finance* 26 (5): 861-

주

880.

67. Alfred Lehar, 2005, "Measuring Systemic Risk: A Risk Management Approach," *Journal of Banking and Finance* 29 (10): 2577-2603.
68. Viral V. Acharya and Tanju Yorulmazer, 2003, "Information Contagion and Inter-Bank Correlation in a Theory of Systemic Risk" CEPR Discussion Paper 3473, Centre for Economic Policy Research, London; and Nier et al., 2007.
69. Hartmann, De Bandt, and Pevdró-Alcalde, 2009.
70. Acharya and Yorulmazer, 2003.
71. 체계적 위험의 원천으로서 은행 군집행동을 다룬 문헌을 간략히 설명한 논문으로는 다음을 보라. Hartmann, De Bandt, and Pcydró-Alcalde, 2009.
72. Acharya and Yorulmazer, 2003.
73. Claudio Borio, 2010, "Implementing a Macroprudential Framework: Blending Boldness and Realism," keynote speech at the Hong Kong Institute for Monetary Research and the Bank for International Settlements conference "Financial Stability: Towards a Macroprudential Approach," Hong Kong, 5-6 July, accessed 1 February 2013, http://www.bis.org/repofficepubl/hkimr201007.12c.pdf.
74. ECB (European Central Bank), 2010, "Analytical Models and Tools for the Identification and Assessment of Systemic Risks," *Financial Stability Review*, June, European Central Bank, Frankfurt, 138-146.
75. Helga Kristin Einarsdottir and Tasneem Brogger, 2008, "Icelanders Take to Streets to Protest Policy Makers' Failures," *Bloomberg*, 15 November, accessed 5 February 2013, http://www.bloomberg.com/apps/news?pid=newsarchive&sid=aor9Lfo7mSUw&refer=europe.
76. Goldin and Vogel, 2010, 6.
77. Mike Mariathasan, and Ouarda Merrouche, 2013, "The Manipulation of Basel Risk-Weights," CEPR Discussion Paper 9494, Centre for Economic Policy Research, London, May.
78. Goldin and Vogel, 2010, 4-15.
79. Daniel K. Tarullo, 2008, *Banking on Basel: The Future of International Financial Regulation* (Washington, DC: Peterson Institute for International Economics); Jean-Charles Rochet, 2010, "The Future of Banking Regulation," in *Balancing the Banks: Global Lessons from the Financial Crisis*, ed. Mathias Dewatripont, Jean-Charles Rochet, and Jean Tirole (Princeton, NJ: Princeton University Press), 78-103.

80. 포티스 은행 실패 사례는 Dewatripont and Rochet, 2010, 108에서 논의한다.

81. Ibid.

82. Haldane, 2009.

83. White, 1997.

84. 금융위기에서 얻은 교훈을 좀 더 폭넓게 논의한 내용을 보고 싶다면 다음을 참고하라. Viral V. Acharya et al., eds.. 2010, *Regulating Wall Street: The Dodd-Frank Act and the New Architecture of Global Finance* (Hoboken, NJ: John Wiley and Sons); Financial Crisis Inquiry Commission, 2011, *Financial Crisis Inquiry Report: Final Report of the National Commission on the Causes of the Financial and Economic Crisis in the United States* (Washington, DC: U.S. Public Affairs); Jean Tirole, 2010, "Lessons from the Crisis," in *Balancing the Banks: Global Lessons from the Financial Crisis*, ed. Mathias Dewatripont, Jean-Charles Rochet, and Jean Tirole (Princeton, NJ: Princeton University Press), 10-77.

85. Dieter Kerwer, 2005, "Rules That Many Use: Standards and Global Regulation," *Governance* 18 (4): 611-632.

86. Robert M. May, Simon A. Levin, and George Sugihara, 2008, "Complex Systems: Ecology for Bankers," *Nature* 451 (21 February): 893-895, quote on 893.

87. 예를 들어 해리 마코위츠가 경험적으로 따랐던 단순한 N분의 1 투자 법칙은 그가 개발했던 좀 더 복잡한 포트폴리오 이론 모형보다 더 높은 실적을 낸다. Harry M. Markowitz, 1952, "Portfolio Selection," *Journal of Finance* 7: 77-91.

88. Gordon L. Clark, Adam D. Dixon, and Ashby H. B. Monk, eds., 2009, *Managing Financial Risks: From Global to Local* (Oxford, UK: Oxford University Press), 2.

89. Ibid., xv.

90. Haldane, 2012. 홀데인은 Gerd Gigerenzer, Ralph Hertwig, and Thorsten Pachur, eds.. 2011, *Heuristics: The Foundations of Adaptive Behavior* (Oxford, UK: Oxford University Press)를 참조한다.

3장 서플라이 체인 붕괴

1. Anna Nagurney, 2006, *Supply Chain Network Economics: Dynamics of Prices, Flows, and Profits* (Cheltenham, UK: Edward Elgar).

2. 다음 글의 논의를 보라. Randy Starr, Jim Newlrock, and Michael Delurey, 2003, "Enterprise Resilience: Managing Risk in the Networked Economy," *Booz Allen Hamilton Strategy and Business Magazine* (30): 1-10, accessed 23 January 2013, http://www.boozallen.com/media/file/139766.pdf.

3. 예를 들어 다음을 보라. Leslie Hook, 2012, "China's Rare Earth Stranglehold in Spotlight," *Financial Times*, 13 March, accessed 23 January 2013, http://www.ft.com/cms/s/0/b3332e0a-348c-11e2-8986-00144feabdc0.html#axzz2DVY78Spi.

4. Ibid.

5. Paul Markillie, 2006, "The Physical Internet," *Economist*, 15 June, accessed 1 February 2013, http://www.economist.com/node/7032165.

6. Ian Goldin, 2011, "Globalisation and Risks for Business: Implications for an Increasingly Connected World," *Lloyd's 360° Risk Insight* (London: Lloyds, and Oxford, UK: James Martin 21st Century School), 8, accessed 9 January 2013, http://www.lloyds.com/~/media/Lloyds/Reports/360/360%20Globalisation/Lloyds_360_Globalisaton.pdf.

7. Carol McAusland, 2008, "Globalisation's Direct and Indirect Effects on the Environment," paper presented at the Organization for Economic Co-operation and Develpment's Global Forum on Transport and Environment in a Globalising World, Guadalajara, Mexico, 10-12 November, 6, accessed 21 January 2013, http://www.oecd.org/env/transportandenvironment/41380703.pdf.

8. McAusland, 2008, 5.

9. 가령, 다음을 보라. Loren Brandt and Thomas G. Rawski, 2008, *China's Great Economic Transformation* (Cambridge, UK: Cambridge University Press).

10. David Hummels, 2007, "Transportation Costs and International Trade in the Second Era of Globalization," *Journal of Economic Perspectives* 21 (3): 131-154, esp. 132.

11. Ibid., 134.

12. 현재 중국은 세계 최대 전자제품 수출국이며, 2009년 수출 총액은 미화 4,500억 달러를 훌쩍 넘어섰다. 이런 수출품의 해외 콘텐츠 가치는 미화 약 1,800억 달러였다. WTO (World Trade Organization), 2013a, "OECD-WTO Database on Trade in Value-Added: Preliminary Results," *OECD-WTO Brochure*, World Trade Organization, 17 January, p. 2 and figure 4, accessed 23 January, http://www.wto.org/english/res_e/statis_e/miwi_e/tradedataday13_e/oecdbrochurejanv13_e.pdf.

13. 한 연구에서는 제품 공간 방법론product space methodology을 이용해 중국과 기타 국가들의 경제 변천을 분석하고자 했다. 이 연구는 한 국가가 이미 폭넓은 역량을 갖추고 있다면 공급망이 충분히 복잡하고 다양해졌을 때 수출용 제품을

추가로 개발하고 특화에 박차를 가하기('끊임없는 새로움')가 더 쉬울 것이라
는 기본 개념을 바탕으로 한다. Cesar Hidalgo et al., 2007, "The Product Space
Conditions the Development of Nations," *Science* 317 (5837): 482–487. 경제 복
합성 관측소의 '제품 공간 앱'(http://atlas.media.mit.edu/) 같은 유용한 도구를
활용하면 지난 20년에 걸쳐 중국 수출품의 제품 공간이 얼마나 역동적이고 밀
집해졌는지 탐색할 수 있다.

14. Goldin, 2011, 11.
15. Thomas F. Golob and Amelia C. Regan, 2001, "Impacts of Information
    Technology on Personal Travel and Commercial Vehicle Operations: Research
    Challenges and Opportunities," *Transportation Research Part C* 9: 87–121, quote
    on 88.
16. 일례로, 다음을 참조하라. Thomas A. Kochan, Russell D. Lansbury, and John
    P. MacDuffie, eds., 1997, *After Lean Production: Evolving Employment Practices in the
    World Auto Industry* (Ithaca, NY: Cornell University Press).
17. Taiichi Ohno, 1988, *Toyota Production System: Beyond Large-Scale Production* (Portland,
    OR: Productivity Press).
18. Goldin, 2011, 30–31; David Magee, 2008, *How Toyota Became #1: Leadership
    Lessons from the World's Greatest Car Company* (New York: Portfolio).
19. 토요타 경제 체계를 좀 더 자세하게 다룬 내용을 보고 싶다면, 다음을 보라.
    Michael L. George, David T. Rowlands, and Bill Kastle, 2003, *What Is Lean Six
    Sigma?* (New York: McGraw-Hill Professional); Jeffrey Liker, 2004, *The Toyota
    Way: 14 Management Principles from the World's Greatest Manufacturer* (New York:
    McGraw-Hill Professional); Magee, 2008; Goldin, 2011.
20. Markillie, 2006.
21. 한 추정치에 따르면 2011년 12월 1일 기준으로 태국 홍수로 인한 총 경제 손
    실은 미화 457억 달러, 제조업 피해액은 미화 320억 달러에 달한다. Cristophe
    Courbage and Walter R. Srahel. eds., 2012, "Extreme Events and Insurance:
    2011 Annus Horribilis," *Geneva Reports* 5 (May): 121–132, esp. 122–123.
22. WEE (World Economic Forum), 2012a, "Impact of Thailand Floods 2011 on
    Supply Chain," mimeo, World Economic Forum.
23. Ibid.
24. Ibid.
25. WEE (World Economic Forum), 2012b, *Global Risks 2012* (Geneva: World
    Economic Forum), 32.
26. Korea Net, 2013, "Overview," accessed 2 February, http://www.korea.net/

AboutKorea/Economy/Overview.

27. Paul Withers, 2012, "iPhone 5 Production Delayed as Foxconn Staff Walk Out," *Mobile News*, 8 October, accessed 16 October, http://www.mobilenewscwp. co.uk/2012/10/08/iphone-5-production-delayed-as-foxconn-staff-walk-out/.

28. *Economist*, 2006, "When the Chain Breaks: Being Too Lean and Mean Is a Dangerous Thing," 15 June, accessed 23 January 2013, http://www.economist. com/node/7032258.

29. Ohno, 1988.

30. 다음 두 단락의 모든 인용은 Goldin, 2011, 30-31에서 발췌했다.

31. 구글 학술 검색에서 '경영 문헌'이라는 문구로 검색하면 '약 457만 건의 결과'(2013년 1월 24일 기준)가 나온다. 기간을 1990년에서 2000년 사이로 좁혀서 같은 검색을 실시하면 결과 건수는 '약 87만 2,000건'으로 줄어든다.

32. Morgen Witzel, 2011, *A History of Management Thought* (New York: Routledge), back cover.

33. Goldin, 2011, 11.

34. 영국 경영교육 역사를 포괄적으로 기술한 내용을 보고 싶다면 다음을 참조하라. Alan P. O. Williams, 2010, *The History of UK Business and Management Education* (Bingley, UK: Emerald Group).

35. Kai Peters and Narendra Laljani, 2009, "The Evolving MBA," *Global Study Magazine* 4 (3): 36-49, esp. 37.

36. Gai Changxin, 2011, "CEIBS Calls for More MBA Programs," *China Daily*, 11 April, accessed 7 July 2012, http://www.chinadaily.com.cn/ business/2011-04/11/content_12305897.htm.

37. Peters and Laljani, 2009, 37.

38. Hubert Escairh and Fabian Gonguet, 2009, "International Trade and Real Transmission Channels of Financial Shocks in Globalized Production Networks," Staff Working Paper ERSD-2009-06, Economics and Statistics Division, World Trade Organization, accessed 1 February 2013, http://www. wto.org/english/res_elreser_elersd200906_e.pdf.

39. Hubert Escaith, Nannette Lindenberg, and Sébastien Miroudot, 2010, "International Supply Chains and Trade Elasticity in Times of Global Crisis," Staff Working Paper ERSD-2010-08, Economics and Statistics Division, World Trade Organization, accessed 1 February 2013, http://www.wto.org/ english/res_e/reser_e/ersd201008_e.pdf.

40. EEF (The Manufacturers' Organisation, UK), 2011, "Industry Looks to Reshore Production in Response to Supply Risks," The Manufacturers' Organization, accessed 31 January 2013, http://www.eef.org.uk/releases/uk/2011/Industry-looks-to-re-shore-production-in-response-to-supply-risks-.htm. EEF는 예전에는 제조업 사용자 연합Engineering Employers' Federation으로 알려졌고 명칭을 변경한 지금도 여전히 EEF라고 불린다.

41. Charles K. Fine, 2005, "Are You Modular or Integral? Be Sure Your Supply Chain Knows," *Strategy+Business* 39 (23 May), accessed 1 February 2013, http://www.strategy-business.com/article/05205?pg=all.

42. White House, 2012, "National Strategy for Global Supply Chain Security," White House, Washington, DC, ii.

43. Ibid.

44. Alexandra Brintrup et at, 2011, "Mapping the Toyota Supply Network: Emergence of Resilience," Saïd Business School Working Paper 2011-05-012, University of Oxford, Oxford, UK에서는 세계 제조업 분야 내 복잡성 층상을 지도 위에 지리별로 표시했다.

45. Andreas Maurer and Christophe Degain, 2010, "Globalization and Trade Flows: What You See Is Not What You Get!," Staff Working Paper ERSD-2010-12, Economics and Statistics Division, World Trade Organization, 1, accessed 2 February 2013, http://www.wto.org/english/res_e/reser_e/ersd201012_e.pdf.

46. '무역 금융'이 무역 분야 안에서 전체 하위 연구 분야를 구성한다는 사실은 이 쟁점의 관련성과 복잡성을 분명히 보여준다.

47. Stefano Battiston et at, 2007, "Credit Chains and Bankruptcy Propagation in Production Networks," *Journal of Economic Dynamics and Control* 31 (6): 2061-2084.

48. Mckinsey, 2008, "McKinsey Global Survey Results: Managing Global Supply Chains," *McKinsey Quarterly*, August, accessed 28 January 2013, http://www.mckinseyquarterly.com/McKinsey_Global_Survey_Results_Managing_global_supply_chains_2179.

49. Pittiglio, Rabin, Todd, and McGrath (일반적으로 PRTM으로 불림).

50. Reinhard Geissbauer and Shoshanah Cohen, 2008, "Globalization in Uncertain Times: How Leading Companies Are Building Adaptable Supply Chains to Reap Benefits and Manage Risk," reprinted from *PRTM Insight* 4: 2, accessed 2 February 2013, http://www.gsb.stanford.edu/sites/default/files/documents/

PRTM_Globalization_In_Uncertain_Times.pdf.

51. Hau L. Lee, 2004, "Triple-A Supply Chains," *Harvard Business Review*, 1 October, 102.

52. Marsh and McLennan, 2012, "Supply Chain," Marsh USA website, accessed 1 August, http://usa.marsh.com/RiskIssues/SupplyChain/lapg-5776/2.aspx.

53. 이 구분을 특히 진화 생물학 분야에서 좀 더 자세히 논의한 내용을 보고 싶다면 다음을 보라. Simon A. Levin and Jane Lubchenco, 2008, "Resilience, Robustness, and Marine Ecosystem-Based Management," *Bio Science* 58 (1): 27-32. Ross A. Hammond, 2009, "Systemic Risk in the Financial System: Insights from Network Science," Insights from Network Science Briefing Paper 12 (Washington, DC: Pew Charitable Trust)에서는 금융 부문 맥락에서 네트워크의 회복탄력성과 탄탄함을 구분하는 특성을 기술한다. 적응의 다양한 개념과 형태를 조사한 내용을 보고 싶다면 다음을 참조하라. David A. Clark, ed., 2012, *Adaptation, Poverty, and Development: The Dynamics of Subjective Well-being* (Basingstoke, UK: Palgrave Macmillan).

54. 금융 부문과 관련해 비슷한 권고 사항이 궁금하다면 Hammond, 2009, 6을 보라.

4장 사회인프라가 멈춘다

1. USGS (U.S. Geological Survey), 2000, "Volcanic Ash Fall-A 'Hard Rain' of Abrasive Particles," Fact Sheet 0027-00, U.S. Geological Survey, accessed 15 July 2013, http://pubs.usgs.gov/fs/fs027-00/fs027-00.pdf.

2. UNEP (United Nations Environment Programme), 2011, *UNEP Year Book 2011: Emerging Issues in Our Global Environment* (Nairobi: United Nations Environment Programme), 2, accessed 25 January 2013, http://www.unep.org/yearbook/2011/pdfs/UNEP_ YEARBOOK_Fullreport.pdf.

3. Oxford Economics, 2010, *The Economic Impacts of Air Travel Restrictions Due to Volcanic Ash*, report prepared for Airbus (Oxford, UK: Oxford Economics), 4.

4. Luis G. Aranda, n.d., "Economic and Social Impact of Volcanic Eruptions," mimeo, 2; see also the published version, Ono Yuichi and Luis G. Aranda, 2011, *Economic and Social Impact of Volcanic Eruptions*, World Economic Forum Report, December (Geneva: World Economic Forum).

5. Compass Worldwide Logistics, 2012, "Weather Closes All Italian Motorways," 10 September, accessed 25 January 2013, http://www.cwwl.co.uk/2012/02/weather-closes-all-italian-motorways/.

6. Ibid.

7. BBC, 2010, "Snow and Ice Leads to Travel Delays and School Closures," *BBC News*, 5 January, accessed 25 January 2013, http://news.bbc.co.uk/1/hi/8440601.strn.

8. Arun Janardhanan, 2011, "Air Cargo Piles Up Due to Administrative Problems," *Times of India*, 29 April, accessed 25 January 2013, http://articles.timesofindia.indiatimes.com/2011-04-29/chennai/29487072_1_cargo-handling-chennai-air-cargo-cargo-operations.

9. Genesis Forwarding News, 2010, "Guarulhos Airport Congestion Chaos," accessed circa 2010 (article no longer available on website), http://www.genesis-forwarding.com/News/Guarulhos-Airport-Congestion-Chaos.aspx.

10. Ruaidhri Horan, 2012, "Frankfurt Airport Strike Causes Air Freight Chaos," *Emerald Freight Express*, 17 February, http://www.emeraldfreight.com/news/frankfurt-airport-strike-causes-air-freight-chaos.

11. 예를 들어 다음을 보라. Laura Donnelly, 2013, "British Airways and Heathrow in Blame Game over Snow Chaos," *Telegraph*, 19 January, accessed 6 February, http://www.telegraph.co.uk/topics/weather/9813427/British-Airways-and-Heathrow-in-blame-game-over-snow-chaos.html.

12. Joseph DiJohn and Karen Allen, 2009, "The Burnham Transportation Plan of Chicago: 100 Years Later," Transport Research Forum, 16-18 March, accessed 25 January 2013, http://www.trforum.org/forum/downloads/2009_32_BurnhamTransportation_paper.pdf.

13. Clifford Krauss, 2012, "Shippers Concerned over possible Suez Canal Disruptions," *New York Times*, 2 February, accessed 1 February 2013, http://www.nytimes.com/2011/02/03/world/middleeast/03suez.html.

14. 2011년에 선박 17,799척이 수에즈 운하를 통과했고(일평균 48.8척), 순톤수로 연간 9억 2,890억 톤을 운송했다. 이는 적어도 1976년 이후로 통과하는 선박 수는 거의 비슷하지만 21세기에 접어든 이후로 운송 톤수는 약 두 배로 증가했다는 뜻이다. Suez Canal Authority, 2011, *Yearly Report* (Ismailia, Egypt: Suez Canal Authority).

15. Benoit Montreuil, 2011, "Towards a Physical Internet: Meeting the Global Logistics Sustainability Grand Challenge," CIRRELT Working Paper 2011-03, Interuniversity Research Centre on Enterprise Networks, Logistics, and Transportation, University of Montreal, Montreal, Canada, 2.

16. Ibid.

17. UCPSOTF (U.S.-Canada Power System Outage Task Force), 2004, *Final Report on the August 14, 2003, Blackout in the United States and Canada: Causes and Recommendations*, US-Canada Power System Outage Task Force, April, accessed 16 July 2013, http://energy.gov/sites/prod/files/oeprod/DocumentsandMedia/BlackoutFinal-Web.pdf.

18. Eric Lerner, 2003, "What's Wrong with the Electric Grid?," *Industrial Physicist* 9: 8-13.

19. 일례로 다음 기사를 보라. Ken Belson, 2008, "'03 Blackout Is Recalled, amid Lessons Learned," *New York Times*, 13 August, accessed 1 February 2013, http://www.nytimes.com/2008/08/14/nyregion/14blackout.html?_r=0.

20. Eben Kaplan, 2007, "America's Vulnerable Energy Grid," *Council on Foreign Relations Backgrounders*, 17 April, accessed 20 March 2012, http://www.cfr.org/energy-security/americas-vulnerable-energy-grid/p13153.

21. Ibid.

22. Cro Forum, 2011, "Power Blackout Risks: Risk Management Options," Emerging Risk Initiative Position Paper, November, 9, accessed 25 January 2013, http://www.agcs.allianz.com/assets/PDFs/Special%20and%20stand-alone%20articles/Power_Blackout_Risks.pdf.

23. BBC, 1999, "Lightning Knocked Out Brazil Power," *BBC World Service*, 13 March, accessed 25 January 2013, http://news.bbc.co.uk/1/hi/world/americas/296038.stm.

24. Cro Forum, 2011, 8.

25. *The New York Times*, 1999, "Wide Power Failure Strikes Southern Brazil," 12 March, accessed 17 October 2012, http://www.nytimes.com/1999/03/12/world/wide-power-failure-strikes-southern-brazil.html?n=Top/Reference/Times%20Topics/Subjects/B/Blackouts%20and%20Brownouts%20.

26. Kaplan, 2007.

27. McIlvaine Company, 2006, "Storm Halts Refining at ConocoPhillips in Hartford, IL," refinery update, August, accessed 26 January 2013, http://www.mcil vainecompany.com/industryforecast/refineries/Updates/2006%20updates/aug%2006%20update.htm.

28. Christophe-Alexandre Paillard, 2010, "Russia and Europe's Mutual Energy Dependence," *Journal of International Affairs* 63 (2): 65-84.

29. 저자들은 World Bank, 2013, *World Development Indicators*, World DataBank, accessed 26 January, http://databank.worldbank.org/에 근거해 '100명 당 인터

넷 사용자 수'와 '총인구'를 추산했다.

30. 이 예측과 비교의 출처는 Cisco, 2012, "The Zettabyte Era," white paper, May, accessed 4 February 2013, http://www.cisco.com/en/US/solutions/collateral/ns341/ns525/ns537/ns705/ns827/VNI_Hyperconnectivity_WP.html이다.

31. 이어지는 논의는 Ian Goldin, 2013, *Divided Nations: Why Global Governance Is Failing, and What We Can Do about It* (Oxford, UK: Oxford University Press), 27-34을 참고했다.

32. Joshua Davis, 2007, "Hackers Take Down the Most Wired Country in Europe," *Wired Magazine* 15 (9), accessed 25 January 2013, http://www.wired.com/politics/security/magazine/15-09/ff_estonia?currentPage=all.

33. Lance Whitney, 2010, "With Legal Nod, Microsoft Ambushes Waledac Botner," *CNET News*, 26 February, accessed 17 July 2013, http://news.cnet.com/8301-1009_3-10459558-83.html.

34. 애플은 아이패드에서 실행할 수 있는 프로그램과 코드를 명확하게 제한하고 있다.

35. Alexandra Topping, 2013, "Hannah Smith Suicide: MPs Call for Education in Social-Media Awareness," *Guardian*, 7 August, accessed 5 September, http://www.theguardian.com/society/2013/aug/07/hannah-smith-suicide-cyberbullying-ask-fm-twitter; BBC, 2013b, "Teenager's Death Sparks Cyber-Blackmailing Probe," *BBC News*, 16 August, accessed 5 September, http://www.bbc.co.uk/news/uk-scotland-edinburgh-east-fife-23712000; and Andrew Bounds, 2013, "Two Arrested after Cyber Attack on Manchester Internet Company," *Financial Times*, 8 August, accessed 29 October, http://www.ft.com/cms/s/0/47878080-0050-11e3-9c40-00144feab7de.html#axzz2j7yEXNAT.

36. 자살이나 자해로 이어진 눈에 띄는 몇몇 사례가 최근 들어 범죄로 수사를 받았다. Cyberbullying Research Center의 웹사이트(http://cyberbullying.us/)와 Sameer Hinduja and Justin W. Patchin, 2013, "Social Influences on Cyberbullying Behaviors among Middle and High School Students," *Journal of Youth and Adolescence*, 42 (5): 711-722를 참고하라.

37. Alastair Jamieson, 2009, "Google: 'Human Error' Brings Internet Chaos for Millions," *Telegraph*, 31 January, accessed 26 January 2013, http://www.telegraph.co.uk/technology/google/4414452/Google-Human-error-brings-internet-chaos-for-millions.html.

38. Emma Barnett, 2009, "How Did Michael Jackson's Death Affect the Internet's Performance?," *Telegraph*, 26 June, accessed 17 July 2013, http://www.telegraph.

co.uk/technology/5649500/How-did-Michael-Jacksons-death-affect-the-internets-performance.html.

39. Google, 2013, "The 1,000 Most-Visited Sites on the Web" (as of July 2011), accessed 26 January, http://www.google.com/adplanner/static/top1000/.

40. Rich Miller, 2010, "How Many Servers Does Facebook Have?" *Data Center Knowledge*, 27 September, accessed 26 January 2013, www.datacenterknowledge.com/the-facebook-data-center-faq-page-2.

41. Rich Miller, 2011 [2009], "Who Has the Most Servers?" *Data Center Knowledge*, 14 May 2009, updated April 2011, accessed 26 January 2013, www.datacenterknowledge.com/archives/2009/05/14/whos-got-the-most-web-servers.

42. Roland Gribben, 2011, "BT Power Breakdown Leaves 275,000 Customers without Internet," *Telegraph*, 4 October, accessed 26 January 2013, http://www.telegraph.co.uk/finance/newsbysector/mediatechnologyandtelecoms/telecoms/8804971/BT-power-breakdown-leaves-275000-customers-without-internet.html.

43. Ross A. Hammond and Laurette Dubé, 2012, "A Systems Science Perspective and Transdisciplinary Models for Food and Nutrition Security," *Proceedings of the National Academy of Sciences* (PNAS) 109 (31): 12356-12363, 12361.

44. Ibid.

45. 예를 들어 Jonathan Zittrain, 2009, *The Future of the Internet-And How to Stop It* (London: Penguin)를 참조하라.

5장 환경 파괴가 불러온 재난

1. Brent Marshall, 1999, "Globalisation, Environmental Degradation, and Ulrich Beck's Risk Society," *Environmental Values* 8: 253-275, quotes on 253.

2. 제대로 기능하는 생태계가 제공하는 금전 이득의 사례가 궁금하다면, 다음을 보라. Pushparn Kumar, ed., 2012, *The Economics of Ecosystems and Biodiversity: Ecological and Economic Foundations* (London: Routledge); The Economics of Ecosystems and Biodiversity의 웹사이트 (www.teebweb.org).

3. Daniel C. Esty, 2001, "Bridging the Trade-Environment Divide," *Journal of Economic Perspectives* 15 (3): 113-130, esp. 120.

4. Stéphane Hallegatte, 2011, "How Economic Growth and Rational Decisions Can Make Disaster Losses Grow Faster Than Wealth," Policy Research Working Paper 5617, March, Office of the Chief Economist, World Bank, Washington,

DC.

5. 기후 변화는 이 책에서 다루는 중심 주제가 아니며 그로 인해 발생할 손실은 다른 책에서 많이 다뤘다. 이런 위해를 상세하게 논의한 내용을 보고 싶다면 다음을 참조하라. William D. Nordhaus, 1994, *Managing the Global Commons: The Economics of Climate Change* (Cambridge, MA: MIT Press); William D. Nordhaus, 2008, *A Question of Balance: Weighing the Options on Global Warming Policies* (New Haven, CT, and London: Yale University Press); Nicholas H. Stern, 2010, *A Blueprint for a Safer Planet: How We Can Save the World and Create Prosperity* (London: Vintage).

6. WHO, 2012a, "10 Facts on Climate Change and Health," *Fact File*, accessed 30 August, http://www.who.int/features/factfiles/climate_change/facts/en/index.html.

7. Ibid.

8. 따로 언급한 경우를 제외하면 이 단락은 WHO, 2012a를 참조했다.

9. Gregg Greenough et al., 2001, "The Potential Impacts of Climate Variability and Change on Health Impacts of Extreme Weather Events in the United States," *Environmental Health Perspectives* 109 (2): 191–198, quote on 192.

10. 생태계 위험과 환경 정책 맥락에서 다르푸르 분쟁을 다룬 최근 논의가 궁금하다면 다음을 보라. Harry Verhoeven, 2011, "Climate Change, Conflict, and Development in Sudan: Global Neo-Malthusian Narratives and Local Power Struggles," *Development and Change* 42 (3): 679–707.

11. OECD (Organisation for Economic Co-operation and Development), 2003, *Emerging Risks in the 21st Century: An Agenda for Action* (Paris: Organisation for Economic Cooperation and Development), 45, accessed 26 January 2013, http://www.oecd.org/futures/globalprospects/37944611.pdf.

12. Swiss Re, 2002, *Opportunities and Risks of Climate Change* (Zurich: Swiss Re Publications), 12, accessed 26 January 2013, http://stephenschneider.stanford.edu/Publications/PDF_Papers/SwissReClimateChange.pdf.

13. OECD, 2003a, 45.

14. Christopher B. Barrett et al., 2002, "Poverty Traps and Resource Degradation," *Basis Brief* 6, January, accessed 26 January 2013, http://pdf.usaid.gov/pdf_docs/PNACP283.pdf.

15. Daniel Reader and John All, 2008, "Sustainability with Globalization: A Chilean Case Study," paper presented at the Association of American Geographers (AAG) Conference, Boston, 15-19 April, 17. 저자들은 궁극적으로 "세계화가

칠레의 지속가능성 잠재력에 부정적인 영향을 미쳤다."(19)라고 주장한다.

16. James Stafford, 2012, "Tom Murphy Interview: Resource Depletion Is a Bigger Threat Than Climate Change," *Oilprice.com*, 22 March, accessed 18 August, http://oilprice.com/Interviews/Tom-Murphy-Interview-Resource-Depletion-is-a-Bigger-Threat-than-Climate-Change.html.

17. 일례로 Ian Goldin, ed., forthcoming, *Is the Planet Full?* (Oxford, UK: Oxford University Press)를 보라.

18. OECD, 2003a, 42.

19. Monitira J. Pongsiri et al., 2009, "Biodiversity Loss Affects Global Disease Ecology," *BioScience* 59 (11): 945-954, quote on 945.

20. Nick Nuttall, 2004, "Overfishing: A Threat to Marine Biodiversity" *Ten Stories*, United Nations website, accessed 14 April 2012, http://www.un.org/events/tenstories/06/story.asp?storyID=800.

21. OECD, 2003a, 42.

22. Ibid.

23. TEEB (The Economics of Ecosystems and Biodiversity), 2010, *The Economics of Ecosystems and Biodiversity: Mainstreaming the Economics of Nature; A Synthesis of the Approach, Conclusions, and Recommendations of TEEB*, United Nations Environment Programme (Malta: Progress Press), 8.

24. Pongsiri et al., 2009, 945.

25. Stern, 2010.

26. McKinsey, 2008, "McKinsey Global Survey Results: Managing Global Supply Chains," *McKinsey Quarterly*, August, 3, accessed 28 January 2013, http://www.mckinseyquarterly.com/McKinsey_Global_Survey_Results_Managing_global_supply_chains_2179.

27. Ian Goldin and L. Alan Winters, eds., 1992, *The Economics of Sustainable Development* (Cambridge, UK: Cambridge University Press).

28. Werner Antweiler, Brian R. Copeland, and M. Scott Taylor, 2001, "Is Free Trade Good for the Environment?," *American Economic Review* 91 (4): 877-908, esp. 877.

29. Ibid., 878.

30. Matthew A. Cole and Robert J. R. Elliott, 2003, "Determining the Trade-Environment Composition Effect: The Role of Capital, Labor, and Environmental Regulations," *Journal of Environmental Economics and Management* 46: 363-383. '규모' 효과는 자유무역 확대로 인한 생산량 혹은 경제 활동 증가

에서 비롯되는 온실가스 배출에 미치는 영향을 가리킨다. 무역 개방이 경제 활동 수준을 높이고 따라서 에너지 사용량도 증가하리라는 것이 일반적인 전제다. 다른 모든 조건이 동일하다고 할 때 이처럼 경제 활동과 에너지 사용량 규모가 증가하면 온실가스 배출 수준 증가로 이어질 것이다. WTO, 2013c, "The Multilateral Trading System and Climate Change," World Trade Organization, accessed 1 December 2013, http://www.wto.org/english/tratop_e/envir_e/climate_change_e.pdf.

31. Junyi Shen, 2008, "Trade Liberalization and Environmental Degradation in China," *Applied Economics* 40: 997–1004, quote on 997.

32. Pongsiri et al., 2009, 945.

33. Ibid.

34. L. Philip Lounibos, 2001, "Invasions by Insect: Vectors of Human Disease," *Annual Review of Entomology* 47: 233–266, quote on 233.

35. Ibid.

36. 2007년부터 2011년까지 OECD 회원국의 생산자 지원 추정치를 바탕으로 저자들이 계산한 수치다. OECD, 2013, "2012 Producer Support Estimates by Country," *OECD.Stat Extracts*, accessed 6 February, http://stats.oecd.org/.

37. Antweiler, Copeland, and Taylor, 2001, 878.

38. Ibid., 877.

39. Cole and Elliott, 2003, 372; Goldin and Winters, 1992.

40. Cole and Elliott, 2003, 372–373.

41. Shen, 2008, 997.

42. Jeffrey A. Frankel and Andrew K. Rose, 2005, "Is Trade Good or Bad for the Environment? Sorting out the Causality," *Review of Economics and Statistics* 87 (1): 85–91, quote on 85.

43. Ibid.

44. André Dua and Daniel C. Esty, 1997, *Sustaining the Asia Pacific Miracle: Environmental Protection and Economic Integration* (Washington, DC: Peterson Institute), 1.

45. Esty, 2001, 115.

46. 그런 관행이 이른바 '생태적으로 불평등한 교환'으로 이어진다. Andrew K. Jorgenson, J. Kelly Austin, and Christopher Dick, 2009, "Ecologically Unequal Exchange and the Resource Consumption/Environmental Degradation Paradox: A Panel Study of Less-Developed Countries, 1970–2000," *International Journal of Comparative Sociology* 50 (3-4): 263–284.

47. Carol McAusland, 2008, "Globalisation's Direct and Indirect Effects on the Environment," paper presented at the Organization for Economic Co-operation and Development's Global Forum on Transport and Environment in a Globalising World, Guadalajara, Mexico, 10-12 November, 6.

48. Ibid.

49. Brian R. Copeland and M. Scott Taylor, 2004, "Trade, Growth, and the Environment," *Journal of Economic Literature* 42 (1): 7-71, or McAusland, 2008를 참조하라.

50. Jana Milford et al., 2005, *Clearing California's Coal Shadow from the American West*, Environmental Defense, iv-v, accessed 18 July 2013, http://www.westernresourceadvocates.org/energy/pdf/CA%20Coal%20Shadow.pdf.

51. Nick Mabey and Richard McNally, 1998, *Foreign Direct Investment and the Environment: From Pollution Havens to Sustainable Development*, WWF-UK report, July, 19, World Wide Fund for Nature, accessed 27 January 2013, http://www.wwf.org.uk/filelibrary/pdf/fdi.pdf.

52. Laurens M. Bouwer et al., 2007, "Confronting Disaster Losses," *Science* 318 (5851): 753.

53. 손실 가능성은 해당 기간 동안 도시의 실질 GDP 비율 증가를 반영한다. 나머지 거대 도시 일곱 곳(알파벳 순)에 해당하는 추정치는 다음과 같다: 델리(82퍼센트), 다카(81퍼센트), 콜카타(77퍼센트), 멕시코시티(55퍼센트), 뭄바이(79퍼센트), 뉴욕(24퍼센트), 상파울루(49퍼센트). Ibid., 753. 이 논문의 온라인 보조자료에 있는 표S1은 www.sciencemag.org/cgi/content/full/318/5851/753/DC1에서 볼 수 있다.

54. Perro de Jong, 2006, "Louisiana Studies Dutch Dams," *BBC News*, 13 January, accessed 30 October 2013, http://news.bbc.co.uk/1/hi/world/europe/4607452.stm.

55. Bouwer et al., 2007, 753.

56. Esty, 2001, 118.

57. Copeland and Taylor, 2004, 67.

6장 반복되는 팬데믹

1. 이 단락은 Fiona Fleck, 2003, "How SARS Changed the World in Less than Six Months," *Bulletin of the World Health Organization* 81 (8): 625-626을 참조했다.

2. Larry Brilliant, 2006, "Larry Brilliant Wants to Stop Pandemics," *TED Talks*, February, accessed 27 January 2013, http://www.ted.com/talks/larry_brilliant_

wants_to_stop_pandemics.html.

3. WHO (World Health Organization), 2004a, "China's Latest SARS Outbreak Has Been Contained, but Biosafety Concerns Remain-Update 7," Global Alert and Response, World Health Organization, 18 May, accessed 28 January 2013, http://www.who.int/csr/don/2004_05_18a/en/index.html.

4. Jeffrey L. Arnold, 2002, "Disaster Medicine in the 21st Century: Future Hazards, Vulnerabilities, and Risk," *Prehospital and Disaster Medicine* 17 (1): 3-11.

5. Peter Doshi, 2011, "The Elusive Definition of Pandemic Influenza," *Bulletin of the World Health Organization* 89 (7): 532-538, quote on 533.

6. WHO (World Health Organization), 2012b, "Current WHO Phase of Pandemic Alert (Avian Influenza H5N1)," accessed 21 August, http://www.who.int/influenza/preparedness/pandemic/h5n1phase/en/.

7. David M. Morens, Gregory K. Folkers, and Anthony S. Fauci, 2009, "What Is a Pandemic?," *Journal of Infectious Diseases* 200 (7): 1018-1021.

8. USDHHS (U.S. Department of Health and Human Services), 2012a, "About Pandemics," U.S. Department of Health and Human Services, accessed 21 August, http://www.flu.gov/pandemic/about/index.hrrnl.

9. Doshi, 2011, 532-533.

10. Merriam-Webster Inc., 2004, *The Merriam-Webster Dictionary*, new. ed. Merriam-Webster Mass Market Paperbacks. '전염병'이라는 용어에 대한 더 자세한 논의는 Manfred S. Green et al. 2002., "When Is an Epidemic an Epidemic?," *Israel Medical Association Journal* 4: 3-6를 보라.

11. Donald R. Hopkins, *Smallpox: The Greatest Killer in History* (London: University of Chicago Press), esp. 313ff.

12. *Economist*, 2012a, "Six Degrees of Mobilisation," 1 September, accessed 28 January 2013, http://www.economist.com/node/21560977.

13. Ibid.

14. David M. Bell et al., 2009, "Pandemic Influenza as 21st Century Urban Public Health Crisis," *Emerging Infectious Diseases* 15 (12): 1963-1969, esp.1963. 2009년 연구 당시 도시에 사는 사람의 비율은 50퍼센트였다.

15. Ibid. 거대 도시란 인구가 1,000만 명이 넘는 대도시권을 말한다.

16. Ross A. Hammond, 2009, "Systemic Risk in the Financial System: Insights from Network Science," Insights from Network Science Briefing Paper 12, Pew Charitable Trust, Washington, DC, 5. 해먼드가 인용한 이 말은 Duncan J. Watts, 2002, "A Simple Model of Global Cascades on Random Networks,"

Proceedings of the National Academy of Science (PNAS) 99 (9): 5766-5771에 나온다.

17. Hammond, 2009, 4-5.

18. Catherine Paddock, 2012, "H5N1 Bird Flu Pandemic Potential Revealed," *Medical News Today*, 24 June, accessed 24 August, http://www.medicalnewstoday. com/articles/246964.php.

19. David Rosner, 2010, "'Spanish Flu, or Whatever It Is...': The Paradox of Public Health in a Time of Crisis," *Public Health Reports* 125 (3): 38-47, quotes on 46.

20. Marguerite Pappaioanou, 2009, "Highly Pathogenic H5N1 Avian Influenza Virus: Cause of the Next Pandemic?," *Comparative Immunology, Microbiology, and Infectious Diseases* 32 (4): 287-300.

21. Lincoln C. Chen, Tim G. Evans, and Richard A. Cash, 1999, "Health as a Global Public Good," in *Global Public Goods: International Cooperation in the 21st Century*, ed. Inge Kaul, Isabelle Grunberg, and Marc A. Stern (New York: Oxford University Press for the United Nations Development Programme), 284-304.

22. '팬데믹'이라는 용어의 고유한 정의가 없는 상황에서 모렌스Morens와 포커스Folkers, 파우치Fauci(2009)는 대부분의 정의가 팬데믹을 '광범위한 전염병'(1018)으로 특징짓는다고 언급한다.

23. Chen, Evans, and Cash, 1999.

24. Ibid. 또한 Jared Diamond, 2005, *Guns, Germs and Steel: The Fate of Human Societies* (London: Vintage)를 참고하라.

25. Edwin D. Kilbourne, 2006, "Influenza Pandemics of the 20th Century," *Emerging Infectious Diseases* 12 (1): 9-14; and David M. Morens and Anthony S. Fauci, 2007, "The 1918 Influenza Pandemic: Insights for the 21st Century," *Journal of Infectious Diseases* 195: 1018-1028.

26. Susan Mayor, 2000, "Flu Experts Warn of Need for Pandemics Plan," *British Medical Journal*, 321 (7265): 852, and Morens and Fauci, 2007, 1018.

27. Morens and Fauci, 2007, 1022.

28. Ibid., 1019.

29. Ibid., 1025.

30. Carol R. Byerly, 2010, "The US. Military and the Influenza Pandemic of 1918-1919," *Public Health Reports* 125 (3): 82-91.

31. Morens and Fauci, 2007.

32. USDHHS (U.S. Department of Health and Human Services), 2012b, "Pandemic Flu History," U.S. Department of Health and Human Services, accessed 21

August, http://www.flu.gov/pandemic/history/#. 그러나 모렌스와 파우치 (2007)는 아시아 인플루엔자와 홍콩 인플루엔자가 반복되는 유행파를 나타내지 않았다고 보고한다.

33. 이 단락에서 언급한 모든 정보는 USDHHS, 2012b에서 발췌했다.

34. USDHHS, 2012b.

35. Kilbourne, 2006.

36. Christian Nordqvist, 2009, "What Is a Pandemic? What Is an Epidemic?," *Medical News Today*, 5 May, accessed 25 August 2012, http://www.medicalnewstoday.com/articles/148945.php, and Green et al., 2002.

37. AIDS.gov, 2012, "Global Statistics-The Global HIV/AIDS Crisis Today," 6 June, accessed 2 February 2013, http://aids.gov/hiv-aids-basics/hiv-aids-101/global-sratistics/index.html.

38. WHO (World Health Organization), 2011b, "Annex 8-HIV and AIDS Statistics, by WHO and UNICEF Regions, 2010," in *Global HIV/AIDS Response: Epidemic Update and Health Sector Progress Towards Universal Access*, progress report (Geneva: WHO, UNAIDS, and UNICEF, accessed 2 February 2013), http://www.who.int/hiv/data/tuapr2011_annex8_web.xls.

39. Ibid.

40. Dyna Arhin-Tenkorang and Pedro Conceição, 2003, "Beyond Communicable Disease Control: Health in the Age of Globalization," in *Providing Global Public Goods*, ed. Inge Kaul (Oxford, UK: Oxford University Press), 484-515, quote on 493.

41. Ibid.

42. WHO (World Health Organization), 2011a, "Annex 5-Reported Number of People Receiving Antiretroviral Therapy in Low- and Middle-Income Countries by Sex and by Age, and Estimated Number of Children Receiving and Needing Antiretroviral Therapy and Coverage Percentages, 2010," in *Global HIV/AIDS Response: Epidemic Update and Health Sector Progress Towards Universal Access*, progress report (Geneva: WHO, UNAIDS, and UNICEF), accessed 2 February 2013, http://www.who.int/hiv/data/tuapr2011_annex5_web.xls.

43. World Health Assembly, 2003, "Severe Acute Respiratory Syndrome (SARS)," *Fifty-Sixth World Health Assembly Resolution WHA56.29*, 26 May, 1, accessed 2 February 2013, http://www.who.int/csr/sars/en/ea56r29.pdf.

44. Michael Small and Chi K. Tse, 2005, "Small World and Scale Free Model of Transmission of SARS," *International Journal of Bifurcation and Chaos* 15 (5): 1745-

1755, esp. 1746.

45. WHO (World Health Organization), 2004b, "WHO Guidelines for the Global Surveillance of Severe Acute Respiratory Syndrome: Updated Recommendations," WHO/CDS/CSR/ARO/2004.1, October, 6, accessed 3 February 2013, http://www.who.int/csr/resources/publications/WHO_CDS_CSR_ARO_2004_1.pdf.

46. WHO (World Health Organization), 2003, "WHO Scientific Research Advisory Committee on Severe Acute Respiratory Syndrome," Report of the First Meeting, Geneva, Switzerland, WHO/CDS/CSR/GAR/2004.16, 20-21 October, 2, accessed 3 February 2013, http://www.who.int/csr/resources/publications/SRAC-CDSCSRGAR2004_16.pdf.

47. WHO (World Health Organization), 2013, "Global Outbreak Alert and Response Network," accessed 3 February 2013, http://www.who.int/csr/outbreaknetwork/en/.

48. Ibid.

49. WHO (World Health Organization), 2011c, "Avian Influenza," *WHO Fact-sheet*, April, accessed 3 February 2013, http://www.who.int/mediacentre/factsheets/avian_influenza/en/index.html.

50. Pappaioanou, 2009, 288.

51. Ibid., 291.

52. Nicolas Gaidet et al., 2010, "Potential Spread of Highly Pathogenic Avian Influenza H5N1 by Wildfowl: Dispersal Ranges and Rates Determined from LargeScale Satellite Telemetry," *Journal of Applied Ecology* 47 (5): 1147-1157, quotes on 1147.

53. Doshi, 2011.

54. Gavin J. D. Smith et al., 2009, "Origins and Evolutionary Genomics of the 2009 Swine-Origin H1N1 Influenza A Epidemic," *Nature* 459: 1122-1126, esp. 1122.

55. Jonathan Lynn, 2010, "WHO to Review Its Handling of H1N1 Flu Pandemic," *Reuters*, 12 January, accessed 25 August 2012, http://www.reuters.com/article/2010/01/12/us-flu-who-idUSTRE5BL2ZT20100112; and Fatimah S. Dawood et al., 2012, "Estimated Global Mortality Associated with the First 12 Months of 2009 Pandemic Influenza A H1N1 Virus Circulation: A Modelling Study," *Lancet Infectious Diseases* 12 (9): 687-695. 높은 추정치의 출처는Dawood et al., 2012이다.

56. A. Marm Kilpatrick, 2011, "Globalization, Land Use, and the Invasion of West Nile Virus," *Science* 334 (6054): 323-327, quote on 323.
57. Ibid.
58. CDC (Centers for Disease Control and Prevention), 2013, "Final Maps and Data for 1999-2012," Centers for Disease Control and Prevention, accessed 19 July, http://www.cdc.gov/westnile/statsMaps/final.html.
59. Kilpatrick, 2011, 326, and Bell et al., 2009. 또한 벨을 비롯한 저자들은 H1N1 바이러스가 2009년 멕시코시티와 뉴욕, 즉 인구가 약 2,000만 명에 달하는 대도시권에서 처음 나타났다고 보고한다.
60. Kilpatrick, 2011,323.
61. Ibid.
62. Ibid., 324.
63. Ibid., 327.
64. 첸과 에반스, 캐시가 1999년에 발표한 논문에 따르면 선진국 흡연율이 0.5퍼센트 감소할 때마다 개발도상국 흡연율은 2.5퍼센트 증가한다.
65. WHO (World Health Organization), 2011d, *Global Status Report on Non-communicable Diseases 2010* (Geneva: World Health Organization), 9, accessed 3 February 2013, http://whqlibdoc.who.int/publications/2011/9789240686458_eng.pdf.
66. Ibid., v, 2, 33-36, and 86-87.
67. Arhin-Tenkorang and Conceição, 2003.
68. Ibid., 484.
69. 따로 언급한 경우를 제외하면 이 단락의 배경 정보는 모두 Arhin-Tenkorang and Conceição, 2003에서 나온 것이다.
70. Ibid., 487.
71. Brilliant, 2006.
72. Ibid. 또한 Frank Fenner et al., 1988, *Smallpox and Its Eradication* (Geneva: World Health Organization)를 보라.
73. Joshua Lederberg, 1997, "Infectious Disease as an Evolutionary Paradigm," *Emerging Infectious Diseases* 3 (4): 417-423, quote on 418.
74. Ibid.
75. Kilpatrick, 2011,323.
76. Lederberg, 1997.
77. Ibid., 423.
78. Chen, Evans, and Cash, 1999, 285.

주   **353**

79. Ibid.

80. Ibid., 288.

81. Bell et al., 2009, 1965.

82. Ibid.

83. Pappaioanou, 2009, 293-294.

84. Ibid., 295.

85. Ibid., 296.

86. Brilliant, 2006.

87. Ibid.

88. Jie Zhao, Peiquan Jin, and Guorui Huang, 2011, "A Survey on Detecting Public Emergencies from Web Pages," *Advances on Information Sciences and Service Sciences* 3 (3): 56-63.

89. Brilliant, 2006.

7장 불평등과 사회 갈등

1. Lant Pritchett, 1997, "Convergence, Big Time," *Journal of Economic Perspectives* 11 (3): 3-17.

2. Ian Goldin and Kenneth Reinert, 2012, *Globalization for Development: Meeting New Challenges*, new ed. (Oxford, UK: Oxford University Press).

3. Dani Rodrik, 2002, "Globalization for Whom?," Harvard Magazine, July·August: 29-31, and Dani Rodrik, 2011, *The Globalization Paradox: Democracy and the Future of the World Economy* (New York and London: W. W. Norton).

4. 예를 들어 다음을 보라. Rodrik, 2011; Joseph E. Stiglitz, 2006, *Making Globalization Work* (London: W. W. Norton); or François Bourguignon, 2012, *La Mondialisation de l'inégalité* (Paris: Editions du Seuil et La Republique des Idees).

5. World Bank, 2012b, "Poverty and Equity Data," accessed circa late 2012, http://povertydata.worldbank.org/poverty/home. 빈곤 인원수 비율은 빈곤 기준 이하로 생활하는 인구수를 개발도상국 전체 인구수로 나눈 비율로 정의한다.

6. Dominic Wilson and Raluca Dragusanu, 2008, "The Expanding Middle: The Exploding World Middle Class and Falling Global Inequality," Global Economic Papers 170, Goldman Sachs, New York, 10.

7. OECD (Organisation for Economic Co-operation and Development), 2011b, *Growing Income Inequality in OECD Countries: What Drives It and How Can Policy Tackle It?*, OECD Forum on Tackling Inequality, Paris, 2 May, 5, accessed 3

354

위험한 나비효과

February 2013, http://www.oecd.org/els/socialpoliciesanddata/47723414.pdf.

8. 이 맥락에서 인과관계는 확립하기 어렵고, 경제학자들은 '사회적·정치적·문화적·강제적·환경적 자본' 같은 요소가 해당 분석에 혼선을 초래할 수 있다는 점을 알고 있다. Paul Shaffer, 2008, "New Thinking on Poverty: Implications for Globalisation and Poverty Reduction Strategies," DESA Working Paper 65, United Nations Department of Economic and Social Affairs, New York, 2. 그럼에도 불구하고 실제 인과관계를 뒷받침하는 증거를 발견할 수 있었던 연구도 있다. 예를 들어 Almas Heshmati, 2004, "The Relationship between Income Inequality, Poverty, and Globalisation," IZA Discussion Paper 1277, Institute for the Study of Labour, Bonn, accessed 3 February 2013, http://ftp.iza.org/dp1277.pdf을 참고하라.

9. 예를 들어 다음을 참고하라. Robert M. Solow, 1956, "A Contribution to the Theory of Economic Growth," *Quarterly Journal of Economics* 70 (1): 65–94, or Robert J. Barro and Xavier Sala-i-Martín, 1992, "Convergence," *Journal of Political Economy* 100 (2): 223–251.

10. OECD, 2011b, 5. 국가마다 조건부 수렴 현상을 바라보는 관점에는 이론의 여지가 없지 않다는 점에 유의하라. 예를 들어 매슈 슬로터Matthew Slaughter는 연구 결과 무역 자유화가 소득 수렴 현상을 유발하지 않는다는 사실을 발견한 반면, 질 뒤프레노Gilles Dufrénot 연구팀은 개발도상국 사이에서 수렴 현상이 느리게 나타나거나 아예 나타나지 않는다는 사실을 발견했다. 브랑코 밀라노비치 또한 중국이나 인도처럼 성공한 개발도상국 사례와 비교하더라도 부유한 국가와 가난한 국가 간 격차는 1850년대 이후로 벌어지고 있다고 주장한다. Matthew J. Slaughter, 1998, "International Trade and Per Capita Income Convergence: A Difference-in-Differences Analysis," NBER Working Paper 6557, National Bureau of Economic Research, Cambridge, MA, accessed 3 February 2013, http://www.nber.org/papers/w6557.pdf; Gilles Dufrénot, Valérie Mignon, and Théo Naccache, 2009, "The Slow Convergence of Per Capita Income between the Developing Countries: Growth Resistance and Sometimes Growth Tragedy," CREDIT Research Paper 09/03, Centre for Research in Economic Development and International Trade, Nottingham, UK; and Branko Milanović, 2011, "Global Inequality from Class to Location, from Proletarians to Migrants," Policy Research Working Paper 5820, World Bank, Washington, DC.

11. OECD, 2011b, 6.

12. OECD는 "상위 10퍼센트 소득자는 최저 소득자가 중산층에서 멀어지는 속도

보다 더 빠른 속도로 중산층을 따돌리고 있다."라고 밝힌다. Ibid., 6.

13. 글로벌 공급망에 관해서는 3장을 참조하라.

14. OECD, 2011b, 8. 그밖에 중요한 요인으로는 '가족 구성 및 가계 구조 변화'와 세금 및 복지 제도의 재분배 초점의 변화를 들 수 있다(ibid.).

15. ECD, 2011b, 9.

16. OECD (Organisation for Economic Co-operation and Development), 2011a, *Divided We Stand: Why Inequality Keeps Rising* (Paris: OECD Publishing), 110.

17. Martin Rama, 2003, "Globalization and Workers in Developing Countries," Policy Research Working Paper 2958, World Bank, Washington, DC, 32-33, accessed 3 February 2013, http://www-wds.worldbank.org/external/default/ WDSContentServer/WDSP/IB/2003/02/07/000094946_03013004074424/ Rendered/PDF/multi0page.pdf.

18. Florence Jaumotte, Subir Lall, and Chris Papageorgiou, 2008, "Rising Income Inequality: Technology, or Trade and Financial Globalization?," IMF Working Paper 185, International Monetary Fund, Washington, DC, accessed 3 February 2013, http://www.imf.org/external/pubs/ft/wp/2008/wp08185.pdf.

19. 중국의 지니 지수는 1988년 27.9에서 2002년 42.6으로 증가했다가 2000년대 중후반에는 안정세를 나타냈다. World Bank, 2013, *World Development Indicators*, World Databank, accessed 19 July 2013, http://databank.worldbank.org/data/ home.aspx.

20. 인도의 지니 지수는 2010년 33.9에 달했다. World Bank, 2013. 인도 및 중국과 관련해 입수할 수 있는 데이터 포인트에는 한계가 있다.

21. OECD, 2011b, 9.

22. Branko Milanović and Lynn Squire, 2007, "Does Tariff Liberalization Increase Wage Inequality? Some Empirical Evidence," in *Globalization and Poverty*, ed. Ann Harrison (London: University of Chicago Press), 143-181, esp. 160에 따르면 1인당 GDP 미화 9,000달러 미만(1995년 국제 가격 기준)으로 규정.

23. Milanović and Squire, 2007.

24. OECD, 2011b, 9.

25. 이런 효과를 뒷받침하는 증거가 궁금하다면 Jaumotte, Lall, and Papageorgiou, 2008를 보라.

26. Milanović, 2011, 12.

27. 예를 들어 다음을 보라. Branko Milanović, 2009, "Global Inequality Recalculated: The Effect of New 2005 PPP Estimates on Global Inequality," POllCYResearch Working Paper 5061, World Bank, Washington, DC,

accessed 19 July 2013, http://www-wds.worldbank.org/external/default/
WDSContentServer/WDSP/IB/2009/09/22/000158349_20090922160230/
Rendered/PDF/WPS5061.pdf.

28. 중산층은 구매력평가 기준으로 소득 수준이 6,000달러에서 3만 달러 사이인 집
단으로 규정한다. Wilson and Dragusanu, 2008, 3.

29. Wilson and Dragusanu, 2008, 10.

30. Ibid., 6. 윌슨과 드라구사누는 빈곤의 절대적 감소를 예측하는 증거를 구체적
으로 제시한다.

31. 윌슨과 드라구사누(2008)의 결론이 밀라노비치(2011)의 결론과 다르다고 하더
라도 두 연구의 결과가 반드시 모순되는 것은 아니라는 점에 유의하라. 하한과
상한 사이의 거리가 증가하고 있더라도 전반적인 분포는 줄어들 수 있다. 윌슨
과 드라구사누가 아프리카 국가들이 앞으로도 가난할 것이라고 예측하는 사실
과 변화가 구조적이지 않을 것이라는 관측은 이 해석과 일관된다.

32. Goldin and Reinert, 2012.

33. Rama, 2003, 32; OECD, 2011a, 113; and Amartya K. Sen, 1999, *Development as Freedom* (Oxford, UK: Oxford University Press).

34. OECD, 2011a,b.

35. BBC, 2012a, "Apple Paid Only 2% Corporation Tax Outside US," *BBC News*, 4 November, accessed 6 February 2013, http://www.bbc.co.uk/news/business-20197710; BBC, 2012b, "Starbucks, Google, and Amazon Grilled over Tax Avoidance," *BBC News*, 12 November, accessed 6 February 2013, http://www.bbc.co.uk/news/business-20288077; and BBC, 2012c, "Starbucks 'Paid Just £8.6m UK Tax in 14 Years,'" *BBC News*, 16 October, accessed 6 February 2013, http://www.bbc.co.uk/news/business-19967397.

36. G8 (Group of Eight), 2013, "Lough Erne Declaration," 18 June, Lough Erne Summit, Northern Ireland, accessed 23 July 2013, http://www.g8.utoronto.ca/summit/2013lougherne/Lough_Erne_Declaration_130618.pdf.

37. G20 (Group of Twenty), 2013, "OECD Presents Its Action Plan on Base Erosion and Profit Shifting," 19 July, accessed 23 July, http://www.g20.org/news/20130719/781655012.html.

38. 점점 더 커지고 복잡해지는 국제 사회가 지속가능한가라는 의문은 Anthony B. Atkinson, forthcoming, "Optimum Population, Welfare Economics, and Inequality," in *Is the Planet Full?*, ed. Ian Goldin (Oxford, UK: Oxford University Press)에서 다룬다.

39. Luke Martell, 2010, *The Sociology of Globalization* (Cambridge, UK: Polity Press),1.

40. Wilson and Dragusanu, 2008, 15.

41. Rodrik, 2011.

42. Wilson and Dragusanu, 2008, 3.

43. Rodrik, 2002 or 2011.

44. Wilson and Dragusanu, 2008, 15.

45. Quote in ibid., 17.

46. Quote in ibid., 5.

47. François Bourguignon and Christian Morrisson, 2002, "Inequality among World Citizens: 1820–1992," *American Economic Review* 39 (4): 727–744.

48. Milanović, 2011, 7. 고용 국가의 관련성을 뒷받침하는 추가 증거가 궁금하다면 표7.1과 그림7.3을 보라.

49. 예를 들어, 밀라노비치는 20세기 후반을 언급하면서 "세계적으로 자본과 노동의 충돌이라는 쟁점은 그것을 초래한 객관적 조건이 바뀌면서 그 중요성이 희미해졌다."라고 말한다. Milanović, 2011, 16.

50. EUI (European University Institute), 2011, "Indignados/Occupy Movement: A Global Phenomenon–A Round Table," European University Institute, 22 November, accessed 1 June 2012, http://www.eui.eu/SeminarsAndEvents/Live. aspx.

51. OECD, 2011a, 17.

52. Ibid., 40.

53. 그러나 이 관점에는 이론의 여지가 없지 않다. 예를 들어 미국 저널리스트 크리스천 캐드웰Christian Cadwell은 현재 15세에서 30세까지 세대가 '너무 적어서' '분쟁을 일으킬' 수 없다고 주장한다. CSIS (Center for Strategic and International Studies), 2012, "Europe Economic Crisis and the Rise of Populism, Nationalism, and Extremism," CSIS Global Security Forum 2012, Washington, DC, Federal News Service transcript, 21, accessed 3 February 2013, http://csis. org/files/attachments/120413_EuropeEconomicCrisis_GSF_Transcript_o.pdf.

54. Milanović, 2011, i and 21.

55. Ibid., 21. Ian Goldin, Geoffrey Cameron, and Meera Balarajan, 2011, *Exceptional People: How Migration Shaped Our World and Will Define Our Future* (Princeton, NJ: Princeton University Press), and Goldin and Reinert, 2012.

56. Keno Verscck, 2012, "Eastern Europe Swings Right," Spiegel Online, 18 January, accessed 1 June, http://www.spiegel.de/international/europe/poor-and-prejudiced-eastern-europe-swings-right-a-809827-druck.html,

57. Guy Sorman, 2012, "Back to Utopia?," *Project Syndicate*, 14 May, accessed 1 June,

http://www.project-syndicate.org/commentary/back-to-utopia.

58. CSIS, 2012, 13.

59. Co-Pierre Georg and Manjana Milkoreit, 2013, "Similarities in Complexity-Lessons from Finance and Climate Change," mimeo, Oxford and Waterloo, UK.

60. Ibid.

61. Ibid.

62. Ibid. *Economist*, 2012c, "The Greek Election: Democracy in Action," 2 June, accessed 28 January 2013, http://www.economist.com/node/21556302. and Emmanuel Guerin and Laurence Tubiana, 2012, "Preparing for the Green Exit," *Project Syndicate*, 30 May, accessed 1 June, http://www.project-syndicate. org/print/preparing-for-the-green-exit.

63. Ulrike Guérot and Thomas Klau, 2012, "After Merkozy: How France and Germany Can Make Europe Work," Policy Brief ECFR56, May, European Council on Foreign Relations, London, 8, accessed 3 February 2013, http:// ecfr.eu/page/-/ECFR56_FRANCE_GERMANY_BRIEF_AW.pdf에 인용된 익명의 재무 관계 공직자의 발언.

64. Guérot and Klau, 2012, 2에 인용된 프랑스 정부 공직자의 발언. EU 회원국에서 국가 민주주의 기능에 대한 대중의 불만을 효과적으로 분석한 내용이 궁금하다면 다음을 보라. Matthew Goodwin, 2011, "Right Response: Understanding and Countering Populism and Extremism in Europe," a Chatham House report, September, Chatham House, London, 21-22, accessed 5 February 2103, http://www.chathamhouse.org/sites/default/files/r0911_goodwin.pdf.

65. Guérot and Klau, 2012,4.

66. CSIS, 2012, 9.

67. Jirí Pehe, 2005, "Populism's Short March in Central Europe," *Project Syndicate*, 10 November, accessed 1 June 2012, http://www.project-syndicate.org/print/populism-s-short-march-in-central-europe.

68. Verseck, 2012.

69. Daniel Oesch, 2008, "Explaining Workers' Support for Right-Wing Populist Parties in Western Europe: Evidence from Austria, Belgium, France, Norway, and Switzerland," *International Political Science Review* 29 (3): 349-373, quote on 349.

70. Armin Falk, Andreas Kuhn, and Josef Zweimüller, 2011, "Unemployment and Right-Wing Extremist Crime," *Scandinavian Journal of Economics* 113 (2): 260-

285, quote on 263.

71. Ibid.

72. Christian Dustmann, Francesca Fabbri, and Ian Peter Preston, 2011, "Racial Harassment, Ethnic Concentration, and Economic Conditions," *Scandinavian Journal of Economics* 113 (3): 689-711, quote on 691.

73. Jens Rydgren, 2008, "Immigration Sceptics, Xenophobes or Racists? Radical Right-Wing Voting in Six West European Countries," *European Journal of Political Research* 47: 737-765.

74. Goodwin, 2011.

75. Harry D. Raduege Jr., 2010, "The View from the United States: Fighting Weapons of Mass Disruption; Why America Needs a 'Cyber Triad,'" in *Global Cyber Deterrence: Views from China, the US, Russia, India, and Norway*, ed. Andrew Nagorski (New York: EastWest Institute), 3-5, quote on 3.

76. Tang Lan and Zhang Xin, 2010, "Can Cyber Deterrence Work?," in *Global Cyber Deterrence: Views from China, the US, Russia, India, and Norway*, ed. Andrew Nagorski (New York: EastWest Institute), 1-3, quote on 1.

77. Raduege, 2010, 4-5.

78. Jeffrey L. Arnold, 2002, "Disaster Medicine in the 21st Century: Future Hazards, Vulnerabilities, and Risk" *Prehospital and Disaster Medicine* 17 (1): 3-11.

79. Ibid.,5.

80. 2013년 6월, 백악관은 언론 발표문에서 중앙정보국이 시리아 정권이 반대 세력에 화학 무기(신경계에 작용하는 사린가스 포함)를 사용해 최소 100명에서 150명의 사망자가 발생했다고 확인하는 믿을 만한 증거를 입수했다고 전했다. White House, 2013, "Statement by Deputy National Security Advisor for Strategic Communications Ben Rhodes on Syrian Chemical Weapons Use," Office of the Press Secretary, White House, Washington, DC, 13 June, accessed 21 July, http://www.whitehouse.gov/the-press-office/2013/06/13/statement-deputy-national-security-advisor-strategic-communications-ben-.

81. Arnold, 2002.

82. 세계화가 일어나는 세상에서 기술과 사건은 빠르게 움직인다. 이 책이 최종 교정을 거치는 동안 미국에서 세계 최초로 3D 프린터로 제작한 총이 시험 발사에 성공했다는 보도가 나왔다. Rebecca Morelle, 2013, "Working Gun Made with 3D Printer," *BBC News*, 6 May, accessed 21 July, http://www.bbc.co.uk/news/science-environment-22421185. 이 사례는 생명에 위협을 초래할 수 있는 정보가 새로운 기술과 결합해 강력한 새로운 위협을 개발하고 제조할 기회

를 어떻게 만들어내는지 잘 보여준다.

83. Arnold, 2002.
84. Joseph E. Stiglitz, 2012, *The Price of Inequality* (London: Allen Lane), xiii.
85. Jaurnotte, Lall, and Papageorgiou, 2008, 1.
86. OECD, 2011a.
87. Goldin and Reinert, 2012.
88. Ibid., 150–151.
89. 0.7퍼센트 목표는 1970년 10월 국제연합 결의에 따라 공식 인정됐다. OECD (Organisation for Economic Co-operation and Development), 2003b, "History of the 0.7% ODA Target," *OECD Journal on Development* 3 (4): III-9-III-11.
90. Goldin, Cameron, and Balarajan, 2011.

8장 체계적 위험을 어떻게 관리할 것인가?

1. BBC, 2013a, "Local Elections: Nigel Farage Hails Results as a 'Game Changer,'" *BBC News*, 3 May, accessed 24 July, http://www.bbc.co.uk/news/uk-politics-22382098.
2. Ian Goldin and Kenneth Reinert, 2012, *Globalization for Development: Meeting New Challenges*, new ed. (Oxford, UK: Oxford University Press); Ian Goldin, 2013, *Divided Nations: Why Global Governance Is Failing, and What We Can Do About It* (Oxford, UK: Oxford University Press); and Ian Goldin, Geoffrey Cameron, and Meera Balarajan, 2011, *Exceptional People: How Migration Shaped Our World and Will Define Our Future* (Princeton, NJ: Princeton University Press).
3. Robert O. Keohane and Joseph S. Nye Jr., 1977, *Power and Independence: World Politics in Transition* (Boston: Little, Brown).
4. Barack Obama, 2009, "Remarks by the President on a New Beginning," White House website, 4 June, accessed 12 August 2012, http://www.whitehouse.gov/the-press-office/remarks-president-cairo-university-6-04-09.
5. 이언 골딘이 옥스퍼드대학교 동료 응가이레 우즈Ngaire Woods와 함께 개발한 이 원칙들은 Goldin, 2013, 174–176에서 좀 더 자세히 다룬다.
6. John Maynard Keynes, quoted in John Braithwaite and Peter Drahos, 2000, *Global Business Regulation* (Cambridge, UK: Cambridge University Press), 98.
7. G30 (Group of Thirty) Working Group, 1997, *Global Institutions, National Supervision, and Systemic Risk*, report (Washington, DC: Group of Thirty), 27.
8. 글로벌 거버넌스 체제 개혁에 관심 있는 독자들은 골딘이 2013년에 발표한 책 《분열된 국가Divided Nations》를 참조하라.

9. 예를 들어 다음을 보라. Patrick Duplat and Emile Pare, 2010, "Haiti from the Ground Up," *Refugees International Field Report*, March, accessed 30 January 2013, http://www.refugeesinternational.org/sites/default/files/030210_haiti_groundup.pdf.

10. 조율이 느린 납득할 만한 원인이 알고 싶다면, 말리 군대와 서아프리카경제공동체 사이의 전략적 의견 불일치에 관한 초기 보고서, 예를 들어 Anne Look, 2012, "Mali, ECOWAS Not on Same Page on Military Intervention," *Voice of America*, 18 September, accessed 1 February 2013, http://www.voanews.com/content/mali-ecowas-military-intervention/1510417.html를 참고하라.

11. Howard Kunreuther and Michael Useern, 2010a, "Preface," in *Learning from Catastrophes: Strategies for Reaction and Response*, ed. Howard Kunreuther and Michael Useem (Upper Saddle River, NJ: Prentice Hall), xv-xvii and xvi.

12. 주목할 만한 사례는 2장에서 언급했던 앤드루 홀데인의 연설이다. Andrew G. Haldane, 2012, "The Dog and the Frisbee," speech delivered at the Federal Reserve Bank of Kansas City's 36th Economic Policy Symposium, The Changing Policy Landscape, Jackson Hole, WY, accessed 31 January 2013, http://www.bankofengland.co.uk/publications/Documents/speeches/2012/speech596.pdf.

13. 불확실한 세계에서 복잡성을 관리하기 위한 간단한 접근 방법을 Gerd Gigerenzer, 2010, *Rationality for Mortals: How People Cope with Uncertainty* (New York: Oxford University Press)에서 제안한다. 다음 글도 참고하라. Dirk Helbing, 2013, "Globally Networked Risks and How to Respond," *Nature* 497: 51-59.

14. 예를 들어 다음을 보라. Helen Carter, 2010, "Sub-zero Spell to Continue as Grit Supplies Reach the End of the Road," *Guardian*, 10 January, accessed 28 January 2013, http://www.guardian.co.uk/uk/2010/jan/10/sub-zero-grit-supplies-snow?INTCMP=SRCH.

15. Howard Kunreuther and Michael Use em, 2010b, "Principles and Challenges for Reducing Risks from Disasters," in *Learning from Catastrophes: Strategies for Reaction and Response*, ed. Howard Kunreuther and Michael Useem (Upper Saddle River, NJ: Prentice Hall), pp. 1-17, esp. 8-11.

16. 도널드 럼스펠드Donald Rumsfeld가 한 유명한 표현을 빌리자면 "미지의 상황이 존재한다는 사실을 아는 것"이다.

17. OECD (Organisation for Economic Co-operation and Development), 2003a, *Emerging Risks in the 21st Century: An Agenda for Action* (Paris: Organisation for

Economic Cooperation and Development), 5, accessed 26 January 2013, http://www.oecd.org/futures/globalprospects/37944611.pdf.

18. OECD, 2003a, 5.

19. Ibid., 25-27.

20. 이 단락에서 인용한 모든 내용은 G30 Working Group,1999, 28에서 발췌했다.

21. Robert Axelrod and Robert O. Keohane, 1985, "Achieving Cooperation under Anarchy: Strategies and Institutions," *World Politics* 38 (1): 226-254.

22. Goldin, 2013.

23. 예를 들어 다음을 보라. Hans Morgenthau, 1948, *Politics among Nations: The Struggle for Power and Peace* (New York: Knopf), and Kenneth Waltz, 1979, *The Theory of International Politics* (Boston: McGraw-Hill).

24. 팬데믹이 미치는 위협은 이 책 저자들이 직접 추산한 결과이며 전문가들과 대화하면서 도출했다. 군사비 지출 추정치는 세계은행 자료이며 해당 기간은 2008년에서 2012년까지다. See World Bank, 2013, *World Development Indicators*, World Databank, accessed 31 January, http://databank.worldbank.org/.

25. 그런 학제간 모형을 제작하고자 하는 집단으로는 스위스 취리히 연방 공과 대학의 ETH 위험 연구소와 옥스퍼드 대학교 옥스퍼드 마틴 스쿨이 있다.

26. 이 점에 대해서 팀 파머Tim Palmer에게 감사하게 생각한다. 좀 더 자세한 사항은 Tim Palmer, 2011, "A CERN for Climate Change," *Physics World*, March, 14-15, accessed 24 July 2013, http://www.oxfordmartin.ox.ac.uk/downloads/press/climate-Palmer.pdf를 보라.

27. 최근에 생긴 신경제사고연구소Institute for New Economic Thinking가 이런 쇄신을 잘 보여주는 사례다.

28. Oxford Martin Commission for Future Generations, 2013, *Now for the Long Term: The Report of the Oxford Martin Commission for Future Generations* (Oxford, UK: Oxford Martin School, University of Oxford), October, accessed 29 October, http://www.oxfordmartin.ox.ac.uk/downloads/commission/Oxford_Martin_Now_for_the_Long_Term.pdf.

29. 이 단락에서 논쟁의 틀을 마련하는 핵심을 제공해준 피터 도허티Peter Dougherty에게 감사한다.

감사의 말

1. Ian Goldin and Tiffany Vogel, 2010, "Global Governance and Systemic Risk in the 21st Century: Lessons from the Financial Crisis," *Global Policy* 1 (1): 4-15.

참고문헌

Acharya, Viral V. 2009. "A Theory of Systemic Risk and Design of Prudential Bank Regulation." *Journal of Financial Stability* 5 (3): 224-255.

Acharya, Viral V., and Tanju Yorulmazer. 2003. "Information Contagion and InterBank Correlation in a Theory of Systemic Risk" CEPR Discussion Paper 3473. Centre for Economic Policy Research, London.

————. 2008. "Cash-in-the-Market Pricing and Optimal Resolution of Bank Failures." *Review of Financial Studies* 21 (6): 2705-2742.

Acharya, Viral V., Thomas F. Cooley, Matthew P. Richardson, and Ingo Walter, eds. 2010. *Regulating Wall Street: The Dodd-Frank Act and the New Architecture of Global Finance.* Hoboken, NJ: John Wiley & Sons.

Acharya, Viral V., Irvind Gujral, Nirupama Kulkarni, and Hyun Song Shin. 2011. "Dividends and Bank Capital in the Financial Crisis of 2007-2009." NBER Working Paper 16896. National Bureau of Economic Research, Cambridge, MA. Accessed 21 January 2013. http://www.nber.org/papers/w16896.

AIDS.gov. 2012. "Global Statistics-The Global HIV/AIDS Crisis Today." 6 June. Accessed 2 February 2013. http://aids.gov/hiv-aids-basics/hiv-aids-101/global-statistics/index.html.

Allen, Franklin, and Douglas Gale. 2000. "Financial Contagion." Journal of Political Economy 108 (1): 1-33.

Allen, Franklin, Anna Babus, and Elena Carletti. 2010. "Financial Connections and Systemic Risk" EUI Working Paper ECO 2010/30. Department of Economics, European University Institute, Badia Fiesolana, Italy.

Antweiler, Werner, Brian R. Copeland, and M. Scott Taylor. 2001. "Is Free Trade Good for the Environment?" *American Economic Review* 91 (4): 877-908.

Apple. 2011. "Apple Suppliers 2011." Accessed 16 October 2012. http://images.apple.com/supplierresponsibility/pdf/Apple_Supplier_List_2011.pdf.

Aranda, Luis G. n.d. "Economic and Social Impact of Volcanic Eruptions." Mimeo.

Arhin-Tenkorang, Dyna, and Pedro Conceição. 2003. "Beyond Communicable

Disease Control: Health in the Age of Globalization." In *Providing Global Public Goods*, ed. Inge Kaul. Oxford: Oxford University Press, 484–515.

Arnold, Jeffrey L. 2002. "Disaster Medicine in the 21st Century: Future Hazards, Vulnerabilities, and Risk." *Prehospital and Disaster Medicine* 17 (1): 3–11.

Arthur, W. Brian, Steven N. Durlauf and David A. Lane. 1997. "Introduction." In *The Economy as an Evolving Complex System II*, ed. W. Brian Arthur, Steven N. Durlauf, and David A. Lane. Proceedings vol. 27, Santa Fe Institute Studies in the Science of Complexity. Reading, MA: Addison-Wesley, 1–14.

Atkinson, Anthony B. 2012. "Optimum Population, Welfare Economics, and Inequality." Oxford Martin School Seminar Paper. Revised version, January. University of Oxford, Oxford, UK.

————. Forthcoming. "Optimum Population, Welfare Economics, and Inequality." In *Is the Planet Full?*, ed. Ian Goldin. Oxford, UK: Oxford University Press.

Atlas. 2013. "Who Exports Electronic Integrated Circuits?" *The Observatory of Economic Complexity* (Map App). Accessed 7 February. http://atlas.media.mit. edu/.

Axelrod, Robert, and Robert O. Keohane. 1985. "Achieving Cooperation under Anarchy: Strategies and Institutions." *World Politics* 38 (1): 226–254.

Bair, Jennifer. 2008. *Frontiers of Commodity Chain Research*. Stanford, CA: Stanford University Press.

Baldwin, Richard E., and Martin, Philippe. 1999. "Two Waves of Globalization: Superficial Similarities, Fundamental Differences." NBER Working Paper 6904. National Bureau of Economic Research, Cambridge, MA. Accessed 4 January 2013. http://www.nber.org/papers/w6904.pdf.

Barker, David. 2012. "Is Deregulation to Blame for the Financial Crisis?" *Bank & Lender Liability* (a Westlaw Journal), 18 June. (Also in *Thomson Reuters News and Insight*, July 7.)

Barnett, Emma. 2009. "How Did Michael Jackson's Death Affect the Internet's Performance?" *Telegraph*, 26 June. Accessed 17 July 2013. http://www.telegraph. co.uk/technology/5649500/How-did-Michael-Jacksons-death-affect-the-internets-performance.html.

Barrett, Christopher B., Lawrence E. Blume, John G. McPeak, Bart Minten, Festus Murithi, Bernard N. Okumu, Alice Pell, Frank Place, Jean Claude Randrianarisoa, and Jhon Rasambainarivo. 2002. "Poverty Traps and Resource Degradation." *Basis Brief* 6, January Accessed 26 January 2013. http://pdf.usaid.

gov/pdf_docs/PNACP283.pdf.

Barro, Robert J., and Xavier Sala-i-Martín. 1992. "Convergence." *Journal of Political Economy* 100 (2): 223-251.

Battiston, Stefano, Domenico Delli Gatti, Mauro Gallegatti, Bruce Greenwald, and Joseph E. Stiglitz. 2007. "Credit Chains and Bankruptcy Propagation in Production Networks." *Journal of Economic Dynamics and Control* 31 (6): 2061-2084.

BBC. 1999. "Lightning Knocked Out Brazil Power." BBC World Service, 13 March. Accessed 25 January 2013. http://news.bbc.co.uk/1/hi/world/americas/296038.stm.

———. 2010. "Snow and Ice Leads to Travel Delays and School Closures." *BBC News*, 5 January. Accessed 25 January 2013. http://news.bbc.co.uk/1/hi/8440601.stm.

———. 2012a. "Apple Paid Only 2% Corporation Tax Outside U.S." *BBC News*, 4 November. Accessed 6 February 2013. http://www.bbc.co.uk/news/business-20197710.

———. 2012b. "Starbucks, Google, and Amazon Grilled over Tax Avoidance." *BBC News*, 12 November. Accessed 6 February 2013. http://www.bbe.co.uk/news/business- 20288077.

———. 2012c. "Starbucks 'Paid Just £8.6m UK Tax in 14 Years." *BBC News*, 16 October. Accessed 6 February 2013. http://www.bbc.co.uk/news/business-19967397.

———. 2013a. "Local Elections: Nigel Farage Hails Results as a 'Game Changer.'" *BBC News*, 3 May. Accessed 24 July. http://www.bbc.co.uk/news/uk-politics-22382098.

———. 2013b. "Teenager's Death Sparks Cyber-Blackmailing Probe." *BBC News*, 16 August. Accessed 5 September. http://www.bbc.co.uk/news/uk-scotland-edinburgh-east-fife-23712000.

Beck, Ulrich. 2002. "The Terrorist Threat: World Risk Society Revisited." *Theory Culture Society* 19 (4): 39-55.

Bell, David M. 2012. "Global Trade Security Depends on Implementation of the Revised International Health Regulations." PowerPoint presentation. Centers for Disease Control and Prevention, Atlanta. Accessed 25 August. http://iom.edu/~/media/Files/Activity%20Files/Global/USandGlobalHealth/Bell.pdf.

Bell, David M., Isaac B. Weisfuse, Mauricio Hernandez-Avila, Carlos del Rio, Xinia

366　위험한 나비효과

Bustamante, and Guenael Rodier. 2009. "Pandemic Influenza as 21st Century Urban Public Health Crisis." *Emerging Infectious Diseases* 15 (12): 1963-1969.

Belson, Ken. 2008. "'03 Blackout Is Recalled, amid Lessons Learned." *New York Times*, 13 August. Accessed 1 February 2013. http://www.nytimes.com/2008/08/14/nyregion/14blackout.html?_r=0.

Bhagwati, Jagdish. 2007. *In Defense of Globalization*. New York: Oxford University Press.

Boeing. 2011. *Current Market Outlook: 2011-2030*. Seattle: Boeing Airplanes Market Analysis. Accessed 4 February 2013. http://www.boeing.com/commercial/cmo/pdf/Boeing_Current_Market_Outlook_2011_to_2030.pdf.

BOI (Board of Investment, Thailand). 2012. "Vibrant Thai Automotive Industry Shattering Performance Records." *Thailand Investment Review* 28 (8): 6. Accessed 17 January 2013. http://www.boi.go.th/tir/issue/201208_22_8/TIR-201208_22_8.pdf.

Borio, Claudio. 2010. "Implementing a Macroprudential Framework: Blending Boldness and Realism." Keynote speech at the Hong Kong Institute for Monetary Research and the Bank for International Settlements conference Financial Stability: Towards a Macroprudential Approach, Hong Kong, 5-6 July. Accessed 1 February 2013. http://www.bis.org/repofficepubl/hkimr201007.12c.pdf.

Bounds, Andrew. 2013. "Two Arrested after Cyber Attack on Manchester Internet Company." *Financial Times*, 8 August. Accessed 29 October. http://www.ft.com/cms/s/0/47878080-0050-11e3-9c40-00144feab7de.html#axzz2j7yEXNAT.

Bourguignon, François. 2012. *La Mondialisation de l'inégalité* Paris: Editions du Seuil et La Republique des Idees.

Bourguignon, François, and Christian Morrisson. 2002. "Inequality among World Citizens: 1820-1992." *American Economic Review* 39 (4): 727-744.

Bouwer, Laurens M., Ryan P. Crompton, Eberhard Faust, Peter Höppe, and Roger A Pielke Jr. 2007. "Confronting Disaster Losses." *Science* 318 (5851): 753.

BP (British Petroleum). 2011. *BP Statistical Review of World Energy, June 2011*. London: British Petroleum. Accessed 4 February 2013. http://www.bp.com/assets/bp_internet/globalbp/globalbp_uk_english/reports_and_publications/statistical_energy_review_2011/STAGING/local_assets/pdf/statistical_review_of_world_energy_full_report_2011.pdf.

Braithwaite, John, and Peter Drahos. 2000. *Global Business Regulation*. Cambridge,

참고문헌

UK: Cambridge University Press.

Brandt, Loren, and Thomas G. Rawski. 2008. *China's Great Economic Transformation*. Cambridge, UK: Cambridge University Press.

Brilliant, Larry. 2006. "Larry Brilliant Wants to Stop Pandemics." *TED Talks*, February. Accessed 27 January 2013. http://www.ted.com/talks/larry_brilliant_ wants_to_stop_pandemics.html.

Brintrup, Alexandra, Tomomi Kito, Felix Reed-Tsochas, and Steve New. 2011. "Mapping the Toyota Supply Network: Emergence of Resilience." Saïd Business School Working Paper 2011-05-012. University of Oxford, Oxford, UK.

Brock, William A., Cars H. Hommes, and Florian O. O. Wagener. 2008. "More Hedging Instruments May Destabilize Markets." CeNDEF Working Paper 08-04. Center for Nonlinear Dynamics in Economics and Finance, University of Amsterdam, Amsterdam.

Brockmann, Dirk, Lars Hufnagel, and Theo Geisel. 2005. "Dynamics of Modern Epidemics." In *SARS: A Case Study in Emerging Infections*, ed. Angela Mclean, Robert May, John Pattison, and Robin Weiss. New York and London: Oxford University Press, 81-91.

Brogger, Tasneem, and Helga Kristin Einarsdottir. 2008. "Iceland Gets $4.6 Billion Bailout from IMF, Nordics (Update3)." Bloomberg website, 20 November. Accessed 5 February 2013. http://www.bloomberg.com/apps/news?pid=newsa rchive&sid=a3Zf1f9IBUWg&refer=europe.

Brunnermeier, Markus K. 2008. "Deciphering the Liquidity and Credit Crunch, 2007-08." NBER Working Paper 14612. National Bureau of Economic Research, Cambridge, MA. Accessed 21 January 2013. http://www.nber.org/ papers/w14612.

Butler, Paul. 2010. "Visualising Friendships." *Facebook*, 13 December. Accessed 27 January 2013. http://www.facebook.com/notes/facebook-engineering/ visualizing-friendships/469716398919.

Byerly, Carol R. 2010. "The U.S. Military and the Influenza Pandemic of 1918-1919." *Public Health Reports* 125 (3): 82-91.

Caballero, Ricardo J., and Alp Simsek. 2009. "Fire-Sales in a Model of Complexity." MIT Department of Economics Working Paper 09-28. Massachusetts Institute of Technology, Cambridge, MA. Accessed 3 September 2013. http:// dspace.mit.edu/bitstream/handle/1721.1/63625/firesalesinmodel00caba. pdf?sequence=1.

Carter, Helen. 2010. "Sub-zero Spell to Continue as Grit Supplies Reach the End of the Road." *Guardian*, 10 January. Accessed 28 January 2013. http://www.guardian.co.uk/uk/2010/jan/10/sub-zero-grit-supplies-snow?INTCMP=SRCH.

Castles, Stephen, and Mark J. Miller. 2009. *The Age of Migration: International Population Movements in the Modern World.* New York: Palgrave Macmillan.

CDC (Centers for Disease Control and Prevention). 2013. "Final Maps and Data for 1999-2012." Centers for Disease Control and Prevention. Accessed 19 July. http://www.cdc.gov/westnile/statsMaps/final.html.

Central Bank of Iceland. 2008a. "Economic Indicators," September, 2. Accessed 24 January 2013. http://www.sedlabanki.is/lisalib/getfile.aspx?itemid=6451.

———. 2008b. "Economic Indicators," November. Accessed 24 January 2013. http://www.sedlabanki.is/lisalib/getfile.aspx?itemid=6628.

———. 2013. "Exchange Rate." Accessed 11 July. http://www.cb.is/exchange-rate/.

Chang, Ha-Joon. 2002. *Kicking Away the Ladder.* London: Anthem.

Chang, Ha-Ioon, and Ilene Grabel. 2004. *Reclaiming Development: An Alternative Economic Policy Manual.* London: Zed Books.

Changxin, Gai. 2011. "CEIBS Calls for More MBA Programs." *China Daily*, 11 April. Accessed 7 July 2012. http://www.chinadaily.com.cn/business/2011-04/11/content_12305897.htm.

Chen, Lincoln C., Tim G. Evans, and Richard A Cash. 1999. "Health as a Global Public Good." In *Global Public Goods: International Cooperation in the 21st Century*, ed. Inge Kaul, Isabelle Grunberg, and Marc A Stern. New York: Oxford University Press for the United Nations Development Programme, 284-304.

CII (Chartered Insurance Institute). 2012. *Future Risk: How Technology Could Make or Break Our World.* Centenary Future Risk Series, Report 4. London: Chartered Insurance Institute.

Cisco. 2011a. "Cisco Visual Networking Index: Global Mobile Data Traffic Forecast Update, 2010-2015." Cisco White Paper, 1 February. Accessed 7 January 2013. http://newsroom.cisco.com/ekits/Cisco_VNI_Global_Mobile_Data_Traffic_Forecast_2010_2015.pdf.

———. 2011b. "Entering the Zettabyte Era." Article no longer available from http://www.cisco.com.

———. 2012. "The Zettabyte Era." White paper, May. Accessed 4 February 2013.

http://www.cisco.com/en/US/solutions/collateral/ns341/ns525/ns537/ns705/ns827/VNI_Hyperconnectivity_WP.html.

Clark, David A., ed. 2012. *Adaptation, Poverty, and Development: The Dynamics of Subjective Well-being.* Basingstoke, UK: Palgrave Macmillan,

Clark, Gordon L., Adam D. Dixon, and Ashby H. B. Monk, eds. 2009. *Managing Financial Risks: From Global to Local.* Oxford, UK: Oxford University Press.

Cole, Matthew A., and Robert J. R. Elliott. 2003. "Determining the Trade-Environment Composition Effect: The Role of Capital, Labor, and Environmental Regulations." *Journal of Environmental Economics and Management* 46: 363–383.

Compass Worldwide Logistics. 2012. "Weather Closes All Italian Motorways." 10 September. Accessed 25 January 2013. http://www.cwwl.co.uk/2012/02/weather-closes-all-italian-motorways/.

Copeland, Brian R., and M. Scott Taylor. 2004. "Trade, Growth, and the Environment." *Journal of Economic Literature* 42 (1): 7–71.

Courbage, Cristophe, and Walter R. Stahel, eds. 2012. "Extreme Events and Insurance: 2011 Annus Horribilis." *Geneva Reports* 5 (May): 121–132.

Cro Forum. 2011. "Power Blackout Risks: Risk Management Options." Emerging Risk Initiative Position Paper, November. Accessed 25 January 2013. http://www.agcs.allianz.com/assets/PDFs/Special%20and%20stand-alone%20articles/Power_Blackout_Risks.pdf.

CSIS (Center for Strategic and International Studies). 2012. "Europe Economic Crisis and the Rise of Populism, Nationalism, and Extremism." CSIS Global Security Forum 2012, Washington, DC. Federal News Service transcript. Accessed 3 February 2013. http://csis.org/files/attachments/120413_EuropeEconomicCrisis_GSF_Transcript_0.pdf.

Daily Wireless. 2011. "Cisco's Traffic Forecast." 1 June. Accessed 7 February 2013. http://www.dailywireless.org/2011/06/01/ciscos-traffic-forecast/.

Dattels, Peter, and Laura Kodres. 2009. "Further Action Needed to Reinforce Signs of Market Recovery: IMF." *IMF Survey Magazine: IMF Research*, 21 April. Accessed 8 January 2013. http://www.imf.org/external/pubs/ft/survey/so/2009/RES042109C.htm.

Davis, Joshua. 2007. "Hackers Take Down the Most Wired Country in Europe." *Wired Magazine* 15 (9). Accessed 25 January 2013. http://www.wired.com/politics/security/magazine/15-09/ff_estonia?currentPage=all.

Dawood, Fatimah S., A. Danielle Luliano, Carrie Reed, Martin I. Meltzer, David K. Shay, Po-Yung Cheng, Don Bandaranayake, Robert F. Breiman, W. Abdullah Brooks, Philippe Buchy, et al. 2012. "Estimated Global Mortality Associated with the First 12 Months of 2009 Pandemic Influenza A H1N1 Virus Circulation: A Modelling Study." *Lancet Infectious Diseases* 12 (9): 687–695.

Day, Richard H. 2010. "On Simplicity and Macroeconomic Complexity." In *Handbook of Research on Complexity*, ed. J. Barkley Rosser Jr. Cheltenham, UK: Edward Elgar.

De Jong, Perro. 2006. "Louisiana Studies Dutch Dams." *BBC News*, 13 January. Accessed 30 October 2013. http://news.bbc.co.uk/1/hi/world/europe/4607452. stm.

De Nicolo, Gianni, and Myron L. Kwast. 2002. "Systemic Risk and Financial Consolidation: Are They Related?" Journal of Banking and Finance 26 (5): 861–880.

Delli Gatti, Domenico, Mauro Callegari, Bruce C. Greenwald, Alberto Russo, and Joseph E. Stiglitz. 2009. "Business Fluctuations and Bankruptcy Avalanches in an Evolving Network Economy." *Journal of Economic Interaction and Coordination* 4 (2): 195–212.

Dewatriponr. Mathias, and Jean-Charles Rochet. 2010. "The Treatment of Distressed Banks." In *Balancing the Banks: Global Lessons from the Financial Crisis*, ed. Mathias Dewatripont, Jean-Charles Rochet, and Jean Tirole. Princeton, NJ: Princeton University Press, 107–130.

Diamandis, Peter H., and Stephen Kotler. 2012. *Abundance: The Future Is Better Than You Think*. New York: Free Press.

Diamond, Jared. 2005. *Guns, Germs and Steel: The Fate of Human Societies*. London: Vintage.

DiJohn, Joseph, and Karen Allen. 2009. "The Burnham Transportation Plan of Chicago: 100 Years Later." Transport Research Forum, 16–18 March. Accessed 25 January 2013. http://www.trforum.org/forum/downloads/2009_32_BurnhamTransportation_paper.pdf.

Directorate of Labour (Iceland). 2013a. "Unemployment 9.3 in February 2010." *Directorate of Labour News*, 10 March. Accessed 24 January. http://english. vinnumalastofnun.is/about-directorate-of-labour/news/nr/1031/.

———. 2013b. "Unemployment 9.3 in March 2010." Directorate of Labour News, 20 April. Accessed 24 January. http://english.vinnumalastofnun.is/aboutdirectorare-of-labour/news/nr/1061/.

Donnelly, Laura. 2013. "British Airways and Heathrow in Blame Game over Snow Chaos." *Telegraph*, 19 January. Accessed 6 February. http://www.telegraph. co.uk/topics/weather/9813427/British-Airways-and-Heathrow-in-blame-game-over-snow-chaos.html,

Doshi, Peter. 2011. "The Elusive Definition of Pandemic Influenza." *Bulletin of the World Health Organization* 89 (7): 532-538.

Dua, André, and Daniel C. Esty. 1997. *Sustaining the Asia Pacific Miracle: Environmental Protection and Economic Integration*. Washington, DC: Peterson Institute.

Dufrénot, Gilles, Valérie Mignon, and Théo Naccache. 2009. "The Slow Convergence of Per Capita Income between the Developing Countries: Growth Resistance and Sometimes Growth Tragedy." CREDIT Research Paper 09/03. Centre for Research in Economic Development and International Trade, Nottingham, UK. Accessed 3 February 2013. http://www.nottingham. ac.uk/credit/documents/papers/09-03.pdf.

Duplat, Patrick, and Emile Pare. 2010. "Haiti from the Ground Up." *Refugees International Field Report*, March. Accessed 30 January 2013. http://www. refugeesinternational.org/sites/default/files/030210_haiti_groundup.pdf.

Dustmann, Christian, Francesca Fabbri, and Ian Peter Preston. 2011. "Racial Harassment, Ethnic Concentration, and Economic Conditions." *Scandinavian Journal of Economics* 113 (3): 689-711.

ECB (European Central Bank). 2009. "The Concept of Systemic Risk." *Financial Stability Review*, December. European Central Bank, Frankfurt, 134-142.

————. 2010. "Analytical Models and Tools for the Identification and Assessment of Systemic Risks." *Financial Stability Review*, June. European Central Bank, Frankfurt, 138-146.

Economist. 2006. "When the Chain Breaks: Being Too Lean and Mean Is a Dangerous Thing." 15 June. Accessed 23 January 2013. http://www.economist. com/node/7032258.

————. 2012a. "Six Degrees of Mobilisation." 1 September. Accessed 28 January 2013. http://www.economist.com/node/21560977.

————. 2012b. "The Euro Crisis: An Ever-Deeper Democratic Deficit." 26 May. Accessed 28 January 2013. http://www.economist.com/node/21555927.

————. 2012c. "The Greek Election: Democracy in Action." 2 June. Accessed 28 January 2013. http://www.economist.com/node/21556302.

———. 2012d. "Wall Street Bonuses." 3 March. Accessed 4 February 2013. http://www.economist.com/node/21548981.

EEF (The Manufacturers' Organisation, UK). 2011. "Industry Looks to Re-shore Production in Response to Supply Risks." The Manufacturers' Organization. Accessed 31 January 2013. http://www.eef.org.uk/releases/uk/2011/Industry-looks-to-re-shore-production-in-response-to-supply-risks-.htm.

EIA (Energy Information Administration). 2008. "U.S. Natural Gas Pipeline Compressor Stations Illustration." Energy Information Administration. Accessed 4 February 2013. http://www.eia.gov/pub/oil_gas/natural_gas/analysis_publications/ngpipeline/compressorMap.html.

Einarsdottir, Helga Kristin, and Tasneem Brogger. 2008. "Icelanders Take to Streets to Protest Policy Makers' Failures." *Bloomberg*, 15 November. Accessed 5 February 2013. http://www.bloomberg.com/apps/news?pid=newsarchive&sid=a0r9Lfo7mSUw&refer=europe.

Elamin, Mahmoud, and William Bednar. 2012. "How Is Structured Finance Doing?" Cleveland Federal Reserve Bank, 10 February. Accessed 5 February 2013. http://www.clevelandfed.org/research/trends/2012/0312/01finmar.cfm.

EPA (Environmental Protection Agency). 2010. *Climate Change Indicators in the United States.* Washington, DC: U.S. Environmental Protection Agency, 12. Accessed 5 February 2013. http://www.epa.gov/climatechange/pdfs/CI-full-2010.pdf.

Epstein, Larry G., and Tan Wang. 1994. "Intertemporal Asset Pricing under Knightian Uncertainty." *Econometrica* 62 (3): 283-322.

Escaith, Hubert, and Fabian Gonguet. 2009. "International Trade and Real Transmission Channels of Financial Shocks in Globalized Production Networks." Staff Working Paper ERSD-2009-06. Economics and Statistics Division, World Trade Organization. Accessed 1 February 2013. http://www.wto.org/english/res_e/reser_e/ersd200906_e.pdf.

Escaith, Hubert, Nannette Lindenberg, and Sébastien Miroudot. 2010. "International Supply Chains and Trade Elasticity in Times of Global Crisis." Staff Working Paper ESRD-2010-08. Economics and Statistics Division, World Trade Organization. Accessed 1 February 2013. http://www.wto.org/english/res_e/reser_e/ersd201008_e.pdf.

Espenilla, Nestor A. Jr. 2009. "Regulatory Factors That Contributed to the Global Financial Crisis." *Asia-Pacific Social Science Review* 9 (1): 35-40.

Esty, Daniel C. 2001. "Bridging the Trade-Environment Divide." *Journal of Economic*

Perspectives 15 (3): 113-130.

EUI (European University Institute). 2011. "Indignados/Occupy Movement: A Global Phenomenon-A Round Table." European University Institute, 22 November. Accessed 1 June 2012. http://www.eui.eu/SeminarsAndEvents/Live.aspx.

Evans, Alex, Bruce Jones, and David Steven. 2010. *Confronting the Long Crisis of Globalization: Risk, Resilience, and International Order.* New York: Brookings Institute and Center on International Cooperation, New York University. Accessed 9 January 2013. http://www.brookings.edu/~/media/research/files/reports/2010/1/26%20globalization%20jones/01_globalization_evans_jones_steven.pdf.

Falk, Armin, Andreas Kuhn, and Josef Zweimüller. 2011. "Unemployment and Right-Wing Extremist Crime." *Scandinavian Journal of Economics* 113 (2): 260-285.

Federal Reserve Bank of St. Louis. 2012. "Debt Outstanding Domestic Financial Sectors." Board of Governors of the Federal Reserve System. Accessed 7 December. http://research.stlouisfed.org/fred2/data/DODFS.txt.

Fenner, Frank, Donald A. Henderson, Isao Arita, and Zdeněk Ježek. 1988. *Smallpox and Its Eradication.* Geneva: World Health Organization.

Financial Crisis Inquiry Commission. 2011. *Financial Crisis Inquiry Report: Final Report of the National Commission on the Causes of the Financial and Economic Crisis in the United States.* Washington, DC: U.S. Public Affairs.

Findlay, Ronald. 2008. "Comparative Advantage." In *The New Palgrave Dictionary of Economics*, vol. 1, 2nd ed., ed. Steven N. Durlauf and Lawrence E. Blume. Basingstoke, UK: Palgrave Macmillan, 514-517.

Fine, Charles K. 2005. "Are You Modular or Integral? Be Sure Your Supply Chain Knows." *Strategy+Business* 39 (23 May). Accessed 1 February 2013. http://www.strategy-business.com/article/05205?pg=all.

Fleck, Fiona. 2003. "How SARS Changed the World in Less Than Six Months." *Bulletin of the World Health Organization* 81 (8): 625-626.

Foreman, Tom. 2008. "Culprits of the Collapse-#7 Phil Gramm." CNN website, 14 October. Accessed 22 January 2013. http://ac360.blogs.cnn.com/2008/10/14/culprits-of-the-collapse-7-phil-gramm/.

Fourati, Khaled. 2009. "Half Full or Half Empty? The Contribution of Information and Communication Technologies to Development." *Global Governance* 15 (1):

37-42.

Frankel, Jeffrey A., and Andrew K. Rose. 2005. "Is Trade Good or Bad for the Environment? Sorting Out the Causality." *Review of Economics and Statistics* 87 (1): 85-91.

Freixas, Xavier, Gyöngyi Lóránth, and Alan D. Morrison. 2007. "Regulating Financial Conglomerates." *Journal of Financial Intermediation* 16: 479-514.

French, Shaun, Andrew Leyshon, and Nigel Thrift. 2009. "A Very Geographical Crisis: The Making and Breaking of the 2007-2008 Financial Crisis." *Cambridge Journal of Regions, Economy, and Society* 2 (2): 287-302.

G8 (Group of Eight). 2013. "Lough Erne Declaration." 18 June. Lough Erne Summit, Northern Ireland. Accessed 23 July. http://www.g8.utoronto.ca/ summit/2013lougherne/Lough_Erne_Declaration_130618.pdf.

G20 (Group of Twenty). 2013. "OECD Presents Its Action Plan on Base Erosion and Profit Shifting." 19 July. Accessed 23 July. http://www.g20.org/ news/20130719/781655012.html.

G30 (Group of Thirty) Working Group. 1997. *Global Institutions, National Supervision, and Systemic Risk*. Report. Washington, DC: Group of Thirty.

Gai, Prasanna, and Sujit Kapadia. 2010. "Contagion in Financial Networks." Bank of England Working Paper 383. Bank of England, London. Accessed 22 January 2013. http://www.bankofengland.co.uk/publications/Documents/ workingpapers/wp383.pdf.

Gai, Prasanna, Andrew Haldane, and Sujit Kapadia. 2011. "Complexity, Concentration, and Contagion." *Journal of Monetary Economics* 58 (5): 453-470.

Gaidet, Nicolas, Julien Cappelle, John Y. Takekawa, Diann J. Prosser, Samuel A. Iverson, David C. Douglas, William M. Perry, Taej Mundkur, and Scott H. Newman. 2010. "Potential Spread of Highly Pathogenic Avian Influenza H5N1 by Wildfowl: Dispersal Ranges and Rates Determined from Large-Scale Satellite Telemetry." *Journal of Applied Ecology* 47 (5): 1147-1157.

Geissbauer, Reinhard, and Shoshanah Cohen. 2008. "Globalization in Uncertain Times: How Leading Companies Are Building Adaptable Supply Chains to Reap Benefits and Manage Risk." Reprinted from *PRTM Insight* 4. Accessed 2 February 2013. http://www.gsb.stanford.edu/sites/default/files/documents/ PRTM_Globalization_In_Uncertain_Times.pdf.

Genesis Forwarding News. 2010. "Guarulhos Airport Congestion Chaos." Accessed circa 2010; article no longer available on website. http://www.genesis-forwarding.com/News/Guarulhos-Airport-Congestion-Chaos.aspx.

Gennaioli, Nicola, Andrei Shleifer, and Robert W. Vishny. 2012. "Neglected Risks, Financial Innovation, and Financial Fragility." *Journal of Financial Economics* 104 (3): 452-468.

Georg, Co-Pierre. 2011. "The Effect of the Interbank Network Structure on Contagion and Financial Stability." Discussion Paper Series 2: Banking and Financial Studies 12/2011. Deutsche Bundesbank, Frankfurt. Accessed 1 February 2013. http://econstor.eu/bitstream/10419/52134/1/671536869.pdf.

Georg, Co-Pierre, and Manjana Milkoreit. 2013. "Similarities in Complexity-Lessons from Finance and Climate Change." Mimeo. Oxford and Waterloo, UK.

Georg, Co-Pierre, and Jenny Poschmann. 2010. "Systemic Risk in a Network Model of Interbank Markets with Central Bank Activity." Jena Economic Research Paper 2010-33. Friedrich Schiller University and the Max Planck Institute of Economics, Jena, Germany. Accessed 1 February 2013. http://pubdb.wiwi.uni-jena.de/pdf/wp_2010_033.pdf.

George, Michael L., David T. Rowlands, and Bill Kastle. 2003. *What Is Lean Six Sigma?* New York: McGraw-Hill Professional.

Giddens, Anthony. 1991. *The Consequences of Modernity*. Stanford, CA: Stanford University Press.

Gigerenzer, Gerd. 2010. *Rationality for Mortals: How People Cope with Uncertainty*. New York: Oxford University Press.

Gigerenzer, Gerd, Ralph Hertwig, and Thorsten Pachur, eds. 2011. *Heuristics: The Foundations of Adaptive Behavior*. Oxford, UK: Oxford University Press.

Gladwell, Malcolm. 2002. *The Tipping Point: How Little Things Can Make a Big Difference*. London: Abacus.

GMAC (Graduate Management Admission Council). 2011. *Application Trends Survey*. Reston, VA: Graduate Management Admission Council. Accessed 4 February 2013. http://www.gmac.com/~/media/Files/gmac/Research/admissions-and-application-trends/applicationtrends2011_sr.pdf.

Goldin, Ian. 2010. "Managing and Mitigating Global Risks." In *Global Redesign: Strengthening Cooperation in a More Interdependent World*, ed. Richard Samans, Klaus Schwab, and Mark Malloch-Brown. Geneva: World Economic Forum, 429-442.

———. 2011. "Globalisation and Risks for Business: Implications for an

Increasingly Connected World." *Lloyd's 360° Risk Insight*. London: Lloyds, and Oxford, UK: James Martin 21st Century School. Accessed 9 January 2013. http://www.lloyds.com/~/media/Lloyds/Reports/360/360%20Globalisation/ Lloyds_360_Globalisation.pdf.

————. 2013. *Divided Nations: Why Global Governance Is Failing, and What We Can Do about It*. Oxford, UK: Oxford University Press.

————, ed. Forthcoming. *Is the Planet Full?* Oxford, UK: Oxford University Press.

Goldin, Ian, and Kenneth Reinert. 2012. *Globalization for Development: Meeting New Challenges*, new ed. Oxford, UK: Oxford University Press.

Goldin, Ian, and Tiffany Vogel. 2010. "Global Governance and Systemic Risk in the 21st Century: Lessons from the Financial Crisis." *Global Policy* 1 (1): 4–15.

Goldin, Ian, and L. Alan Winters, eds. 1992. *The Economics of Sustainable Development*. Cambridge, UK: Cambridge University Press.

Goldin, Ian, Geoffrey Cameron, and Meera Balarajan, 2011. *Exceptional People: How Migration Shaped Our World and Will Define Our Future*. Princeton, NJ: Princeton University Press.

Goldin, Ian, Halsey F Rogers, and Nicholas H. Stern. 2002. "The Role and Effectiveness of Development Assistance: Lessons from World Bank Experience." Research paper, Development Economics Vice Presidency of the World Bank, Washington, DC.

Golob, Thomas F., and Amelia C. Regan. 2001. "Impacts of Information Technology on Personal Travel and Commercial Vehicle Operations: Research Challenges and Opportunities." *Transportation Research Part C* 9: 87–121.

Goodwin, Matthew. 2011. "Right Response: Understanding and Countering Populism and Extremism in Europe." Chatham House report, September. Chatham House, London. Accessed 5 February 2103. http://www. chathamhouse.org/sites/default/files/r0911_g00dwin.pdf.

Google. 2013. "The 1,000 Most Visited Sites on the Web" (as of July 2011). Accessed 26 January. http://www.google.com/adplanner/static/top1000/.

Google Ngram. 2012. "Google Books Ngram Viewer." Accessed 2012. http:// books.google.com/ngrams.

Gorton, Garry B., and Andrew Metrick. 2010a. "Regulating the Shadow Banking System." *Brookings Papers on Economic Activity* 41 (2): 260–312. Accessed 5 February 2013. http://www.brookings.edu/~/media/projects/bpea/fall%20 2010/2010b_bpea_gorton.pdf.

————. 2010b. "Securitized Banking and the Run on Repo." NBER Working Paper 15223. National Bureau of Economic Research, Cambridge, MA. Accessed 21 January 2013. http://www.nber.org/papers/w15223.

Green, Manfred S., Tiberio Swartz, Elana Mayshar, Boaz Lev, Alex Leventhal, Paul E. Slater, and Joshua Shemer. 2002. "When Is an Epidemic an Epidemic?" *Israel Medical Association Journal* 4: 3–6.

Greenough, Gregg, Michael McGeehin, Susan M. Bernard, Juli Trtanj, Jasmin Riad, and David Engelberg. 2001. "The Potential Impacts of Climate Variability and Change on Health Impacts of Extreme Weather Events in the United States." *Environmental Health Perspectives* 109 (2): 191–198.

Gribben, Roland. 2011. "BT Power Breakdown Leaves 275,000 Customers without Internet." *Telegraph*, 4 October. Accessed 26 January 2013. http://www.telegraph.co.uk/finance/newsbysector/mediatechnologyandtelecoms/telecoms/8804971/BT-power-breakdown-leaves-275000-customers-without-internet.html.

Guerin, Emmanuel, and Laurence Tubiana. 2012. "Preparing for the Green Exit." *Project Syndicate*, 30 May. Accessed 1 June. http://www.project-syndicate.org/print/preparing-for-the-green-exit.

Guérot, Ulrike, and Thomas Klas. 2012. "After Merkozy: How France and Germany Can Make Europe Work." Policy Brief ECFR56, May. European Council on Foreign Relations, London. Accessed 3 February 2013. http://ecfr.eu/page/-/ECFR56_FRANCE_GERMANY_BRIEF_AW.pdf.

Haldane, Andrew G. 2009. "Rethinking the Financial Network." Speech delivered to the Amsterdam Student Association, April. Accessed 21 January 2013. http://www.bankofengland.co.uk/archive/Documents/historicpubs/speeches/2009/speech386.pdf.

————. 2012. "The Dog and the Frisbee." Speech delivered at the Federal Reserve Bank of Kansas City's 36th Economic Policy Symposium, The Changing Policy Landscape, Jackson Hole, WY, 31 August. Accessed 31 January 2013. http://www.bankofengland.co.uk/publications/Documents/speeches/2012/speech596.pdf.

Haldane, Andrew G., and Robert M. May. 2011. "Systemic Risk in Banking Eco-systems." *Nature* 469: 351–355.

Hallegatte, Stéphane. 2011. "How Economic Growth and Rational Decisions Can Make Disaster Losses Grow Faster Than Wealth." Policy Research Working

Paper 5617, March. Office of the Chief Economist, World Bank, Washington, DC. Accessed 26 January 2013. http://elibraryworldbank.org/docserver/ download/5617.pdf?expires=1359224528&id=id&accname=guest&checksum=5 458C4B0507F2486E4C5D04C90C973DE.

Hammond, Ross A. 2009. "Systemic Risk in the Financial System: Insights from Network Science." Insights from Network Science Briefing Paper 12. Pew Charitable Trust, Washington, DC. Accessed 28 January 2013. http://www. pewtrusts.org/uploadedFiles/wwwpewtrustsorg/Reporrs/Financial_Reform/ Pew-Hammond-Systemic-Risk-and-Insights-from-Network-Science.pdf.

Hammond, Ross A., and Laurette Dubé, 2012. "A Systems Science Perspective and Transdisciplinary Models for Food and Nutrition Security" *Proceedings of the National Academy of Sciences (PNAS)* 109 (31): 12356–12363.

Hartmann, Philipp, Oliver De Bandt, and José Luis Peydró-Alcalde. 2009. "Systemic Risk in Banking: An Update." In *The Oxford Handbook of Banking*, ed. Allen N. Berger, Philip Molyneux, and John O. S. Wilson. Oxford, UK: Oxford University Press.

Haxel, Gordon B., James B. Hedrick, and Greta J. Orris. 2002. "Rare Earth Elements-Critical Resources for High Technology" Fact Sheet 087-02, U.S. Geological Survey. Accessed 4 February 2013. http://pubs.usgs.gov/fs/2002/ fs087-02/.

Helbing, Dirk. 2013. "Globally Networked Risks and How to Respond." *Nature* 497: 51–59.

Held, David, Antony G. McGrew, David Goldblatt, and Jonathan Perraton. 1999. *Global Transformations: Politics, Economics, Culture.* Cambridge, UK: Polity Press.

Heshmati, Almas. 2004. "The Relationship between Income Inequality, Poverty, and Globalisation." IZA Discussion Paper 1277. Institute for the Study of Labour, Bonn. Accessed 3 February 2013. http://ftp.iza.org/dp1277.pdf.

Hidalgo, Cesar, Bailey Klinger, Albert-Laszlo Barabasi, and Ricardo Hausmann. 2007. "The Product Space Conditions the Development of Nations." *Science* 317 (5837): 482–487.

Hinduja, Sameer, and Justin W. Patchin. 2013. "Social Influences on Cyberbullying Behaviors among Middle and High School Students." *Journal of Youth and Adolescence* 42 (5): 711–722.

Hook, Leslie. 2012. "China's Rare Earth Stranglehold in Spotlight." *Financial Times*, 13 March. Accessed 23 January 2013. http://www.ft.com/cms/s/0/b3332e0a-

348c-11e2-8986-00144feabdc0.html#axzz2DVY78Spi.

Hopkins, Donald R. *Smallpox: The Greatest Killer in History*. London: University of Chicago Press, esp. 313 ff.

Horan, Ruaidhri. 2012. "Frankfurt Airport Strike Causes Air Freight Chaos." *Emerald Freight Express*, 17 February. http://www.emeraldfreight.com/news/frankfurt-airport-strike-causes-air-freight-chaos.

Horgan, John. 1997. *The End of Science: Facing the Limits of Knowledge in the Twilight of the Scientific Age*. New York: Broadway Books.

Hufnagel, Lars, Dirk Brockmann, and Theo Geisel. 2004. "Forecast and Control of Epidemics in a Globalized World." *Proceedings of the National Academy of Sciences (PNAS)* 101 (42): 15124-15129.

Hummels, David. 2007. "Transportation Costs and International Trade in the Second Era of Globalization." *Journal of Economic Perspectives* 21 (3): 131-154.

Hunter, William C., George G. Kaufman, and Thomas H. Krueger, eds. 1999. *The Asian Financial Crisis: Origins, Implications, and Solutions*. Norwell, MA: Kluwer Academic.

IMF (International Monetary Fund) Staff. 2009. "Guidance to Assess the Systemic Importance of Financial Institutions, Markets, and Instruments." Report to G20 Finance Ministers and Governors. International Monetary Fund, Bank for International Settlements, and Financial Stability Board, October. Accessed 1 February 2013. http://www.financialstabilityboard.org/publications/r_091107c.pdf.

———. 2010. "The Financial Crisis and Information Gaps." Progress report. International Monetary Fund, Bank for International Settlements, and Financial Stability Board, May. Accessed 1 February 2013. http://www.imf.org/external/np/g20/pdf/053110.pdf.

Iori, Giulia, Saqib Jafarey, and Francisco G. Padilla. 2006. "Systemic Risk on the Interbank Market." *Journal of Economic Behavior and Organization* 61: 525-542.

Jackson, Robert. 2008. "The Big Chill." *Financial Times*, 15 November. Accessed 20 January 2013. http://www.ft.com/intl/cms/s/0/8641d080-b2b4-lldd-bbc9-0000779fd18c.html#axzz2Cn5IKHoa.

Jamieson, Alastair. 2009. "Google: 'Human Error' Brings Internet Chaos for Millions." *Telegraph*, 31 January. Accessed 26 January 2013. http://www.telegraph.co.uk/technology/google/4414452/Google-Human-error-brings-internet-chaos-for-millions.html.

Janardhanan, Arun. 2011. "Air Cargo Piles Up Due to Administrative Problems." *Times of India*, 29 April. Accessed 25 January 2013. http://articles.timesofindia. indiatimes.com/2011-04-29/chennai/29487072_1_cargo-handling-chennai-air-cargo-cargo-operations.

Jarzemsky, Matthew. 2012. "'Fat-Finger' Error Caused Oil-Stock Price Swings." *Wall Street Journal*, 19 September. Accessed 21 January 2013. http://blogs. wsj.com/marketbeat/2012/09/19/fat-finger-error-caused-oil-stock-price-swings/?KEYWORDS=Oilwell+Varco.

Jaumotte, Florence, Subir Lall, and Chris Papageorgiou. 2008. "Rising Income Inequality: Technology, or Trade and Financial Globalization?" IMF Working Paper 185. International Monetary Fund, Washington, DC. Accessed 3 February 2013. http://www.imf.org/external/pubs/ft/wp/2008/wp08185.pdf.

Jervis, Robert. 1997. *System Effects*. Princeton, NJ: Princeton University Press.

Johnson, Neil. 2009. *Simply Complexity: A Clear Guide to Complexity Theory*. Oxford, UK: Oneworld Publications.

Johnson, Simon. 2009. "The Quiet Coup." *Atlantic Magazine*, May. Accessed 16 October 2012. http://www.theatlantic.com/magazine/archive/2009/05/the-quiet-coup/3073641.

Jorgenson, Andrew K., J. Kelly Austin, and Christopher Dick. 2009. "Ecologically Unequal Exchange and the Resource Consumption/Environmental Degradation Paradox: A Panel Study of Less-Developed Countries, 1970-2000." *International Journal of Comparative Sociology* 50 (3-4): 263-284.

Kanatas, George, and Jianping Qi. 1998. "Underwriting by Commercial Banks: Incentive Conflicts, Scope Economies, and Project Quality." *Journal of Money, Credit, and Banking* 30: 119-133.

———. 2003. "Integration of Lending and Underwriting: Implications of Scope Economies." *Journal of Finance* 58 (3): 1167-1191.

Kaplan, Eben. 2007. "America's Vulnerable Energy Grid." *Council on Foreign Relations Backgrounders*, 17 April. Accessed 20 March 2012. http://www.cfr.org/energy-security/americas-vulnerable-energy-grid/p13153.

Kaufman, George G. 1995. "Comment on Systemic Risk." In *Research in Financial Services: Banking, Financial Markets, and Systemic Risk*, vol. 7, ed. George G. Kaufman. Greenwich, CT: JAI Press, 47-52.

Kaufman, George G., and Kenneth E. Scott. 2003. "What Is Systemic Risk, and Do Bank Regulators Retard or Contribute to It?" *Independent Review* 7 (3): 371-391.

Keegan, William. 2012. "Bank Deregulation Leads to Disaster: Shout It from the Rooftops." *Observer*, 6 May. Accessed 21 January 2013. http://www.guardian. co.uk/business/2012/may/06/shout-rooftops-bank-deregulation-leads-to-disaster.

Kennedy, John F. 1959. "Education: United Negro College Fund." Speech to the United Negro College Fund, Indianapolis, Indiana, 12 April, 2. Accessed 10 July 2013. http://www.jfklibrary.org/Asset-Viewer/Archives/JFKCAMP1960-1029-036.aspx.

Keohane, Robert O., and Joseph S. Nye Jr. 1977. *Power and Independence: World Politics in Transition*. Boston: Little, Brown.

Kerwer, Dieter. 2005. "Rules That Many Use: Standards and Global Regulation." *Governance* 18 (4): 611–632.

Khan, Kamran, Julien Arino, Wei Hu, Paulo Raposo, Jennifer Sears, Felipe Calderon, Christine Heidebrecht, Michael Macdonald, Jessica Liauw, Angie Chan, and Michael Gardam. 2009. "Spread of a Novel Influenza A (H1N1) Virus via Global Airline Transportation." *New England Journal of Medicine* 361 (2): 212–214.

Khondker, Habibul H. 2011. "Role of the New Media in the Arab Spring." *Globalizations* 8 (5): 675–679.

Kilbourne, Edwin D. 2006. "Influenza Pandemics of the 20th Century." *Emerging Infectious Diseases* 12 (1): 9–14.

Kilpatrick, A. Marm. 2011. "Globalization, Land Use, and the Invasion of West Nile Virus." *Science* 334 (6054): 323–327.

Knight, Frank H. 1921. *Risk, Uncertainty, and Profit*. Boston: Hart, Schaffner, and Marx.

Kochan, Thomas A., Russell D. Lansbury, and John P. MacDuffie, eds. 1997. *After Lean Production: Evolving Employment Practices in the World Auto Industry*. Ithaca, NY: Cornell University Press.

Korea Net. 2013. "Overview." Accessed 2 February. http://www.korea.net/AboutKorea/Economy/Overview.

Krauss, Clifford. 2012. "Shippers Concerned over Possible Suez Canal Disruptions." *New York Times*, 2 February. Accessed 1 February 2013. http://www.nytimes.com/2011/02/03/world/middleeast/03suez.html.

Krugman, Paul R. 2009. *The Conscience of a Liberal*. New York: Penguin.

Kunreuther, Howard, and Michael Useem. 2010a. "Preface." In *Learning from*

Catastrophes: Strategies for Reaction and Response, ed. Howard Kunreuther and Michael Useem. Upper Saddle River, NJ: Prentice Hall, xv–xvii.

———. 2010b. "Principles and Challenges for Reducing Risks from Disasters." In *Learning from Catastrophes: Strategies for Reaction and Response*, ed. Howard Kunreuther and Michael Useem. Upper Saddle River, NJ: Prentice Hall, 1–17.

Laframboise, Nicole, and Boileau Loko. 2012. "Natural Disasters: Mitigating Impact, Managing Risks." IMF Working Paper 12/245. International Monetary Fund, Washington, DC. Accessed 12 February 2013. http://www.imf.org/external/pubs/ft/wp/2012/wp12245.pdf.

Lan, Tang, and Zhang Xin. 2010. "Can Cyber Deterrence Work?" In *Global Cyber Deterrence: Views from China, the U.S., Russia, India, and Norway*, ed. Andrew Nagorski. New York: EastWest Institute, 1–3.

Latour, Bruno. 2005. *Reassembling the Social: An Introduction to Actor-Network-Theory*. Oxford, UK: Oxford University Press.

Lederberg, Joshua. 1997. "Infectious Disease as an Evolutionary Paradigm." *Emerging Infectious Diseases* 3 (4): 417–423.

Lee, Hau L. 2004. "Triple-A Supply Chains." *Harvard Business Review*, 1 October, 102–112.

Lehar, Alfred. 2005. "Measuring Systemic Risk: A Risk Management Approach." *Journal of Banking and Finance* 29 (10): 2577–2603.

Lerner, Eric. 2003. "What's Wrong with the Electric Grid?" *Industrial Physicist* 9: 8–13.

Levin, Simon A., and Jane Lubchenco. 2008. "Resilience, Robustness, and Marine Ecosystem-Based Management." *Bio Science* 58 (1): 27–32.

Liker, Jeffrey. 2004. *The Toyota Way: 14 Management Principles from the World's Greatest Manufacturer*. New York: McGraw-Hill Professional.

Look, Anne. 2012. "Mali, ECOWAS Not on Same Page on Military Intervention." *Voice of America*, 18 September. Last accessed 1 February 2013. http://www.voanews.com/content/mali-ecowas-military-intervention/1510417.html.

Lorenz, Edward N. 1963. "Deterministic Nonperiodic Flow." *Journal of the Atmospheric Sciences* 20 (2): 130–141.

Lounibos, L. Philip. 2001. "Invasions by Insect: Vectors of Human Disease." *Annual Review of Entomology* 47: 233–266.

Lynn, Jonathan. 2010. "WHO to Review Its Handling of H1N1 Flu Pandemic." *Reuters*, 12 January. Accessed 25 August 2012. http://www.reuters.com/

article/2010/01/12/us-flu-who-idUSTRE5BL2ZT20100112.

Mabey, Nick, and Richard McNally. 1998. *Foreign Direct Investment and the Environment: From Pollution Havens to Sustainable Development*. WWF-UK report, July. World Wide Fund for Nature. Accessed 27 January 2013. http://www.wwf.org.uk/filelibrary/pdf/fdi.pdf.

Maer, Lucinda, and Nida Broughton. 2012. "Financial Services: Contribution to the UK Economy." SN/EP/06193. House of Commons Library (Economics, Politics, and Statistics Section). Accessed 22 January 2013. http://www.parliament.uk/briefing-papers/SN06193.pdf.

Magee, David. 2008. *How Toyota Became #1: Leadership Lessons from the World's Greatest Car Company*. New York: Portfolio.

Maraia, Vincent. 2006. *The Build Master: Microsoft's Software Configuration Management Best Practices*. Upper Saddle River, NJ: Addison-Wesley.

Mariathasan, Mike, and Ouarda Merrouche. 2013. "The Manipulation of Basel Risk-Weights." CEPR Discussion Paper 9494. Centre for Economic Policy Research, London. May.

Markillie, Paul. 2006. "The Physical Internet." *Economist*, 15 June. Accessed 1 February 2013. http://www.economist.com/node/7032165.

Markowitz, Harry M. 1952. "Portfolio Selection." *Journal of Finance* 7: 77-91.

Marsh and McLennan. 2012. "Supply Chain." Marsh USA website. Accessed 1 August. http://usa.marsh.com/RiskIssues/SupplyChain/lapg-5776/2.aspx.

Marshall, Brent. 1999. "Globalisation, Environmental Degradation, and Ulrich Beck's Risk Society." *Environmental Values* 8: 253-275.

Martell, Luke. 2010. *The Sociology of Globalization*. Cambridge, UK: Polity Press.

Mason, Rowena. 2009. "David Oddsson's Ascent to Iceland's Editor in Chief Splits Opinion as Bloggers Gain Ground." *Telegraph*, 29 September. Accessed 1 February 2013. http://blogs.telegraph.co.uk/finance/rowenamason/100001134/david-oddssons-ascent-to-icelands-editor-in-chief-splits-opinion-as-bloggers-gain-ground/.

Maurer, Andreas, and Christophe Degain. 2010. "Globalization and Trade Flows: What You See Is Not What You Get!" Staff Working Paper ESRD-2010-12. Economics and Statistics Division, World Trade Organization. Accessed 2 February 2013. http://www.wto.org/english/res_e/reser_e/ersd201012_e.pdf.

May, Robert M., Simon A. Levin, and George Sugihara. 2008. "Complex Systems: Ecology for Bankers." *Nature* 451 (21 February): 893-895.

Mayor, Susan. 2000. "Flu Experts Warn of Need for Pandemics Plan." *British Medical Journal* 321 (7265): 852.

McAusland, Carol. 2008. "Globalisation's Direct and Indirect Effects on the Environment." Paper presented at the Organization for Economic Cooperation and Development's Global Forum on Transport and Environment in a Globalising World, Guadalajara, Mexico, 10–12 November, 6. Accessed 21 January 2013. http://www.oecd.org/env/transportandenvironment/41380703. pdf.

McIlvaine Company. 2006. "Storm Halts Refining at ConocoPhillips in Hartford, IL." Refinery update, August. Accessed 26 January 2013. http://www. mcilvainecompany.com/industryforecast/refineries/Updates/2006%20updates/ aug%2006%20update.htm.

McKinsey. 2008. "McKinsey Global Survey Results: Managing Global Supply Chains." *McKinsey Quarterly*, August. Accessed 28 January 2013. http://www. mckinseyquarterly.com/McKinsey_Global_Survey_Results_Managing_global_ supply_chains_2179.

Merriam–Webster Inc. 2004. *The Merriam-Webster Dictionary*, new ed. Merriam–Webster Mass Market Paperbacks.

Milanović, Branko. 2009. "Global Inequality Recalculated: The Effect of New 2005 PPP Estimates on Global Inequality." Policy Research Working Paper 5061. World Bank, Washington, DC. Accessed 19 July 2013. http://www-wds. worldbank.org/external/default/WDSContentServer/WDSP/IB/2009/09/22/00 0158349_20090922160230/Rendered/PDF/WPS5061.pdf.

————. 2011. "Global Inequality from Class to Location, from Proletarians to Migrants." Policy Research Working Paper 5820. World Bank, Washington, DC. Accessed 3 February 2013. http://www-wds.worldbank.org/servlet/ WDSContentServer/WDSP/IB/2011/09/29/000158349_20110929082257/ Rendered/PDF/WPS5820.pdf.

Milanović, Branko, and Lynn Squire. 2007. "Does Tariff Liberalization Increase Wage Inequality? Some Empirical Evidence." *In Globalization and Poverty*, ed. Ann Harrison. London: University of Chicago Press, 143–181.

Milford, Jana, John Nielsen, Vickie Patton, Nancy Ryan, V. John White, and Cindy Copeland. 2005. *Clearing California's Coal Shadow from the American West*. Environmental Defense. Accessed 18 July 2013. http://www. westernresourceadvocates.org/energy/pdf/CA%20Coal%20Shadow.pdf.

Miller, Rich. 2010. "How Many Servers Does Facebook Have?" *Data Center Knowledge*, 27 September. Accessed 26 January 2013. www.datacenterknowledge.com/the-facebook-data-center-faq-page-2.

———. 2011 [2009]. "Who Has the Most Servers?" *Data Center Knowledge*, 14 May 2009, updated April 2011. Accessed 26 January 2013. www.datacenterknowledge.com/archives/2009/05/14/whos-got-the-most-web-servers.

Minkenberg, Michael. 2011. "The Radical Right in Europe Today: Trends and Patterns in East and West." In *Is Europe on the "Right" Path? Right-Wing Extremism and Right-Wing Populism in Europe*, ed. Nora Langenbacher and Britta Schellenberg. Berlin: Friedrich Ebert Stiftung Forum, 37–55.

Montreuil, Benoit. 2011. "Towards a Physical Internet: Meeting the Global Logistics Sustain ability Grand Challenge." CIRRELT Working Paper 2011-03. Interuniversity Research Centre on Enterprise Networks, Logistics, and Transportation, University of Montreal, Montreal, Canada. Accessed 25 January 2013. https://www.cirrelt.ca/DocumentsTravail/CIRRELT-2011-03.pdf.

Moore, Gordon E.1965. "Cramming More Components onto Integrated Circuits." *Electronics Magazine* 38 (19 April). Accessed 8 July 2013. http://download.inte-l.com/museum/Moores_Law/Articles-Press_Releases/Gordon_Moore_1965_Article.pdf.

———. 1975. "Progress in Digital Integrated Electronics." *Electron Devices Meeting* 27: 11–13.

Morelle, Rebecca. 2013. "Working Gun Made with 3D Printer." *BBC News*, 6 May. Accessed 21 July. http://www.bbc.co.uk/news/science-environment-22421185.

Morens, David M., and Anthony S. Fauci. 2007. "The 1918 Influenza Pandemic: Insights for the 21st Century." *Journal of Infectious Diseases* 195: 1018–1028.

Morens, David M., Gregory K. Folkers, and Anthony S. Fauci. 2009. "What Is a Pandemic?" *Journal of Infectious Diseases* 200 (7): 1018–1021.

Morgenthau, Hans. 1948. *Politics among Nations: The Struggle for Power and Peace*. New York: Knopf.

Nagurney, Anna. 2006. *Supply Chain Network Economics: Dynamics of Prices, Flows, and Profits*. Cheltenham, UK: Edward Elgar.

New York Times. 1999. "Wide Power Failure Strikes Southern Brazil." 12 March. Accessed 17 October 2012. http://www.nytimes.com/1999/03/12/world/wide-power-failure-strikes-southern-brazil.html?n=Top/Reference/Times%20

Topics/Subjects/B/Blackouts%20and%20Brownouts%20.

Nier, Erlend, Jing Yang, Tanju Yorulmazer, and Amadeo Alentorn. 2007. "Network Models and Financial Stability." *Journal of Economic Dynamics and Control* 31 (6): 2033-2060.

Nordhaus, William D. 1994. *Managing the Global Commons: The Economics of Climate Change*. Cambridge, MA: MIT Press.

————. 2008. *A Question of Balance: Weighing the Options on Global Warming Policies*. New Haven, CT, and London: Yale University Press.

Nordqvist, Christian. 2009. "What Is a Pandemic? What Is an Epidemic?" *Medical News Today*, 5 May. Accessed 25 August 2012. http://www.medicalnewstoday. com/articles/148945.php.

Nuttall, Nick. 2004. "Overfishing: A Threat to Marine Biodiversity." *Ten Stories*. United Nations website. Accessed 14 April 2012. http://www.un.org/events/ tenstories/06/story.asp?story ID=800.

Obama, Barack. 2009. "Remarks by the President on a New Beginning." White House website, 4 June. Accessed 12 August 2012. http://www.whitehouse.gov/ the-press-office/remarks-president-cairo-university-6-04-09.

OECD (Organisation for Economic Co-operation and Development). 2003a. *Emerging Risks in the 21st Century: An Agenda for Action*. Paris: Organisation for Economic Cooperation and Development. Accessed 26 January 2013. http://www.oecd. org/futures/globalprospects/37944611.pdf.

————. 2003b. "History of the 0.7% ODA Target." *OECD Journal on Development* 3 (4): III-9-III-11.

————. 2011a. *Divided We Stand: Why Inequality Keeps Rising*. Paris: OECD Publishing.

————. 2011b. *Growing Income Inequality in OECD Countries: What Drives It and How Can Policy Tackle It?* OECD Forum on Tackling Inequality, Paris, 2 May. Accessed 3 February 2013. http://www.oecd.org/els/ socialpoliciesanddata/47723414.pdf.

————. 2013. "2012 Producer Support Estimates by Country." *OECD.Stat Extracts*, accessed 6 February. http://stats.oecd.org/.

Oesch, Daniel. 2008. "Explaining Workers' Support for Right-Wing Populist Parties in Western Europe: Evidence from Austria, Belgium, France, Norway, and Switzerland." *International Political Science Review* 29 (3): 349-373.

O'Hara, Phillip A. 2006. *Growth and Development in the Global Political Economy*.

London: Routledge.

Ohno, Taiichi. 1988. *Toyota Production System: Beyond Large-Scale Production*. Portland, OR: Productivity Press.

Ormerod, Paul. 2012. *Positive Linking: How Networks Can Revolutionise the World*. London: Faber and Faber.

Oxford Economics. 2010. *The Economic Impacts of Air Travel Restrictions Due to Volcanic Ash*. Report prepared for Airbus. Oxford, UK: Oxford Economics.

Oxford Martin Commission for Future Generations. 2013. *Now for the Long Term: The Report of the Oxford Martin Commission for Future Generations*. Oxford, UK: Oxford Martin School, University of Oxford. October. Accessed October 29. http://www.oxfordmartin.ox.ac.uk/downloads/commission/Oxford_Martin_Now_for_the_Long_Term.pdf.

Paddock, Catherine. 2012. "H5N1 Bird Flu Pandemic Potential Revealed." *Medical News Today*, 24 June. Accessed 24 August. http://www.medicalnewstoday.com/articles/246964.php.

Paillard, Christophe-Alexandre. 2010. "Russia and Europe's Mutual Energy Dependence." *Journal of International Affairs* 63 (2): 65-84.

Palmer, Tim. 2009. "Edward Norton Lorenz, 23 May 1916-16 April 2008." *Biographical Memoirs of Fellows of the Royal Society* 55: 139-155.

―――. 2011. "A CERN for Climate Change." *Physics World*, March, 14-15. Accessed 24 July 2013. http://www.oxfordmartin.ox.ac.uk/downloads/press/climate-Palmer.pdf.

Pappaioanou, Marguerite. 2009. "Highly Pathogenic H5N1 Avian Influenza Virus: Cause of the Next Pandemic?" *Comparative Immunology, Microbiology, and Infectious Diseases* 32 (4): 287-300.

Pehe, Jiří, 2005. "Populism's Short March in Central Europe." *Project Syndicate*, 10 November. Accessed 1 June 2012. http://www.project-syndicate.org/print/populism-s-short-march-in-central-europe.

Perrow, Charles. 2009. "Modeling Firms in the Global Economy: New Forms, New Concentrations." *Theory and Society* 38 (3): 217-243.

Peters, Kai, and Narendra Laljani. 2009. "The Evolving MBA." *Global Study Magazine* 4 (3): 36-49.

Pongsiri, Monitira J., Joe Roman, Vanessa O. Ezenwa, Tony L. Goldberg, Hillel S. Koren, Stephen C. Newbold, Richard S. Ostfeld, Subhrendu K. Pattanayak, and Daniel J. Salkeld. 2009. "Biodiversity Loss Affects Global Disease Ecology."

Bio-Science 59 (11): 945–954.

Prasad, Eswar S., Kenneth Rogoff, Shang-Jin Wei, and M. Ayan Kose. 2003. "Effects of Financial Globalization on Developing Countries: Some Empirical Evidence." IMF Occasional Paper 220. International Monetary Fund, Washington, DC.

Pritchett, Lant. 1997. "Divergence, Big Time." *Journal of Economic Perspectives* 11 (3): 3–17.

Pushpam, Kumar, ed. 2012. *The Economics of Ecosystems and Biodiversity: Ecological and Economic Foundations.* London: Routledge.

Raduege, Harry D. Jr. 2010. "The View from the United States: Fighting Weapons of Mass Disruption; Why America Needs a 'Cyber Triad.'" In *Global Cyber Deterrence: Views from China, the U.S., Russia, India, and Norway*, ed. Andrew Nagorski. New York: EastWest Institute, 3–5.

Rajan, Raghuram G. 2005. "The Greenspan Era: Lessons for the Future." Speech delivered at Financial Markets, Financial Fragility, and Central Banking, a symposium sponsored by the Federal Reserve Bank of Kansas City, Jackson Hole, Wyoming, 27 August. Accessed 21 January 2013. http://www.imf.org/external/np/speeches/2005/082705.htm.

———. 2011. *Fault Lines: How Hidden Fractures Still Threaten the World Economy.* Princeton, NJ: Princeton University Press.

Rama, Martin. 2003. "Globalization and Workers in Developing Countries." Policy Research Working Paper 2958. World Bank, Washington, DC. Accessed 3 February 2013. http://www-wds.worldbank.org/external/default/WDSContentServer/WDSP/IB/2003/02/07/000094946_03013004074424/Rendered/PDF/multi0page.pdf.

Ravallion, Martin, and Shaohua Chen. 2004. "Learning from Success: Understanding China's (Uneven) Progress against Poverty." *Finance and Development* 41 (4): 16–19.

Reader, Daniel, and John All. 2008. "Sustainability with Globalization: A Chilean Case Study." Paper presented at the Association of American Geographers (AAG) Conference, Boston, 15–19 April.

Reed-Tsochas, Felix. 2005. "From Biology to Business and Beyond." *Business at Oxford* (Magazine of the Saïd Business School) 8 (Winter): 4–5. Accessed 9 January 2013. http://www.sbs.ox.ac.uk/Documents/bao/BusinessatOxfordWinter2005.pdf.

Renn, Ortwin. 2008. *Risk Governance: Coping with Uncertainty in a Complex World*. London: Earthscan.

Ricardo, David. 1817. *On the Principles of Political Economy, and Taxation*. London: John Murray.

Rochet, Jean-Charles. 2010. "The Future of Banking Regulation." In *Balancing the Banks: Global Lessons from the Financial Crisis*, ed. Mathias Dewatripont, Jean-Charles Rochet, and Jean Tirole. Princeton, NJ: Princeton University Press, 78–103.

Rodrigue, Jean-Paul, Claude Comtois, and Brian Slack. 2009. *The Geography of Transport Systems*. New York: Routledge.

———. 2012. "World Air Travel and World Air Freight Carried, 1950–2011." In *The Geography of Transport Systems*. New York: Routledge, chap. 3. Accessed 19 October. http://people.hofstra.edu/geotrans/eng/ch3en/conc3en/evolairtransport.html.

Rodrik, Dani. 2002. "Globalization for Whom?" *Harvard Magazine*, July–August, 29–31. Accessed 31 January 2013. http://harvardmagazine.com/2002/07/globalization-for-whom.html.

———. 2011. *The Globalization Paradox: Democracy and the Future of the World Economy*. New York and London: W. W. Norton.

———. 2012. "Global Poverty amid Global Plenty: Getting Globalization Right." *Americas Quarterly*, Spring. Accessed 4 January 2013. http://www.americasquarterly.org/node/3560.

Roeller, Lars-Hendrik, and Leonard Waverman. 2001. "Telecommunications Infrastructure and Economic Development: A Simultaneous Approach." *American Economic Review* 91 (4): 909–923.

Rosner, David. 2010. "'Spanish Flu, or Whatever It Is ... ': The Paradox of Public Health in a Time of Crisis." *Public Health Reports* 125 (3): 38–47.

Rosser, J. Barkley Jr. 2009a. "Computational and Dynamic Complexity in Economics." In *Handbook of Research on Complexity*, ed. J. Barkley Rosser Jr. Cheltenham, UK: Edgar Elgar, 22–25.

———. 2009b. "Introduction." In *Handbook of Research on Complexity*, ed. J. Barkley Rosser Jr. Cheltenham, UK: Edgar Elgar, 3–11.

Roxburgh, Charles, Susan Lund, and John Piotrowski. 2011. *Updated Research: Mapping Global Capital Markets*. New York: McKinsey, August. Accessed 21 January 2013. http://www.mckinsey.com/insights/mgi/research/financial_

markets/mapping_global_capital_markets_2011.

Roxburgh, Charles, Susan Lund, Charles Atkins, Stanislas Belot, Wayne W. Hu, and Moira S. Pierce. 2009. *Global Capital Markets: Entering a New Era.* New York: McKinsey and Company, September. Accessed 21 January 2013. http://www. mckinsey.com/insights/mgi/research/financial_markets/global_capital_markets_ entering_a_new_era.

Runde, Jochen. 1998. "Clarifying Frank Knight's Discussion of the Meaning of Risk and Uncertainty." *Cambridge Journal of Economics* 22 (5): 539–546.

Rydgren, Jens, 2008. "Immigration Sceptics, Xenophobes or Racists? Radical RightWing Voting in Six West European Countries." *European Journal of Political Research* 47: 737–765.

Schich, Sebastian, and Sofia Lindh. 2012. "Implicit Guarantees for Bank Debt: Where Do We Stand?" *OECD Journal: Financial Market Trends* 2012 (1). Accessed 22 January 2013. http://www.oecd.org/finance/financialmarkets/Implicit-Guarantees-for-bank-debt.pdf.

Sen, Amartya K. 1999. *Development as Freedom.* Oxford, UK: Oxford University Press.

Senate Banking Committee. 1999. "Gramm's Statement at Signing Ceremony for Gramm–Leach–Bliley Act." Senate Banking Committee Press Release, 12 November. Accessed 21 January 2013. http://banking.senate.gov/ prel99/1112gbl.htm.

Serrano, M. Ángeles, Marián Boguñá, and Alessandro Vespignani. 2007. "Patterns of Dominant Flows in the World Trade Web." *Journal of Economic Interaction and Coordination* 2 (2): 111–124.

Shaffer, Paul. 2008. "New Thinking on Poverty: Implications for Globalisation and Poverty Reduction Strategies." DESA Working Paper 65. United Nations Department of Economic and Social Affairs, New York. Accessed 3 February 2013. http://www.un.org/esa/desa/papers/2008/wp65_2008.pdf.

Shen, Junyi. 2008. "Trade Liberalization and Environmental Degradation in China." *Applied Economics* 40: 997–1004.

Simsek, Alp. 2011. "Speculation and Risk Sharing with New Financial Assets." NBER Working Paper 17506. National Bureau of Economic Research, Cambridge, MA. Accessed 21 January 2013. http://www.nber.org/papers/ w17506.

Slaughter, Matthew J. 1998. "International Trade and Per Capita Income

Convergence: A Difference-in-Differences Analysis." NBER Working Paper 6557. National Bureau of Economic Research, Cambridge, MA. Accessed 3 February 2013. http://www.nber.org/papers/w6557.pdf.

Small, Michael, and Chi K. Tse. 2005. "Small World and Scale Free Model of Transmission of SARS." *International Journal of Bifurcation and Chaos* 15 (5): 1745–1755.

Smith, Gavin J. D., Dhanasekaran Vijaykrishna, Justin Bahl Samantha J. Lycett, Michael Worobey, Oliver G. Pybus, Siu Kit Ma, Cheung Chung Lam, Jayna Raghwani, Samir Bhatt, et al. 2009. "Origins and Evolutionary Genomics of the 2009 Swine-Origin H1N1 Influenza A Epidemic." *Nature* 459: 1122–1126.

Solow, Robert M. 1956. "A Contribution to the Theory of Economic Growth." *Quarterly Journal of Economics* 70 (1): 65–94.

Soramäki, Kimmo, Morten L. Bech, Jeffrey Arnold, Robert J. Glass, and Walter Beyeler. 2007. "The Topology of Interbank Payment Flows." *Physica A: Statistical Mechanics and Its Applications* 379 (1): 317–333.

Sorman, Guy. 2012. "Back to Utopia?" *Project Syndicate*, 14 May. Accessed 1 June. http://www.project-syndicate.org/commentary/back-to-utopia/.

Stafford, James. 2012. "Tom Murphy Interview: Resource Depletion Is a Bigger Threat Than Climate Change." *Oilprice.com*, 22 March. Accessed 18 August. http://oilprice.com/Interviews/Tom-Murphy-Interview-Resource-Depletion-is-a-Bigger-Threat-than-Climate-Change.html.

Starr, Randy, Jim Newlrock, and Michael Delurey. 2003. "Enterprise Resilience: Managing Risk in the Networked Economy." *Booz Allen Hamilton Strategy and Business Magazine* 30: 1–10. Accessed 23 January 2013. http://www.boozallen.com/media/file/139766.pdf.

Stern, Nicholas H. 2010. *A Blueprint for a Safer Planet: How We Can Save the World and Create Prosperity.* London: Vintage.

Stiglitz, Jospeh E. 2006. *Making Globalization Work.* London: W. W. Norton.

———. 2012. *The Price of Inequality.* London: Allen Lane.

Stock, James H., and Mark W. Watson. 2002. "Has the Business Cycle Changed and Why?" In *NBER Macroeconomics Annual*, vol. 17, ed. Mark Gertler and Kenneth Rogoff. Cambridge, MA: MIT Press, 159–218.

Strasburg, Jenny, and Jacob Bunge. 2012. "Loss Swamps Trading Firm: Knight Capital Searches for Partner as Tab for Computer Glitch Hits $440 Million." *Wall Street Journal*, 2 August. Accessed 21 January 2013. http://online.wsj.com/

위험한 나비효과

article/SB10000872396390044386640457756477208396141.html.

Suez Canal Authority. 2011. *Yearly Report*. Ismailia, Egypt: Suez Canal Authority. Accessed 25 January 2013. http://www.suezcanal.gov.eg/Files/Publications/73. pdf.

Swing, Kelly. 2013. "Conservation: Inertia Is Speeding Fish-Stock Declines." *Nature* 494: 314.

Swiss Re. 2002. *Opportunities and Risks of Climate Change*. Zurich: Swiss Re Publications. Accessed 26 January 2013. http://stephenschneider.stanford.edu/ Publications/PDF_Papers/SwissReClimateChange.pdf.

Tabb, William K. 2004. *Economic Governance in the Age of Globalization*. New York: Columbia University Press.

Tarullo, Daniel K. 2008. *Banking on Basel: The Future of International Financial Regulation*. Washington, DC: Peterson Institute for International Economics.

TEEB (The Economics of Ecosystems and Biodiversity). 2010. *The Economics of Ecosystems and Biodiversity: Mainstreaming the Economics of Nature; A Synthesis of the Approach, Conclusions, and Recommendations of TEEB*. United Nations Environment Programme. Malta: Progress Press.

Tirole, Jean. 2010. "Lessons from the Crisis." In *Balancing the Banks: Global Lessons from the Financial Crisis*, ed. Mathias Dewatripont, Jean-Charles Rochet. and Jean Tirole. Princeton, NJ: Princeton University Press, 10-77.

Topping, Alexandra. 2013. "Hannah Smith Suicide: MPs Call for Education in Social-Media Awareness." *Guardian*, 7 August. Accessed 5 September. http://www.theguardian.com/society/2013/aug/07/hannah-smith-suicide-cyberbullying-ask-fm-twitter.

UCPSOTF (U.S.-Canada Power System Outage Task Force). 2004. *Final Report on the August 14, 2003, Blackout in the United States and Canada: Causes and Recommendations*. U.S.-Canada Power System Outage Task Force, April. Accessed 16 July 2013. http://energy.gov/sites/prod/files/oeprod/DocumentsandMedia/ BlackoutFinal-Web.pdf.

UIC (International Union of Railways). 2010. *High Speed around the World*, 15 December. Paris: High Speed Department, International Union of Railways.

UN (United Nations). 2003. *Water for People, Water for Life-The United Nations World Water Development Report*. World Water Development Report 1. Barcelona: United Nations Educational, Scientific, and Cultural Organization and Berghahn Books. Accessed 11 January 2013. http://www.unesco.org/new/en/

natural-sciences/environment/water/wwap/wwdr/wwdr1-2003/.

UNEP (United Nations Environment Programme). 2011. *UNEP Year Book 2011: Emerging Issues in Our Global Environment*. Nairobi: United Nations Environment Programme. Accessed 25 January 2013. http://www.unep.org/yearbook/2011/pdfs/UNEP_YEARBOOK_Fullreport.pdf.

UNFPA (United Nations Population Fund). 2011. *State of World Population 2011: People and Possibilities in a World of Seven Billion*. New York: United Nations Population Fund. Accessed 7 January 2013. http://www.unfpa.org/public/home/publications/pid/8726.

UNISDR (United Nations Office for Disaster Risk Reduction). 2004. "Note on Terminology from the WCDR Conference Secretariat to the Drafting Committee (18/11/2004)." United Nations Office for Disaster Risk Reduction, Geneva. Accessed 15 October 2012. http://www.unisdr.org/2005/wcdr/intergover/drafting-committe/terrninology.pdf.

USDHHS (US. Department of Health and Human Services). 2012a. "About Pandemics." US. Department of Health and Human Services. Accessed 21 August. http://www.flu.gov/pandemic/about/index.html.

———. 2012b. "Pandemic Flu History." US. Department of Health and Human Services. Accessed 21 August. http://www.flu.gov/pandemic/history/#.

Useem, Michael. 2011. "Deutsche Bank Case Study: Catastrophic Risk Management during the Fukushima Earthquake in March 2011." Presentation at the Sasin Bangkok Forum: Asia in Transformation, Royal Méridicn Hotel, Bangkok 8-9 July.

USGS (US. Geological Survey). 2000. "Volcanic Ash Fall-A 'Hard Rain' of Abrasive Particles." Fact Sheet 0027-00. US. Geological Survey. Accessed 15 July 2013. http://pubs.usgs.gov/fs/fs027-00/fs027-00.pdf.

Valdimarsson, Omar. 2009. "Iceland Parliament Approves Debt Bill." *Reuters*, 28 August. Accessed 25 January 2013. http://www.reuters.com/article/2009/08/28/businesspro-us-iceland-debts-idUSTRES7R3B920090828.

Verhoeven, Harry. 2011. "Climate Change, Conflict, and Development in Sudan: Global Neo-Malthusian Narratives and Local Power Struggles." *Development and Change* 42 (3): 679-707.

Verscck, Keno. 2012. "Eastern Europe Swings Right." *Spiegel Online*, 18 January. Accessed 1 June. http://www.spiegel.de/intemational/europe/poor-and-prejudiced-eastern-europe-swings-right-a-809827-druck.html.

Vitali, Stefania, James B. Glattfelder, and Stefano Battiston. 2011. "The Network of Global Corporate Control." *PLoS ONE* 6 (10). Accessed 4 February 2013. http://www.plosone.org/article/info%3Adoi%2F10.1371%2Fjournal. pone.0025995.

Walker, Brian, C. S. Holling, Stephen R. Carpenter, and Ann Kinzig. 2004. "Resilience, Adaptability, and Transformability in Social-Ecological Systems." *Ecology and Society* 11 (1): 5. Accessed 9 January 2013. http://www.ecologyandsociety.org/vol9/iss2/art5/print.pdf.

Waltz, Kenneth. 1979. *The Theory of International Politics*. Boston: McGraw-Hill.

Watts, Duncan J. 2002. "A Simple Model of Global Cascades on Random Networks." *Proceedings of the National Academy of Science (PNAS)* 99 (9): 5766–5771.

WEF (World Economic Forum). 2012a. "Impact of Thailand Floods 2011 on Supply Chain." Mimeo, World Economic Forum.

———. 2012b. *Global Risks 2012*. Geneva: World Economic Forum.

White, Lawrence J. 1997. "Technological Change, Financial Innovation, and Financial Regulation in the U.S.: The Challenges for Public Policy." Presentation at the Conference on Performance of Financial Institutions, Wharton Financial Institutions Center, University of Pennsylvania, Philadelphia, May 8-10. Accessed 21 January 2013. http://fic.wharton.upenn.edu/fic/papers/97/white.pdf.

White House. 2012. "National Strategy for Global Supply Chain Security." White House, Washington, DC. Accessed 2 February 2013. http://www.whitehouse.gov/sites/default/files/national_strategy_for_global_supply_chain_security.pdf.

———. 2013. "Statement by Deputy National Security Advisor for Strategic Communications Ben Rhodes on Syrian Chemical Weapons Use." Office of the Press Secretary, White House, Washington, DC, 13 June. Accessed 21 July. http://www.whitehouse.gov/the-press-office/2013/06/13/statement-deputy-national-security-advisor-strategic-communications-ben-.

Whitney, Lance. 2010. "With Legal Nod, Microsoft Ambushes Waledac Botner." *CNET News*, 26 February. Accessed 17 July 2013. http://news.cnet.com/8301-1009_3-10459558-83.html.

WHO (World Health Organization). 2003. "WHO Scientific Research Advisory Committee on Severe Acute Respiratory Syndrome." Report of the First Meeting, Geneva, Switzerland, WHO/CDS/CSR/GAR/2004.16, 20-21

October, 2. Accessed 3 February 2013. http://www.who.int/csr/resources/publications/SRAC-CDSCSRGAR2004_16.pdf.

────. 2004a. "China's Latest SARS Outbreak Has Been Contained, but Biosafety Concerns Remain-Update 7." Global Alert and Response, World Health Organization, 18 May. Accessed 28 January 2013. http://www.who.int/csr/don/2004_05_18a/en/index.html.

────. 2004b. "WHO Guidelines for the Global Surveillance of Severe Acute Respiratory Syndrome: Updated Recommendations." WHO/CDS/CSR/ARO/2004.1, October, 6. Accessed 3 February 2013. http://www.who.int/csr/resources/publications/WHO_CDS_CSR_ARO_2004_1.pdf.

────. 2011a. "Annex 5-Reported Number of People Receiving Antiretroviral Therapy in Low- and Middle-Income Countries by Sex and by Age, and Estimated Number of Children Receiving and Needing Antiretroviral Therapy and Coverage Percentages, 2010." In *Global HIV/AIDS Response: Epidemic Update and Health Sector Progress Towards Universal Access.* Progress report. Geneva: WHO, UNAIDS, and UNICEF. Accessed 2 February 2013. http://www.who.int/hiv/data/tuapr2011_annex5_web.xls.

────. 2011b. "Annex S-HIV and AIDS Statistics, by WHO and UNICEF Regions, 2010." In *Global HIV/AIDS Response: Epidemic Update and Health Sector Progress Towards Universal Access.* Progress report. Geneva: WHO, UNAIDS, and UNICEF. Geneva. Accessed 2 February 2013. http://www.who.int/hiv/data/tuapr2011_annex8_web.xls.

────. 2011c. "Avian Influenza." *WHO Factsheet*, April. Accessed 3 February 2013. http://www.who.int/mediacentre/factsheets/avian_influenza/en/index.html.

────. 2011d. *Global Status Report on Noncommunicable Diseases 2010.* Geneva: World Health Organization. Accessed 3 February 2013. http://whqlibdoc.who.int/publications/2011/9789240686458_eng.pdf.

────. 2012a. "10 Facts on Climate Change and Health." *Fact File.* Accessed 30 August. http://www.who.int/features/factfiles/climate_change/facts/en/index.html.

────. 2012b. "Current WHO Phase of Pandemic Alert (Avian Influenza H5N1)." *Influenza.* Accessed 21 August. http://www.who.int/influenza/preparedness/pandemic/h5n1phase/en/.

────. 2013. "Global Outbreak Alert and Response Network" Network website. Accessed 3 February. http://www.who.int/csr/outbreaknetwork/en/.

위험한 나비효과

Williams, Alan P. O. 2010. *The History of UK Business and Management Education*. Bingley, UK: Emerald Group.

Wilson, Dominic, and Raluca Dragusanu. 2008. "The Expanding Middle: The Exploding World Middle Class and Falling Global Inequality." Global Economic Papers 170. Goldman Sachs, New York Accessed 3 February 2013. http://www.ryanallis.com/wp-content/uploads/2008/07/expandingmiddle.pdf.

Withers, Paul. 2012. "iPhone 5 Production Delayed as Foxconn Staff Walk Out." *Mobile News*, 8 October. Accessed 16 October. http://www.mobilenewscwp.co.uk/2012/10/08/iphone-5-production-delayed-as-foxconn-staff-walk-out/.

Witzel, Morgen. 2011. *A History of Management Thought*. New York: Routledge.

World Bank 2012a. "GDP per Capita (Current US$)." *Data*. Accessed 3 September. http://data.worldbank.org/indicator/NY.GDP.PCAP.CD/countries.

World Bank 2012b. "Poverty and Equity Data." Accessed circa late 2012. http://povertydata.worldbank.org/poverty/home.

————. 2013. *World Development Indicators*. World DataBank Accessed 7, 26, and 31 January, 12 February, and 19 July. http://databank.worldbank.org/data/home.aspx.

World Health Assembly. 2003. "Severe Acute Respiratory Syndrome (SARS)." *Fifty-Sixth World Health Assembly Resolution WHA56.29*, 26 May. Accessed 2 February 2013. http://www.who.int/csr/sars/en/ea56r29.pdf.

WTO (World Trade Organization). 2013a. "OECD-WTO Database on Trade in ValueAdded: Preliminary Results." *OECD-WTO Brochure*. World Trade Organization, 17 January. Accessed 23 January. http://www.wto.org/english/res_e/statis_e/miwi_e/tradedataday13_e/oecdbrochurejanv13_e.pdf.

————. 2013b. *Statistics Database*. World Trade Organization. Accessed 4 February. http://stat.wto.org/Home/WSDBHome.aspx?Language=E.

————. 2013c. "The Multilateral Trading System and Climate Change," World Trade Organization. Accessed 1 December. http://www.wto.org/english/tratop_e/envir_e/climate_change_e.pdf.

Wynne, Brian, and Kerstin Dressel. 2001. "Cultures of Uncertainty: Transboundary Risks and BSE in Europe." In *Transboundary Risk Management*, ed. Joanne Linneroth-Bayer; Ragnar Loefstedt, and Gunnar Sjoestedt. London: Earthscan, 126-154.

Yuichi, Ono, and Luis G. Aranda. 2011. *Economic and Social Impact of Volcanic*

Eruptions. World Economic Forum Report, December. Geneva: World Economic Forum.

Zhao, Jie, Peiquan Jin, and Guorui Huang. 2011. "A Survey on Detecting Public Emergencies from Web Pages." *Advances on Information Sciences and Service Sciences* 3 (3): 56–63.

Zittrain, Jonathan. 2009. *The Future of the Internet-And How to Stop It*. London: Penguin.

찾아보기

72; 파생상품을 통해 전달되는 위험, 96; 혁신, 71, 96

파이프라인: 천연가스, 159~161

파파이오아누, 마거리트, 238~239

팬데믹: 경제와 정치에 미치는 영향, 211~212, 216, 222; 관리, 206~209, 219, 232~233, 237~242; 돼지 인플루엔자, 209, 225~226, 237; 병상 수용력, 143; 빈도, 216; 사스, 206~208, 209, 213, 221~224, 240; 세계화와 ~, 206~207, 211~215; 스페인 독감, 215, 217~218; 아시아 독감, 218~219; 역사상 ~, 149, 215~221, 232~233; 예방, 47~48, 206~209, 214~215, 222, 306~307; 웨스트나일 바이러스, 54, 226~228; 인체면역결핍바이러스 및 에이즈, 209, 219~221, 235; 조류 인플루엔자, 209, 214, 224~225, 238~239; 콜레라, 209, 232~233; 정의, 210; 항공 여행을 통한 확산, 47~48, 207, 213, 225~227; 홍콩 인플루엔자, 218~219; 21세기 ~, 209~210, 221~230

페드와이어 지불 네트워크, 38, 41

페스트, 209, 216

페이스북, 34, 36, 170, 212

포드, 헨리, 116

포용적인 세계화, 244, 260, 278, 283

포티스 은행 97

폭스콘, 122

표적 사이버 공격, 165~166

프랑스: 극단주의 정당, 267, 269, 273; 말리 개입, 295

프랑켈, 제프리, 199

프르불레스쿠, 크리스티안, 267

피티글리오와 라빈, 토드, 맥그래스(PRTM), 138, 339

필립스, 107

ㅎ

한국: ~의 제조업, 122

항공 관제사, 152

항공 운송: ~과 보건 위험, 47~48, 207, 213, 225~227; ~의 연결성, 37~39, 227; ~의 증가, 33~34, 38~39, 113; 공항, 148, 152; 팬데믹에 미치는 영향, 222, 224; 화물, 34, 38, 111, 113, 149~150, 152; 화산재 구름에 의한 중단, 56, 149~151

항생제, 25, 235, 242, 276

해먼드, 로스, 175

해운, 33, 113~114, 148, 154, 197, 341

해커, 165, 166

허리케인 샌디, 160, 176, 180

허리케인: 나비효과와 ~, 12

헝가리, 266~267, 270~271, 273

헤징 거래, 72, 75

혁신: 금융, 69~70, 75, 97; 생산 체계, 116~118; 집단 천재성, 20

홀데인, 앤드루, 81, 86~87, 90, 99, 106

홍수 보험, 182~183, 204, 304

홍수: 취약 지역, 182~183, 188, 304; 태국, 119~120, 122, 337

홍콩 인플루엔자, 218~219

홍콩: ~에서 사스, 221~223; ~에서 조류 인플루엔자, 224~225

화산 분출, 55~56, 149~151

기타

옮긴이 **이은경**

연세대에서 영어영문학과 심리학을 전공하고, 현재 전문번역가로 활동 중이다. 옮긴 책으로 《석세스 에이징》《진정한 나로 살아갈 용기》《기후변화의 심리학》《포텐셜》 외 다수가 있다.

위험한 나비효과

초판 1쇄 발행 2021년 2월 26일

지은이 　　이언 골딘 · 마이크 마리아타산
옮긴이 　　이은경
기획 　　　김은수
책임편집 　이기홍
디자인 　　주수현 고영선

펴낸곳 　　(주)바다출판사
발행인 　　김인호
주소 　　　서울시 마포구 어울마당로5길 17 5층
전화 　　　02-322-3885(편집) 02-322-3575(마케팅)
팩스 　　　02-322-3858
이메일 　　badabooks@daum.net
홈페이지 　www.badabooks.co.kr

ISBN 979-11-6689-002-4 03320